NOVA HISTÓRIA DAS
GRANDES CRISES FINANCEIRAS

CARLOS MARICHAL

NOVA HISTÓRIA DAS
GRANDES CRISES FINANCEIRAS

Uma perspectiva global, 1873-2008

TRADUÇÃO
Eduardo Lessa Peixoto de Azevedo

FGV EDITORA

Título original: *Nueva historia de las grandes crisis financieras: una perspectiva global, 1873-2008*
Copyright © 2010 Carlos Marichal, Editorial Sudamericana, S.A.
Copyright da edição brasileira © 2016 Carlos Marichal, Editora FGV

Direitos desta edição reservados à
EDITORA FGV
Rua Jornalista Orlando Dantas, 37
22231-010 | Rio de Janeiro, RJ | Brasil
Tels.: 0800-021-7777 | (21) 3799-4427
Fax: (21) 3799-4430
editora@fgv.br | pedidoseditora@fgv.br
www.fgv.br/editora

Impresso no Brasil | *Printed in Brazil*

Todos os direitos reservados. A reprodução não autorizada desta publicação, no todo ou em parte, constitui violação do copyright (Lei nº 9.610/98).

Os conceitos emitidos neste livro são de inteira responsabilidade do autor.

1ª edição: 2016

Preparação de originais: Ronald Polito
Projeto gráfico de miolo, diagramação e capa: Estúdio 513
Revisão: Fatima Caroni

Ficha catalográfica elaborada pela
Biblioteca Mario Henrique Simonsen

Marichal, Carlos
    Nova história das grandes crises financeiras: uma perspectiva global, 1873-2008 / Carlos Marichal; tradutor Eduardo Lessa. — Rio de Janeiro : FGV Editora, 2016.
    348 p. : il.

    Tradução de: Nueva historia de las grandis crisis financieras: una perspectiva global, 1873-2008.
    Inclui bibliografia.
    ISBN: 978-85-225-1875-3

    1. Crise financeira — História — Séc. XIX. 2. Crise financeira — História — Séc. XX. 3. Crise financeira — História — Séc. XXI. I. Fundação Getulio Vargas. II. Título.

CDD — 332.042

Para Soledad, que me salvou de tantas crises

SUMÁRIO

Introdução	11
Passado, presente e teoria	25

1. A primeira globalização:
as crises financeiras na época clássica do capitalismo liberal, 1873-1914 33

    A primeira crise financeira mundial: 1873 36
    A decolagem da globalização financeira e o padrão ouro 47
    A primeira crise dos mercados emergentes: as crises de 1890-91 54
    A crise de 1893 na América do Norte 60
    As crises de 1907 e 1914 62
    As crises de 1914 e a criação do Federal Reserve Bank 67

2. O colapso financeiro de 1929:
por que houve uma grande depressão nos anos 1930? 73

    Da guerra à paz instável: a crise de 1920-21 75
    As reparações e a hiperinflação alemã de 1922-23 79
    O regresso ao padrão ouro: 1925-28 83
    O auge internacional das bolsas nos anos 1920 87
    O *crash* de Wall Street em 1929 e suas consequências 92
    Fracasso da cooperação internacional e abandono do padrão ouro 99
    Respostas da economia política à crise: New Deal nos Estados Unidos 104
    Consequências perversas da crise: nazismo na Alemanha dos anos 1930 108
    América Latina nos anos 1930: crise e recuperação 111

3. As finanças mundiais na era de Bretton Woods, 1944-71:
por que houve tão poucas crises? 117
    O desenho de uma nova ordem internacional
        em meio às ruínas da anterior 119
    Blocos de poder e Guerra Fria: a estabilidade simétrica 128
    A *época de ouro* do desenvolvimento econômico, 1950-73 131
    Instabilidade monetária na Europa e nos Estados Unidos nos anos 1960 144

4. Origens da globalização contemporânea, 1973-90: por que houve
o clímax e a crise da dívida externa dos países em desenvolvimento? 151
    Post mortem de Bretton Woods, 1971-73:
        longa recessão e estagflação nos anos 1970 153
    O tobogã financeiro internacional dos anos 1970:
        bancos se globalizam e governos se endividam 164
    Empréstimos para ditaduras e governos autoritários
        da América Latina, 1973-82 168
    Efeito Volcker: o pico das taxas de juros nos Estados Unidos
        e a crise mexicana de 1982 173
    A crise internacional das dívidas desde 1982:
        contágio e renegociações. Tratava-se de uma crise mundial? 178
    Renegociações, o Plano Baker/Brady
        e os paradoxos do final de uma década 185

5. A globalização financeira em fins do milênio, 1990-2006:
por que se multiplicaram as crises? 189
    Big bang: a globalização financeira é exportada
        de Londres para o mundo 191
    Contradições políticas e econômicas da alavancagem globalizadora 201
    A multiplicação das crises financeiras nos países emergentes
        entre 1994 e 2001 206
    México: a crise dos *"tesobonos"* (1995) e o resgate internacional 210
    As crises asiáticas e os novos colapsos financeiros
        na América Latina, 1997-2001 215

Lições das crises financeiras de 1994-2001   222
Os felizes anos 1990 se prolongam até 2006 nos Estados Unidos   225

6. A crise econômico-financeira de 2008-09   229
Origens da crise nos Estados Unidos, 2001-07   234
A incrível dinâmica do mercado hipotecário
e os perigosos créditos *subprime*   241
Sinais de tormenta iminente: 2006-08   246
As semanas negras de setembro de 2008   252
Os resgates financeiros no Reino Unido e na União Europeia   259
Impactos e respostas à crise na América Latina   262
A crise de 2008: alguns contrastes com a Grande Depressão
dos anos 1930   265

Epílogo. A Grande Recessão e as reformas da arquitetura financeira internacional   273
A Grande Moderação e os fracassos na previsão da grande crise   278
As investigações oficiais sobre a grande crise financeira   283
Mudanças na regulamentação bancária
e na arquitetura financeira internacional?   293
Mudanças no sistema monetário internacional: fim do padrão dólar?   297
Futuro dos organismos multilaterais como FMI e Banco Mundial   303
Tributação e dívidas advindas da Grande Recessão:
contradições globais   306

Apêndice   311
Bibliografia recomendada   321
Referências   331
Índice de gráficos, diagramas e tabelas   343
Agradecimentos   347

INTRODUÇÃO

Entre 15 de setembro e fins de outubro de 2008, as bolsas e os sistemas bancários e hipotecários dos Estados Unidos e de grande parte do resto do mundo sofreram o efeito de um verdadeiro *tsunami financeiro*. Com extraordinária rapidez, entraram em colapso vários dos mais renomados bancos de investimento de Nova York, maior mercado de capitais do planeta, e estiveram a ponto de quebrar alguns dos principais bancos comerciais de Londres, maior mercado financeiro da Europa. Seguiu-se uma cadeia de pânico em bancos e bolsas que se estendeu em escala mundial e que tem sido apontada como a pior crise financeira em 80 anos.

Não passa um dia sem que se formulem novas perguntas em todo o mundo. Quais foram as causas dessa grande crise e dessa profunda recessão? Por que os banqueiros não previram os perigos e por que não tomaram medidas para desinflar as imensas bolhas financeiras antes de sua explosão? Serão suficientes e adequadas as medidas de resgate adotadas pelos governos e bancos centrais do planeta para assegurar uma recuperação econômica duradoura?

Os historiadores e os economistas têm dedicado importantes esforços nos últimos decênios a analisar algumas das grandes crises financeiras do passado e propor explicações para suas trajetórias. Porém, desde os anos 1990, os especialistas haviam prestado mais atenção nas crises financeiras dos países em desenvolvimento — especialmente na América Latina e na Ásia — que nas nações mais prósperas, com os mercados financeiros mais fortes. Existia uma espécie de consenso de que não podiam quebrar bancos de Nova York ou de Londres, os dois maiores e mais globalizados centros financeiros. E não havia uma consciência suficientemente clara das tendências mais perigosas e mais insidiosas que a globalização havia gerado no próprio coração dos sistemas financeiros mais avançados.

O gigantesco desastre que irrompeu no outono de 2008 não apenas era inesperado como parecia inexplicável: como pôde uma crise hipotecária provocar um colapso financeiro de escala sísmica? Essa mesma pergunta foi a que imediatamente se fizeram centenas de destacados economistas nos Estados Unidos e ao redor do mundo. Um dos mais proeminentes analistas das crises — passadas e contemporâneas —, o professor Bradford DeLong, da Universidade da Califórnia em Berkeley, exclamou de maneira cândida: "Esta não era a crise financeira que estávamos esperando!". Em poucas palavras, os acadêmicos não haviam compreendido a dimensão da crise hipotecária, nem vislumbravam que o sistema de financiamento das moradias, especialmente as hipotecas negociadas com setores humildes no país mais rico do mundo, pudesse ser o estopim de uma explosão financeira fenomenal. Que uma série de problemas submersos do mundo imobiliário estadunidense pudesse emergir como uma espécie de dragão implacável, com capacidade de devorar os bancos de investimento mais reputados e poderosos de Wall Street, parecia um conto fantástico e aterrorizador.

Muito mais grave era o fato de que tampouco o previram, com suficiente antecedência, as pessoas responsáveis por supervisionar a evolução bancária e financeira, em particular os dirigentes do Federal Reserve Bank dos Estados Unidos e do Fundo Monetário Internacional (FMI). Porém, à medida que avançava e se estendia mundialmente o caos financeiro, as perguntas se multiplicavam — assim como a urgência de agir para apagar um incêndio que ameaçava arrasar o sistema de bancos e bolsas dos Estados Unidos e de vários países europeus, especialmente da Grã-Bretanha.

Uma das facetas mais singulares do colapso financeiro contemporâneo do biênio 2008-09 é que um bom número dos principais responsáveis pelas finanças dos Estados Unidos, da Europa e de muitos outros países tenha atuado com plena consciência histórica dos perigos de uma nova Grande Depressão. Nesse sentido, a história se converteu em um ator central do presente. E mais, pode-se apontar que esse fato tenha contribuído para evitar o colapso total dos mercados financeiros mundiais, o que era uma autêntica possibilidade em setembro de 2008. Os resgates acionados pelos governos foram enormes. No momento atual, os sistemas financeiros estão ainda na unidade de terapia intensiva, e o diagnóstico segue confidencial. Não obstante, a evolução da economia mundial em 2010-12 indica que a recuperação econômica se pôs em marcha em um número considerável de países, especialmente na Ásia Oriental e na América do Sul, e, com maior lentidão, nos Estados Unidos. Por conseguinte, para muitos analistas, a expressão mais adequada para descrever nossa época seria a de "Grande Recessão", que caracteriza a evolução de boa parte da economia global no período 2008-11. De toda forma, o que deve ficar claro é que a crise de 2008 e 2009 não é de proporções menores. Causou mais falências e maior desemprego que qualquer outra desde os anos 1930-33. Adicionalmente, não têm precedentes históricos os enormes volumes de dívida pública que os países mais ricos têm acumulado para financiar os resgates bancários.

Com o objetivo de melhor entender, em termos comparativos, a grande crise contemporânea, o presente livro oferece uma síntese histórica das grandes crises financeiras do passado e de nossa época. O enfoque que adotamos consiste em situá-las no contexto internacional, fazendo uma distinção entre crises menores e crises financeiras maiores, as quais têm um impacto global. Quando estas se produzem, o resultado é um verdadeiro colapso dos mercados financeiros, nos bancos e nas bolsas de valores — de maneira conjunta — em um grande número de países de uma só vez. Sem dúvida, tanto a Grande Depressão dos anos 1930 quanto a crise de 2008-09 entram nessa categoria, mas podem-se identificar também outros episódios que tiveram grave impacto nas finanças globais.

No esforço por classificar e diagnosticar as características das crises, é pertinente citar o recente trabalho dos economistas matemáticos e teóricos Robert Barro e José F. Ursúa, que tem circulado desde março de 2008 e se intitula *Stock market crashes and depressions*. Esses pesquisadores reuniram informações sobre 25 países e um total de 195 pânicos em bolsas e 84 depressões ao longo de pouco mais de um século, porém dão ênfase à necessidade de identificar aqueles momentos em que ocorreu o maior número de pânicos em um curto período e, portanto, os colapsos econômicos mais graves. Afirmam eles:

> As principais *crises econômicas mundiais* em ordem de importância são a Segunda Guerra Mundial, a Primeira Guerra Mundial, a Grande Depressão, as crises dos inícios dos anos de 1920, e uma série de acontecimentos do pós-guerra, como as crises das dívidas latino-americanas nos anos de 1980 e as crises financeiras asiáticas (de 1997 e 1998). [Barro e Ursúa, s.d.]

Evidentemente, as grandes guerras têm características próprias, uma vez que os mercados deixam de funcionar com liberdade, sendo controlados pelos governos, ou são muito atingidos pelos conflitos. Não são, portanto, inteiramente comparáveis a crises econômicas, como a Grande Depressão e o colapso de 2008-09, porém não há dúvida de que esses acontecimentos constituem marcos fundamentais na história dos regimes monetários e financeiros do mundo no último século e meio.

É bem sabido que, ao longo do capitalismo moderno, se tem produzido um grande número de crises em bancos e em bolsas de valores em diferentes países, em geral com uma duração relativamente curta e sem converter-se em desastres globais. A história comparada fala-nos de paralelos notáveis nas causas e consequências das crises: essas costumam incluir uma sucessão de borbulhas e pânicos em bolsa ou em estabelecimentos bancários, de quebras de empresas e da ruína de muitos investidores, tanto em resultado de sua credulidade e/ou avareza quanto também pela ação de grandes especuladores e impostores. O auge e o colapso também costumam ver-se afetados pelo papel irresponsável das agências de qualificação de títulos, pelos efeitos da imprensa e por rumores e contágios, que alentam a transmissão do pânico.[1]

Essas características dos mercados financeiros podem ser muito prejudiciais, mas não necessariamente provocam um colapso econômico em escala nacional ou internacional. Em contrapartida, as crises maiores são terremotos financeiros que, para serem mensurados, requerem sua própria escala Richter: atingem um mais alto nível de periculosidade e detêm um enorme potencial destrutivo. Seu desenlace depende da capacidade das elites financeiras e políticas dos países mais afetados para reagir de maneira rápida, enérgica e coordenada, assim como da confiança que deposita o público nas respostas adotadas. Ademais, hoje em dia fica bem claro — em meio a uma crise maior — que os mercados *não se autorregulam*, como se vinha apregoando nos últimos decênios. Quando os sistemas bancários e financeiros entram em colapso nos centros nevrálgicos do capitalismo, somente podem ser salvos pelos governos. Porém, o resgate dos sistemas econômico-financeiros é de enorme complexidade, tanto quanto as novas propostas e as inevitáveis regulamentações que visam a impedir uma nova ruína do sistema financeiro mundial. Pois, com efeito, cada uma das crises maiores costuma marcar o fim de uma época ou o início de outra no que se refere aos sistemas monetários e financeiros; ou seja, uma crise maior provoca uma mudança fundamental no desenho político da arquitetura financeira internacional.

O fato de que as grandes crises costumam converter-se em pontos de conexão entre uma época e outra sugere que, para entendê-las em toda a sua amplitude e em suas múltiplas consequências, é necessário ir mais além de um enfoque estritamente econômico. Esses eventos são tão complexos que sua compreensão exige uma atenção especial a suas causas econômicas, mas

---

[1] Um dos estudos comparativos clássicos das crises financeiras é, sem dúvida, o de Kindleberger (1978).

também é preciso observá-los por meio das lentes da política, das relações internacionais e da história. De fato, pode-se argumentar que uma crise constitui um momento-chave porque é quando a economia se torna objeto de atenção por parte da opinião pública, devido a seus múltiplos e severos impactos sobre a sociedade. De mais a mais, o colapso contemporâneo dos mercados financeiros em escala global tem despertado inúmeras questões acerca de por que a imensa maioria dos economistas e banqueiros fracassou em prever a catástrofe. Essa situação não deve voltar a repetir-se no futuro, dados os enormes custos humanos que implica. Não é justo pensar que sejam inevitáveis os sofrimentos e os desequilíbrios planetários causados pelas grandes crises. É preciso melhor análise e melhor capacidade de previsão.

Por outro lado, não há que se pressupor que a interpretação dos grandes problemas financeiros deve ser impenetrável ou incompreensível para o cidadão comum, que costuma sofrer, bem diretamente, os efeitos das crises. Nesse sentido, é conveniente que se abra o debate sobre suas causas e consequências, utilizando-se de uma linguagem simples e clara, que lhe permita entender como se entrelaçam as finanças, a política e as relações internacionais em conjunturas-chave. Este livro tem esse objetivo e, ao mesmo tempo, o de sugerir a importância das grandes questões que expressa a literatura econômica sobre as crises financeiras e sua pertinência para melhor entender a conjuntura contemporânea.

Ao longo do último século e meio, os economistas e os historiadores econômicos têm-se proposto vez por outra uma série de interrogações fundamentais que continuam sendo motivo de investigação e debate porque tocam o coração do funcionamento do sistema capitalista, e, em particular, a esfera das finanças. Uma das perguntas clássicas consiste em saber se as crises são cíclicas. Essa era uma preocupação muito disseminada antes da Segunda Guerra Mundial, mas posteriormente perdeu interesse para a maioria dos economistas, até o final do século XX. Atualmente, é recolocada de uma nova forma. Com referência ao passado, os economistas e os historiadores econômicos têm-se perguntado se as crises financeiras são similares ou se cada uma é distinta e singular. Sobre esse tema retornaremos diversas vezes ao longo desta obra. Quais são os principais fatores considerados responsáveis por deflagrar uma crise financeira? Essa é uma grande questão, e, como veremos, diversos autores e escolas teóricas oferecem interpretações divergentes. Outro conjunto de investigações analisa o fenômeno do contágio ou de transmissão da crise. Como se transmite o pânico financeiro? Qual é a natureza do pânico bancário e que relação tem, por exemplo, com o desabamento das bolsas? Finalmente, como se resolvem os colapsos financeiros e econômicos? Quanto duram as recessões ou as mais profundas depressões? E qual é o papel dos governos e dos bancos centrais, e daquela figura conhecida como emprestador de última instância, em reduzir o impacto de um descalabro financeiro?

Todas essas perguntas têm sido amplamente debatidas na literatura econômica atual e de outrora. As formas de analisá-las tornam-se cada vez mais sofisticadas e complexas, mas costumam ganhar em profundidade se for possível situá-las em um contexto histórico de longo prazo. Nos diferentes capítulos deste livro oferecemos uma primeira abordagem a alguns desses debates e à forma pela qual se foram incorporando à reflexão histórica. Pois não cabe dúvida de que a história oferece uma das formas mais abrangentes para ampliar nosso entendimento de fenômenos tão complexos como as grandes crises financeiras e o modo pelo qual têm transformado e estão transformando o mundo.

No presente volume, estudamos seis épocas consecutivas, porém diferentes, da história econômico-financeira do último século e meio, com base em uma ampla literatura de economistas e historiadores. Começamos por uma revisão das crises financeiras à época de uma globalização econômica preliminar, que se situa entre a derrocada de 1873 e a deflagração da Primeira Guerra Mundial em 1914. Passamos depois à análise do período de entreguerras e ao debate sobre as causas da Grande Depressão dos anos 1930, fazendo referência à ampla polêmica que sustentam os especialistas sobre o tema e que prossegue até nossos dias. No capítulo terceiro, exploramos o debate sobre uma grande questão: por que não houve crises financeiras importantes nos 30 anos que se seguiram à Segunda Guerra Mundial? É evidente que as possíveis respostas a essa pergunta têm particular interesse para o momento atual. Em continuação, passamos a considerar os paradoxos da decolagem da nova fase de globalização econômico-financeira que se pode situar nos dois decênios que vão desde 1971, quando ocorreu o fim do sistema de Bretton Woods, até 1989, ano da queda do Muro de Berlim. No capítulo cinco, analisamos o período de 1990 até 2006, anos de globalização ainda mais intensa e perigosa que a anterior, que se refletiu na multiplicação das crises financeiras em muitas nações do mundo. Finalmente, nas duas últimas seções, estuda-se o surpreendente colapso global dos anos 2008-09, dando ênfase tanto a suas causas quanto às possíveis consequências para o futuro relativamente próximo.

Nosso relato tem início no primeiro capítulo com uma síntese dos eventos-chave na evolução econômico-financeira do período de ascensão do capitalismo liberal em escala mundial (1870-1914), período muito similar, em muitos aspectos, ao de nosso tempo. Resumimos algumas das principais interpretações sobre a amplitude e as consequências da crise de 1873, que foi sem dúvida o maior colapso financeiro de sua época, embora prossiga o debate sobre se provocou uma depressão econômica mundial. A evidência histórica sugere que a gravidade dos pânicos financeiros e nas bolsas da época não impediu uma recuperação bastante rápida. A expansão do comércio mundial e dos fluxos internacionais de capitais desde meados do decênio de 1870 em diante impulsionou não apenas as economias dos países centrais como também as da periferia, contribuindo para um célere e poderoso processo de globalização econômica — o qual, por outro lado, ocorreu em tempos de surgimento do padrão ouro, que chegou a funcionar como eixo do sistema monetário internacional ao longo de vários decênios. Sob esse regime, alcançaram-se altas taxas de crescimento, apesar de um grau relativamente alto de volatilidade financeira. Nesse sentido, é necessário prestar atenção às características de uma sequência de bolhas e colapsos financeiros, incluindo a crise de 1890 e os pânicos bancários de 1893 e 1907, que resumimos com base em nova e importante literatura financeira.

Encerramos o primeiro capítulo com a crise de 1914, diretamente relacionada com a eclosão da Primeira Guerra Mundial, que marcou o final de um período de mais de 30 anos de grande crescimento econômico mundial, conhecido como a *Belle Époque*. Se bem que, a rigor, não se considere uma guerra como crise financeira, na prática, muitos conflitos internacionais têm efeitos devastadores e modificam profundamente a ordem econômico-financeira, nacional e internacional: no caso da Grande Guerra (1914-18), um recente livro de Niall Ferguson assim o demonstra, ao reunir os resultados de uma ampla reflexão sobre essa problemática (Ferguson, 1998). Com efeito, aquele imenso conflito debilitou de maneira importante o regime do padrão ouro em sua fase mais brilhante em escala internacional, embora não tenha implicado sua morte definitiva, pois se observou um breve renascimento em meados dos anos 1920.

Indubitavelmente, a maior crise financeira do capitalismo moderno ocorreu a partir de 1929 e se converteu na Grande Depressão — ainda que valha a pena sublinhar que nem todos os países do mundo tenham passado por esse colapso com igual intensidade. Esse é o tema de nosso segundo capítulo, porém deve-se ressaltar que há um grande debate sobre a causa do desastre. Para muitos, ainda que não para todos os autores que o têm estudado, o desabamento das bolsas e os subsequentes pânicos bancários asfixiaram as economias e desencadearam a queda mais pronunciada do comércio exterior mundial que se conheceu na história do capitalismo moderno. Por sua vez, essa queda provocou a contração da produção industrial e agrícola em numerosas nações, resultando que dezenas de milhões de pessoas perderam seus empregos durante anos. Essas circunstâncias propiciaram um nacionalismo econômico acelerado e deflagraram uma corrida armamentista que haveria de acabar de forma trágica. Os dirigentes políticos de nossa época estão vivendo à sombra daqueles acontecimentos que desembocaram na mais devastadora guerra mundial da história da humanidade.

De acordo com a visão tradicional, as origens da Grande Depressão derivam do *crash* de Wall Street, em 24 de outubro de 1929, e dos subsequentes desequilíbrios nos mercados financeiros dos Estados Unidos. Porém, por que se transmitiram com tal rapidez a grande parte do mundo? Prossegue hoje o debate sobre quais foram as causas desse espetacular colapso nas bolsas e da multiplicidade de pânicos bancários entre 1930 e 1933, com o consequente afundamento das economias reais, durante o período da Grande Depressão. A vasta literatura econômica e histórica sobre essa problemática reflete a amplitude das discussões e de sua complexidade. Como assinalou Ben Bernanke (ex-presidente do Federal Reserve Bank) em uma obra intitulada *Essays on the Great Depression* (2000), as causas domésticas vinculavam-se às internacionais. Nosso resumo dá ênfase à interconexão entre a trajetória descendente das economias e a rígida gestão do sistema monetário e bancário internacional em fins do decênio de 1920 e primeiros anos da década de 1930. Aqui é inescapável a referência a um grande perito em história monetária, Barry Eichengreen, que, a partir de sua grande obra *Golden fetters: the gold standard and the Great Depression* (1992), formulou a explicação mais influente da relação entre a história econômica e a política internacional da época: em especial, confere destaque ao desempenho desigual do padrão ouro em diferentes países nas décadas de 1920 e 1930 e sua relação com o colapso posterior e os processos bem diversificados de recuperação econômica.

Em suma, a crise de 1929-30 foi uma combinação de pânicos nos bancos e nas bolsas, aguçados por crises monetárias e dívidas soberanas. A retração do crédito provocou amplos e profundos efeitos sobre aspectos concretos da economia real: indústria, agricultura, mineração, construção e comércio. O desastre econômico foi especialmente penetrante nos Estados Unidos e na Alemanha, mas afetou quase todos os países do mundo. Para entender as ramificações internacionais do colapso é fundamental recorrermos, entre outras obras, ao estudo clássico de Charles Kindleberger (1973) sobre a Grande Depressão, que foi chave para impulsionar o campo da história econômica comparada. Nesse sentido, é importante assinalar que, depois de forte impacto inicial na economia mundial, se produziu uma recuperação a partir de 1932 em várias regiões: assim foi o caso do Japão, da maioria dos países do velho Império Britânico na Ásia e na África, e da maior parte dos países latino-americanos. Isso confirma um fenômeno comum a todas as crises, que essas afetam de maneira diferenciada as nações e as economias. Do que não resta dúvida é que a Grande Depressão tenha provocado mudanças radicais na arquitetura financeira internacional, as quais incluíram, inicialmente, o abandono do padrão ouro e, depois, o afundamento mais ou menos veloz da ordem financeira existente, entrando em uma etapa do mais crasso e agressivo nacionalismo econômico, político e militar.

Os historiadores prosseguem discutindo em que medida a prolongada crise econômico-financeira dos anos 1930 foi fator decisivo para criar as condições que favoreceram a deflagração da Segunda Guerra Mundial (1939-45). Debate-se ainda se a Grande Depressão se encerrou com a guerra ou se o seu final deve ser considerado anterior. Está claro que o comércio internacional se recuperou de 1933 em diante, impulsionado pela expansão das taxas de investimento e de crescimento econômico em muitas nações. Se bem que seja certo que em muitas economias industriais o aumento do gasto público nos exércitos tenha constituído um elemento-chave de saída da crise, não implicava um retorno à normalidade financeira. Esse retorno não foi possível até a cessação do conflito mundial. Não obstante, desde 1944 se pôs em marcha um plano para o reordenamento da regulamentação e da organização financeira global, conhecido no jargão dos economistas como o *sistema de Bretton Woods*. Esse sistema consistiu na criação e adoção de uma série de regras e de instituições multilaterais que assentaram as bases de uma nova arquitetura e de uma dinâmica financeira internacional, que — em boa medida — se manteve em pé ao menos até 1971.

Durante o pós-guerra e ao longo de um quarto de século, houve poucos pânicos bancários, escassas quedas em bolsas e nenhuma crise financeira sistêmica. O que explica o êxito do sistema financeiro de Bretton Woods? Essa é uma questão central de nosso terceiro capítulo. Mais especificamente cabe perguntar: por que houve tão poucas crises financeiras no pós-guerra? Uma resposta respaldada por muitos pesquisadores é que tal se deveu ao crescimento econômico forte e sustentado que se experimentou em escala mundial desde o final dos anos 1940 até os anos 1970. Outra resposta complementar é que a estabilidade monetária e financeira estava estreitamente vinculada ao sistema de relações internacionais do pós-guerra. Esse enfoque é pertinente para aquela época, mas também para os nossos dias. Argumenta-se que a Guerra Fria teve efeitos paradoxais. Em que pese à constante competição, durante mais de 30 anos, entre Estados Unidos e União Soviética, para a conquista da hegemonia, na prática manteve-se um equilíbrio de poder. E por isso, tanto no âmbito do socialismo real quanto no do capitalismo, sustentou-se uma relativa estabilidade monetária e financeira. De fato, não seria senão depois do abandono do sistema de Bretton Woods em 1971, sob a administração de Nixon e durante a Guerra do Vietnã, que se acentuaria a desestabilização monetária e financeira. Posteriormente, ao longo dos decênios de 1970 e 1980, iniciou-se uma nova fase da globalização financeira, cada vez menos regulada, que por etapas ganhou força, até completar-se com a fenomenal ruptura de 2008.

No quarto capítulo deste livro é analisado o auge do endividamento dos países latino-americanos na década de 1970, que precedeu o colapso das dívidas soberanas no decênio de 1980, o qual ameaçou sacudir o sistema bancário mundial. De fato, o conceito moderno de *crise da dívida* pode-se datar de agosto de 1982, quando o governo mexicano anunciou a seus credores estrangeiros que estava à beira da bancarrota. As implicações dessa notícia revelavam-se tão ameaçadoras que tanto os maiores bancos internacionais quanto o próprio governo dos Estados Unidos e o FMI se viram obrigados a atuar rapidamente para evitar um pânico generalizado. Logo se seguiram as suspensões de pagamentos de quase todos os governos latino-americanos e uma série de prolongadas recessões nos países da região. Sob todos os aspectos, essa sucessão de colapsos pode ser descrita como um conjunto de *crises de dívidas soberanas* com impacto global, sobretudo porque durante algum tempo ameaçaram os principais bancos de Estados Unidos, Japão e Europa. Nesse sentido, uma interrogação importante é: por que os grandes colapsos das dívidas externas dos anos 1980 se deram de maneira quase simultânea?

No quinto capítulo, sumarizamos os paradoxos financeiros da década de 1990. Cabe relembrar que, após a redução da crise da dívida externa dos países em desenvolvimento ao final dos anos 1980, se produziu um aumento enorme dos fluxos de capitais em escala global. Isso resultava, em boa medida, da crescente liberalização dos mercados financeiros, a qual, no caso específico de Londres, ficou conhecida como *big bang*. A globalização financeira, não obstante, teve efeitos contraditórios. Por uma parte, gerou uma recuperação econômica e uma extraordinária ascensão das bolsas nos Estados Unidos e — em menor grau — na Europa, desde aproximadamente 1994 até finais da década. Em contrapartida, nesse período diversos países latino-americanos voltaram a experimentar graves problemas financeiros, em particular o México (a crise financeira de 1995), o Brasil (as crises de 1997 e 1998) e a Argentina (2001-02). Ao mesmo tempo, entre 1997 e 1998, irromperam gravíssimas crises financeiras em cinco países asiáticos — Tailândia, Indonésia, Malásia, Filipinas e Coreia do Sul —, que provocaram o naufrágio de suas economias e demandaram a organização de enormes resgates do FMI, entre outros organismos.

Para economistas como Paul Krugman, prêmio Nobel de 2008, tanto a prolongada crise financeira do Japão durante os anos 1990 quanto os colapsos dos chamados "mercados emergentes" da Ásia em 1997 antecipavam problemas globais mais sérios. Contudo, curiosamente, os especialistas financeiros não prestaram atenção suficiente aos desequilíbrios que estavam sendo gerados, em paralelo com a impressionante ascensão dos maiores mercados financeiros internacionais: Nova York e Londres. A pergunta central é: por que não houve maior clarividência com respeito aos perigos que apresentavam as mais importantes bolhas financeiras da história do capitalismo moderno?

Essa problemática nos leva, no capítulo sexto, a uma reflexão sobre a enorme crise, cada vez mais globalizada, que se iniciou em 2008 e que se aprofundou em 2009. Todo mundo tem-se perguntado se o colapso contemporâneo é equivalente aos maiores descalabros do passado. Debate-se também se poderia ser esse um momento de definição de mudanças transcendentais na economia mundial.[2] Sem dúvida, uma das razões pelas quais o colapso financeiro contemporâneo se tem mostrado tão penetrante tem a ver diretamente com o colapso dos mercados de capitais e bancários nos Estados Unidos. Quanto maiores sejam as economias e os mercados financeiros onde começa uma crise, maior será seu impacto.

---

[2] Um ponto de referência para comparações históricas é a obra de Bordo, Goldin e White (1998).

É também importante considerar o grau de inter-relação dos mercados financeiros em escala internacional, fator que ajuda a explicar o fenômeno de contágio e transmissão, e a possibilidade de que se produza uma crise sistêmica. É por isso que neste livro se esboça o estudo das grandes crises no contexto da história global. Porém, qual é a natureza do contraponto entre o nacional e o internacional? Essa é uma pergunta essencial, mas de difícil resposta. No caso da crise de 2008, por exemplo, argumenta-se que as causas imediatas foram domésticas, porque residiam no enfraquecimento dos gigantescos mercados imobiliários dos Estados Unidos, ainda que não haja dúvida de que também se vinculavam ao fenômeno da globalização contemporânea, que se expressou por meio dos enormes fluxos de capitais que chegaram do exterior para alimentar os mercados de crédito e as bolsas de valores daquele país.

É cedo para que se tenha segurança sobre a natureza do desenlace da atual crise, ainda que se tenha tornado evidente que seu alcance seja bastante singular e que contenha uma combinação de fatores muito complexa: em 2008 entrelaçou-se uma enorme crise hipotecária com pânicos bancários, colapsos em bolsas e uma forte recessão mundial que ameaçou converter-se em depressão. Em algumas nações periféricas acenderam-se determinados sinais de crises cambiais em potencial, porém até o presente não se produziram nem crises de dívidas externas nem crises bancárias significativas nesses países. Ao contrário, tanto Ásia como Oriente Médio e América Latina têm demonstrado uma enorme força. Isso quer dizer que a periferia sofre menos do que o centro do torvelinho financeiro atual? Sem dúvida, para os países em vias de desenvolvimento essa é uma questão-chave, que ainda não tem resposta.

A trepidante conjuntura atual tem exigido o remapeamento dos problemas e diagnósticos tradicionais sobre as causas do colapso financeiro e, ainda, sobre o futuro do capitalismo nos anos vindouros. Nosso texto oferece uma amostra do amplo espectro de estudos e de fontes de informação sobre as maiores crises do último século e meio. Contudo, considerada a complexidade dos temas analisados, parece-nos fundamental sugerir leituras adicionais. Por isso, como complemento, incluímos uma bibliografia seleta ao final do livro. Elaboramos também um site,[3] que remete a uma boa parte da leitura de referência, assim como tabelas e gráficos estatísticos, que podem ser de interesse para os que desejem aprofundar-se nessa temática e efetuar suas próprias pesquisas. Essa forma permite tornar mais leve o texto e, ao mesmo tempo, oferecer indispensável material de apoio.

Passado, presente e teoria

Antes de iniciar a nossa jornada histórica, convém fazer umas poucas perguntas, simples, porém fundamentais, que nos remetem à literatura econômica e que podem ser de ajuda na hora de interpretar os grandes colapsos financeiros analisados nas páginas que se seguem. Para começar, convém esquematizar como se define uma *crise econômica*, pergunta que admite múltiplas respostas. Em princípio, uma explicação ortodoxa indica que se refere a um severo ajuste nas tendências de crescimento de uma economia, o qual pode ser de curta ou de média duração. Se dura mais de um ano e implica queda do Produto Interno Bruto (PIB) de vários pontos percentuais, é frequente que se classifique como uma *recessão*. Se se aprofunda ainda mais, com efeitos realmente devastadores, pode-se considerar que se converteu em uma *depressão*.[4] Ao longo do último século, quase todos os países sofreram múltiplas crises e algumas recessões, porém as depressões costumam ser infrequentes. Qualquer desses desequilíbrios costuma ter uma manifestação local e, adicionalmente, em determinadas circunstâncias, também podem apresentar réplicas em outros mercados e nações, até converter-se em um fenômeno internacional. Evitar uma depressão global tem sido a meta principal dos dirigentes políticos e dos bancos centrais no período que se seguiu à deflagração da crise em setembro de 2008.

---

[3] Ver o site do presente livro (http://historiadelascrisis.com), para detalhes de publicações eletrônicas e bibliografias sobre o tema.

[4] Para uma discussão recente, ver Fernández de Córdoba e Kehoe (2009).

Em segundo lugar, convém perguntar como se originam as crises econômicas e, mais precisamente, por que costuma ser nos mercados financeiros que se observam os primeiros sintomas de colapso. Sob todos os pontos de vista, isso se deve fundamentalmente ao papel crucial do sistema de crédito em qualquer economia moderna. Porém, existem diferentes escolas ou tendências econômicas que oferecem respostas bastante diversas sobre a dinâmica dos ditos mercados. Um amplo espectro de economistas argumenta que os mercados e os investidores refletem um alto grau de racionalidade, que está baseada na percepção de mudanças na relação entre oferta e demanda na economia. Quando se observa um desequilíbrio importante — seja no setor produtivo, seja no âmbito financeiro —, os investidores podem reduzir sua confiança nos bancos ou na bolsa ou em qualquer outro mercado financeiro, o que costuma resultar em uma contração do crédito. Quando o crédito se vê afetado por uma queda abrupta de preços (no mercado de valores ou de ativos), o efeito pode ser desagregador e produzir uma convulsão que desemboque em uma grave crise econômica. Assim ocorre porque o crédito é, com efeito, o componente essencial do sistema nervoso do corpo das finanças e da economia de qualquer país.

Não obstante, não há consenso sobre o desempenho dos mercados nem sobre o dos investidores. De acordo com outro grupo de economistas, é importante analisar a psicologia individual e coletiva dos atores financeiros em épocas de subidas acentuadas e em meio a pânicos. A expressão "exuberância irracional" foi cunhada originalmente pelo notabilíssimo economista John Maynard Keynes, para descrever o frequente e excessivo otimismo no futuro desempenho dos mercados financeiros. Posteriormente, outros autores, como Herman Minsky e Charles Kindleberger, propuseram teorias detalhadas sobre o impacto de mudanças na psicologia coletiva dos investidores, ao passar da euforia mais absoluta nos mercados ao pessimismo mais negro em determinadas conjunturas. Esse enfoque foi recentemente recolhido pelos economistas George Akerlof e Robert Shiller em seu livro *Animal spirits* (2009), que analisa o impacto da psicologia dos investidores, com referência à globalização dos mercados em decênios recentes e ao colapso financeiro de 2008.

Em poucas palavras, como assinala o economista espanhol Guillermo de la Dehesa (2009) em um importante estudo recente, intitulado *A primeira grande crise financeira do século XXI*, durante os últimos dois ou três decênios numerosos economistas têm formulado uma ampla gama de propostas teóricas para explicar o funcionamento dos mercados financeiros. Se bem que haja sido especialmente influente, para não dizer dominante, a escola de pensamento que dá ênfase à hipótese dos mercados sempre eficientes, existe bom número de interpretações que oferecem perspectivas muito diferentes, como as do prêmio Nobel Joseph Stiglitz, que tem argumentado por longo tempo que nos mercados financeiros as disfunções de mercado são assaz frequentes e que é de suma importância levar em conta as assimetrias de informação; isso para não falar de uma multiplicidade de enfoques e de modelos econômicos adicionais que são intensamente debatidos na atualidade.

Entretanto, certamente, a discussão sobre as causas das crises não termina aí, pois outros analistas sustentam que, além dos elementos especificamente econômicos ou psicológicos, é importante considerar também o impacto de fatores externos; por exemplo, um choque provocado por uma guerra, por uma crise política ou por um profundo conflito social. Esses eventos também podem causar ou aprofundar um colapso financeiro.

Ainda que algumas crises financeiras possam estar essencialmente em um dado país ou mercado, frequentemente se transmitem a outros. Costuma-se aplicar uma metáfora médica para descrever aspectos das crises, sendo habitual falar de graus de *contágio* e de mecanismos de difusão, com o objetivo de especificar se o desequilíbrio se localiza ou se generaliza. Dessa perspectiva, é importante ter presente que existe um conjunto variado de diagnósticos sobre a natureza específica de uma transmissão das *crises financeiras*. Para alguns dos maiores especialistas contemporâneos nessa temática, deve-se prestar atenção especial ao fato de que, no capitalismo moderno, os bancos estão no coração do sistema financeiro e por isso o seu enfraquecimento se converte em gatilho para a propagação dos desequilíbrios ao restante da economia. As razões têm a ver com as amplas conexões que existem entre bancos e clientes, empresas e setores econômicos diversos, os quais são descritos no jargão dos economistas como "externalidades". Em linguagem simples, as quebras bancárias costumam gerar impactos diversos, que incluem o contágio de desconfiança nas firmas e nos mercados financeiros, o empobrecimento súbito dos clientes dos bancos, o enfraquecimento do equilíbrio das empresas que mantêm relações com um banco com problemas, as vendas maciças de ativos em bolsa e, finalmente, a contração do crédito.[5] O grau de intensidade desta última é considerado determinante para que se deflagre uma recessão ou uma depressão.

Embora não haja dúvida de que os bancos sejam atores fundamentais nos sistemas de crédito, a história das crises financeiras demonstra haver outros fatores que podem incidir no contágio e na transmissão das mesmas. Trata-se de eventos extremamente complicados e diversos, cuja explicação e taxonomia exigem que se vá mais além das análises dos pânicos e das quebras bancárias. Por esse motivo, neste livro fazemos referência às lições de grandes especialistas contemporâneos, entre os quais Michael Bordo e Barry Eichengreen, que têm insistido na importância do estudo histórico da *complexa anatomia das crises financeiras*. Argumentam eles que essas se compõem de desequilíbrios em diferentes mercados financeiros: pânicos em bolsa, pânicos bancários, crises cambiais, crises de dívidas soberanas e crises hipotecárias (Bordo e Eichengreen, s.d.). Em diferentes ocasiões, combinam-se umas com outras, pelo que se pode falar de *crises gêmeas*, que são mais severas (ver gráfico 1). Evidentemente, as crises maiores ou *sistêmicas* costumam conter todos esses componentes, e é precisamente por isso que se tornam tão devastadoras.

Finalmente, existe uma ampla faixa de perguntas na literatura que se concentram no tema de como se resolvem as crises. Quanto duram as diferentes crises financeiras e quão profundas podem chegar a ser? Qual é o papel do governo ou do banco central na crise? Como se define o emprestador de última instância? Os debates a respeito têm sido extensos no passado e são ainda mais intensos no presente, devido aos eventos contemporâneos.

---

[5] Ver o magnífico estudo e diagnóstico realizado recentemente por um grupo de cinco especialistas que têm refletido sobre algumas das lições da crise financeira contemporânea: Brunnermeier et al. (2009).

Em resumo, salta à vista que, ao analisar as maiores crises financeiras, não resulta possível nem razoável pensar em uma causalidade única nem em um impacto idêntico. As crises globais têm múltiplas causas e também diversas consequências. Portanto, um enfoque linear ou unilateral, em termos teóricos, tem uma utilidade limitada para explicar esses cataclismos. Por esse motivo, são de grande importância as comparações e o esforço em estabelecer paralelos e/ou contrastes. Em um trabalho recente, Carmen Reinhart e Kenneth Rogoff (2008) analisam dois séculos de *crises bancárias*, tanto em países avançados quanto na periferia, e curiosamente seus dados reforçam uma tese clássica, que declara que as crises bancárias *sistêmicas* (em vários países ao mesmo tempo) sempre são precedidas de períodos de auge, incluindo bolhas em bolsa e em mercados imobiliários, assim como de um forte aumento nos fluxos internacionais de capitais e de ampla disponibilidade de crédito, antes do colapso.

Esse enfoque é similar à tese de Christian Suter (1992), que escreveu um dos trabalhos pioneiros mais completos sobre os *ciclos de dívida* em nível mundial (*Debt cycles in the world economy*),[6] desde princípios do século XIX até fins do século XX. Esse pesquisador suíço descobriu que todas as grandes crises de dívida soberana eram precedidas de fases de rápida expansão ou globalização financeira. Sem embargo, outros pesquisadores — mais inclinados à macroeconomia — têm assinalado que os estudos de longo prazo indicam ser necessário analisar com muito cuidado a relação entre ciclos financeiros e tendências produtivas, para determinar quando esses ciclos incidem de maneira determinante sobre a economia real. Esse contraponto nas discussões demonstra-nos que é útil relacionar os estudos recentes sobre a sequência de crises (maiores e menores) das últimas décadas com a literatura mais tradicional, que reunia o debate sobre a natureza dos ciclos econômicos através dos anos. Não obstante, não é suficiente sustentar que as crises são cíclicas, pois, se apenas o fossem, seria muito mais fácil predizê-las. A enorme dificuldade em prever o grande colapso de 2008 nos dá conta da complexi-

---

[6] Ver também enfoque similar em Marichal (1992).

dade de entendimento dos mercados financeiros. E, precisamente por isso, é importante ter em consideração a multiplicidade de escolas econômicas, políticas e históricas que têm analisado as crises do passado e do presente.

Quais serão as consequências da crise de 2008 e 2009, em nível nacional e global? Essa é a grande pergunta que todos formulam hoje e que abordamos no epílogo. Na América Latina — de onde se escreve este livro —, não se trata de debater apenas quanto pode durar a crise, mas também de pensar qual será o desenho da nova arquitetura monetária e financeira e como poderá esse desenho influir em novas estratégias de desenvolvimento, com especial atenção às necessidades peremptórias de evitar uma pior distribuição de renda e de impedir a deterioração do meio ambiente. Haverá um retorno a Bretton Woods, comandado por Estados Unidos, Europa e Japão? Impor-se-á novamente o keynesianismo nas políticas públicas? Poderão prosperar aquelas propostas para que se substitua o dólar americano como moeda de reserva mundial (conforme sugeriu o Banco Central da China) por outro padrão ou por uma cesta de moedas?

Nos últimos dois decênios, o auge financeiro mundial conduziu a incontáveis excessos e à tendência a uma forte concentração de renda, a qual favorece um grau de desigualdade econômica e social que é, ao mesmo tempo, imoral e perigosa. Nenhum país escapou a esse processo, e por isso é fundamental refletir acerca das causas e consequências desse fenômeno, assim como sobre as formas pelas quais as respostas à crise atual poderiam influenciar uma mudança: por exemplo, reduzindo a especulação financeira e alternativamente aumentando o investimento em bem-estar social, saúde e educação. Nesse sentido, parecem-nos em especial apropriadas as observações do economista canadense John Galbraith, em sua breve e clássica história do *crash* de 1929. Galbraith assinalava, em 1972, de maneira claramente premonitória para nossa época:

> Como proteção contra a fantasia e a demência financeiras, a memória é muito melhor que a lei. Quando a lembrança do desastre de 1929 se perdeu no esquecimento, a lei e a regulamentação não foram suficientes. A história é extre-

mamente útil para proteger as pessoas da avareza dos demais e da sua própria. [Galbraith, 1972:9]

Hoje em dia resulta medianamente claro que, durante os anos 1990 e princípios do século XXI, os investidores, os banqueiros centrais e privados e os dirigentes políticos se esqueceram da história. Por esse motivo, não se preveniram dos perigos inerentes às maiores borbulhas nas bolsas imobiliárias e financeiras do capitalismo moderno, em especial nos Estados Unidos. A irrupção da crise de 2008 obriga perguntar sobre o que se passou e por quê. Porém sugere ainda que se deva revisar a experiência financeira — em longo prazo — a fim de determinar se há lições a aprender com o passado, para pensar o presente e o futuro.

DIAGRAMA 1
As crises financeiras do capitalismo clássico, 1866-1914

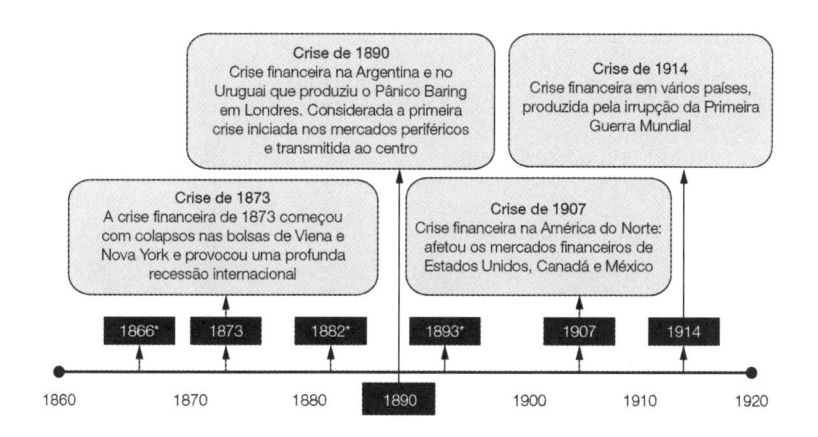

Crise de 1890
Crise financeira na Argentina e no Uruguai que produziu o Pânico Baring em Londres. Considerada a primeira crise iniciada nos mercados periféricos e transmitida ao centro

Crise de 1914
Crise financeira em vários países, produzida pela irrupção da Primeira Guerra Mundial

Crise de 1873
A crise financeira de 1873 começou com colapsos nas bolsas de Viena e Nova York e provocou uma profunda recessão internacional

Crise de 1907
Crise financeira na América do Norte: afetou os mercados financeiros de Estados Unidos, Canadá e México

1866* | 1873 | 1882* | 1893* | 1907 | 1914

1860 — 1870 — 1880 — **1890** — 1900 — 1910 — 1920

* As crises assinaladas com asterisco referem-se às de menor impacto: a de 1866 com epicentro em Londres, a de 1882 em Paris e a de 1893 em Nova York.

DIAGRAMA 2
Principais crises financeiras dos séculos XX e XXI

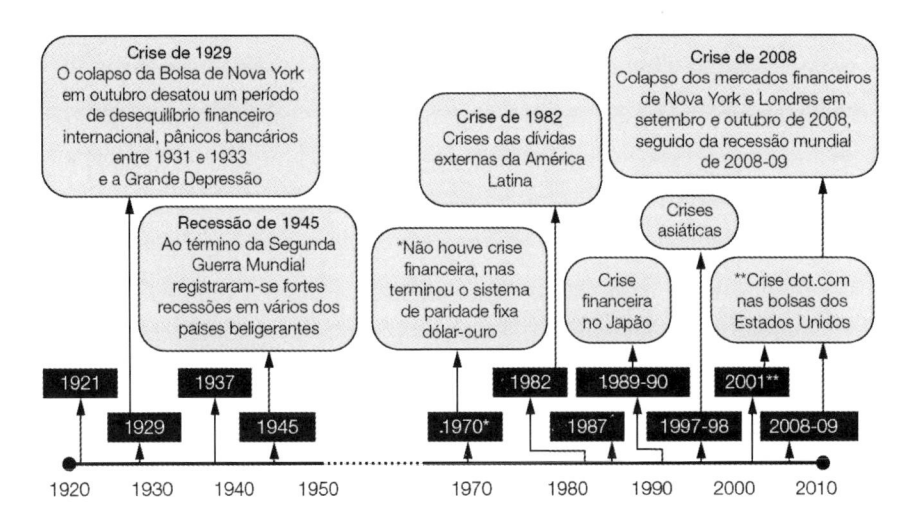

Crise de 1929
O colapso da Bolsa de Nova York em outubro desatou um período de desequilíbrio financeiro internacional, pânicos bancários entre 1931 e 1933 e a Grande Depressão

Recessão de 1945
Ao término da Segunda Guerra Mundial registraram-se fortes recessões em vários dos países beligerantes

Crise de 1982
Crises das dívidas externas da América Latina

*Não houve crise financeira, mas terminou o sistema de paridade fixa dólar-ouro

Crise financeira no Japão

Crises asiáticas

Crise de 2008
Colapso dos mercados financeiros de Nova York e Londres em setembro e outubro de 2008, seguido da recessão mundial de 2008-09

**Crise dot.com nas bolsas dos Estados Unidos

1921 | 1929 | 1937 | 1945 | 1970* | 1982 | 1987 | 1989-90 | 1997-98 | 2001** | 2008-09

1920　1930　1940　1950　1970　1980　1990　2000　2010

GRÁFICO 1
Incidência de crises bancárias, cambiais e gêmeas, 1884-1998

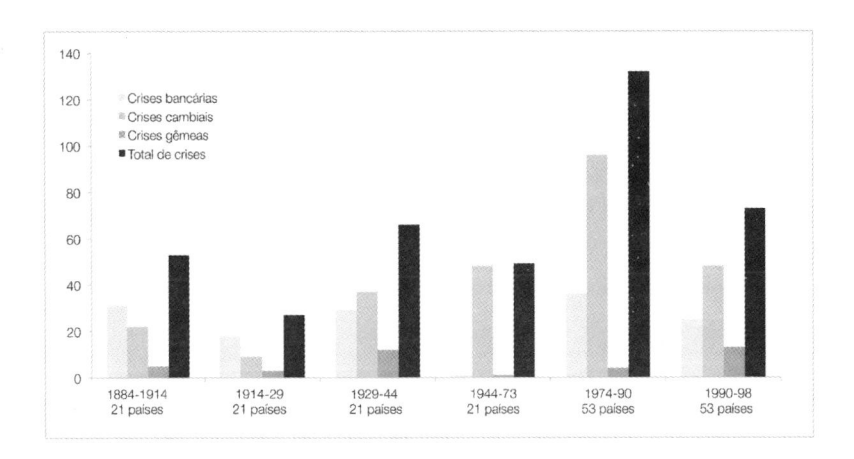

[Gráfico de barras com as categorias: Crises bancárias, Crises cambiais, Crises gêmeas, Total de crises, nos períodos:
1884-1914 (21 países), 1914-29 (21 países), 1929-44 (21 países), 1944-73 (21 países), 1974-90 (53 países), 1990-98 (53 países)]

Nota: A amostra de 21 países inclui nações da Europa, da América do Norte, da América Latina e o Japão. No caso do período posterior a 1973, incluíram-se países de todos os continentes. Cabe mencionar que o número de crises não corresponde necessariamente à severidade dessas.
Fonte: Elaboração própria, com base em Bordo et al. (2000, apêndice A, p. 37-41).

CAPÍTULO 1

A primeira globalização: as crises financeiras na época clássica do capitalismo liberal, 1873-1914

Em princípios do século XXI, é frequente atribuir tanto os êxitos quanto os fracassos da economia contemporânea ao fenômeno da globalização financeira. Todavia, convém recordar que esse fenômeno não é inteiramente novo. Os historiadores têm chegado ao consenso de que os anos de 1870 a 1914 devem ser descritos como uma primeira época de *globalização econômica*. Nunca antes haviam sido tão amplos e tão intensos os fluxos internacionais de comércio e de capitais, tendo sido adicionalmente acompanhados de intensas migrações internacionais, em especial da Europa para as Américas. Pode-se argumentar, inclusive, que esse foi o período em que o capitalismo ganhou impulso em nível mundial como sistema econômico dominante: os ciclos das economias industriais começaram a exercer uma influência decisiva sobre grande parte da atividade econômica do mundo.

O triunfo do capitalismo industrial em fins do século XIX esteve diretamente relacionado com outro fenômeno que nos resulta familiar: uma revolução financeira em grande escala, que já estava em marcha na maior parte do mundo desde algum tempo. A expansão bancária e financeira na Europa e na América do Norte foi particularmente rápida de 1850 em diante: a multiplicação dos bancos foi acompanhada pela criação formal de bolsas de capitais e da consolidação dos mercados de crédito e de seguros.[7] Ademais, a partir do decênio de 1860, essa transformação estendeu-se a outras regiões: no caso da América Latina, por exemplo, os anos de 1860 a 1873 marcaram o nascimento dos bancos como sociedades anônimas em vários dos principais portos e capitais da região. Deu-se também um processo similar em várias cidades do Oriente Médio, Sul da África, Austrália, Índia, Japão e os portos livres da China. Os antigos mercados de crédito nesses países estavam baseados fundamentalmente em redes de casas financeiras privadas, que começaram a modernizar-se e a institucionalizar-se em forma de bancos. Ao mesmo tempo, essa foi uma época de forte impulso aos fluxos internacionais de capitais europeus (com empréstimos soberanos e investimentos diretos), que foram criando um tecido cada vez mais complexo e extenso de finanças internacionais.

Tudo isso, contudo, não estava baseado em um equilíbrio perfeito, mas em uma dinâmica que podia desestabilizar-se a partir das debilidades internas dos mercados mais importantes, ou por efeito de um choque externo. Por exemplo, as grandes especulações em bolsa dos anos de 1867 a 1872 geraram condições propícias a uma eventual explosão. O resultado foi o colapso internacional de 1873, que teve um impacto muito profundo em numerosas nações da América, da Europa e do Oriente Médio. Menos graves, mas também destrutivos, foram os sucessivos pânicos bancários e financeiros de 1882, 1890, 1893, 1907 e 1914.[8]

As explicações mais gerais daquelas crises financeiras de fins do século XIX e princípios do século XX enfatizam a sequência de auge e queda (*boom*

---

[7] Existe uma grande quantidade de ensaios e resenhas de livros sobre a história bancária e financeira dessa época na revista especializada *Financial History Review*, publicada pela Cambridge University Press desde 1994. Ver o índice de artigos no site: <http://journals.cambridge.org/action/displayJournal?jid=FHR>.

[8] Pesquisadores de nossos dias têm estudado essas crises financeiras iniciais do capitalismo do século XIX, para compará-las com as ocorridas um século depois (durante os anos 1990) nos "mercados emergentes". Alguns sustentam que a globalização de fins do século XIX foi tão extensa e volátil como a atual, enquanto outros argumentam que a globalização contemporânea é bem mais profunda do que a de um século atrás. Um excelente ensaio, com abundantes referências bibliográficas, é o de Bordo e Eichengreen (s.d.).

and burst) como característica do capitalismo liberal. Por sua vez, numerosos pesquisadores identificam interações essenciais entre o desempenho das bolsas e os novos sistemas bancários. Quando a desconfiança se apoderava dos bancos e de diversas firmas financeiras, a venda de ativos podia provocar pânicos em bolsa. Da liquidez se passava à insolvência.[9] As consequências para todo o sistema creditício e para a economia em seu conjunto costumavam ser muito graves.

Cabe perguntar, então, em que medida existiam mecanismos que permitissem responder às crises para atenuá-las? A resposta da maioria dos historiadores é ambígua, porque ainda não havia uma ideia tão clara da necessidade de definir um *emprestador de última instância*, como ocorre na atualidade. Na época clássica do padrão ouro, o regime monetário vigente acarretava uma série de efeitos contraditórios. Por uma parte, dava confiança aos clientes dos bancos e aos investidores internacionais de que podiam recuperar suas economias em metal, em qualquer circunstância. Em contrapartida, a conversibilidade dos títulos bancários em ouro impunha fortes restrições, já que — quando se instalavam as crises — o ouro emigrava do país e os bancos se viam obrigados a restringir a emissão monetária. As autoridades financeiras do final do século XIX encontravam limitações para respaldar os sistemas creditícios em momentos de dificuldade. Frequentemente, os ministros de finanças podiam chegar a oferecer algum apoio pontual a determinados bancos e intentavam certa coordenação de ações, porém o liberalismo clássico não autorizava uma intervenção governamental maciça. As crises, por conseguinte, eram frequentes, ainda que diversas em suas características.

---

[9] A análise da crise de 2008 revela a persistência desses mecanismos, que nos falam da relação existente entre os problemas de liquidez, solvência e desequilíbrio nas contas dos bancos em seus ativos e passivos, como se vê na sofisticada discussão que se apresenta em Brunnermeier et al. (2009:13-15).

A primeira crise financeira mundial: 1873

Desde os princípios do século XIX, produziram-se diversos pânicos bancários e em bolsas de valores na Europa e na América do Norte, alguns dos quais impactaram vários mercados de uma só vez. A crise financeira que irrompeu em Londres em fins de 1825 foi qualificada pelo próprio Karl Marx como a primeira crise do capitalismo. Posteriormente, sobrevieram os colapsos de 1837, de 1846 a 1847, 1857 e 1866, em uma sequência que deu origem à constatação de que as crises eram periódicas.[10] A quebra de bancos e a de destacadas casas mercantis em centros financeiros de grande importância como Londres, Paris, Nova York ou Hamburgo tiveram o efeito de restringir o crédito aceito no comércio internacional; porém, seu impacto variava de país para país. Em outubro de 1857, a crise começou em Londres e se transmitiu com rapidez a Hamburgo, em novembro; um par de meses mais tarde já afetava os correspondentes das casas comerciais inglesas e alemães em diferentes portos da América do Sul. Em 1866, a quebra da poderosa casa financeira de Overend-Guerney em Londres afetou os mercados financeiros da Europa Central e na Itália, mas as consequências foram especialmente duras na Espanha, onde entrou em colapso a maior parte dos bancos de Barcelona, Cádis e Santander, entre outras cidades.[11]

De acordo com os magistrais estudos de Charles Kindleberger, esses pânicos refletiam tendências que seriam características de todas as posteriores crises financeiras e em bolsas. A anatomia da crise podia ser descrita em função de uma trajetória comum: partia-se de uma fase de expansão de crédito que era acompanhada por uma forte especulação na bolsa ou em bens físicos, até chegar-se a um pico de extraordinária agitação, seguido de um súbito naufrágio da confiança dos investidores, o que provocava uma queda nos preços dos valores. Logo se desencadeavam pânicos em bolsa e corridas bancárias que, em seu conjunto, produziam um colapso econômico. Kindleberger utilizou os

---

[10] Para mais detalhes, ver o estudo de Kindleberger (1978).

[11] O estudo pioneiro mais citado sobre a crise de 1866 em Barcelona foi o de Sánchez Albornoz (1977, cap. 7).

modelos de análise desenvolvidos por Hyman Minsky, um teórico monetário cujas ideias são hoje citadas com frequência, porque enfatiza a fragilidade inata do sistema financeiro (Kindleberger, 1978: especialmente cap. 1). Esse modelo analítico é bem estruturado, mas é certo que sua utilidade depende de que seja confrontado com casos históricos concretos.

Apesar da gravidade de alguns dos descalabros anteriores do século XIX, é viável argumentar que não foi senão em 1873 que se produziu o que poderíamos denominar uma *crise financeira mundial*. Ela começou na Áustria, em princípios de maio de 1873, em razão de um pânico bancário e de uma queda na bolsa em Viena, e logo se transmitiu aos mercados financeiros de Alemanha, Itália e outros países europeus.[12] Em setembro, teve lugar um forte colapso na bolsa e no segmento ferroviário nos Estados Unidos, dando início a um período de recessão nesse país, que durou até 1877. Desde o primeiro momento, a instabilidade financeira propagou-se em nível internacional, provocando múltiplas quebras bancárias e comerciais em dezenas de países, e se viu agudizada por uma queda nos fluxos de capitais internacionais, pela contração do crédito bancário e por uma baixa pronunciada dos preços das *commodities*, sobretudo produtos agrícolas e matérias-primas.

Sem dúvida, uma das singularidades desse colapso foi que, em contraste com a maior parte das crises financeiras do século XIX, que foram provocadas por pânicos nos mercados de Londres ou Paris, a de 1873 iniciou-se com o afundamento dos mercados bancários e das bolsas na Europa Central e nos Estados Unidos. Isso era reflexo do processo de expansão e crescente integração do capitalismo em escala internacional: os desequilíbrios bancários em qualquer região se transmitiam agora com maior velocidade a centros financeiros e mercantis distantes, produzindo-se assim um curto-circuito generalizado, ainda que com desigual intensidade.

Depois de golpear as economias da Europa e da América do Norte, as ondas de crise espalharam-se, o que gerou uma redução do crédito mercantil

---

[12] Reduziu-se o número de sociedades cotadas na Bolsa de Viena de 875 em 1873 para 411 em 1879; ao mesmo tempo, reduziu-se o número de bancos austríacos de 141 para 45; ver Sokal e Rosenberg (1929:106-109). Para um ensaio mais recente que confirma a gravidade da crise na Áustria, ver Schulze (1977:282-304).

e bancário em todo o mundo: afetaram-se com especial severidade em 1874 os pequenos países centro-americanos, cujos governos tinham pesadas dívidas; logo o Peru, o maior devedor da América Latina; e finalmente o Império Otomano — em particular, os governos de Turquia e Egito — que entraram em bancarrota em 1876. Por volta de 1876, 12 governos do Oriente Médio e da América Latina haviam suspendido seus pagamentos, sobre um total de quase 300 milhões de libras esterlinas em dívidas.

Nos Estados Unidos, a turbulência começou com um típico pânico na bolsa que abalou vários dos grandes bancos de Nova York, os quais estiveram a ponto de soçobrar. Em 21 de setembro de 1873, o *New York Times* publicou em primeira página um artigo intitulado "Pânico em Wall Street", que descrevia a eclosão da pior crise bancária e na bolsa de valores até então sofrida na América do Norte. O periódico reportou que, desde a quinta-feira, dia 19 daquele mês, havia irrompido uma atividade febril em Wall Street: os investidores pressentiam o enfraquecimento dos mercados financeiros e as ordens de venda dispararam. No sábado, às 10 da manhã, hora de abertura da Bolsa de Nova York (que então funcionava por seis dias na semana), o pânico voltou a se apoderar dos agentes e dos investidores, que desesperadamente se desfizeram de suas ações, em particular das empresas ferroviárias do banqueiro Jay Gould, conhecido por suas vultosas especulações. Gould fez o impossível para deter a avalancha, comprando milhares de títulos, porém a maré vendedora avançava sem parar, e cerca do meio-dia as autoridades da bolsa encerraram as operações.

No domingo, único dia em que a bolsa não operava, chegaram de trem, de Washington a Nova York, o presidente Ulysses S. Grant e o secretário do Tesouro, para consultas com os dirigentes dos bancos e um círculo de importantes empresários e investidores. Reuniram-se naquela tarde, no Fifth Avenue Hotel, mas não revelaram os resultados das conversações. Entretanto, na manhã de segunda-feira, 22 de setembro, o Tesouro começou a depositar fundos nos principais bancos comerciais da cidade, para aliviar a pressão e evitar um pânico bancário generalizado. Já haviam suspendido operações a National Trust Company e a Union Trust Company, assim como uma dezena de firmas de corretagem de Wall Street, porém a calma começou a retornar ao mercado. A associação de bancos comerciais da cidade, a New York Clearing House Association, efetuou uma rápida revisão dos balanços de seus sócios, após o que procedeu à emissão de 10 milhões de dólares em certificados de empréstimo, para as firmas que enfrentavam dificuldades devido à retirada dos depósitos de seus clientes.

Embora se tivesse evitado o colapso, os mercados financeiros custaram a recuperar-se e entraram em uma espiral descendente que durou vários anos. Nos Estados Unidos, as elevadas taxas de desemprego provocaram descontentamento popular, o que motivou numerosas greves e manifestações; ao mesmo tempo, o colapso de muitas grandes empresas obrigou a reestruturação de uma quantidade importante dos principais grupos ferroviários e financeiros. Na Europa, a crise foi menos profunda, embora também tenha dado lugar a uma recessão em vários países e em diversos setores da atividade econômica. Estudos históricos sugerem que o *crash* de 1873 não alcançou o tamanho das maiores crises do século XX, mas não há dúvida de que contribuiu para desencadear um forte desequilíbrio nos mercados financeiros, e as consequentes quebras bancárias e industriais inauguraram uma época de profundos e extensos problemas econômicos.

Autores contemporâneos e economistas de épocas posteriores atribuíram as calamidades econômicas essencialmente a dois fatores. Para Clément Juglar, Michel Tugan Baranowsky e Nicolai Kondratieff — que escreveram entre finais do século XIX e os anos de 1920 —, a força primordial subjacente à longa recessão que se seguiu à crise financeira encontrava-se na queda dos preços dos produtos agrícolas e industriais em escala mundial, desde o princípio do decênio de 1870. De acordo com suas interpretações, a queda abrupta de preços havia produzido uma redução das taxas de rentabilidade de setores-chave da economia, tanto nas nações mais avançadas quanto nas menos desenvolvidas.[13] A importância desses estudos reside em que os autores foram os pioneiros na disciplina de análise das crises econômicas cíclicas.

---

[13] Dois estudos clássicos que analisam a queda dos preços internacionais desde os anos 1860 são o de Juglar (1862:390-433) e o de Thorp (1926:167-168, 189-190, 207-208).

Para Robert Griffin, um dos editores da revista *The Economist*, as tendências de preços eram menos importantes do que os ciclos de investimento. Esse enfoque foi retomado por um dos mais famosos economistas do século XX, Joseph Schumpeter, em seus estudos clássicos dos ciclos econômicos. Para Giffen e Schumpeter, a causa mais imediata da crise de 1873 foi o auge e subsequente enfraquecimento de um dos setores-chave da atividade econômica em plano internacional: a construção de ferrovias.[14]

De fato, durante longo tempo considerou-se que as ferrovias eram o motor mais dinâmico da alvorada do capitalismo. Certamente, a extensão das vias férreas era um dos indicadores mais precisos do processo de globalização econômica mundial. Os avanços realizados nos anos anteriores à crise de 1873 haviam sido espetaculares: nos Estados Unidos, desde o final da Guerra Civil, a quilometragem das ferrovias havia-se duplicado de 80 mil para mais de 160 mil quilômetros. Na Rússia, haviam-se construído mais de 32 mil quilômetros desde o final da década de 1860. Na Europa, a febre ferroviária, iniciada em 1850, havia sido um dos motores de um processo simultâneo de rápida industrialização, urbanização e modernização agrícola. Na Grã-Bretanha, haviam-se construído mais de 25 mil quilômetros de trilhos por volta de 1873; na Alemanha, 22 mil quilômetros; na França, mais de 17 mil quilômetros; e na Áustria, quase 10 mil quilômetros de linhas ferroviárias.

A derrubada dos mercados de valores na Áustria, Alemanha e, logo a seguir, na América do Norte produziu uma queda dramática nas cotações acionárias da maioria das grandes empresas em todas as bolsas, ainda bastante incipientes, entre 1873 e 1875, e um declínio igualmente radical do investimento mundial. O naufrágio de 100 bancos nos Estados Unidos, como consequência do pânico em Wall Street em setembro de 1873, provocou uma contração do crédito (Wicker, 2000, especialmente o cap. 2: "The banking panic of 1873", p. 16-33). Como resultado, as contratadas das empresas ferroviárias congelaram as obras em andamento nos Estados Unidos. Um fenômeno

---

[14] Robert Giffen, editor da revista *The Economist*, era um dos analistas financeiros mais respeitados da época. Ver Giffen (1904: v. I, p. 98-120). Para a interpretação desses conceitos, ver o trabalho de Schumpeter (1939).

similar ocorreu na Europa e em outras regiões, o que resultou na demissão de milhares de trabalhadores e no cancelamento de contratos de suprimentos com as indústrias de metalurgia e de mineração. Por esse motivo, numerosos historiadores denominaram o período subsequente como "grande depressão", quando houve uma prolongada queda de preços, ou seja, uma deflação, que durou quase dois decênios.

Contudo, não seria acertado supor que a queda dos preços das mercadorias ou a interrupção das atividades de construção das ferrovias tenham sido os únicos catalisadores da crise. As repercussões financeiras da guerra franco-prussiana de 1870 constituíram também um antecedente importante. Como consequência do imprevisto e assombroso triunfo do exército de Bismarck sobre as tropas de Napoleão III na batalha de Sedan (2 de setembro de 1870), o novo governo francês, dirigido por Thiers, viu-se obrigado a pagar uma indenização de 5 bilhões de francos (200 milhões de libras esterlinas) à Alemanha. Os principais bancos de Londres e Paris organizaram a operação financeira: reuniram os fundos em um lapso de tempo extremamente breve e remeteram-nos a Berlim. Essa indenização foi a maior transferência financeira realizada no século XIX e canalizou um fluxo maciço de ouro para as economias da Europa Central, o que simultaneamente impulsionou a especulação em grau sem precedentes, desestabilizando os mercados financeiros de toda a Europa. Newbold argumentou em um estudo clássico:

> Podemos ver assim que há sólidas razões para supor que o que originou a grande crise iniciada em 1873 foi a crescente instabilidade dos mercados de crédito de curto prazo, subsequente às movimentações de ouro e às transferências metálicas da França para a Alemanha via Londres... [Newbold, 1932:439]

A volatilidade nos mercados financeiros afetou muito rapidamente os bancos em várias nações. Um caso pontual que oferece exemplo de auge e colapso é o da Itália, onde o pânico bancário em Viena teve impacto quase instantâneo em Milão e Turim. Estudos detalhados do historiador Alessandro Polsi indicam que, de 300 bancos fundados na Itália entre 1867 e 1872, uns 80 (cerca de 25% do total) quebraram entre 1873 e 1877.[15]

A crise expressou-se também pelo naufrágio de vários mercados de capitais. Em Bruxelas, produziu-se uma queda de 43% na bolsa a partir de 1873, o que teria o efeito de deprimir o mercado durante quase seis anos.[16] Na Holanda, os mercados financeiros contraíram-se drasticamente. Na Áustria, naufragaram mais de 80 bancos, 40 na capital, Viena, e mais de 40 nas províncias. Na França, em contrapartida, observou-se uma surpreendente resistência aos embates da crise, que se conseguiu enfrentar com êxito considerável, e não seria senão por volta de 1882 que um pânico bancário e em bolsa afetaria o mercado de Paris. Na Espanha, a crise financeira de 1873 tampouco se fez sentir, já que se viu eclipsada por circunstâncias políticas de peso: o estabelecimento da Primeira República e o começo de uma nova guerra carlista. Não obstante, enquanto se mantinha dentro de um padrão monetário que oferecia respaldo metálico para os títulos bancários, a Espanha sofreu uma evasão do ouro ao longo de um decênio, o que implicou marcada redução das reservas desse metal no Banco de Espanha, e obrigou o governo a adotar a inconversibilidade da peseta a partir de 1883.

Da Europa e da América do Norte, a crise se transmitiu a vários países da periferia. A partir de fins de 1873, por exemplo, o comércio exterior da América Latina começou a contrair-se, como consequência da queda dos preços dos produtos primários exportados. No caso do Chile, que se havia demonstrado um exportador bem-sucedido desde meados do século, o impacto da recessão foi dramático. A baixa mundial dos preços da prata, do trigo e do cobre causou uma recessão no país, ainda que com efeitos retardados. Não seria antes dos anos de 1876 a 1878 que as quebras se multiplicariam no Chile: aproximadamente 25 companhias que tinham cotação na Bolsa de Valparaíso ficaram arruinadas, inclusive empresas de mineração e bancos (Sater, 1979:67-99).

---

[15] Polsi (1993:167-176; ver também o apêndice ao final do livro).
[16] Uma excelente história da bolsa na Bélgica, que proporciona ainda abundante bibliografia complementar, é a obra de De Clercq (1992).

De maneira similar, na Argentina a crise internacional de 1873 se fez sentir quase que imediatamente, por meio do declínio dos preços internacionais de produtos exportados, em especial lãs e couros. Porém, o comércio não explicava tudo. Quando em 1876 o ideólogo argentino Juan Bautista Alberdi se pôs a escrever um dos trabalhos mais interessantes sobre a crise que experimentava seu país, teve a lucidez de assinalar que existia uma multiplicidade de razões que podia explicar a origem do descalabro econômico. Escreveu ele:

> Se se pergunta a um fazendeiro de Buenos Aires qual é a causa da crise, sem vacilar responde: a baixa do preço das lãs e dos couros na Europa.
> Se a pergunta é feita a um comerciante, sua resposta é a seguinte: a retirada do ouro.
> Um político da oposição não verá a crise senão na presidência, nascida de candidatura oficial.
> Um partidário do governo dirá que vem da revolução de setembro de 1874.
> Um economista sistemático a verá nascer totalmente do abuso do crédito, quer dizer, dos empréstimos exorbitantes.
> Quem tem razão dentre eles? Talvez todos ao mesmo tempo, porque a verdade é que a crise vem de muitas causas.[17]

A recessão econômica não somente produziu uma grande safra de quebras mercantis na América Latina, também comprimiu as receitas fiscais dos governos da região, que tiveram dificuldades para cobrir os serviços de suas dívidas. Como não mais era viável obter novos empréstimos na Inglaterra ou na França, várias nações declararam-se em bancarrota e suspenderam o serviço de suas dívidas externas. Isso desatou o pânico entre os investidores estrangeiros.

No gráfico 2, pode-se observar a queda abrupta dos investimentos britânicos em escala internacional após a crise.

---

[17] Ver Alberdi (1916:51). Outros autores argentinos que também escreveram estudos detalhados sobre a crise de 1873 nesse país incluem economistas precursores tão diversos como Francisco Balbín, Rufino Varela e Octavio Garrigós.

GRÁFICO 2

Exportação de capitais da Grã-Bretanha, 1865-85 (milhões de libras esterlinas)

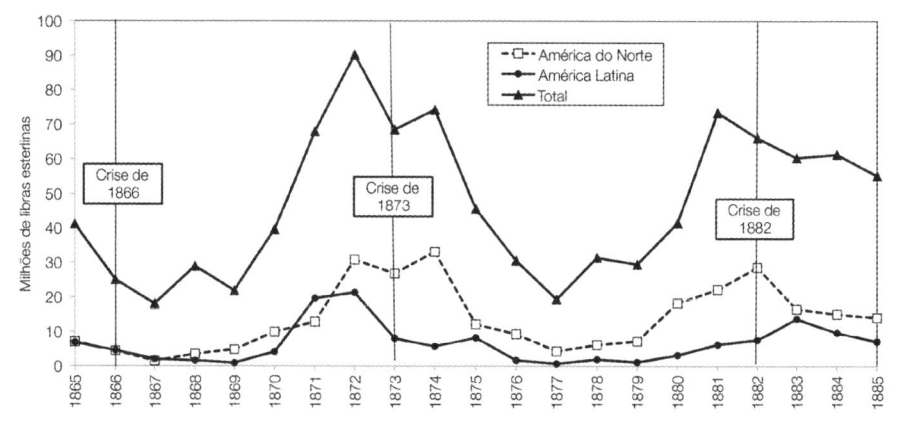

Nota: América do Norte refere-se a Estados Unidos e Canadá. América Latina refere-se a México, América Central, Caribe e América do Sul. Total inclui as exportações de capitais britânicos para América do Norte, América Latina, Europa, Ásia e outras regiões.
Fonte: Stone (1999).

As primeiras suspensões de pagamento tiveram lugar em países como Honduras, São Domingos, Costa Rica e Paraguai, cujos governos haviam tomado empréstimos para financiar ferrovias e portos, obras públicas ambiciosas e muito caras, que eram vistas como porta de entrada para a modernidade.[18] No caso de Honduras, um dos países mais pobres da região, várias associações de bancos europeus propuseram empréstimos ao governo entre 1867 e 1869, mas fracassaram na emissão dos títulos. Apesar dos maus antecedentes, em 1870 a casa bancária londrina de Bischoffsheim propôs uma nova emissão, de mais de 2 milhões de libras esterlinas, uma cifra extraordinária. Para a venda dos bônus, os banqueiros associaram-se a um especulador inescrupuloso, Charles Lefebvre, que — segundo se soube mais tarde — tinha ficha criminal na França por negócios fraudulentos. Lefebvre contratou entre 50 e 100 agentes a fim de criar um mercado artificial em Londres para os bônus hondurenhos, e rapidamente conseguiu vender grande parte deles a

---

[18] Para informação detalhada sobre os empréstimos aos governos latino-americanos entre 1850 e 1873 e as subsequentes suspensões de pagamentos, ver Marichal (1992, cap. 3).

preços relativamente altos. Segundo um ex-empregado de sua empresa financeira, Lefebvre obteve a cooperação do embaixador de Honduras na capital britânica por meio de um presente para a mulher deste: diamantes no valor de 4 mil libras esterlinas; remeteu ainda uma gratificação de 10 mil libras a José María Medina, então presidente da República centro-americana.

Logo a imprensa financeira britânica gastou muita tinta com o intuito de demonstrar que a crescente instabilidade em Londres, em 1874 e 1875, havia sido provocada somente pela especulação com os bônus das repúblicas das Américas Central e do Sul. Todavia, as causas da febre especulativa no mercado londrino nos anos anteriores à crise de 1873 eram muito mais amplas e nada misteriosas. Ao perguntar-se a Nathaniel de Rothschild, banqueiro e membro do Parlamento, sobre a euforia financeira, ele respondeu ao comitê parlamentar que a razão era, na verdade, muito simples: "Eu diria que o problema é o desejo do público de obter uma taxa de retorno mais elevada por seu dinheiro".[19] Com efeito, esses desejos podiam ser amplamente satisfeitos com taxas de retorno de 13 por 100 oferecidas, por exemplo, na compra dos bônus de Honduras em 1870. Em poucas palavras, em fins do século XIX — tal como hoje em dia — as bolsas não eram simplesmente um lugar para investir dinheiro com esperança de obter rendimentos modestos, senão também um espaço para a especulação, por vezes desenfreada.

O colapso financeiro mais espetacular na América Latina foi o do governo peruano, responsável pela maior dívida externa da região (Marichal, 1992:102-108). Para os banqueiros britânicos e franceses, o Peru havia sido um cliente ideal, porquanto possuía valiosos produtos de exportação que lhe proporcionavam os recursos necessários a pagar os serviços das dívidas contraídas: guano, algodão, açúcar e nitratos. A primeira evidência de que a situação havia mudado e era grave chegou em 10 de agosto de 1875, com o anúncio da virtual falência do Banco Nacional do Peru, instituição privada estreitamente ligada ao Poder Executivo. Logo se produziu o afundamento das exportações de guano, a maior fonte de receita do governo. Já não havia margem de manobra, e o

---

[19] O testemunho de Rothschild está em: "Loans to foreign states". *Parliamentary Papers: Reports from Committee*, Londres, v. XI, p. 266, 1875.

governo peruano suspendeu o pagamento dos serviços de sua dívida externa em janeiro de 1876: devia uns 50 milhões de libras esterlinas, uma soma equivalente a quase 40% de todas as dívidas externas latino-americanas.

A moratória peruana coincidiu com a do Império Otomano, cujos maiores devedores eram a Turquia, sede do império, e o Egito, um satélite semiautônomo dele. Entre meados do século e 1875, o sultão da Turquia e o quediva do Egito haviam entrado em acordo para repassar a seus respectivos governos obrigações externas de valor superior a 100 milhões de libras esterlinas. Nenhum outro Estado fora da Europa poderia fazer alarde de proeza semelhante (Pamuk, 1987:59-62; Clay, 2000). As notícias da bancarrota otomana provocaram uma queda simultânea e brusca dos preços dos bônus turcos e egípcios nas bolsas de Londres e de Paris. No caso da Turquia, sede do império, a crise desembocou na virtual entrega do controle da administração fiscal e financeira do governo a banqueiros britânicos e franceses a partir de 1881.

Por seu lado, para pagar aos numerosíssimos credores, o quediva do Egito aumentou os impostos locais, extorquindo ainda mais brutalmente os sofridos camponeses ao longo do rio Nilo. Ao mesmo tempo, solicitou novos empréstimos para pagar antigas dívidas; ainda assim, em finais de 1875, se viu obrigado a vender o canal de Suez, recém-construído, por menos de 5 milhões de libras, uma fração do custo original. Apesar desse sacrifício, o governo egípcio permanecia em uma situação desesperada, agravada pelas demandas das potências europeias, que lhe exigiam o ressarcimento de todas as dívidas pendentes.[20] O desenlace violento dessa disputa produziu-se em 1882, quando a Marinha britânica bombardeou Alexandria, seguindo-se a ocupação do país por tropas inglesas.

A cobrança das dívidas internacionais havia-se tornado um negócio não apenas complicado, mas também sangrento. Os banqueiros europeus tinham envolvido todos os dirigentes do Oriente Próximo em uma rede financeira tão inextricável que as únicas opções possíveis para estes últimos consistiam ou bem em solicitar novos empréstimos ou, alternativamente, em proclamar a sus-

---

[20] Sobre as finanças do Egito nessa época, ver Landes (1979) e Bouvier (1960:75-104).

pensão dos pagamentos. Quando a opção de moratória foi adotada, as chancelarias e as autoridades militares da Grã-Bretanha e da França começaram a aplicar pressões extremas para demonstrar que os créditos dos banqueiros tinham o respaldo dos canhões. As potências europeias viram assim uma oportunidade estratégica de apoderar-se do canal de Suez. Os disparos da artilharia britânica ao desembarcar em Alexandria marcaram o início da época mais álgida do imperialismo europeu e de um novo apogeu financeiro em escala global.

A decolagem da globalização financeira e o padrão ouro

Apesar dos múltiplos impactos negativos da crise de 1873, a produção mundial (industrial e agrícola) não se reduziu de maneira drástica, e ao cabo de pouco ano tinha alcançado notável recuperação. Que nessa época as potências europeias e os Estados Unidos tenham adotado o padrão ouro é considerado um dos fatores que contribuíram para relançar os fluxos de capitais, sobretudo depois de 1880, período que ficou conhecido como a *Belle Époque*. Essa expressão refere-se aos três decênios de expansão econômica mundial que precederam a Primeira Guerra Mundial. Foi um tempo do capitalismo de *laissez-faire*, quando se estabeleceram as condições para o livre movimento de mercadorias, dinheiro e pessoas, em escala global: podia-se viajar por toda a Europa sem passaporte, e se produziram enormes migrações do Velho Continente para América do Norte, América do Sul e Oceania. Os fluxos internacionais eram facilitados pelo estabelecimento de redes modernas de transportes (trens e vapores) e de comunicações (telégrafos) na maioria dos países.

No entanto, quão importante foi a adoção do padrão ouro para estimular esse crescimento? Em menos de um século, o padrão ouro se converteu na base monetária das economias do centro e da periferia (ver diagrama 3). A Inglaterra era a única potência que se encontrava no padrão ouro anteriormente a 1870; porém, outras nações logo adeririam a esse esquema, incluindo a Alemanha e os países escandinavos (1871), a Holanda (1875), a França

(1878) e os Estados Unidos (1879).[21] Em contrapartida, nos países da periferia em que dominava o padrão prata, como China, Índia e a maior parte da América Latina, não se adotaria o padrão ouro senão em fins do século.[22] Não obstante, deve-se ter em conta que diversas nações entravam no novo regime monetário e logo o abandonavam, dependendo da conjuntura econômica.

DIAGRAMA 3
Padrão ouro clássico

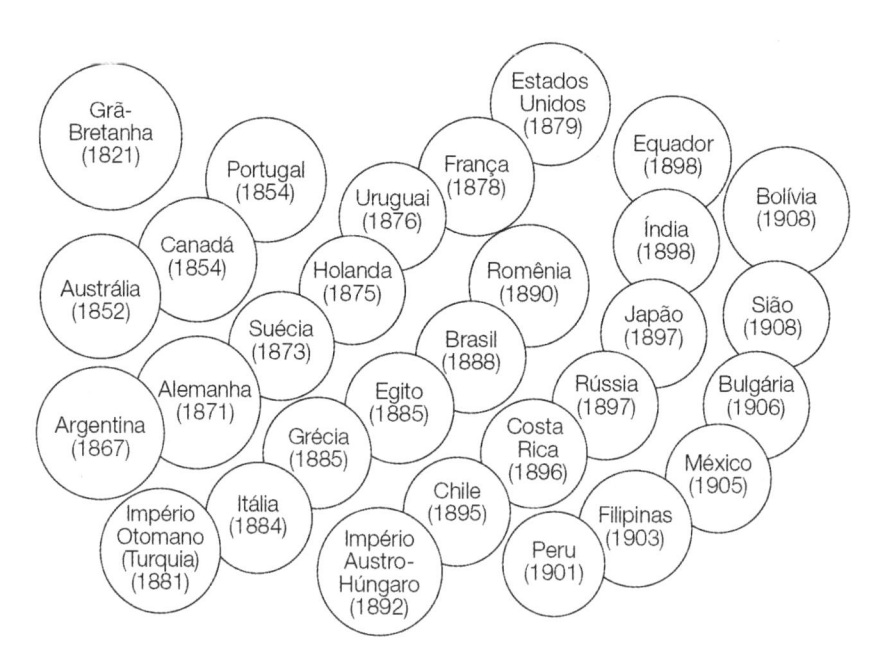

Grã-Bretanha (1821)
Estados Unidos (1879)
Portugal (1854)
França (1878)
Equador (1898)
Uruguai (1876)
Bolívia (1908)
Canadá (1854)
Índia (1898)
Austrália (1852)
Holanda (1875)
Romênia (1890)
Japão (1897)
Sião (1908)
Suécia (1873)
Brasil (1888)
Argentina (1867)
Alemanha (1871)
Egito (1885)
Rússia (1897)
Bulgária (1906)
Grécia (1885)
Costa Rica (1896)
México (1905)
Itália (1884)
Chile (1895)
Império Otomano (Turquia) (1881)
Império Austro-Húngaro (1892)
Filipinas (1903)
Peru (1901)

Nota: Entre parênteses indica-se o ano do ingresso no padrão ouro. Os anos de adesão ao padrão ouro devem ser considerados com precaução, já que diversos países que a ele aderiram logo o abandonaram. Ver tabela 8 no apêndice para maiores detalhes.
Fonte: Elaboração própria, com base em Officer (2008).

---

[21] A literatura histórica sobre o padrão ouro é vasta. Um estudo clássico é o de Bloomfield (1959). Um excelente estudo comparativo é o realizado por Bordo e Schwartz (1984). Uma antologia de grande utilidade é a de Eichengreen e Flandreau (1997).
[22] Para um panorama mais informativo, ver Officer (2008).

Como assinalaram Marc Flandreau (2004) e Luca Einaudi (2001), em suas magistrais obras, desde fins do século XVIII coexistiram três sistemas monetários na Europa e no restante do mundo: o padrão prata, o padrão ouro e o padrão bimetálico. Durante as primeiras três quartas partes do século XIX, o padrão bimetálico (que operava com o ouro e a prata como moedas de reserva e de circulação legal) era o sistema preferido por muitas das economias mais dinâmicas do mundo, exceto pela Grã-Bretanha. A eficácia do sistema bimetálico dependia, em boa medida, da França e de sua grande instituição, o Banco de França, que funcionava como estabilizador dos estoques de ouro e de prata na Europa. Depois da derrota da França pela Alemanha na guerra de 1870, a situação começou a mudar em favor do padrão ouro.

Um fator fundamental para a vitória do metal áureo foi a decisão do governo alemão de adotar o padrão ouro em 1871, mas igualmente decisiva foi a queda do valor da prata entre 1867 e 1872, assim como mudanças de políticas no Banco de França nos anos que se seguiram à crise de 1873, a qual provocou crescente desmoralização da prata. A prestigiosa revista financeira londrina da época, *The Bankers Magazine*, assinalou que o preço da prata no mercado de metais preciosos de Londres chegou ao seu valor mais baixo em julho de 1876.[23] Atribuía-se essa queda em parte ao descobrimento de minas argentíferas altamente produtivas no oeste dos Estados Unidos. Sem dúvida, também influenciou esse descenso o fato de que, desde meados dos anos 1870, várias nações europeias abandonaram a prata como moeda circulante, entre elas Alemanha, Holanda, países escandinavos e os países-membros da União Latina (França, Bélgica, Suíça, Itália e Grécia), que decidiram suspender as compras da prata em barras e reduzir a cunhagem de moedas nesse metal.

É importante precisar em que consistia esse regime monetário, pois nos remete a um problema muito atual: saber quais são (ou devem ser) as bases da arquitetura monetária e financeira em uma economia mundial cada vez mais integrada e interdependente. O sistema de padrão ouro era, fundamen-

---

[23] Ver o artigo "Depreciation" (1877:580-585). Assinala-se aí que o preço da prata tinha começado a declinar em 1867, desvalorizando-se em 12% até 1872 e em 20% até 1876.

talmente, um conjunto de regras sobre a gestão das políticas monetárias. De acordo com os especialistas Jaime Reis e Pablo Martín Aceña, baseava-se, em essência, em três princípios: (1) um tipo de câmbio fixo para a moeda; (2) a livre conversibilidade de moedas e títulos em ouro; (3) liberdade para os fluxos internacionais de ouro e de capitais.[24] Em consequência, os detentores de títulos bancários em qualquer país que tivesse adotado esse sistema deviam ter a segurança de poder trocar seus títulos pelo metal. Ao mesmo tempo, investidores estrangeiros podiam ter a certeza de que, se quisessem recuperar seus investimentos, poderiam convertê-los em ouro. A internacionalização da economia demandava regras operacionais que fossem comuns aos diferentes países.

Lembremos, a respeito, que uma das facetas mais características da globalização financeira da época foi que, desde o decênio de 1880-90, se produziu uma expansão de sistemas bancários em grande quantidade, nos países do centro e nos da periferia. Em alguns casos, observava-se a multiplicação de pequenos bancos locais, enquanto, em outros, o modelo dominante se baseou na criação de uma ampla rede de sucursais, controladas pelos que eram os primeiros *bancos globais*, em geral britânicos, franceses ou alemães. De fato, boa parte dos maiores bancos de nossos dias tem suas origens nessa época, durante a qual se realizou uma *revolução bancária mundial*.

Que importância teve o padrão ouro na revolução bancária? Em muitos países, os grandes bancos comerciais mantinham suas reservas crescentemente em ouro ou em libras esterlinas (conversíveis em ouro). Quando essas instituições punham em circulação títulos bancários (porque existiam regimes de pluralidade de emissão), era importante manter a confiança nesse papel-moeda. Contudo, ainda eram escassos os autênticos bancos centrais e, portanto, os bancos privados tinham mais liberdade para operar, ainda que em geral dependessem de legislação monetária específica, a qual estabelecia normas para reservas e para emissão. As regras de conversibilidade associadas ao padrão ouro davam confiança aos clientes que depositavam seu di-

---

[24] Ver a introdução à obra de Martin Aceña e Reis (2000:3).

nheiro em bancos de nações como Inglaterra, França, Alemanha e Holanda, para não dizer nos Estados Unidos. Isso contribuía para o aumento da oferta de crédito e de capitais nos mercados financeiros.

Por outro lado, o ascenso do padrão ouro ajudou a converter Londres em preeminente centro financeiro internacional, tanto pela força de seus mercados bancários e de bolsas de valores quanto pela longa experiência da Grã-Bretanha com aquele regime monetário. Walter Bagehot, editor da revista *The Economist*, assinalou em sua obra clássica *Lombard street* (1873) que, anteriormente, Londres e Paris se rivalizavam como mercados monetários, "mas, desde a suspensão de pagamentos pelo Banco de França em 1870, em razão da guerra com a Prússia, sua utilidade como depósito de numerário chegou ao fim: ninguém poderia trocar um cheque com esse banco e estar seguro de obter ouro ou prata em retorno". Isso contribuiu para fortalecer o Banco da Inglaterra como referência fundamental do sistema bancário mundial e a libra esterlina como a moeda de reserva preferida, caso um banco não obtivesse todo o ouro metálico que desejasse. Por sua vez, isso ajudou a consolidar a capital da Grã-Bretanha como o mercado mais ativo em transações cambiais internacionais, além de afiançar sua função de mercado de capitais mais dinâmico do mundo.

Apesar do predomínio da City — expressão que designa a zona financeira da capital britânica —, o historiador econômico Youssef Cassis argumenta que esse destaque não deve ser interpretado como expressão de uma hegemonia britânica excludente. Na prática, no último quartil do século XIX, podemos observar que estava operando um conjunto de centros financeiros entrelaçados nos países europeus, com redes que se estendiam aos mercados emergentes (e seus jovens sistemas bancários) da periferia (Cassis, 2006, cap. 3).

De fato, uma das facetas mais destacadas do período 1880-1914 foi a competência em nível da oferta de capitais para investimentos estrangeiros. Referimo-nos à rivalidade entre os países exportadores de capitais; em particular, Grã-Bretanha, França, Alemanha, Bélgica e Holanda. Por sua parte, os Estados Unidos também começaram a efetuar investimentos no exterior desde 1880; em primeiro lugar, no México e no Canadá, depois de 1898 em

Cuba, para logo explorar outros campos de ação. A concorrência entre os países europeus ricos em capitais era mais antiga, tendo-se iniciado nos anos de 1850 a 1873 no que se refere a investimentos no interior da Europa, na Rússia e no Oriente Médio. Porém, desde 1880, essas rivalidades financeiras se estenderam ao plano mundial. No caso da América Latina, como teremos oportunidade de observar, os investidores britânicos exerceram um predomínio incontestável na região até o decênio de 1880; porém, depois e até a Grande Guerra (1914-18), os investidores de França, Alemanha, Bélgica e Estados Unidos começaram a disputar-lhes a posição.

Os fluxos superpostos de capitais cobriam uma complexa *geografia financeira*, que abarcava uma constelação de mercados primários, secundários e terciários interconectados. O economista e historiador financeiro Michael Bordo argumenta que havia mais de 20 anos que o padrão ouro operava como uma espécie de *marca* de credibilidade financeira para muitas nações: aquelas que adotassem esse regime monetário podiam obter fluxos internacionais de capitais a custos mais baixos.[25] Outros pesquisadores têm explorado em detalhe as diferentes capacidades dos governos para obter empréstimos nessa época. Chegam à conclusão de que, embora o regime monetário fosse em geral importante, podiam ser ainda mais decisivas as políticas fiscais ou o impacto de conflitos militares. Não obstante, parece existir certo consenso de que, em conjunturas de *crise da dívida soberana* (em particular na América Latina), os investidores internacionais retiravam seus fundos se considerassem que não se respeitavam as regras do padrão ouro.[26]

Todavia, não eram apenas os fatores monetários e bancários que impulsionaram a expansão mundial. Passados os efeitos da grande crise de 1873, experimentou-se uma intensificação do dinamismo das economias de muitos países, em especial a partir de 1880. Nos Estados Unidos, produziu-se um auge industrial e de mineração que de pronto catapultou o país ao primeiro lugar no mundo em produção de aço e ferro, carvão e petróleo, cobre e chum-

---

[25] Ver o ensaio de Bordo e Rockoff (1996:389-428).
[26] Ver Obstfeld e Taylor (s.d.) e, também, Mauro, Sussman e Yafeh (2006).

bo, e de uma imensa variedade de manufaturas. Na maior parte da Europa, esses anos também foram testemunha de uma renovada etapa de industrialização, liderada agora não somente por Inglaterra e França, mas cada vez mais pela Alemanha, pelos países escandinavos e pela Itália. Por sua vez, começou a despontar uma ampla faixa de novas indústrias — entre elas a química, a siderúrgica e a elétrica — marcando o início do que se chamou a *segunda revolução industrial*. Seus efeitos de imediato começariam a se fazer sentir em nível mundial.

As demandas das fábricas e da população crescente das cidades da Europa e dos Estados Unidos estimularam uma progressiva demanda de alimentos e de matérias-primas. O consumo global de trigo, milho, açúcar e café, por exemplo, disparou, embora, curiosamente, os preços não tenham aumentado, mas tendessem a baixar. O efeito da redução dos preços tornou mais rentável produzir, por exemplo, trigo e milho em países com grandes extensões de terras pouco povoadas, como era o caso de Estados Unidos, Rússia e Argentina. No caso do café, o Brasil logrou consolidar sua preeminência, graças a uma rápida abertura de sua imensa fronteira agrícola. O mesmo ocorreu com a lã, como se observou na extraordinária expansão da criação de ovinos na Austrália e no Rio da Prata, a qual seria seguida por um ciclo de pecuária bovina, que se orientou, de maneira crescente, para a exportação.

Nos países de fronteiras abertas, as causas da renovada prosperidade vinculavam-se, paradoxalmente, com a crise que afetava a agricultura europeia. Várias colheitas ruins em fins da década de 1870 impeliram milhares de camponeses famintos europeus para os portos, de onde não tardaram a embarcar rumo a Estados Unidos, Canadá, Austrália e Argentina. Como observava o periódico *Buenos Aires Standard* nos últimos dias de fevereiro de 1880: "As dificuldades na Europa, a perda de colheitas e a miséria de milhares de pessoas tendem a aumentar nosso apreço pelas notáveis bênçãos que todos desfrutam neste país [Argentina]… Cinquenta mil imigrantes estabeleceram-se neste litoral no ano passado…".[27]

---

[27] Citado em *The South American Journal*, 19 fev. 1880.

Com efeito, aquelas nações da periferia que haviam sido favorecidas com vastos espaços abertos e solos extraordinariamente ricos apenas esperavam a chegada de homens, debulhadoras e ferrovias para converter-se em algumas das mais produtivas zonas agrícolas e pecuárias do mundo.

Embora fosse evidente que a favorável conjuntura internacional e a crescente adoção do padrão ouro inspiravam maior confiança entre os investidores que desejavam colocar fundos na América Latina, África, Ásia e Oceania, isso não implicava que as crises financeiras fossem eliminadas. Ao contrário, essas ocorreram com frequência ao longo do período considerado, e em geral impactavam dramaticamente os fluxos de capital. Portanto, não se pode sustentar que a adoção do padrão ouro assegurasse a estabilidade financeira. Ao contrário, numerosos estudos históricos demonstram que, em muitos países, a gestão das políticas monetárias foi altamente discricionária e dependia da conjuntura (Reis, 2002). Quer dizer, a adesão ao padrão ouro não era garantia de que se evitassem os pânicos bancários ou na bolsa. As crises eram facetas inerentes ao sistema capitalista cada vez mais globalizado.

Atualmente, os economistas falam do impacto do súbito congelamento dos investimentos (*sudden stops*), os quais aprofundam uma crise financeira local, provocam desvalorizações da moeda e propiciam uma combinação de pânicos bancários e na bolsa.[28] (Em nosso apêndice, incluímos uma série de diagramas baseados nos magníficos trabalhos do economista francês Robert Boyer, que explicam as lógicas de diversos tipos de crises.) Na seção a seguir, enfatizaremos as crises da Argentina e do Brasil entre 1890 e 1892, e as de 1893 e 1907 nos Estados Unidos, no Canadá e no México, embora não tenham sido as únicas.

A primeira crise dos mercados emergentes: as crises de 1890-91

Um fenômeno a destacar, posterior a 1880, é a crescente importância que adquiriram os mercados financeiros nos países da periferia. Observava-se isso,

---

[28] Para duas brilhantes análises, ver Bordo e Meissner (2007) e Catão (2007).

em especial, na região que teve o crescimento econômico mais veloz nessa época: a América Latina. As nações que mais rápida expansão apresentaram nessa área foram Argentina e Brasil, tanto pelo incremento do comércio exterior quanto por sua capacidade de atrair imigrantes e capitais. Não obstante, por volta de 1889, o auge produziu uma série de borbulhas imobiliárias, financeiras e na bolsa nos mercados locais, particularmente em Buenos Aires e no Rio de Janeiro.

A primeira crise explodiu na capital argentina em junho de 1890, em razão de uma derrocada financeira e uma rebelião política entrelaçadas. Não era de se esperar que os problemas na América do Sul pudessem afetar os centros financeiros europeus, mas nesse caso existiam condições que o explicavam: o governo argentino tinha-se convertido em um dos maiores devedores do mundo, uma vez que havia contratado mais de 50 empréstimos estrangeiros em Londres e outras praças financeiras europeias entre 1881 e 1890.[29] Ao final da década, a dívida externa argentina havia alcançado 80 milhões de libras esterlinas (400 milhões de dólares à época), uma soma realmente colossal para um país com apenas 4 milhões de habitantes. Os formidáveis ingressos de capitais externos estimularam os bancos domésticos a uma forte expansão da circulação monetária. Devido à inexistência de um banco central, tanto o governo nacional quanto os provinciais alimentaram esse processo, já que se beneficiavam dos empréstimos de curto prazo adiantados a esses bancos.[30] Ao terminar o ciclo de auge, produziu-se uma forte queda do valor do peso argentino, impulsionada pela súbita fuga do ouro ao longo de 1889 e 1890, que refletia o nervosismo dos investidores domésticos e estrangeiros.[31] Isso reduziu a capacidade de pagamento do governo e logo o desequilíbrio se transmitiu a Londres, onde se havia colocado grande parte dos bônus argentinos.

Na manhã de sábado, 8 de novembro de 1890, vários dos capitães do mercado financeiro de Londres reuniram-se nos escritórios do Banco da Ingla-

---

[29] Ver detalhes em Marichal (1992, cap. 5).
[30] Várias monografias pontuais demonstram isso no caso da Argentina, porém essa problemática não era singular, mas bastante comum em outros países da periferia. Ver Catão (2004).
[31] Os trabalhos do historiador econômico Roberto Cortés Conde explicam os problemas monetários subjacentes. Ver seu livro *Dinero, deuda y crisis* (1989).

terra para discutir a sorte do Baring Brothers, o banco privado mais prestigioso de Londres e um dos mais antigos: havia sido fundado em 1763. Lord Revelstoke, diretor da casa Baring, informou a William Lidderdale, governador do Banco da Inglaterra, que sua firma estava a ponto de declarar falência, por causa de seus compromissos financeiros com a Argentina. As implicações eram nefastas. Na segunda-feira, 10, Lidderdale reuniu-se com George Goschen, secretário do Tesouro, com o objetivo de redigir uma nota que persuadisse o Banco de França a transferir uma forte quantidade de ouro, com a maior premência possível, ao Banco da Inglaterra e assim dissuadir uma possível fuga de capitais. Pediu também que o governo de Sua Majestade, a longeva rainha Vitória, pressionasse o governo argentino a pagar suas dívidas à Baring Brothers. Na terça-feira, 2 milhões de libras esterlinas em ouro chegaram de Paris; ao mesmo tempo, o Banco da Inglaterra obteve outro milhão e meio de libras em ouro pela venda de bônus do tesouro britânico ao agente financeiro do governo russo. Com esse respaldo, pôde-se levar a termo uma das primeiras e mais bem-sucedidas operações de resgate financeiro verdadeiramente internacional.

Entre a quinta-feira seguinte e o sábado, Lidderdale logrou convencer os mais prestigiosos dirigentes dos *merchant banks* de Londres — Rothschild, Glyn/Mills, Hambros, Raphael, J. S. Morgan, Antony Gibbs, Smith, Payne and Smith Brown/Shipley e Robarts — a que reunissem um total de 17 milhões de libras esterlinas a fim de respaldar a casa Baring. Nas semanas seguintes, boa parte dos passivos da venerável firma bancária foi liquidada, e nos primeiros meses de 1891 o mercado britânico estabilizou-se.

Apesar dos resgates, as notícias da virtual quebra de Baring Brothers sacudiram violentamente o mercado de capitais britânico e desataram uma curta mas intensa crise financeira internacional. Em consequência, em um ano caíram as cotações dos bônus dos países latino-americanos, da ordem de 25% no mercado de Londres, e, por um período ainda mais prolongado, aumentaram os riscos e os custos para sua emissão (Mitchener e Weidenmier, 2006). Em diversos estudos, destacados economistas contemporâneos estabelecem paralelos entre a crise de 1890 e a crise dos *mercados emergentes* que ocorreu um século mais tarde, no decênio de 1990-2000, quando se experimentou uma nova fase da *globalização financeira* (Eichengreen, 2004:187-213).

Tradicionalmente, considera-se o *pânico Baring* um fenômeno anglo-argentino, que começou com o pânico bancário de março e a revolução argentina de julho de 1890 em Buenos Aires. Porém, deve-se destacar que a crise financeira da Argentina não foi única, pois teve réplicas nos mercados de outros países. Não é estranho que o primeiro contágio se tenha produzido em Montevidéu, em julho de 1890, quando o Banco Nacional suspendeu pagamentos, fez cambalear as demais empresas bancárias e provocou pânico na Bolsa de Montevidéu.

Os desequilíbrios financeiros de 1890 em Buenos Aires e Montevidéu tiveram impactos prolongados, incluindo não apenas sua transmissão a Londres, mas efeitos indiretos no Rio de Janeiro, Santiago do Chile, Lisboa e Madri. Tratava-se de um conjunto de crises financeiras em vários *mercados emergentes*, com origens diversas, que logo se entrelaçaram. A historiadora financeira Gail Triner demonstra que houve elementos de contágio a partir do *pânico Baring* que afetaram os mercados brasileiros (Triner e Wandschneider, 2005:199-226). As raízes da instabilidade financeira no Brasil tinham, em princípio, origem distinta da argentina, já que em novembro de 1889 havia ocorrido a troca do governo imperial pelo da república federal e, em dezembro, o abandono do padrão ouro. Logicamente, isso causou uma queda do valor da moeda brasileira e das cotações dos bônus externos do governo. Todavia, até fins de outubro de 1890, ambas as variáveis tinham melhorado de forma notória. Mas, ao receber-se por cabo telegráfico submarino a notícia da virtual quebra de Baring Brothers em princípio de novembro, ocorreu um novo colapso do valor da moeda brasileira, o mil-réis, que perdeu quase 40% de seu valor diante da libra esterlina em apenas um ano e meio.

Por outro lado, desde fins de 1890 aumentou a volatilidade da bolsa do Rio de Janeiro, a qual finalmente desembocaria no colapso da grande especulação conhecida como "Encilhamento". Logo se acenderam os sinais de alarma no setor bancário brasileiro e, para fazer-lhes frente, em 7 de dezembro de 1890 fundiram-se dois grandes bancos, o Banco dos Estados Unidos do Brasil e o

Banco Nacional, em um novo gigante chamado Banco da República. Ainda assim, não se logrou estabilizar o mercado e, ao longo de 1891, acentuou-se a crise financeira, a qual finalmente contribuiu para o golpe militar de novembro de 1891. O novo regime tentou evitar um colapso geral, ao aplicar estritas medidas fiscais e monetárias; ao mesmo tempo, impulsionou uma concentração bancária ainda maior, ao fundir o Banco do Brasil com o recentemente criado Banco da República.

Outro país que também sofreu efeitos do pânico Baring foi Portugal. O historiador econômico Pedro Laíns assinala que a crise de 1891 em Lisboa foi consequência das dificuldades do Banco de Portugal em manter-se no padrão ouro e em cumprir com os serviços de pagamento da dívida doméstica e externa do governo. Claramente, as causas das dificuldades provinham, em primeiro lugar, de um crescente déficit comercial; em segundo, da queda das remessas dos emigrantes portugueses do Brasil (para onde haviam emigrado centenas de milhares de portugueses); e, por último, a contração dos mercados de capitais e de crédito, a partir do afundamento da casa londrina Baring Brothers. Portugal abandonou o padrão ouro em 1891 e reduziu o serviço da dívida externa, com a consequência de que, durante um decênio, não pôde ter acesso aos mercados de capitais internacionais para novos empréstimos.

No caso da Espanha, a crise de 1890 também teve pronunciados efeitos negativos. Para começar, os bônus do governo espanhol sofreram uma queda abrupta em suas cotações nas bolsas de Paris, Barcelona e Madri, assim como as ações das principais empresas ferroviárias do país. A subida dos juros em Londres e em Paris também teve forte impacto e provocou uma evasão do estoque de ouro e das reservas do Banco de Espanha, as quais se reduziram de maneira estrepitosa, ao tempo em que se produziu um importante descenso dos depósitos nos bancos privados de toda a nação. Várias entidades foram de pronto à bancarrota: em Barcelona, o Banco da Catalunha, o Banco Francês-Espanhol e o Crédito Espanhol; em Madri, o Banco Geral de Madri e o Banco Espanhol Comercial. O historiador Pablo Martín Aceña qualifica a situação não apenas como um pânico bancário, mas uma verdadeira crise financeira (Martín Aceña, 2004:103-105).

A crise de 1890, por conseguinte, teve amplas repercussões em ambos os lados do Atlântico e provocou uma redução dos fluxos internacionais durante algum tempo. A redução em empréstimos externos para a maior parte dos governos da América Central e do Sul continuou ao longo da década de 1890 e afetou a exportação de capitais para Estados Unidos, Canadá e Austrália durante alguns anos. É nítida a relação entre os fluxos de capitais e as crises de 1890 a 1893 e de 1907, como se pode observar no gráfico 3.

GRÁFICO 3

Exportação de capitais da Grã-Bretanha, 1882-1918 (milhões de libras esterlinas)

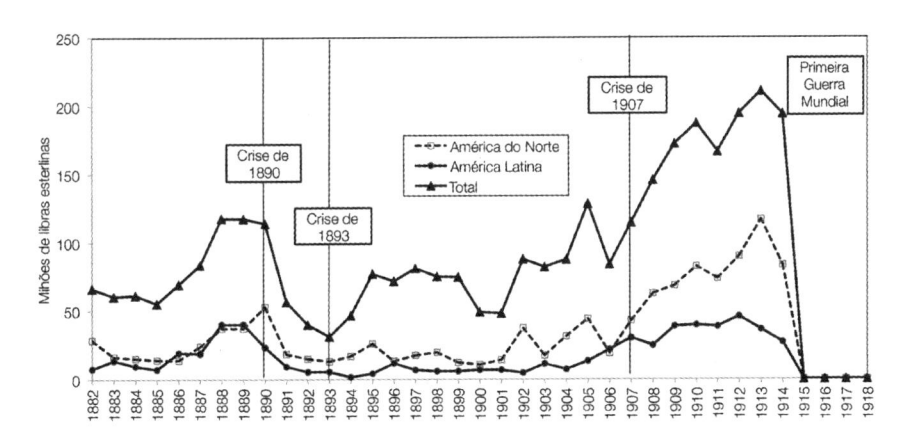

Nota: América do Norte refere-se a Estados Unidos e Canadá. América Latina refere-se a México, América Central, Caribe e América do Sul. Total inclui as exportações de capitais britânicos para América do Norte, América Latina, Europa, Ásia e outras regiões.
Fonte: Stone (1999).

A queda dos investimentos internacionais em carteira, no entanto, não foi a única consequência importante da crise. Foi alto o preço que a Argentina, em especial, teve de pagar, por haver adotado políticas excessivamente ambiciosas. A reestruturação da dívida externa argentina demorou mais de uma década para completar-se (foi a mais complexa de todas as negociações financeiras da história latino-americana realizadas até aquela data) e resultou demasiado onerosa para a sociedade argentina. Levou à imposição de impopulares medidas de austeridade, a uma redução impressionante dos salários reais e a uma série de privatizações que, de fato, recordam o desenlace que teve, um século mais tarde, a crise das dívidas latino-americanas dos anos 1980.

A crise de 1893 na América do Norte

Apesar das notícias financeiras ruins provenientes da América do Sul e de Londres, na América do Norte não se produziu um descalabro financeiro de envergadura no ano de 1890. Alguns bancos relativamente pequenos suspenderam pagamentos, mas evitou-se o pânico graças à atuação da associação de bancos comerciais, a New York Clearing House Association, que estendeu vários milhões de dólares em certificados de empréstimo a diversas firmas financeiras com falta de liquidez. Essa associação bancária operou quase que como um emprestador de última instância, tal como havia feito nas crises de 1873 e 1884, função importante enquanto não existia ainda um banco central dos Estados Unidos. Contudo, a referida associação não foi tão bem-sucedida no caso do pânico de 1893. Nessa nova conjuntura, a tempestade financeira foi de caráter nacional e, em apenas seis meses, quebraram 500 bancos em todo o país, no que se tornou a pior crise bancária dos Estados Unidos anteriormente à grande Depressão.[32]

A derrocada financeira começou com um colapso do mercado de bolsa de valores em 3 de maio de 1893, mas os bancos de Wall Street puderam controlar o pânico. Em contrapartida, desde o princípio do mês de junho começaram as corridas aos bancos em Chicago, Omaha, Milwaukee, Los Angeles e San Diego. Na segunda semana de julho houve uma avalancha de retiradas de dinheiro pelos clientes de bancos do meio-oeste e oeste (Wicker, 2000). As ações de defesa postas em marcha pela associação de bancos de Nova York salvaram a maioria dos bancos comerciais dessa cidade, mas não evitaram as corridas bancárias em outras regiões do país. Foram especialmente numero-

---

[32] O estudo mais detalhado é o do historiador financeiro Wicker (2000).

sas as falências no oeste e no noroeste, onde, respectivamente, suspenderam os pagamentos 188 e 137 bancos, entre maio e agosto de 1893.

De acordo com a maioria dos historiadores econômicos, os pânicos bancários nos Estados Unidos foram precedidos por uma contração econômica que havia começado em janeiro de 1893 e que se aprofundou a seguir.[33] Como em outras ocasiões, a recessão não se tornou visível no primeiro momento, porém começou a ser percebida quando o acúmulo de informações sobre a queda em diversos setores da atividade econômica se foi fazendo patente. Os indicadores mais sensíveis e abrangentes da recessão em crescimento registravam-se nos balanços dos bancos regionais. Porém o certo é que, apesar de numerosos estudos históricos que analisam esses fatos, não se sabe ainda com clareza se os pânicos bancários foram consequência das medidas adotadas progressivamente pelos gerentes de bancos ou da desconfiança de seus clientes. Em todo caso, tornou-se manifesto que o sistema bancário estadunidense continuava propenso a um alto grau de volatilidade em determinados momentos do ciclo econômico.

Ao que parece, a crise financeira de 1893 nos Estados Unidos teve, por um lado, pouco a ver com os desequilíbrios bancários registrados no mesmo ano na Itália e na Austrália; por outro lado, há evidência de que houve um fenômeno de contágio no caso do México. A relação cada vez mais estreita entre a economia mexicana e a de seu poderoso vizinho refletiu-se rapidamente na imprensa econômica. Em 17 de julho de 1893, o periódico *La Semana Mercantil*, da Cidade do México, publicou um artigo em que assinalava:

> A gravidade da crise econômica atual, a miséria pública crescente a cada dia, a paralisação dos negócios, o retraimento cada dia maior dos capitais, todos os sintomas, enfim, da terrível enfermidade econômica que sofre o país, têm chegado a produzir no público o desalento mais completo, especialmente no comércio. Todo mundo se pergunta com ansiedade: quando terminará esta horrível situação?[34]

---

[33] Para um artigo panorâmico, com abundante bibliografia e uma síntese das principais interpretações, ver Whitten (2001).
[34] *Semana Mercantil*, México, n. 29, p. 340-341, 17 jul. 1893.

O periódico mexicano, que era dos mais confiáveis em matéria comercial, afirmava que as causas mencionadas com maior frequência como responsáveis pela situação foram a perda de colheitas durante dois anos consecutivos e a enorme baixa dos preços da prata, que continuava a ser o mais importante produto de exportação do país. Em segundo lugar, atribuía-se a instabilidade dos preços à encarniçada luta política nos Estados Unidos entre a poderosa elite de banqueiros e industriais, que eram defensores do padrão ouro, e seus opositores, os proprietários rurais e mineradores, que buscavam o regresso à circulação da prata, como moeda fracionária. Era o princípio do fim para o padrão prata no México, dominante havia séculos, uma vez que tinha sido um dos países do mundo com maior produção e exportação desse metal. Não obstante, e apesar da reforma monetária posta em marcha em 1905 pela administração do general Porfírio Díaz, o governo mexicano não pôde pôr em marcha o padrão ouro, senão sob um esquema mais parecido com um *padrão de câmbio ouro*, já que seguiam circulando amplamente os pesos de prata em todo o país.[35] Por essa data, os outros maiores países da América Latina, Argentina e Brasil, também haviam adotado uma série de medidas para participar, de alguma maneira, do *clube de países* do padrão ouro.[36]

As crises de 1907 e 1914

Entre 1900 e 1914, produziu-se uma das mais poderosas ondas expansionistas da história da economia mundial. Foi impressionante a maneira pela qual quase todas as nações entraram em uma espiral ascendente, que implicou não somente um aumento formidável da produção industrial, agrícola e

---

[35] Descrevem-se a complexidade e a ambiguidade da reforma monetária mexicana de 1905 em Torres Gaytán (1944, cap. 3).
[36] A experiência dos países latino-americanos foi muito variada. Por exemplo, a Argentina esteve no padrão de câmbio ouro nos anos 1867-76, 1883-84 e 1900-13; nos demais períodos teve um padrão papel, dirigido com o objetivo de restabelecer a conversibilidade. Ver Della Parlera (1994:539). O Chile esteve no padrão ouro entre 1895 e 1899, porém logo o abandonou. O Brasil adotou o padrão ouro entre 1888 e 1891 e, a seguir, o padrão câmbio ouro entre 1905 e 1913. Ver Martín Aceña e Reis (2000).

de mineração como também uma fortíssima expansão dos serviços do setor financeiro. De acordo com as estimativas do historiador econômico Paul Bairoch, os países mais avançados alcançaram um crescimento anual do produto *per capita* de 1,6% entre 1900 e 1913, enquanto os da periferia alcançaram 1% ao ano. No caso da Europa e dos Estados Unidos, isso representou uma pequena mas substancial melhora em comparação com decênios anteriores. Em contrapartida, para boa parte da América Latina, África e Ásia, esse período marcou uma mudança radical em relação ao crescimento muito mais lento experimentado no século XIX.[37]

A construção dos sistemas de telégrafos, a criação de empresas globais de navios a vapor, a modernização de portos e a introdução de novos sistemas de armazenamento foram fatores-chave para diminuir o tempo de deslocamento e reduzir os custos de todas as mercadorias. Esse processo de globalização resulta bastante familiar a nossos olhos, já que podemos confirmar o tremendo impacto que teve sobre a economia contemporânea a revolução dos transportes e das telecomunicações eletrônicas ocorrida em fins do século XX e princípios do século XXI.

Um dos eixos mais poderosos da globalização no início do século XX continuou sendo a construção de ferrovias, então com acesso a novas fontes de energia, pois, além do carvão, começou-se a utilizar o petróleo (diesel) e se adotou a eletrificação nas linhas urbanas de trens e de bondes. Adicionalmente, observou-se um crescente dinamismo desses sistemas de transporte nas *zonas extraeuropeias*. Por volta de 1910, a Índia contava com mais de 50 mil quilômetros de trilhos e o Canadá superava os 40 mil, enquanto na Argentina, no Brasil e no México as redes ferroviárias já alcançavam cerca de 25 mil quilômetros. Em contrapartida, era bastante notório o atraso nesse aspecto da China e do Japão, que recém se encontravam no alvorecer da revolução dos transportes, com apenas 8 mil quilômetros de trilhos em cada país. Em contraposição, nada se podia comparar aos Estados Unidos, que já contavam com a descomunal extensão de 400 mil quilômetros de linhas férreas!

---

[37] As cifras de Paul Bairoch (1993) são similares às de Angus Maddison (1986).

Na maior parte do planeta, o desenvolvimento das cidades também foi muito rápido, pois se viu impulsionado pela modernização da infraestrutura urbana, e com mercados financeiros e setores de serviços cada vez mais dinâmicos. Tudo isso foi acompanhado pelo que hoje chamaríamos *empresas globais*: bancos, companhias de seguros, firmas de eletricidade, empresas de mineração e petrolíferas, e algumas indústrias que se haviam transformado em multinacionais. Nunca antes se havia alcançado um volume de fluxos de capital tão poderoso em escala mundial. A Grã-Bretanha liderava esse setor e suas exportações de capitais em carteira passaram de uma média anual de 40 milhões de libras esterlinas em 1900, até superar os 200 milhões de libras em 1913. A América do Norte recebeu 50% dessa quantidade, seguida, em ordem de importância, de América do Sul, Europa, Ásia, África e Oceania.[38]

Tratava-se de uma era dourada do capitalismo global e nada parecia poder detê-la. Era possível identificar problemas financeiros e monetários em alguns países, porém seriam relativamente limitados. O mais importante foi o pânico bancário de 1907 nos Estados Unidos, cujas réplicas em várias nações marcaram um breve hiato na tremenda onda expansionista mundial. Contudo, não se podia afirmar que se tratasse de uma crise financeira global, pois o maior impacto registrou-se especificamente naquele país.

Em maio de 1907, observou-se um lento descenso na atividade econômica dos Estados Unidos, que, porém, resultou em queda brusca entre outubro e novembro desse ano, quando de uma quebra financeira em Wall Street (Friedman e Schwartz, 1963:47-53). A causa imediata da convulsão foi uma grande e arriscada operação especulativa posta em marcha por Fritz A. Heinze (presidente do Mercantile National Bank da cidade de Nova York) e que tinha como objetivo monopolizar o mercado de cobre. Não obstante, o magnata John D. Rockefeller, também interessado nesse metal, descarrilhou as operações de Heinze ao vender milhões de libras de cobre, provocando uma queda acentuada de todos os valores das empresas do setor. Quase imediatamente, os clientes do Mercantile National Bank correram a sacar seus

---

[38] Uma das fontes mais importantes é Stone (1999).

depósitos nessa firma, o que motivou a intervenção da New York Clearing House (associação de bancos comerciais), a qual passou a revisar os livros de oito bancos adicionais que estavam sofrendo sangrias, e acabou por lhes proporcionar apoio para evitar a sua queda.

O verdadeiro pânico bancário começou em 21 de outubro, quando o presidente da Knickerbocker Trust Company (o terceiro banco de investimentos de Nova York) teve de renunciar, por ser suspeito de conexão com os especuladores do cobre (Bruner e Carr, 2007). Como consequência, ocorreu uma contração do mercado de papéis de curto prazo e se multiplicaram os pânicos bancários em várias cidades norte-americanas. Essa história do afundamento de uma empresa-chave do segmento financeiro tem alguns paralelos com a queda letal da Lehman Brothers em setembro de 2008 e seus efeitos sobre Wall Street, no tanto que paralisou os mercados de crédito. O impacto do colapso da Knickerbrocker foi fulminante, porque era uma das companhias de primeira linha de uma rede de empresas financeiras em que estavam envolvidos muitos dos banqueiros e investidores mais poderosos da época.

Com o objetivo de impedir o colapso dos mercados creditícios e da Bolsa de Nova York, o financista mais famoso do momento, J. P. Morgan, organizou uma associação de banqueiros que injetaria apoio substancial de fundos para resgatar vários dos bancos de investimento afetados. Simultaneamente, em 12 de outubro de 1907, o secretário do Tesouro, George B. Cortelyou, viajou de trem de Washington a Nova York para oferecer o apoio do governo. Entre essa data e o final do mês, fez depositar 35 milhões de dólares em diferentes bancos importantes da cidade, a fim de evitar o colapso das *trust companies*.

Os pânicos bancários provocaram uma contração geral do crédito, a qual desencadeou um aumento de quebras e uma redução da atividade de muitas empresas estadunidenses. Cem bancos comerciais em distintas regiões do país suspenderam os pagamentos. Um índice da produção industrial dos Estados Unidos (elaborado pelos economistas Miron e Romer) indica que a produção caiu de 93% em outubro a 71% em dezembro de 1907 e que não se recuperou até fins do ano seguinte. Viu-se também afetado o comércio exterior, e o desemprego aumentou de 3,5% em 1907 até superar os 6% em

1908. A gravidade da conjuntura foi sublinhada pelo periódico financeiro *The Commercial and Financial Chronicle*, que afirmou que a paralisia industrial do ano de 1908 foi uma das piores de que havia padecido a nação em toda a sua história.

Essa crise teve ramificações internacionais importantes, porém a maioria dos estudiosos dessa convulsão financeira sugere que é necessário distinguir entre diferentes situações, dependendo dos países e das latitudes. Em primeiro lugar, está claro que a maioria das nações não passou por colapsos, enquanto em outras não se demonstrou ter havido contágio. No Egito, por exemplo, desatou-se um pânico financeiro bastante autônomo em princípios de 1907, o qual estava relacionado com o mercado de algodão. Na Itália, por sua parte, explodiu um pânico bancário *anterior* à irrupção da crise na bolsa dos Estados Unidos. A quebra de um grande banco, a Società Bancaria Italiana, provocou uma derrubada geral dos preços dos valores industriais nas bolsas de Milão e Turim. Em razão disso, numerosas empresas manufatureiras tiveram dificuldades em encontrar capitais para novos investimentos. O historiador econômico Franco Bonelli calculou que o crescimento do produto industrial italiano baixou uns 2% ao ano entre 1907 e 1913, um nível menor que o registrado nas crises de decênios anteriores (Bonelli, 1971). Em outras nações, o desequilíbrio econômico se registrou com atraso: precisamente em 1908 entrariam em breve recessão as economias de Inglaterra, Alemanha, Áustria, Suécia, Holanda, Brasil e Japão.

Na prática, pode-se ter como hipótese que a crise de 1907 foi essencialmente uma *crise norte-americana*. Logicamente, os vizinhos desse país — Canadá e México — sofreram mais. O pesquisador Michael Bordo e dois colegas investigaram o impacto na economia real e nos mercados bancários e financeiros do Canadá. A queda do PIB, em 1907-08, foi de 5,6% nos Estados Unidos, enquanto no Canadá alcançou 5,1%, em ambos os casos cifras bem significativas (Bordo, Rockoff e Reddish, 1996:60). Contudo, ao tempo em que havia uma ampla série de pânicos bancários nos Estados Unidos, o sistema bancário canadense não sofreu de maneira substancial. O Canadá pôde gerir a situação com certa desenvoltura, devido à solidez de seus bancos comerciais, que eram muito maiores do que os estadunidenses, uma vez que as instituições canadenses contavam com centenas de sucursais, que proporcionavam um colchão de apoio em tempos difíceis.

É notável a semelhança com o ocorrido em 2008, tendo-se em conta que nesse ano o sistema bancário canadense voltou a demonstrar sua impressionante solidez ante os embates da crise financeira nos Estados Unidos, caracterizada por enormes quebras bancárias.

É discutível, em contrapartida, se no México houve ou não contágio financeiro em 1907. Apesar de sua economia não estar ainda fortemente entrelaçada com a dos Estados Unidos, o desempenho econômico mexicano foi desigual, de acordo com a região que se analise. No norte do país, muito ligado aos ciclos produtivos estadunidenses, antes do *crash* de Wall Street já se observava um colapso das exportações mexicanas, em particular de minérios. Um dos primeiros sinais da crise nessa região foi a redução do crédito. Tal foi o caso de Sonora e de Guaymas, onde os bancos regionais reduziram suas operações. No outro extremo da República mexicana, na península de Yucatã, produziu-se uma crise mercantil e bancária na segunda metade de 1907. Porém, nesse caso, tampouco é claro que se tratasse de um contágio direto de Wall Street; mais certamente o problema derivava da queda dos preços do sisal, principal produto de exportação da região. As hipotecas que se haviam acumulado no Banco Mercantil de Yucatán e no Banco Yucateco elevavam-se a mais de 9 milhões de pesos. Para evitar o naufrágio dessas duas entidades, o Banco Nacional de México (instituição privada) operou virtualmente como um banco central, e interveio mediante a concessão de empréstimos aos dois bancos por 5 milhões de pesos, contra a hipoteca de seus bens (Marichal e Riguzzi, 2006:224-225).

As crises de 1914 e a criação do Federal Reserve Bank

Existe certo consenso de que a consequência mais importante da crise de 1907 foi demonstrar que os Estados Unidos precisavam de um banco central, a fim de enfrentar futuros descalabros bancários e financeiros. Na Europa, existiam numerosos bancos centrais que operavam como tais e que haviam demonstrado certa eficácia no gerenciamento de políticas monetárias e no momento de confrontar certas crises. Contudo, não existiam ainda essas instituições nem no Canadá, nem nos Estados Unidos, nem no conjunto da América Latina.

O certo é que, em razão do pânico de 1907, as autoridades políticas de Washington tomaram medidas para rever e reformar o complicado sistema bancário estadunidense. O desafio era enorme, pois, apesar de contar com a estrutura bancária mais extensa (mas também mais atomizada) do mundo — com um total de 18 mil diferentes bancos em 1914 —, não existia nenhuma entidade bancária do governo. Todavia, o acúmulo de problemas que enfrentava esse sistema altamente descentralizado fez crescer a demanda por melhor regulamentação, supervisão e controle, tanto das políticas bancárias quanto das monetárias.

O Congresso dos Estados Unidos autorizou a formação de uma comissão especial, com numerosos especialistas, que se dedicaria a avaliar o estabelecimento de uma nova legislação bancária, baseada em um estudo comparado dos melhores sistemas de regulamentação do sistema financeiro de diversos países. O problema não era simples, já que se pensava que, sem um banco central, o enorme e dinâmico sistema bancário estadunidense continuaria a ser o mais fragmentado e instável do mundo. Ao mesmo tempo, qualquer reforma desse tipo chocava-se com a ideia de que o *laissez-faire* era funcional e que era recomendável uma escassa intervenção do governo e do banco central na economia privada, preceitos que até então eram considerados dogmas.

Antes de 1914, a teoria liberal das finanças públicas não admitia que os governos devessem intervir de maneira contracíclica, em momentos de dificuldades econômicas. Ao contrário, devido às restrições fiscais, era frequente que se reduzissem os gastos públicos. Em segundo lugar, a teoria do banco central mais avançado — que era o Banco da Inglaterra — limitava-se a sustentar que, em momentos de crise, a instituição central deveria descontar as letras dos bancos privados com liberalidade, para atenuar o impacto da restrição de crédito. Não se admitia um forte aumento da emissão, devido às restrições que impunha o padrão ouro. Se era frequente que, durante as crises, a fuga do ouro provocasse uma redução da circulação monetária, essa situação era considerada quase inevitável. Não obstante, a multiplicação das crises bancárias e em bolsas nos Estados Unidos demonstrava que era necessário proceder a reformas profundas, com o objetivo de reduzir a volatilidade.

A partir dos detalhados informes da National Monetary Commission, publicados entre 1908 e 1913, estabeleceram-se as bases para a singular criação do Federal Reserve Bank, sob uma lei aprovada em fins de 1913. Sua singularidade consistia, em contraste com todos os demais bancos centrais do mundo, em que a Reserva Federal se baseava em 12 bancos regionais, cada um dos quais formava uma peça-chave do sistema em seu conjunto. Paradoxalmente, em agosto de 1914, no preciso momento em que se começava a organizar a Junta desse novo tipo de banco central, irrompeu uma grave crise monetária e financeira internacional, provocada pelas notícias da eclosão da Grande Guerra na Europa.

Como é bem sabido, o estopim que fez explodir o conflito militar foi o assassinato do arquiduque austríaco, Franz Ferdinand, em mãos de um nacionalista bósnio-sérvio, em 28 de junho de 1914. As forças militares do Império Austro-Húngaro ameaçaram a Sérvia e a invadiram um mês mais tarde, em 28 de julho. Assim iniciou-se uma hostilidade geral, especialmente porque Alemanha e Rússia adotaram posições diametralmente opostas com respeito à beligerância austríaca. A partir desse momento, não havia retorno, e em 1º de agosto começou a mobilização de tropas em grande parte da Europa; a guerra foi declarada entre as principais potências.

Como é lógico, os mercados financeiros entraram em pânico. Em 28 e 29 de julho todas as bolsas europeias suspenderam as operações e, um dia depois, ao receberem-se as notícias telegráficas da iminente deflagração da guerra, também fecharam as portas as bolsas de todos os países da América do Sul. Em 31 de julho pela manhã fechou a Bolsa de Londres e mais tarde foram suspensas as operações em Wall Street. As pressões para abandonar o padrão ouro foram extremamente fortes. Ao cabo de poucos dias, os países europeus, em sua maioria, à exceção da Grã-Bretanha, adotaram a inconversibilidade e saíram do padrão ouro para defender suas moedas, suas reservas e também para proporcionar instrumentos de livre emissão a seus governos, com os quais pudessem financiar a guerra.

Na Inglaterra, maior mercado financeiro do mundo, uma série de desequilíbrios havia começado a manifestar-se na segunda-feira, dia 27 de julho, quando se acentuou abruptamente a demanda internacional de libras esterlinas, em especial nos Estados Unidos. No dia seguinte, o pânico instalou-se e não houve alternativa senão fechar os mercados de câmbio. Por esse motivo, a maioria das firmas financeiras privadas de Londres, que administrava um enorme volume de papéis comerciais, encontrou-se em situação de iliquidez — situação essa que piorou quando os grandes bancos comerciais britânicos passaram a exigir o pagamento das letras que as firmas privadas tinham pendentes. Para evitar falências e obter fundos, muitas casas bancárias começaram a vender valores na bolsa, o que provocou fortes corridas e, enfim, essa teve de fechar as operações.

A forma mais tradicional de explicar essa crise é que teve por origem o pânico financeiro desatado pela irrupção da guerra. Contudo, vários economistas da época, como John Maynard Keynes, assim como altos funcionários do Tesouro britânico, também atribuíram o descalabro na City às iniciativas dos grandes bancos comerciais ingleses. Estes tentaram explorar a situação, buscando salvar-se a expensas de seus competidores privados tradicionais, entre os quais se contavam os prestigiosos *merchant banks*, que constituíam o conselho do Banco da Inglaterra (Keynes, 1914). O economista e historiador Marcello de Cecco (1974) investigou os arquivos britânicos para recuperar os fascinantes debates que tiveram lugar entre políticos e banqueiros londrinos daqueles anos. De 3 a 6 de agosto de 1914 (dias críticos), o chanceler do Tesouro, Lloyd George, convocou todos os atores financeiros, assim como os representantes da indústria e do alto comércio inglês, a uma série de conferências de alto nível. O governo ofereceu um apoio concreto aos bancos comerciais, que os ajudaria a atenuar a situação, mediante o provimento de 25 milhões de libras esterlinas, permitindo-lhes cobrir as demandas de pagamentos de curto prazo de grande parte de seus clientes. Ao mesmo tempo, resolveu-se abandonar a conversibilidade da libra esterlina, com o que se salvou o padrão ouro na Inglaterra, ainda que estivesse ferido de morte em grande parte do resto do mundo.

Ao estourar a guerra, produziu-se também uma crise nos Estados Unidos. Em 31 de julho, o secretário do Tesouro, William McAdoo, fechou a Bolsa de Nova York, porque temia uma retirada maciça de investimentos estrangeiros, o que teria acarretado uma exportação exorbitante de ouro dos Estados Unidos para a Europa. Em 3 de agosto, McAdoo aumentou drasticamente a emissão monetária e ofereceu apoio do Tesouro aos principais bancos americanos, a fim de garantir a ampliação das linhas de crédito. Seu objetivo consistia em evitar um descalabro parecido com o de 1907. Ademais, o enérgico secretário do Tesouro resolveu assegurar-se de que as hostilidades não prejudicassem em excesso o comércio internacional do país. Com o objetivo de garantir a sustentação das exportações de grãos e de algodão para a Europa, pôs em marcha uma cobertura governamental para contratos antecipados de centenas de embarcações mercantes, e logo estabeleceu um Bureau of War Risk Insurance, que dava suporte ao dólar nas transações comerciais internacionais.

De outro lado, McAdoo estava empenhado em sustentar o padrão ouro, por considerar que abandoná-lo poderia debilitar muito seriamente o dólar americano. Para defender a moeda, era fundamental ratificar o Federal Reserve Bank, novíssimo banco central que ainda não se havia organizado, embora tivesse sido autorizado por uma lei do Congresso. O secretário do Tesouro atuou com vigor para inspirar confiança na política monetária, e em 10 de agosto de 1914 nomeou a primeira junta diretora da Reserva Federal. Na opinião do economista e historiador William Silber (2007), que estudou em detalhe as ações do secretário estadunidense, esse episódio mostra a importância de contar com dirigentes governamentais e/ou banqueiros centrais com capacidade para tomar medidas rápidas e resolutas em momentos de crises financeiras, contra as forças negativas que ameaçam desencadear uma avalancha financeira e um colapso econômico geral.

A longo prazo, de acordo com Silber, as ações de McAdoo contribuíram para que se impusesse gradualmente a supremacia internacional do dólar e para que os Estados Unidos logo se tornassem uma nova potência financeira. De fato, desde 1915 Nova York começava a competir com Londres como centro das finanças internacionais. Talvez o evento que melhor simbolize essa transição tenha sido a emissão pela casa bancária J. P. Morgan de um gigantesco empréstimo de guerra de 500 milhões de dólares para os governos da França e da Grã-Bretanha em outubro de 1915. A partir desse momento, ficou claro que nenhum outro país contava com tantos recursos financeiros quanto os Estados Unidos. A libra esterlina já tinha um formidável rival, que, com o tempo, terminaria por deslocá-la. Nesse ínterim, o planeta inteiro estava mudando de forma irreversível. A Grande Guerra não só causou mais de 10 milhões de mortes, como também uma radical modificação do cenário político mundial. Não menos importante foi o fato de que se havia encerrado a *primeira época de globalização financeira*.

CAPÍTULO 2

O colapso financeiro de 1929:
por que houve uma grande depressão nos anos 1930?

Um dos dons mais apreciados pelos seres humanos seria a possibilidade de prever o futuro. Sem embargo, se a predição é pessimista, de imediato acusa-se o visionário de ser uma Cassandra. Assim ocorreu a John Maynard Keynes quando publicou seu ensaio *Consequências da paz* (1919), que logo se tornaria um clássico. Ali augurou ele alguns dos problemas mais urgentes que haveriam de contribuir para a derrocada financeira de 1929 e que seriam o começo da Grande Depressão dos anos 1930. Na qualidade de membro da delegação britânica, Keynes assistiu à Conferência de Versalhes de 1919, reunião na qual as principais potências discutiram de que maneira planejavam reorganizar a Europa do pós-guerra e, em particular, como obrigariam a Alemanha a pagar reparações aos aliados vitoriosos. No entanto, o grande economista inglês resolveu retirar-se antes do final das discussões, já que considerava que os acordos abriam um caminho minado e que a Europa se dirigia para um futuro desastre político e financeiro. Não lhe faltava razão.

Neste capítulo explicaremos por que se produziu uma das maiores e mais profundas crises do capitalismo. O número de livros, arquivos e películas documentais sobre a Grande Depressão é legendário e as interpretações, diversas. Não há dúvida de que, à exceção das guerras mundiais, se considera que esse evento foi a maior convulsão econômica do século XX. Essa gravíssima e prolongada crise teve como epicentros Europa e Estados Unidos, porém afetou de igual forma o resto do mundo. Tratou-se de um colapso global, embora seja importante ter em conta que se compôs de várias etapas e que teve diferentes efeitos em cada país.

Dentro da vasta literatura que discute as causas da Grande Depressão, existe consenso de que o legado da Primeira Guerra Mundial foi seu antecedente fundamental, já que gerou fortíssimas contradições políticas na Europa durante a década de 1920 que impediram alcançar um novo equilíbrio. A política e as finanças entrelaçaram-se de tal maneira que criaram uma sequência de nós górdios quase inextricáveis. Isso se explica, em parte, pela complexidade das tensões e das lutas sociais que aconteceram nesse período. A derrocada de velhos impérios, como o austro-húngaro e o otomano, provocou um processo de fragmentação política que resultou em conflitos interétnicos. Em outros casos, como o da Rússia, ocorreu uma profunda revolução, que acabou com o antigo regime. Por sua vez, nos países da Europa Ocidental, as novas práticas de sufrágio universal e as crescentes mobilizações sindicais contribuíram para complicar a vida política e parlamentar. Tudo isso dificultou a coordenação de medidas para tentar resolver os graves problemas econômicos e monetários próprios do pós-guerra. Apesar de numerosos esforços por lograr uma efetiva cooperação internacional, essa possibilidade foi afastada por políticas nacionalistas que acentuaram as tensões. As contradições da diplomacia dos Estados Unidos entorpeceram a saída do impasse europeu. E a isso se juntou a fatal ilusão de que o retorno ao padrão ouro permitiria um regresso à prosperidade pré-bélica.

Nas páginas que se seguem, repassaremos algumas das hipóteses propostas por economistas e historiadores para explicar os aspectos financeiros e monetários que foram os antecedentes fundamentais do desencadeamento da crise mundial de 1929.[39]

---

[39] Para um resumo bibliográfico, ver as referências ao final deste livro.

Da guerra à paz instável: a crise de 1920-21

Não cabe dúvida de que o fim da Grande Guerra foi recebido com enorme alívio por todo o mundo, ainda que uma série de eventos ensombreasse os festejos. Tão mortífera como a luta nas trincheiras foi a pandemia de *influenza* — também chamada "gripe espanhola" — que a partir de 1918 se difundiu com incrível rapidez ao redor do planeta e matou milhões. Os especialistas em epidemias debatem as suas origens. O vírus transmitido é conhecido cientificamente como *Influenza A* e, ao que parece, tem semelhanças com a gripe aviária de nossos dias. Na Grã-Bretanha, matou 200 mil indivíduos; na França, cerca de 400 mil (em especial, soldados). Logo passou à Espanha que, como país neutro, não censurou as informações sobre a enfermidade, que ali causou 300 mil mortes.[40] Impactou também os Estados Unidos, onde se calcula que tenha afetado mais de meio milhão de pessoas em apenas um par de anos, quer dizer, mais de quatro vezes o número de soldados estadunidenses que morreram na guerra.[41] No México, estima-se que matou meio milhão de pessoas entre 1918 e 1920, número de baixas próximo ao causado pela revolução (a qual estava em sua fase final, após quase 10 anos de combates).

Ao mesmo tempo, em seguida ao triunfo da revolução bolchevique em 1917, irrompeu a guerra civil na Rússia. Essa durou três anos, provocou grande mortalidade e esteve a ponto de destruir a economia desse vasto país. Não menos devastadoras foram as consequências do genocídio de mais de 1 milhão de armênios, levado a efeito pelo governo e pelo exército otomano durante a Primeira Guerra Mundial e completado pelas autoridades turcas entre 1918 e 1920, logo após o colapso do império. Por último, deve-se recordar que no pós--guerra as circunstâncias na Europa Central, na Oriental e nos Bálcãs também eram extremamente traumáticas e foram consequência não só da derrota ale-

---

[40] A ampla difusão dada pelos informes de médicos espanhóis tornou-a conhecida como "gripe espanhola".
[41] A pandemia ceifou a vida de desconhecidos e de famosos: entre estes últimos incluíram-se o sociólogo Max Weber, o poeta Guillaume Apollinaire, o primeiro-ministro da África do Sul, Louis Botha, entre outros. O próprio presidente dos Estados Unidos, Woodrow Wilson, sofreu um ataque da doença quando estava na França para a Conferência de Versalhes, mas recuperou-se rapidamente. Para informação científica sobre essa epidemia de gripe, ver a revista *Science* (7 out. 2005, p. 77-80).

mã e da queda do Império Russo, mas também da queda do Império Austro-
-Húngaro, que gerou enorme desemprego e uma quantidade extraordinária de
tensões políticas e sociais na região. O próprio Keynes argumentou em Versalhes, e em seu famoso ensaio, que era desumano não proporcionar ajuda para
a reconstrução da Europa e para acabar com a fome nesse continente.

Tal conjunto de desastres ajuda a explicar por que as guerras mundiais do
século XX foram descritas como as mais destrutivas da história da humanidade. Sua capacidade demolidora alcançou todos os âmbitos. Se nos limitarmos ao financeiro, cabe afirmar que a Primeira Guerra Mundial constituiu
uma crise maior, ao menos para as nações beligerantes. Marcou um corte tão
radical que afetou profundamente o sistema nervoso das economias de todos
os países em guerra: os mercados de capitais, o sistema monetário, os bancos,
o crédito, o fisco e as dívidas públicas e privadas. Em poucas palavras, poder-
-se-ia afirmar que o capitalismo clássico deixou de funcionar em boa parte
da Europa a partir de agosto de 1914 e foi substituído por um capitalismo de
Estado militarizado durante quase cinco anos de mortal combate. É certo que
em outras partes do planeta, inclusive América do Norte, América Latina,
África, Oceania e Ásia Oriental, as mudanças se deram de maneira menos
drástica, porém, ainda assim, o impacto desse conflito foi maiúsculo.

Um dos primeiros sintomas da dificuldade que existia para estabelecer
um novo equilíbrio econômico no pós-guerra foi a grande inflação que sobreveio em boa parte do mundo entre 1919 e princípios de 1920. Três fatores
mostraram-se decisivos para provocar a volatilidade dos preços. Em primeiro
lugar, desde fins de 1918, os mecanismos de regulamentação do comércio e
da produção que haviam sido utilizados durante a guerra por todos os países beligerantes foram desmantelados com urgência exagerada. O historiador
inglês R. H. Tawney (1943:1-30) destacou os efeitos que isso ocasionou na
Grã-Bretanha, porém o mesmo ocorreu nos Estados Unidos, onde os controles militares sobre o abastecimento e os preços das matérias-primas foram
eliminados em apenas seis meses. Em segundo lugar, essa desregulamentação
foi acentuada pela enorme demanda gerada por milhares de empresas em
todos os continentes, que se preparavam para o relançamento da economia

em época de paz e, em consequência, os preços dos bens subiram como espuma. Na Europa continental, finalmente, a inflação era também resultado do extraordinário aumento da emissão monetária experimentada durante a guerra e no imediato pós-guerra; a circulação de uma formidável massa de papel-moeda empurrou os preços para cima.

Os primeiros anos do pós-guerra caracterizaram-se por um incremento da demanda de produtos primários na Europa e nos Estados Unidos. Em princípios de 1920, os preços do açúcar, do café, da lã, da carne e dos cereais alcançaram níveis 200% mais elevados que os de 1914. A bonança teve efeitos positivos (embora passageiros) para as balanças comerciais de Austrália, Canadá, América Latina e Estados Unidos. Contudo, em meados de 1920, a alta chegou ao fim, e foi sucedida por uma grave contração comercial e financeira que desencadeou um brusco declínio dos preços de quase todos os produtos de exportação, os quais caíram aos níveis que prevaleciam antes da guerra. Em vários países monoexportadores, como Cuba, a derrocada comercial foi tão forte que o sistema bancário e financeiro quebrou.

Brotava uma nova crise financeira. Depois da queda de preços registrada em maio de 1920 nos Estados Unidos, a junta diretora do banco central — o Federal Reserve Board — começou a flexibilizar o crédito, com o objetivo de evitar um colapso financeiro nacional, autorizando empréstimos a taxas de juros relativamente altas. Essa estratégia evitou que se produzissem pânicos bancários no país, embora não impedisse a deflação: um ano mais tarde, em junho de 1921, os preços no atacado tinham caído mais de 50%. De acordo com o historiador financeiro Elmus R. Wicker (1966:223-238), as políticas adotadas pelo Banco da Reserva Federal de Nova York e pelo Banco da Inglaterra indicavam que seus dirigentes — Benjamin Strong e Montagu Norman — estavam conscientes da singular capacidade que detinha esse tipo de instituição para ampliar o crédito em épocas difíceis. Ao mesmo tempo, a rigidez com que administraram a crise demonstrou que ambos os dirigentes eram de opinião que a deflação e as falências eram necessárias para "curar o paciente".

Ao não baixar as taxas de juros, os responsáveis pelo banco central dos Estados Unidos provocaram uma intensa deflação e uma forte recessão na segunda metade de 1920 e no primeiro semestre de 1921. Cabe a suposição de que não se deram conta do erro que haviam cometido ao manter as taxas de juros altas, porque a crise foi breve: de fato, desde fins de 1921, a economia estadunidense voltou a entrar em um ciclo de expansão. Por conseguinte, e ainda que resulte paradoxal, a visão ortodoxa sobre como gerenciar uma crise — quer dizer, a não intervenção dos bancos centrais — seguiu vigente ao longo do decênio de 1920, o que explica, em parte, o motivo pelo qual se voltou a aplicar depois do *crash* de 1929, desta vez com consequências muito mais graves.

Em contraste com a deflação nos Estados Unidos, as tendências inflacionárias tiveram sua expressão mais extrema na Europa Central e na Rússia. A adoção de regimes de livre flutuação em 1919, depois do abandono de âncoras monetárias (*pegged rates*), revelou-se um verdadeiro desastre. Tanto na Rússia quanto no velho Império Austro-Húngaro, o aumento da emissão por parte dos governos desatou extraordinárias taxas de inflação, que debilitaram suas economias. Na Áustria e na Hungria, os preços subiram respectivamente 14 mil e 17 mil vezes os níveis alcançados ao final da guerra. Na Polônia e na Rússia, os preços saltaram a taxas assustadoras, alcançando mais de 2 milhões no primeiro caso e 4 bilhões de vezes no segundo. Em boa medida, isso foi consequência da grande baixa na produção de bens, em razão do duplo impacto da revolução e da guerra civil (Frieden, 2006:135).

Entretanto, foi na Alemanha que a hiperinflação teve impacto mais grave.[42] O governo alemão e o banco central, o Reichsbank, aceitaram uma forte depreciação monetária para evitar o pagamento das enormes reparações exigidas em Versalhes. O colapso do valor do marco foi utilizado pelo banco central para dar apoio ao argumento de que não poderiam arcar com as reparações em ouro à França e à Grã-Bretanha sem provocar o naufrágio financeiro de seu país. Finalmente, essa recusa havia de ter uma humilhante resposta militar quando a França ocupou o Ruhr em 1923: sua justificativa foi que exigia o pagamento das reparações em espécie, o que podia conseguir, a sua maneira, pela apropriação das minas de carvão e de ferro da região.

---

[42] Para uma visão integral de um grande historiador, ver o estudo monumental de Feldman (1997).

As reparações e a hiperinflação alemã de 1922-23

É evidente que não existia apenas um único calcanhar de Aquiles financeiro na Europa de princípios do decênio de 1920, senão muitos, porém aquele que gerou os maiores problemas foi, sem dúvida, a questão das reparações que a Alemanha devia pagar aos países que tinham vencido a guerra. Esses pagamentos converteram-se em um ponto de controvérsia cada vez mais difícil de resolver, a cada reunião internacional e a cada conjuntura conflituosa. Na Conferência de Versalhes, havia ficado claro o empenho dos Aliados de impor um forte castigo à Alemanha, sob a forma de pagamentos e de cessão de propriedades.

Entre as principais demandas estava a exigência de que a Alemanha pagasse uma soma de cerca de 25 bilhões de dólares para cobrir as pensões das viúvas e dos soldados feridos durante a guerra. A isso se somou o pagamento das dívidas comerciais que as nações aliadas haviam acumulado em troca de provisões e do fornecimento de armas e munições para enfrentar o longo conflito. Keynes elaborou um primeiro cálculo do montante: 40 bilhões de dólares, o que o levou a afirmar que, para atender ao exigido, a Alemanha teria de entregar mais de 2 bilhões de dólares anuais durante o decênio de 1920 e ainda mais na década subsequente. Era evidente que a economia alemã não podia fazer frente a essa dívida.[43]

Não obstante, os dirigentes reunidos em Versalhes em maio de 1919 insistiram em ratificar o que de pronto foi qualificado de "uma paz cartaginesa". O mais empenhado em castigar os alemães era Georges Clemenceau, chefe do governo francês, apoiado pelo primeiro-ministro britânico, Lloyd George, no que se referia ao reembolso das enormes dívidas comerciais contraídas por causa da guerra. Por sua parte, o presidente norte-americano, Woodrow Wilson, que havia sido recebido com enorme entusiasmo em sua chegada à Europa, considerava necessário alcançar um acordo, e assentiu com as condições estabelecidas no tratado. A única resolução realmente positiva que to-

---

[43] Um excelente estudo contemporâneo é o de McGuire e Moulton (1923).

maram os dirigentes reunidos no Palácio de Versalhes foi a criação da Liga das Nações.

Na Alemanha, a reação popular ao tratado foi de rechaço. O desafio mais notório ocorreu em 21 de junho, quando oficiais e soldados da Marinha alemã afundaram 70 navios de guerra e mais de 100 submarinos para que os aliados não pudessem dispor deles. Esse ato reforçou o desejo de imposição de castigo por parte dos aliados, que insistiram na cessão de colônias alemãs, no confisco de muitos de seus investimentos estrangeiros, no controle sobre uma parte importante da marinha mercante e na ocupação de grande parte da região do Reno, incluindo a gestão das minas, das terras e da navegação do rio. A partir de 7 de julho, quando a Alemanha ratificou o tratado, também se exerceu pressão sobre seus antigos aliados na guerra, Áustria e Bulgária, que, nos meses seguintes, foram obrigados a firmar acordos similares de cessão de territórios e de pagamentos de reparação.

O governo alemão logo começou a efetuar as transferências anuais exigidas, mediante uma reorganização financeira interna que incluiu uma série de fortes aumentos de impostos. Como resultado, durante uma reunião em Londres em 1921, os aliados estabeleceram novo calendário de pagamentos anuais das reparações e condições algo menos onerosas: estipulou-se uma conta total de pagamentos de 132 bilhões de marcos (31 bilhões de dólares). A soma era imponente para a época, porém menor que a exigida a princípio. Os pormenores das reparações têm sido discutidos em detalhe em uma ampla série de trabalhos históricos, nos quais seguem em evidência controvérsias e paixões.[44]

Depois que se publicaram os resultados finais do acordo de Londres e o enorme montante que se pagaria a título de reparações, o valor do marco alemão caiu de maneira abrupta. A partir de então, começou-se a produzir uma sequência de efeitos perversos na economia alemã, com aumento brusco dos preços de bens e dos salários, impactando as formas de câmbio e o valor da moeda. O historiador financeiro Barry Eichengreen (1995:141) afirma: "As

---

[44] Para uma síntese magistral, ver Eichengreen (1995:127-134).

reparações, nesse sentido, foram responsáveis, em última instância, pela inflação alemã". O mesmo autor cita uma ilustrativa descrição das angustiosas circunstâncias cotidianas vividas naqueles anos na Alemanha:

> Os comerciantes começavam a fechar suas lojas ao meio-dia, averiguavam a cotação do dólar, e voltavam a abrir à tarde com novos preços. Desde então, a calcular os preços em moeda estrangeira era um passo curto; até o verão, os lojistas já não aceitavam marcos, primeiro nas zonas ocupadas; a seguir, no sul da Alemanha; e logo em todo o país. [Eichengreen, 1995:135]

Como consequência da hiperinflação, o governo alemão acumulou crescentes déficits, sem que pudesse reduzi-los, já que teve dificuldades para estabilizar os gastos e levar a efeito mais reformas fiscais, às quais se opunham tanto as associações de empresários quanto os poderosos sindicatos de trabalhadores industriais. Em pouco tempo, o Ministério das Finanças alemão defrontou-se com gravíssimos problemas para pagar suas dívidas internas e, sobretudo, as reparações em meio metálico, pelo que impulsionou uma emissão monetária cada vez mais acelerada. O resultado foi a alucinante hiperinflação de 1922-23, época em que os marcos alemães chegaram a valer menos do que o papel em que eram impressos.

Os efeitos sobre a economia e a sociedade foram tão devastadores que, finalmente, as autoridades políticas e financeiras resolveram que era necessário adotar medidas radicais. Em particular, tornava-se indispensável impedir que o governo recorresse a mais emissões para cobrir seus gastos. Em novembro de 1923, as autoridades estabeleceram novas normas para as reservas monetárias e ajustaram o valor da moeda a uma taxa hilariante: 4,2 bilhões de marcos por dólar. Por sua vez, foram fechadas as torneiras de empréstimos do banco central para o governo. De igual importância foi o fato de que a inflação havia destruído a dívida flutuante do governo, a qual representava mais de 50% da dívida pública (Withers, 1932:102). O déficit público reduziu-se de imediato e a inflação estancou de súbito. Ainda assim, não foram apenas razões técnicas que garantiram o êxito do plano. Como assinala Einchengreen

(1995:147), também "se deve ter em conta que essas medidas de estabilização funcionaram porque se havia conseguido um acordo político-social que tornava viável e digna de crédito a reforma fiscal".

A hiperinflação alemã demonstrou de maneira contundente que o pagamento das reparações em meio metálico se havia tornado extremamente difícil. Uma parte dos pagamentos para a França continuaria sendo efetuada em mercadorias — em especial, aço e carvão. Contudo, sem um acordo financeiro adicional, estava patente que o governo alemão não cumpriria com as exigências dos aliados. Isso implicava que a França não poderia acertar suas dívidas com a Grã-Bretanha e que nenhuma das nações europeias estaria em condições de fazer o mesmo com os Estados Unidos. Em poucas palavras, estava cada vez mais claro que Keynes tinha razão quando propôs em Versalhes que a melhor solução consistia em que os Estados Unidos cancelassem os créditos adiantados a seus aliados durante a guerra, somando cerca de 10 bilhões de dólares, e que a Grã-Bretanha renunciasse à indenização por boa parte dos aproximadamente 4 bilhões de dólares, em provisões e munições, que havia feito chegar às nações aliadas no continente europeu durante o conflito. No entanto, Washington não estava disposto a tais sacrifícios.

A necessidade de equilibrar as finanças e de apoiar os esforços de reconstrução das economias europeias converteu-se em um tema tão premente que o governo dos Estados Unidos decidiu nomear uma comissão de avaliação de reparações, encabeçada pelo general Charles G. Dawes, a qual devia preparar um informe que servisse de base para um novo acordo internacional. O Plano Dawes de 1924 autorizou uma redução dramática dos pagamentos do governo alemão, com o que o serviço anual caiu a cerca da décima parte do planejado em 1921 em Londres. Por sua vez, o Reichsbank passou a ser supervisionado pelos aliados. Para assegurar seu êxito, o plano foi acompanhado da emissão de um grande empréstimo para o governo germânico, estipulado pelos banqueiros de Nova York no valor de 800 milhões de marcos. Com esses fundos, o Tesouro alemão pôde renovar os pagamentos de suas dívidas em meio metálico. Dessa forma, e paradoxalmente, como argumenta o historiador Stephen Schucker (1988), foram os mercados financeiros norte-

-americanos que financiaram as reparações alemãs aos aliados europeus, com a colocação de uma cadeia de empréstimos adicionais durante a segunda metade da década de 1920.

O regresso ao padrão ouro: 1925-28

Depois da ratificação do Plano Dawes em 1924, melhoraram substancialmente as condições para um possível regresso ao padrão ouro em escala internacional. Em princípios do decênio, somente aplicavam o padrão ouro Estados Unidos, Cuba, Nicarágua, El Salvador, Panamá (sujeitos à influência do poderoso vizinho do norte) e México. Em 1923, a Áustria adotou o mesmo regime monetário, e no ano seguinte foi a vez da Alemanha. Porém, em especial em 1925, a tendência tornou-se irreversível, com o regresso ao padrão ouro pela Grã-Bretanha, seguida de Austrália e África do Sul; e, pouco tempo após, por Bélgica, Holanda, Hungria, e a seguir a França em 1926.

Até fins da década, cerca de 50 países haviam retornado ao clube do ouro, embora esse não fosse idêntico ao regime anterior a 1914. Nessa nova fase, os bancos centrais podiam acumular reservas em ouro ou, alternativamente, em moedas estrangeiras que fossem conversíveis. Os dólares e as libras esterlinas eram as moedas mais confiáveis para esse propósito. Tratava-se do que se denominou "padrão de câmbio ouro" (*gold exchange standard*), o qual se manteve na maior parte do mundo até o início da Grande Depressão.

O que explica o retorno ao ouro como âncora monetária? Os historiadores financeiros enfatizam que esse retorno foi impulsionado pelo desejo generalizado de estabilizar as economias europeias. Porém, como assinala Kenneth Mouré (2002) em seu livro *The gold standard illusion*, essa não era simplesmente uma questão técnica. Tratava-se de uma ideia poderosa, que parecia prometer o regresso à ordem da *Belle Époque* (anterior à deflagração da guerra). Para o grande público, como também para as elites políticas e econômicas, seu restabelecimento fazia apelo a uma forte nostalgia por um mundo que havia desaparecido entre a fumaça e os gritos de uma prolongada e brutal contenda.

No plano prático, todavia, a volta ao padrão ouro requeria acordos políticos que permitissem reduzir os déficits e acabar com a inflação, o que tenderia a fortalecer as moedas e reduzir a volatilidade das taxas de câmbio. Acreditava-se que isso poderia fortalecer a confiança dos investidores domésticos na aquisição de títulos da dívida pública de longo prazo, os quais também atrairiam capitais externos. Apesar da progressiva redução das dívidas de curto prazo, em alguns países as reformas foram muito complicadas. Em parte, isso se devia ao enorme peso das dívidas públicas herdadas da guerra. Entre os investidores continuava a existir uma considerável incerteza sobre a capacidade de pagamento dos governos e sobre a determinação de impedir o regresso às políticas inflacionárias. Em 1927, por exemplo, na França, o serviço da dívida absorvia 44% dos gastos do governo.[45] Em contrapartida, na Alemanha, a maior parte da dívida pública tinha sido liquidada pela hiperinflação, situação essa que era chocante para as autoridades francesas, que insistiam que seus vizinhos bem podiam aumentar seus pagamentos de reparações, devido ao relativo equilíbrio de seus fundamentos.

Uma vez que a França era o país europeu que carregava a maior dívida pública em relação à receita nacional, não é estranho que prosseguisse lidando com problemas monetários, os quais vieram a desembocar em uma tremenda inflação, que alcançou a ameaçadora cifra de 350% em junho-julho de 1926. A pressão por estabilizar as finanças públicas tornou-se inescapável. A estabilidade foi conseguida quando uma nova coalizão política, liderada por Raymond Poincaré, alcançou o poder em fins de julho, em meio à crise monetária. O novo primeiro-ministro pôs em prática um programa de austeridade e de equilíbrio calcado nos princípios financeiros. Seis meses mais tarde, a confiança havia retornado, o franco fortalecera-se e o Banco de França estava solidamente posicionado no regime do padrão ouro.[46]

Contudo, não foi só na Europa que se impôs um regresso ao ouro. Nos países da periferia essa tendência também mostrou força. Nos territórios do

---

[45] Para dados sobre as dívidas públicas, ver Withers (1932, passim).
[46] Para mais detalhes, ver Mouré (2002).

velho Império Britânico, Austrália, Canadá e África do Sul, mantiveram-se políticas monetárias que seguiam contando com a libra esterlina como uma espécie de âncora, por meio da qual preservavam o alinhamento com o padrão de câmbio ouro.

Na América Latina, por seu lado, triunfou a *diplomacia do dólar*. A contratação de uma série de empréstimos em Nova York, a partir de 1923, permitiu a entrada de uma grande quantidade de dólares nos cofres dos governos e dos bancos regionais. Os fluxos de capital para a América Latina foram similares em volume aos empréstimos para a Alemanha e outros países europeus. Desde 1922 até 1928, os banqueiros de Wall Street colocaram um pouco mais de 1 bilhão de dólares em bônus latino-americanos em mãos de investidores dos Estados Unidos.[47] A acumulação de boa quantidade de reservas em uma moeda conversível a ouro dava respaldo às moedas locais: destarte, a maioria dos governos latino-americanos também pôde adotar o *padrão de câmbio ouro* nos anos 1920.

Não é de estranhar, portanto, que essa fosse a primeira ocasião em que foram contratados peritos financeiros dos Estados Unidos para ajudar diversos países da região a reorganizar seus sistemas de finanças públicas e facilitar o retorno ao padrão ouro. Adicionalmente, com essas políticas esperava-se continuar contando com o apoio dos grandes bancos de Nova York. O mais famoso desses peritos foi Edwin Kemmener, um professor de economia de Princeton, que chegou a ser conhecido como o *"international money doctor"*. Kemmener encabeçou missões financeiras à Colômbia (1923), à Guatemala (1924), ao Chile (1925), ao Equador (1926-27), à Bolívia (1927) e ao Peru (1931), levando consigo uma reduzida equipe de especialistas. Seu legado mais duradouro foi a criação de bancos centrais em todos os países andinos, que se estabeleceram segundo as normas do Federal Reserve Bank de Nova York. Em geral, as missões recomendavam sistemas de contabilidade pública mais modernos e que os fundamentos fossem cuidadosamente balanceados. O professor de Princeton insistia também que se mantivessem suficientes re-

---

[47] As estimativas mais completas são as de Stallings (1987, apêndice 1).

servas em meio metálico, para sustentar a conversibilidade ao ouro e outras moedas fortes, como o dólar ou a libra esterlina.[48] Políticas similares foram adotadas no caso do México (que já se encontrava no padrão ouro), onde o banco central foi implantado em 1925. Foram diferentes os casos do Brasil e da Argentina, porque já contavam com instituições bancárias e monetárias com trajetória anterior: tanto o Banco do Brasil quanto o Banco de la Nación Argentina (ambas as instituições colossais em tamanho) detinham importantes reservas em ouro.[49]

A nova onda de empréstimos latino-americanos demonstrou que Nova York estava deslocando Londres como centro financeiro internacional. Todavia cabe perguntar: por que os países latino-americanos necessitavam respaldo? Seus objetivos não consistiam simplesmente em retornar ao padrão ouro, mas sobretudo cobrir o pesado serviço de suas volumosas dívidas externas, que haviam sido contratadas em sua maioria na Europa antes de 1914 e que continuavam pendentes. Para assegurar o pagamento de juros, os governos da Argentina, do Brasil, do Chile e das demais nações latino-americanas contrataram novos empréstimos nos anos 1920 junto aos banqueiros nova-iorquinos, e assim refinanciaram as antigas dívidas que estavam em mãos de investidores de Inglaterra, França, Alemanha, Bélgica e Holanda.

Esses fluxos mostraram-se cruciais para a sustentação dos intercâmbios comerciais e financeiros no triângulo formado por América Latina, Europa e Estados Unidos. Sua importância foi reconhecida pelos próprios banqueiros. Um alto funcionário da casa financeira Seligman Brothers de Nova York explicou da seguinte maneira a conexão entre as dívidas europeias e os empréstimos norte-americanos à América Latina:

---

[48] Sobre as missões de Kemmerer nos países andinos, ver Drake (1989).
[49] Os bancos oficiais do Brasil e da Argentina mantinham políticas sofisticadas para a sustentação da taxa de câmbio, mediante acordos com as respectivas caixas de conversibilidade. O tema é importante para a compreensão da história monetária e bancária desses países. Podem-se ver alguns ensaios a respeito em Bulmer-Thomas, Coatsworth e Cortés Conde (2006: v. 2). É de interesse também a obra de Aldcroft e Oliver (1998).

Sucedeu, depois da guerra [de 1914-1918], que Inglaterra, França e outros países europeus tinham de pagar por um grande excedente de importações dos Estados Unidos. Onde podiam encontrar os dólares necessários? Obtiveram-nos principalmente da América do Sul e de outros lugares onde haviam investido capital [...] utilizando as remessas de receitas [...] para reembolsar os Estados Unidos pelo excesso de importações desse país, assim como para cobrir os pagamentos das dívidas de guerra [...] Nós emprestávamos dinheiro à América Latina e assim os europeus conseguiam dólares para nos pagarem [...] Era um movimento triangular.[50]

O auge internacional das bolsas nos anos 1920

A nova estabilidade monetária refletiu-se em uma crescente recuperação do crédito bancário (em escala nacional e internacional) e em um renovado dinamismo das bolsas, desde meados dos anos 1920 na Europa e nos Estados Unidos. Por sua vez, o incremento do comércio internacional sugeria que estavam sendo geradas condições propícias para uma nova globalização. Essa tendência se viu reforçada pela expansão de empresas multinacionais de vanguarda, especialmente estadunidenses, britânicas e alemãs. Recordemos que essa foi uma etapa de forte crescimento e inovação tecnológica nas indústrias elétrica, química, petrolífera e automobilística. Nos Estados Unidos, chegou-se a vender mais de 4 milhões de automóveis por ano em 1927 e 1928. Essa foi também a época de arrancada de certas indústrias de bens de consumo duráveis — geladeiras, lâmpadas, toca-discos —, todos dependentes da expansão das redes elétricas. Adicionalmente, deve-se relembrar que durante esses anos ocorreu o lançamento de novas e muito populares indústrias de entretenimento, com destaque para as do rádio e do cinema.

De pronto, o entusiasmo pelo renovado impulso industrial e comercial injetou confiança nos investimentos nas bolsas, despertando inclusive al-

---

[50] U.S. Senate. *Sale of Foreign Bonds* (1931:1606-1607).

gumas bolhas especulativas. O lema da época era enriquecer rapidamente: *get rich quick*. Na imaginação popular contemporânea, Charles Chaplin foi talvez o artista que melhor retratou o ambiente gerado por essa poderosa ilusão, no seu filme *The gold rush*, realizado em 1925. A propaganda dos governos e dos bancos centrais acerca das vantagens do retorno ao padrão ouro teve efeitos profundos: esse padrão estava associado não apenas à nova estabilidade econômica, como também aos desejos de tornar-se rico. A genial obra de Chaplin captou os sonhos da época de maneira perceptiva e irônica.

É bem conhecida a ascensão que viveu Wall Street nesse período, porém um fenômeno similar — ainda que mais atenuado — verificou-se em outros mercados financeiros. A City de Londres logo recuperou seu papel como centro fundamental para o crédito comercial de curto prazo, em especial para as transações comerciais do comércio internacional. Por sua vez, a bolsa inglesa voltou a prosperar, devido à expansão dos investimentos nas grandes empresas industriais britânicas. Ao mesmo tempo, Londres continuava a receber dividendos das antigas e substanciais inversões britânicas no exterior (Michie, 1999:256-271). Essas entradas de capital tornaram possível sustentar as relações financeiras com seus tradicionais associados do velho império: Canadá, Austrália, África do Sul e Índia, embora esses já contassem com mercados de capitais próprios, cada vez mais dinâmicos.

A Grande Guerra havia golpeado com dureza o mercado financeiro de Paris, especialmente pelas perdas sofridas em seus investimentos estrangeiros. Antes de 1914, investidores franceses colocaram vultosas quantidades de poupança em bônus e ações no Império Russo, no Império Otomano e no México; porém, depois de 1918, e como consequência da queda dos velhos impérios e da derrocada financeira da Revolução Mexicana, foram suspensos os pagamentos. Sem embargo, a partir de 1925 foram-se recuperando os bancos comerciais e de investimentos franceses, que demonstraram desfrutar de surpreendente solidez, e voltaram a explorar as oportunidades de expansão, sobretudo na própria França, nos países escandinavos e na Europa Oriental (Bussière, 1992, cap. 4; Bonin, 2001, cap. 9).

As bolsas de Bruxelas e Amsterdã também experimentaram um período de ascenso depois da adoção do padrão ouro: ambos os mercados financeiros atraíram recursos de investidores locais e centro-europeus. No caso da Bélgica, os anos de 1924 a 1928 foram de consolidação e fusão de grandes empresas químicas, metalúrgicas e de seda artificial, assim como de expansão dos *trusts* de bondes elétricos (que estabeleceram verdadeiros impérios internacionais) e de numerosos bancos, de empresas comerciais e de indústrias de mineração com interesses no Congo Belga. Por seu lado, na Holanda, produziu-se o desenvolvimento mundial de firmas como a Philips — de produtos elétricos e de linha branca — e a petrolífera Shell, que foi acompanhado de inversões rentáveis em plantações e em minas em suas colônias, particularmente na Indonésia.

Não menos notável foi a renovada ascensão dos mercados de Berlim e de Frankfurt. A reconstrução industrial alemã atraiu capitais domésticos, cuja maior parte era canalizada por grandes bancos globais como Deutsche, Darmsteder e Dresdner, que tinham sobrevivido à guerra e prosseguiam entre os mais destacados do mundo. Empresas elétricas como a Siemens, químicas como a Bayer, e as indústrias metalúrgicas voltaram a adquirir considerável dinamismo econômico; e, apesar dos graves problemas herdados da guerra e do imediato pós-guerra, a Alemanha prometia converter-se novamente em uma locomotiva industrial.[51]

Contudo, superior a todos os demais mercados, foi Wall Street que experimentou o auge mais marcante entre 1922-29. A expansão foi sustentada de maneira importante pela emissão de ações e bônus das dinâmicas corporações norte-americanas, incluindo companhias petrolíferas, siderúrgicas, automobilísticas, químicas e elétricas. Os nomes General Motors, Ford, Dupont, Sears Roebuck, General Electric e de outras tantas empresas tornaram-se familiares para qualquer consumidor. De acordo com o historiador financeiro Eugene White, essas companhias atraíram boa parte dos investimentos, o que se refletia no índice Standard & Poor's (S&P), que prossegue em uso

---

[51] Que a situação alemã não era tão favorável pode-se confirmar em James (1989) e em Balderston (1993).

atualmente para a avaliação do desempenho das empresas de primeira linha (gráfico 4).

Boa parte do debate entre os especialistas consiste em saber se esse auge foi impulsionado por um espírito coletivo do tipo especulativo entre investidores e banqueiros, ou se foi assentado em tendências reais da economia, que no jargão das bolsas se denominam *fundamentals*. Eugene White assinala que, nos anos 1920, a economia norte-americana estava crescendo a taxas de mais de 4% ao ano, com reduzidos níveis de desemprego (cerca de 3,7%) e taxas de inflação muito baixas. Por esse motivo, havia fatores racionais que induziam a investir na bolsa, embora essa fosse alcançando níveis insustentáveis, por causa de diversos fatores. Em primeiro lugar, difundiu-se uma forte ilusão entre os investidores de que a onda de inovações tecnológicas não teria fim. Em segundo lugar, multiplicaram-se os fundos de investimentos em Nova York (de 40 em 1921 a 750 em 1929), o que propiciou uma expansão extraordinária e perigosa do crédito destinado às operações especulativas na bolsa (White, 2006).

Apesar do auge dos mercados financeiros, logo apareceram sinais de uma futura crise, em especial na Europa. Em 13 de maio de 1927, ocorreu uma queda brusca na Bolsa de Berlim. Para impedir uma contração da economia internacional, vários dos principais banqueiros centrais chegaram a um acordo para redução das taxas de juros e ampliação da disponibilidade de crédito. Esse exemplo de cooperação internacional foi posto em marcha por influência de Benjamin Strong, diretor do Banco da Reserva Federal de Nova York, e de Montagu Norman, diretor do Banco da Inglaterra, que lograram convencer colegas de diversos países da necessidade de atuar em conjunto.[52]

Em agosto de 1928, e como consequência do colapso do império industrial de Alfred Lowenstein, produziu-se uma forte queda na Bolsa de Bruxelas. A recuperação demorou meses e, mais uma vez, até princípios de 1929 as cotações na Europa tenderam a declinar por causa de várias bancarrotas que ocorreram na França e que causaram o desabamento da Bolsa de Paris.

---

[52] Ver Eichengreen (1995:210-216), obra que utiliza os arquivos de Norman para reconstruir as relações entre os bancos centrais em 1927 e 1928.

Ao longo do restante do ano, os mercados financeiros europeus estiveram bem deprimidos e, por conseguinte, observou-se uma fuga de capitais para Nova York, com o objetivo de aproveitar o imponente auge da Bolsa de Wall Street, o qual seguia imperturbável, apesar de o Federal Reserve Bank ter aumentado as taxas de juros. O objetivo do banco central consistia em moderar a extraordinária especulação, porém fracassou redondamente, ao passo que tendeu a causar uma contração inicial do crédito para a economia real.

Os historiadores financeiros têm sustentado que o efeito dessas medidas foi contraditório e que contribuiu para a recessão que se seguiu ao *crash* de Wall Street. Há consenso também em que o marco restritivo do padrão ouro exerceu um impacto negativo sobre as tendências econômicas mundiais, porquanto impulsionava os banqueiros centrais mais ortodoxos a insistir na acumulação de maior quantidade de reservas em ouro. Em 1928, os dois protagonistas fundamentais nesse terreno foram a Reserva Federal de Nova York e o Banco de França, ambos exacerbados defensores do padrão ouro. De fato, entre Estados Unidos e França acumulavam-se mais de 60% de todas as reservas em ouro do mundo, o que acentuou a pressão sobre as balanças de pagamentos de outros países, que encontravam dificuldades crescentes para adquirir o ouro de que necessitavam para saldar suas contas. Isso obrigou numerosos bancos centrais a elevar suas taxas de juros, o que contribuiu para que a restrição creditícia mundial ganhasse força.[53]

Juntamente com a redução do crédito bancário, surgiram sinais de uma iminente retração do comércio internacional. Já desde meados de 1927 tornaram-se perceptíveis as preliminares da crise; por exemplo, na América Latina, onde se havia produzido uma queda gradual dos preços de numerosos produtos de exportação. Os preços do estanho, exportado pela Bolívia, começaram a descer a partir de 1927 e, em 1928, caíram 25%. Os preços do petróleo, do qual dependiam México e Venezuela, iniciaram seu declínio em 1927. Os preços do açúcar cubano e do algodão peruano desceram 20% entre

---

[53] Ver Eichengreen (1995:216-217). Nessa passagem é explicado que os bancos centrais, em especial o Banco da Inglaterra, se viram obrigados a aumentar as taxas de juros em 1928 para atrair capitais e ouro, o que ajudaria a equilibrar a balança de pagamentos.

1928 e 1929. Essa incipiente recessão comercial teve efeitos bastante amplos e foi acentuada pela virtual e repentina suspensão das exportações de capitais dos Estados Unidos (Lewis, 1938:617-634). A redução dos investimentos e dos créditos estrangeiros foi, em boa medida, consequência da absorção dos recursos pela especulação selvagem na Bolsa de Nova York durante os primeiros nove meses de 1929.

O crash de Wall Street em 1929 e suas consequências

Apesar dos indícios de uma crescente instabilidade na economia mundial, a *Quinta-feira Negra* (24 de outubro de 1929) de Wall Street tomou de surpresa a maioria dos banqueiros, investidores e dirigentes políticos do planeta. Logo sobreveio uma queda ainda mais forte em 29 de outubro, quando o mercado entrou em colapso. De imediato, começaram a desabar as bolsas em outros países, em especial na Europa. Um correspondente do jornal *A Última Hora* de Bruxelas resumiu alguns telegramas de Nova York sobre o pânico nesses dias fatídicos:

> Dizem que a queda dos valores nestes últimos dias arruinou mais pessoas que o conjunto de todas as baixas da bolsa nos últimos anos. Não se recorda uma derrocada semelhante. Foram perdidos cerca de dez bilhões de dólares em poucas horas. Um grande número de milionários ficou arruinado em pouquíssimo tempo. Acreditava-se que a situação se havia estabilizado ontem, porém nova queda provocou desespero... Fala-se agora de medidas governamentais para impedir uma maior depreciação dos bens americanos. [De Clercq, 1992:249]

Apesar de que, em princípios de 1930, se tenha registrado uma ligeira recuperação, a Bolsa de Nova York seguiu caindo durante vários anos. Esse colapso implicou uma colossal perda de riqueza, que afetou a confiança dos investidores. Da mesma forma que na atualidade, discutia-se então qual podia ser o efeito em longo prazo da redução dos preços dos bens (*asset prices*).

Sabemos que em 1929 somente uns 2% da população norte-americana investiam na bolsa, mas esse era precisamente o setor com maiores possibilidades de impulsionar o crescimento das empresas, por meio de suas inversões. Se as companhias não podiam vender ações ou bônus, suas possibilidades de crescimento em longo prazo viam-se reduzidas de forma radical.

A segunda onda destrutiva veio com as falências bancárias em vários países. Essas quebras causaram uma contração do crédito e provocaram uma baixa do consumo e uma acentuada deflação, o que afetou uma grande quantidade de empresas, não somente em suas perspectivas de expansão como em suas operações diárias. Temia-se que os preços continuassem a cair e naufragassem mais bancos; em consequência, todas as empresas — industriais, agrícolas, comerciais e de serviços — logo se encontrariam em uma situação crítica, pois reduziriam seus ganhos, e não poderiam descontar títulos de fornecedores, adiantar pagamentos com crédito, depositar numerários com confiança e manter as transações habituais. De fato, os pânicos e as quebras bancárias ocorridos entre 1930 e 1933 desencadearam uma sequência impressionante de suspensões de pagamento por milhares de empresas em grande parte do mundo.

A redução do crédito, por sua vez, provocou uma queda abrupta do comércio internacional. Entre 1928 e fins de 1932, o valor das importações e exportações mundiais reduziu-se em 60%.[54] Nunca antes na história do capitalismo se havia verificado uma tendência tão negativa no comércio global. Tudo isso contribuiu para o processo de deflação e, com a queda dos preços, vieram mais falências. Essa situação logo se transformou em uma profunda depressão econômica que mergulhou na miséria dezenas de milhões de homens e mulheres, tanto nos países industriais quanto nos não industrializados.

Durante um longo período, a maior crise de todos os tempos (o *crash* de 1929 e a Grande Depressão) tem atraído a atenção de especialistas e do público leitor. Um livro clássico sobre o tema e o mais citado durante muito tempo pertence ao famoso economista canadense John Galbraith: *The great crash of 1929*,

---

[54] Um excelente resumo estatístico das tendências do comércio mundial encontra-se em Kindleberger (1973:124-127, 172).

que traça a trajetória da Bolsa de Nova York dia a dia, desde o auge em 1928 até o desabamento em outubro de 1929, e segue sua evolução durante os meses posteriores. Mais recentemente, tem-se realizado um grande número de trabalhos históricos bem detalhados sobre a evolução dos mercados de capitais nos Estados Unidos, entre os quais se destacam os excelentes estudos de Eugene White, que analisam os altos e baixos que tiveram lugar entre 1920 e 1929.[55]

GRÁFICO 4

Comportamento real da Bolsa de Valores de Nova York, 1920-45
(média mensal dos valores diários de fechamento do índice S&P)

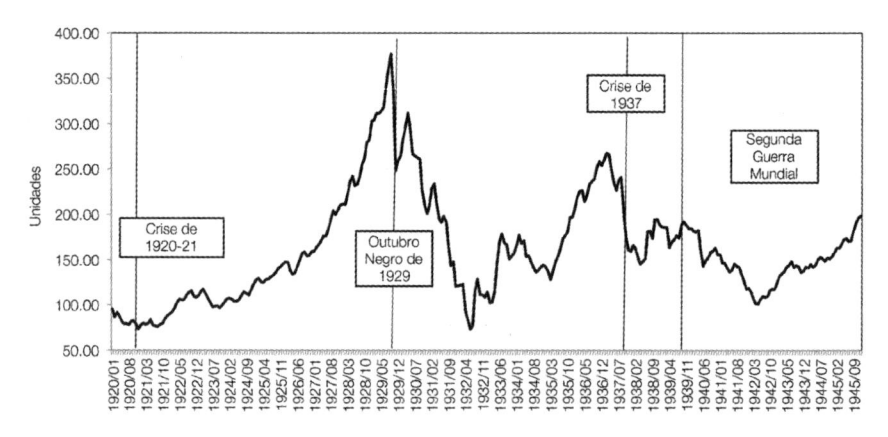

Nota: O índice S&P abrange as cotações das ações das empresas estadunidenses líderes em seus respectivos setores industriais. O índice S&P está deflacionado pelo índice de preços ao consumidor, para eliminar a distorção provocada pela inflação de preços e mostrar seu comportamento em termos reais.
Fonte: Shiller (2005).

Todavia, para além das extraordinárias oscilações da bolsa, existe uma multidão de perguntas acerca dos porquês de se ter produzido esse desabamento e de se ter verificado, em época de paz, a pior crise econômica do capitalismo no século XX, destruindo um grande volume de investimentos e deixando sem emprego dezenas de milhões de pessoas. As incógnitas sobre

---

[55] Por exemplo, White (1990:120).

as origens, as causas e as consequências dessa convulsão têm gerado uma rica literatura histórica, econômica, social e política.

Essas interrogações, exploradas por economistas e historiadores, são de grande interesse para a comparação de suas respostas com as análises realizadas sobre a grande crise contemporânea de 2008-09. Qual foi a causa do colapso da bolsa? Pode-se defini-lo como essencialmente uma crise da bolsa, ou deve-se caracterizar como um conjunto de pânicos bancários? A recessão da economia teve início antes da derrocada financeira, ou foi uma consequência desta? Que papel desempenhou a política monetária e a atuação dos dirigentes do Federal Reserve (e de outros bancos centrais) em provocar a crise ou em impedir a sua solução? Por que foi tão ampla a Grande Depressão e por que em escala mundial?

Devido à importância e ao peso da economia dos Estados Unidos, muitas interpretações se têm centrado nos possíveis erros na previsão e na resposta à crise nesse país. Talvez o estudo analítico e empírico mais influente sobre as causas monetárias do colapso econômico nos Estados Unidos no período 1929-32 tenha sido o realizado pelos economistas Milton Friedman e Anna Schwartz em sua magnífica obra sobre a história monetária estadunidense.[56] Argumentaram eles que os dirigentes da Reserva Federal foram os maiores culpados pelo colapso. De acordo com a interpretação dos autores, os funcionários financeiros não haviam previsto adequadamente a natureza do *boom* na bolsa, mas, sobretudo, não souberam estender o crédito de maneira maciça aos bancos, a partir do momento em que existiam indícios de uma possível intensa recessão. Em poucas palavras, não aplicaram medidas anticíclicas que, nesse caso, implicavam pôr em marcha um aumento do volume de dinheiro por parte do banco central, para dar liquidez a todos os setores econômicos e evitar a redução da atividade produtiva e possíveis falências. Em suma, os dirigentes da Reserva Federal demonstraram que não sabiam o que deve fazer um banco central em tempos de crise sistêmica, e por isso levaram os Estados Unidos à Grande Depressão.

---

[56] Ver Friedman e Schwartz (1963, especialmente o cap. 7: "The great contraction, 1929-1933").

Outros economistas contestam Friedman e argumentam que as coisas eram mais complicadas, já que as causas do afundamento se relacionavam também com uma queda do consumo e com debilidades próprias da economia industrial norte-americana. Em vários trabalhos muito citados, Peter Temin (1976, 1989) ofereceu uma síntese de argumentos centrais desse enfoque, dando ênfase a vários fatores. Um elemento que contribuiu para solapar a economia foi a queda da construção de moradias na segunda metade da década de 1920. Outro foi a baixa dos preços agrícolas, que afetou uma vasta quantidade de pessoas nos Estados Unidos, país em que quase metade da população estava assentada em vilarejos da área rural. Antes do *crash*, ocorreu ainda uma redução da atividade de certos setores industriais importantes. Tudo isso se refletiu em uma queda das receitas — salários e lucros — com um simultâneo descenso do consumo. De acordo com essa interpretação, quando irromperam os problemas financeiros, o conjunto dessas deficiências tornou virtualmente impossível a recuperação.

Contudo, essas escolas não constituem as únicas correntes na análise do "maior colapso econômico da história", como Temin denominou esse período; macroeconomistas de outras tendências juntaram-se na busca de uma explicação para o "grande enigma". Entre eles conta-se Ben Bernanke, ex-presidente (*chairman*) da Reserva Federal dos Estados Unidos, que em seu livro *Essays on the Great Depression* (2000) realizou um estudo detalhado da complexa relação que existia entre o crédito, a moeda e a economia nos anos de 1929 a 1933. Ele defende que é importante avaliar se era possível reconciliar os argumentos que enfatizam a queda da demanda (consumo) com os que prestam atenção aos problemas da oferta (nesse caso, oferta de dinheiro). Assinalou que, devido às fragilidades do sistema financeiro, houve contração do crédito, o que comprimiu a demanda de bens e, em suas palavras, "ajudou a converter o que era uma grave recessão em 1929-30 em uma depressão prolongada" (Bernanke, 2000:42).

Outra destacada analista da Grande Depressão é Cristina Romer, diretora do Conselho de Assessores Econômicos da administração do presidente Barack Obama. Argumenta ela, em diversos trabalhos de corte histórico, que existia uma relação direta entre o colapso da bolsa em 1929 e o aumento súbito da incerteza, que afetou tanto os empresários quanto os consumidores em suas projeções para o futuro. Para os empresários, a insegurança das perspectivas econômicas os fez reduzir seus investimentos; e, no caso dos consumidores estadunidenses, as notícias da persistente volatilidade na Bolsa de Nova York tiveram impacto negativo em sua confiança e provocaram uma redução das compras em nível nacional, o que afetou todas as indústrias.[57]

As tendências mencionadas levaram à contração da economia, que sofreu ainda mais com a impressionante série de pânicos e quebras bancárias. Os primeiros sinais preocupantes acerca do enfraquecimento do sistema bancário nos Estados Unidos ocorreram em razão do colapso de 600 bancos das regiões sul e meio-oeste desse país, entre novembro e dezembro de 1930, circunstância que esteve a ponto de provocar um pânico financeiro em nível nacional. Logo vieram as crises bancárias da primavera e do outono de 1931, o grande pânico bancário de Chicago em 23 de janeiro de 1932 e, finalmente, o colapso bancário em diversas regiões, que se estendeu de setembro de 1932 a 6 de março de 1933 (Wicker, 1996). Nesta última data, a administração do presidente Franklin Delano Roosevelt declarou um feriado de quatro meses na atividade bancária de todo o país, o que permitiu revisar as contas do conjunto das instituições financeiras para determinar quais eram suficientemente sólidas para voltar a abrir as portas aos clientes.

Por que se produziram tantos e tão graves descalabros no setor bancário estadunidense? Convém recordar que esse sistema era o maior e também o mais desconcentrado do mundo. Por volta de 1929, existiam quase 24 mil bancos no país, e a imensa maioria eram firmas pequenas de vilarejos rurais. Os historiadores econômicos demonstram que muitos bancos locais se tinham debilitado em razão de uma prolongada crise agrícola ocorrida nos anos 1920. A isso se juntaram outros fatores, como a queda dos preços, as perdas no mercado de capitais, as quebras e a redução da produção industrial e do comércio entre 1930 e 1933. Ao final, suspenderam pagamentos cerca de 10 mil bancos, embora se deva observar que sobreviveram duas terças partes

---

[57] Ver o excelente ensaio "The Great Depression" de Christina Romer na *Encyclopaedia britannica*.

das empresas financeiras americanas, entre elas quase todas as grandes firmas de Nova York.[58]

Mas as crises bancárias não foram exclusivas dos Estados Unidos (Capie, Mills e Woods, 1986:120-148). Os elos mais fracos da estrutura bancária internacional encontravam-se na Áustria e na Alemanha. A crise eclodiu ali em maio de 1931, quando o grande banco Creditanstalt de Viena declarou falência. A importância dessa instituição consistia em que era um enorme banco de investimento, que tinha grandes pacotes de ações em dois terços das maiores empresas industriais do país.[59] De fato, sua solidez havia sido um fator-chave na recuperação da economia austríaca nos anos 1920. Sua queda foi uma catástrofe. A desconfiança estendeu-se à Alemanha, onde provocou pânicos bancários, retiradas de depósitos e uma fuga de capitais que implicou uma perda de 2 bilhões de marcos para o banco central da Alemanha, o Reichsbank, entre maio e junho de 1931. De acordo com o historiador Theo Balderston (1994:43-68), a Alemanha passou por uma crise dupla, de tipo monetário e de tipo bancário, que colocou as finanças do país em situação excruciante. Em 6 de junho de 1931, o chanceler Brüning declarou que a Alemanha não mais estava em condições de continuar pagando as reparações.

Essas notícias agudizaram a crise bancária alemã e, em 1º de julho, um dos maiores bancos comerciais, o Danatbank, fechou as portas. Seguiu-se uma reunião privada dos principais banqueiros alemães na qual se diz que se insultaram e se acusaram mutuamente pelo desastre. Ao que parece, os dirigentes do Danat recusavam a fusão com o Dresdner Bank e tampouco se logrou uma associação com o Deutsche Bank. Nesse ponto, eclodiu o pânico generalizado e os clientes em toda a Alemanha acorreram aos bancos para retirar seus depósitos.[60] Não havia alternativa senão o fechamento das entidades e a decretação de um feriado bancário que durou três semanas.

---

[58] Para pesquisa detalhada, ver Walter (2005) e, também, Richardson (2006).

[59] Para mais detalhes, ver a excelente monografia de Schubert (1991). Fundado em meados do século XIX pela família Rothschild, o Österreichische Credit-Anstalt für Handel und Gewerbe tornou-se o maior banco da Áustria e Hungria. Declarou-se em falência em 11 de maio de 1931, foi resgatado parcialmente pelo Österreichische Nationalbank e fundiu-se com outro banco, o Wiener Bankverein, trocando seu nome para Creditanstalt-Bankverein.

[60] Para mais informações, ver James (1984:68-87).

Enquanto as finanças e os bancos se debilitavam em escala internacional, o protecionismo e o nacionalismo econômico ganhavam espaço com rapidez. Nos Estados Unidos, desde 1930, estipularam-se tarifas cada vez mais altas sobre os produtos importados, e muitos outros países seguiram esse exemplo. Para a maioria dos historiadores econômicos, a adoção de políticas protecionistas ao extremo foi uma das causas determinantes da queda abrupta do comércio internacional entre 1929 e 1932 (Eichengreen e Irwin, s.d.). De fato, foi apenas quando esse comércio se recuperou que os principais indicadores econômicos dos países industriais voltaram a ser positivos, sinalizando um processo de recuperação (gráfico 5).

GRÁFICO 5
Impactos internacionais da Grande Depressão
Índices de produção industrial, 1927-35 (1929=100)

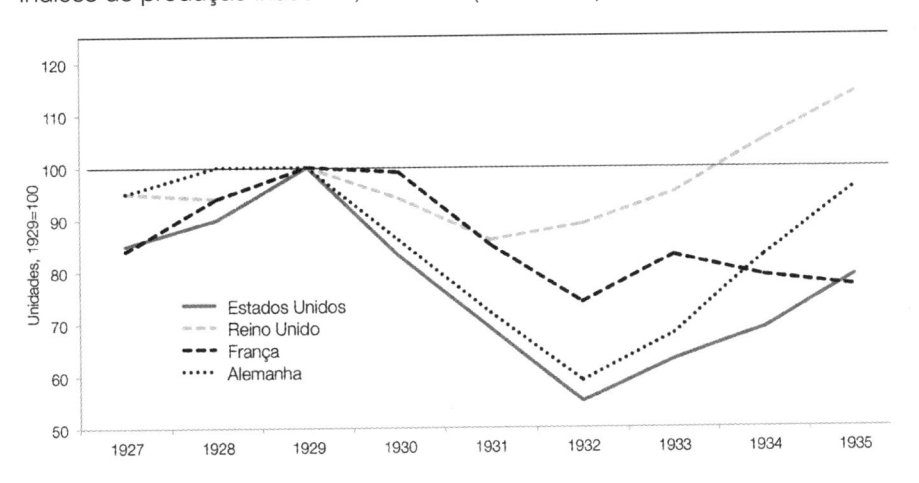

Fonte: OEEC (1958, tab. 2).

Fracasso da cooperação internacional e abandono do padrão ouro

Alguns autores sustentam que, se tivesse havido maior colaboração entre os governos e os bancos centrais dos diferentes países, talvez tivesse sido possível evitar algumas quebras e estabilizar a situação. Todavia, o historiador financeiro Barry Eichengreen (1995, passim) demonstra, em uma grande obra de reinterpretação, que foi precisamente a existência e o apego ao padrão ouro e às políticas monetárias ortodoxas que tornou inflexível o cardápio de opções para responder à crise, em quase todos os países. Ao menos no início, a rigidez na gestão das emissões e a falta de flexibilidade dos bancos centrais para ampliar a disponibilidade de crédito constituíram o traço comum. Somente quando alguns países começaram a abandonar o padrão ouro e desvalorizar suas moedas é que se tornou possível modificar os termos da equação.

Em quase todas as nações, entre 1930 e 1931, ocorreram fugas de capitais e retiradas de depósitos em meio metálico, o que minou seriamente os bancos centrais, que eram considerados os guardiães das reservas monetárias nos respectivos países. No caso da Grã-Bretanha, uma das economias mais abertas do mundo, o mercado de câmbio londrino havia começado a apresentar fissuras em fins de julho de 1931, sob a pressão de volumosa fuga de capitais. Então, o Banco da Inglaterra tomou uma decisão que teria amplíssimas repercussões internacionais: em 21 de setembro, abandonou o padrão ouro. Essa medida marcou o fim de uma época monetária.

Outros 21 países de pronto seguiram o exemplo britânico, enquanto os governos de 30 nações estabeleceram controles de câmbio. Apesar das sombrias predições que asseguravam que a saída do padrão ouro provocaria um desastre, ocorreu o contrário.

Conforme argumentam de maneira convincente Eichengreen e outros economistas, as nações que saíram de pronto do padrão ouro lograram uma recuperação econômica mais rápida. Entre elas, como veremos, incluíram-se vários países latino-americanos, os quais efetivamente alcançaram uma melhora importante a partir do ano de 1932. Os países escandinavos também logo conseguiram sair da recessão. O caso da Espanha era especial, já que não pertencia ao clube do ouro, e, por esse motivo, o governo da Segunda República (1931-36) dispôs de certa flexibilidade institucional em sua política monetária; não obstante, seus ministros de finanças mostraram muito apego à ortodoxia e à estabilidade do valor da peseta. De fato, os países que se mantiveram no velho regime tenderam a experimentar muito mais problemas para sair do atoleiro. Os Estados Unidos, que permaneceram até 1934, experimentaram uma recuperação menor e mais lenta; do mesmo modo, França e Bélgica, que se conservaram no mesmo padrão até 1936. Como se pode observar no diagrama 4, o abandono do padrão ouro havia se iniciado em 1929, mas acelerou-se a partir de 1931.

DIAGRAMA 4
Fim do padrão ouro no entreguerras

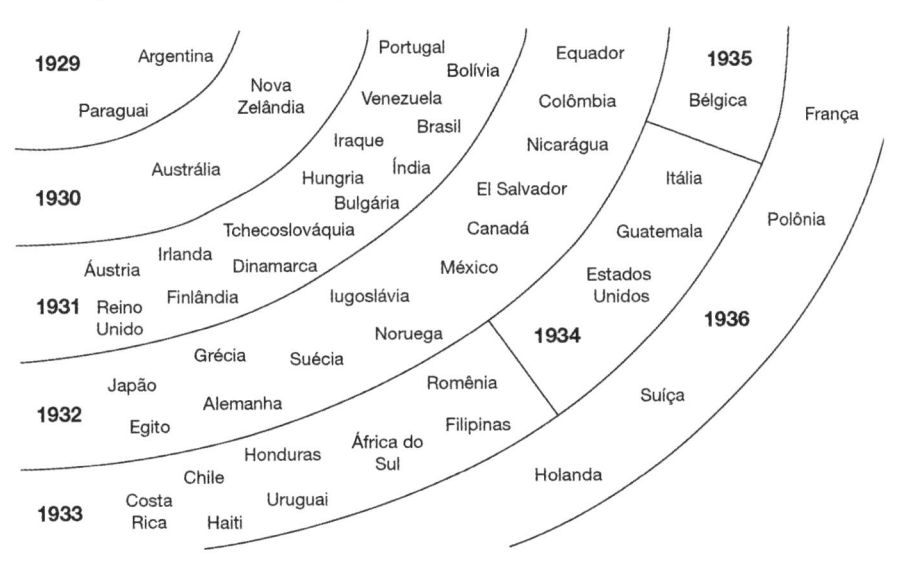

1929	Argentina			Portugal		Equador		**1935**	
		Nova		Bolívia		Colômbia	Bélgica		
Paraguai		Zelândia	Venezuela			Nicarágua			França
			Iraque	Brasil			Itália		
	Austrália	Hungria	Índia		El Salvador				
1930			Bulgária			Guatemala		Polônia	
		Tchecoslováquia		Canadá					
	Irlanda	Dinamarca		México		Estados			
Áustria			Iugoslávia			Unidos			
1931	Reino	Finlândia					**1936**		
Unido			Noruega		**1934**				
	Grécia	Suécia				Suíça			
Japão			Romênia						
1932	Alemanha		Filipinas						
Egito		África do							
	Honduras	Sul		Holanda					
Chile	Uruguai								
1933	Costa	Haiti							
Rica									

Nota: O diagrama indica o ano de saída do padrão ouro, ou, alternativamente, do padrão de câmbio ouro, conforme o caso.
Fonte: Elaboração própria, com base em Officer (2008) e em Eichengreen (1996:188-191).

As notáveis divergências que havia nas políticas monetárias das principais potências econômicas indicam o grau de dificuldade, desde os primeiros anos da derrocada, para que se pudesse discutir e ratificar acordos que permitissem alcançar um razoável grau de cooperação, a fim de superar a crise. Com efeito, não seria antes de 1932 que teriam início reuniões internacionais para discutir estratégias de enfrentamento do que já era uma depressão econômica mundial. O contraste com a nossa época é notável: os dirigentes da União Europeia e do G-20 reuniram-se com grande rapidez e traçaram acordos preliminares tanto no outono de 2008 quanto na primavera de 2009, isto é, poucos meses após os desabamentos bancários e nas bolsas.

Apenas em 1931, e por motivo do pânico bancário na Alemanha — quase dois anos depois da irrupção da crise —, as potências resolveram tentar alguma coordenação financeira. Em 20 de junho, o presidente norte-americano, Herbert Hoover, decidiu estabelecer uma moratória de um ano sobre todas as dívidas interaliadas, para reduzir a pressão sobre a Alemanha. Quase imediatamente, começaram os preparativos de uma conferência econômica internacional que se celebraria em 1932, com o objetivo de salvar os bancos europeus e, em particular, as instituições creditícias alemãs. As principais potências reuniram-se em Lausanne, Suíça. Os países que eram credores da Alemanha renunciaram a cobrar a maior parte das dívidas ou indenizações de guerra ratificadas originalmente pelo Tratado de Versalhes. Esse foi o motivo pelo qual o valor nominal das reparações alemãs se reduziu de 31 bilhões de dólares a menos de 1 bilhão. Em contrapartida, os países europeus, que haviam renunciado a cobrar as dívidas de guerra alemãs, exigiam agora que os Estados Unidos lhes relevassem as obrigações financeiras. As chamadas "dívidas aliadas" (também originárias da Grande Guerra) ultrapassavam 10 bilhões de dólares. Desse total, 42% eram devidos pela Grã-Bretanha aos Estados Unidos, 34% pela França, 16% pela Itália e 4% pela Bélgica (Stewart, 1932:172-183). Sob forte pressão, as autoridades financeiras dos Estados Unidos aceitaram conceder-lhes um período carencial de um ano.

Os políticos de Washington acreditavam ter atuado com generosidade para salvar a estrutura financeira internacional do colapso, mas esperavam que o sacrifício fosse breve. Nisso equivocaram-se. Em fins de 1932, o Ministério da Fazenda britânico solicitou postergar o pagamento das dívidas por um novo período. As autoridades do Tesouro dos Estados Unidos não quiseram adotar uma resolução clara a respeito e preferiram evitar os anúncios públicos sobre um tema político-financeiro que consideravam sumamente conflituoso.

Para resolver essas disputas e para averiguar se seria viável um acordo de cooperação em matéria de políticas monetárias, convocou-se uma nova conferência econômica mundial, que se realizou em Londres em junho de 1933, com a presença de mais de mil delegados de uns 60 países. Contudo, as discussões não alcançaram os resultados esperados. Em meio à reunião, o presidente Roosevelt informou por telégrafo a seus representantes que não estava disposto a tolerar pressões externas para que as potências europeias estabelecessem paridades do dólar com suas moedas. Na prática, o governo dos Estados Unidos congelou as vendas de ouro pela Reserva Federal, desvalorizou a moeda e saiu discretamente do padrão ouro, embora em princípio tivesse conservado a conversibilidade.[61] Como consequência, o mundo ficou dividido em diversos blocos de países: alguns mantiveram o padrão ouro de forma rígida — França, Bélgica, Holanda, Itália —; certas nações centro-europeias, como Alemanha e Áustria, nominalmente vincularam suas moedas ao ouro; outro bloco, do Commonwealth britânico, sustentou firme lealdade à libra esterlina; e, por último, um número importante de países já estava funcionando com um regime monetário de inconversibilidade. A divisão em blocos monetários era um reflexo das crescentes tensões internacionais, que mais tarde teriam consequências políticas e militares inesperadas.

Em resposta à interrupção dos pagamentos de reparações, começou a difundir-se nos Estados Unidos uma propaganda antieuropeia. Em princípios de 1934, o senador Johnson, da Califórnia, conseguiu que o Congresso Nacional aprovasse uma lei que limitava a venda de bônus estrangeiros no país. As autoridades monetárias europeias interpretaram essa lei como uma inoportuna e agressiva medida de isolacionismo financeiro. Em 4 de junho de 1934, a Grã-Bretanha suspendeu unilateralmente todos os pagamentos futuros de suas dívidas de guerra aos Estados Unidos, e prontamente foi imitada por França, Itália e Bélgica. A cooperação financeira transatlântica estava morta.

---

[61] Roosevelt estabeleceu o preço do dólar a $ 35 por onça de ouro, mas criou barreiras à venda de reservas de ouro ao exterior (Eichengreen, 1995:348-350).

Respostas da economia política à crise: New Deal nos Estados Unidos

O pior da Grande Depressão transcorreu entre 1929 e 1932. Esses quatro anos de crise afetaram todo o mundo, embora não haja dúvida de que as derivações mais intensas foram sentidas nos Estados Unidos e na Alemanha, os dois países com aparato industrial mais avançado. A queda da produção industrial nos Estados Unidos entre 1929 e 1932 foi de 46% e, na Alemanha, de 42%. Por volta de 1932, em ambos os países cerca da quarta parte dos trabalhadores achava-se desempregada. Em ambos os casos, as respostas das autoridades de governo e dos respectivos bancos centrais a esse terrível descalabro custaram muitíssimo a aparecer, e por isso ocorreu um colapso do consumo, uma forte deflação e uma enorme esteira de quebra de empresas, que aumentaram ainda mais o desemprego, até alcançar taxas inéditas.

Uma análise especialmente interessante sobre os motivos ideológicos da paralisia da Reserva Federal e do Tesouro dos Estados Unidos foi formulada pelo economista Bradford DeLong (1990), que assinala a importância da escola dos "liquidacionistas" no pensamento econômico na Europa e nos Estados Unidos, uma vez que essa corrente exerceu forte influência sobre as políticas passivas que foram adotadas pelas autoridades de todos os bancos centrais após o *crash* de 1929.

Economistas tão diversos, porém, respeitados quanto Joseph Schumpeter, Friedrich von Hayek e Lionel Robbins seguiram afirmando, vários anos após o desastre, que a intervenção dos bancos centrais poderia ser contraproducente: era necessário ter paciência e esperar que "passasse a tormenta". Nisso convergiam com o secretário do Tesouro dos Estados Unidos daqueles anos, o multimilionário Andrew Mellon, que assegurava que a crise somente se poderia resolver com a liquidação de um grande número de empresas supostamente ineficientes. Também era coincidente com essa posição a maioria dos ocupantes de altos cargos da Reserva Federal (Wood, 2005:191-193). A velha metáfora médica voltou a ganhar força, e se difundiu a ideia de que o corpo enfermo da economia dos Estados Unidos teria de sofrer intensas febres antes de recuperar-se. Era por esse motivo que se supunha que o melhor seria que o governo e o banco central fizessem o mínimo e deixassem que a crise seguisse seu curso sem intervenções. Claro está que a realidade da Grande Depressão provou até que ponto estavam equivocados. O posterior triunfo teórico de Keynes foi tão contundente que quase já se esqueceu que a maioria dos economistas e altos funcionários da época considerava que os mercados se *autorregulavam* e que os governos e os bancos centrais não podiam nem deviam fazer nada para evitar ou atenuar o colapso.

Apenas a partir do início da administração Roosevelt em 1933 foram adotadas políticas para combater mais a fundo a derrocada financeira, a recessão industrial e o desemprego. Muitos historiadores econômicos de nossa época sustentam ser provável que a flexibilização monetária tenha sido a medida que mais oxigênio deu à economia. Mas não resta dúvida de que o aumento do gasto público a partir de 1933, assim como a criação de novas agências governamentais, exerceu um papel fundamental na recuperação. Algumas das reformas do New Deal foram implantadas nos primeiros "100 dias" da novíssima administração democrata, mas outras, em maior número, foram desenvolvidas nos três anos seguintes (tabela 1).

Entre as novidades incluía-se uma lei para impulsionar o desenvolvimento das pequenas e médias empresas, conhecida como o National Recovery Act, de 1933. No mesmo ano, para dar andamento à recuperação, estabeleceu-se o Agricultural Administration Act. Com a finalidade de fazer avançar obras públicas, represas e construções de hidroelétricas em zonas especialmente deprimidas, instrumentaram-se diversas políticas e novas agências, como a Tennessee Valley Authority. Por sua vez, com o objetivo de obter melhor regulamentação das relações de trabalho entre empresários e trabalhadores, aprovou-se o Wagner Act de 1935 (National Labor Relations), que favorecia as negociações coletivas anuais de salários.

O tema do desemprego tornou-se cada vez mais premente, motivo pelo qual foram aprovadas políticas que impulsionaram a criação de novos postos de trabalho no setor público e no privado. Adicionalmente, era fundamental dar segurança aos trabalhadores, e para isso ratificou-se o seguro social de 1935, que copiava muitas das medidas que já existiam em vários países da Europa, assim como os mecanismos para criar um sistema nacional de pensões.

No segmento da moradia, as medidas adotadas não foram menos importantes. Para dar segurança aos donos de casas com hipotecas ainda vigentes, criou-se uma entidade pública que garantisse as prestações aos proprietários (Home Owners Loan Corporation). Essa agência adquiriu grande parte das hipotecas dos bancos, reduziu seu valor nominal e transformou os valores em hipotecas de longo prazo, com taxas de juros baixas. Dessa maneira, evitou-se que a maioria dos proprietários pobres fosse posta na rua, situação que, seja dito de passagem, certamente contrasta com o atual colapso do mercado hipotecário nos Estados Unidos. Ao mesmo tempo, promoveu-se a criação da agência Fannie Mae, que ainda hoje é a maior administradora de hipotecas de moradias nos Estados Unidos, embora tenha sido fortemente golpeada pela crise de 2008. Desde as suas origens nos anos 1940 e até fins do século XX, Fannie Mae foi fundamental para dar estabilidade ao maior mercado hipotecário do mundo.

Com o objetivo de estabilizar os mercados financeiros, a administração Roosevelt promoveu a criação de uma agência nacional que assegurasse os depósitos bancários, a Federal Deposit Insurance Corporation, e assim prevenisse pânicos e quebras bancárias. Essa agência ainda existe e tem evitado o afundamento do atual sistema bancário comercial, em circunstâncias de colapso dos mercados. Os democratas dos anos 1930 estabeleceram ainda uma agência para supervisionar as operações de compra e venda de valores, conhecida como Securities and Exchange Commission (SEC), por meio da qual se supunha poder vigiar a especulação na bolsa. Como complemento, promulgou-se uma lei que separava os bancos comerciais dos bancos de investimentos (Glass-Steagall Act). Essa medida foi questionada e muito combatida pelo grupo financeiro mais poderoso da época, a casa J. P. Morgan; porém, em meados dos anos 1930, a famosa firma viu-se obrigada a cindir suas operações. Mais de meio século mais tarde, em fins dos anos 1990, e com o apoio da administração Clinton e de altos funcionários como Larry Summers e Robert Rubin, procedeu-se ao desmantelamento de boa parte dessa lei. O paradoxo final é que, a partir da eclosão da crise bancária de setembro de 2008, muitos dos bancos de investimento de Nova York (em sua maioria próximos à quebra) foram absorvidos pelos bancos comerciais, e voltou-se assim à situação que prevalecia antes de 1929.

TABELA 1
O New Deal (1933-36): legislação para recuperação econômica e reformas sociais

Âmbito	Leis	Agências
Investimento em obras públicas: gasto governamental em infraestrutura e intervenção indireta no mercado de trabalho	• 1935: Emergency Relief Appropriations Act	• Civil Works Administration (CWA) • Public Works Administration (PWA) • National Youth Administration (NYA) • Rural Electrification Administration (REA) • Civilian Conservation Corps (CCP) • Tennesse Valley Authority (TVA)
Coordenação e regulamentação do setor industrial: protecionismo comercial, caombate ao desemprego e à deflação por meio de preços e salários crescentes	• 1930: Hawley-Smoot Tariff Bill • 1933: National Industrial Recovery Act	• National Recovery Administration (NRA)
Direitos dos trabalhadores: criação do seguro-desemprego, reconhecimento do direito a formar sindicatos e à negociação coletiva dos contratos de trabalho; estabelecimento da jornada laboral máxima e do salário mínimo	• 1933: Federal Emergency Relief Administration (Fera) • 1935: National Labor Relations Act, ou Wagner Act • 1938: Fair Labor Standards Act	• Federal Emergency Relief Administration (Fera) • National Labor Relations Board (NLRB)
Bem-estar social: criação da rede de seguridade social, com pensões, assistência a grupos vulneráveis (anciães, deficientes visuais e crianças); hipotecas subsidiadas para famílias de baixa renda	• 1935: Social (Economic) Security Act	• Social Security Board • Federal Home Mortgage Association, logo Federal National Mortgage Association (Fannie Mae)

▼

Âmbito	Leis	Agências
Estímulos ao setor agrícola: garantias de preços mínimos para os produtos agrícolas e outorga de estímulos aos agricultores	• 1936: Soil Conservation and Domestic Allotment Act • 1938: Second Agricultural Adjustment Act	• Agricultural Adjustment Administration (AAA) • Commodity Credit Corporation (CCC)
Regulamentação do sistema financeiro: criação de agências supervisoras, separação de bancos comerciais e bancos de investimento, respaldo aos depósitos de poupança para prevenir corridas bancárias	• 1933: Emergency Banking Act (EBA) • 1933: Glass-Steagall Act • 1934: Securities Exchange Act • 1935: Banking Act	• Securities and Exchange Commission (SEC), comissão reguladora e supervisora do mercado acionário • Federal Deposit Insurance Corporation (FDIC), agência para a proteção dos depósitos bancários • Reforma do Federal Reserve System: autoridade monetária fortalecida • Reconstruction Finance Corporation

Fonte: Wallis (2003).

Consequências perversas da crise: nazismo na Alemanha dos anos 1930

As respostas econômicas à crise na Alemanha a partir de 1930 apresentam numerosos paralelos com as dos Estados Unidos; porém, em termos políticos, os resultados foram radicalmente diferentes. A imensa maioria das obras históricas que analisam o surgimento do regime nazista considera que a causa mais importante do descontentamento político e econômico que levou à vitória da extrema direita alemã pode ser atribuída à Grande Depressão.

Entre 1929 e 1930, as autoridades da República de Weimar responderam ao colapso comercial e financeiro com um endurecimento das políticas do padrão ouro, a fim de impedir uma fuga fulminante de capitais. Todavia, as pressões externas fizeram-se tão fortes a partir dos pânicos bancários de 1930 e 1931 que não tiveram alternativa senão passar a um regime de taxas flutuantes, mas com fortes intervenções do governo e do Reichsbank. Ao mesmo tempo, adotaram-se medidas protecionistas em matéria de comércio exterior (tal como nos Estados Unidos), para defender a indústria nacional. Todavia, em um primeiro momento, a política fiscal continuou ortodoxa, razão pela qual alguns analistas consideram que o governo republicano perdeu uma grande oportunidade de impedir o avanço das forças extremistas de direita, encabeçadas por Adolf Hitler.

Em um recente ensaio dedicado às fatídicas eleições de novembro de 1932, dois historiadores sugerem que teria sido possível uma redução substancial do voto favorável a Hitler e ao partido Nationalsozialistische Deutsche Arbeiterpartei (NSDAP) se o governo tivesse gastado mais dinheiro na expansão do emprego em uma série de distritos alemães onde o desemprego havia alcançado altas taxas (Stögbauer e Komlos, 2004:173-199). De fato, em fins de 1932 havia mais de 6 milhões de desempregados e não resta dúvida de que uma parte importante desses e de suas famílias votou em favor dos nazistas. Os dirigentes de Weimar não tiveram a percepção adequada para levar a cabo essa luta eleitoral na frente fiscal. Em menos de três meses após a ascensão de Hitler (novembro de 1932), acabara a democracia alemã e começava a ditadura.

Apesar dos argumentos de alguns dos economistas que sustentam que o aumento do gasto público não pode ser considerado a única nem a principal razão para a recuperação das economias industriais da Grande Depressão, é evidente que assim foi no caso alemão. Conforme assinalou o historiador Gabriel Tortella (2000:189-190): "O governo investiu em um programa acelerado de rearmamento e de obras públicas que em pouco tempo absorveu uma parte dos desempregados. Para outros, foi criado um Serviço Nacional do Trabalho, que era uma espécie de serviço militar laboral". Os novos trabalhadores do Estado nazista levaram a efeito um grande programa de obras públicas, de reparação de estradas, de trabalho agrícola e florestal. O plano de recuperação foi conduzido pelo ministro da economia Hjalmar Schacht, que tinha conquistado renome em 1923 por promover a luta contra a hiperinflação.

O ministro autorizou o aumento do gasto público a partir de 1933, impulsionou planos de construção de rodovias e estabeleceu a primeira fábrica de automóveis populares, da empresa Volkswagen.[62] Simultaneamente, o Estado procedeu à dissolução dos sindicatos, à perseguição dos social-democratas e ao encarceramento e extermínio dos comunistas. Começou também a perseguição da população judia, a qual haveria de resultar, anos mais tarde, no maior genocídio do século XX. Em 1934, foram proibidos todos os partidos políticos, à exceção do Partido Nazista, e estabeleceu-se uma censura ampla e um controle absoluto e aterrorizante dos meios de comunicação. Havia-se empreendido um caminho sem retorno para o nacionalismo militarista mais horripilante da história, o qual viria a desembocar em uma guerra mundial.

Se bem que a crise econômica — em suas distintas facetas — houvesse exercido na Alemanha seus efeitos mais poderosos e perversos, não se deve esquecer que afetou todos os demais países europeus. Contribuiu para fortalecer a ditadura de Mussolini na Itália, para intensificar a polarização política e social na França, e para debilitar a Segunda República espanhola e propiciar a irrupção da Guerra Civil, antessala de hostilidades mais gerais em todo o continente europeu. Nesse sentido, a Grande Depressão foi um dos fatores mais poderosos a influir para o estabelecimento das condições políticas e sociais que culminariam na catástrofe maior e mais destrutiva (em termos de vidas humanas) da história: a Segunda Guerra Mundial.

Apesar das consequências devastadoras da grande crise, é importante recordar que entre 1932 e 1938 se produziu uma forte recuperação da economia mundial, embora nos casos de França, Bélgica e Estados Unidos as taxas de crescimento tenham sido relativamente baixas, da mesma forma que na China e na Índia.[63] Na Europa, o maior êxito foi obtido pela Alemanha, que alcançou um crescimento cumulativo de cerca de 50% em seu produto industrial (ainda que se deva ter cuidado ao examinar as cifras publicadas pelo governo nazista, que se mostraram, frequentemente, muito enganosas). Na União Soviética, o

---

[62] Uma síntese da gestão de Schacht e das políticas econômicas cada vez mais orientadas à autarquia encontra-se no livro já citado de Frieden (2006).
[63] Um estudo clássico é o de Kindleberger (1973).

regime stalinista aproveitou a crise para pôr em marcha uma transformação radical de sua economia, que se mostrou muito custosa em termos de vidas humanas. Por um lado, Stálin impulsionou ambiciosos planos de desenvolvimento quinquenais, que permitiram assegurar a maquinaria da indústria pesada e da indústria bélica. Por outro lado, no campo, teve início um processo de coletivização integral que acarretou o deslocamento de milhões de famílias de proprietários rurais, dos quais um alto percentual foi obrigado a trasladar-se para vilarejos da Sibéria, onde morreriam centenas de milhares. Não obstante, como no caso alemão, as estatísticas oficiais russas dos anos 1930 falam de notáveis avanços nas cifras de produção de sua economia.

Na Ásia, o futuro aliado da Alemanha nazista, o Japão, conseguiu uma recuperação econômica em curto tempo, que colocou esse país em posição de realizar seus ambiciosos projetos geopolíticos de expansão imperial. A taxa de crescimento da indústria japonesa só caiu uns 2% entre 1929 e 1931 e foi revitalizada pela invasão da Manchúria em 1932, o que permitiu a aquisição de minas e novas fábricas e um aumento em gastos militares. É evidente que os efeitos da Grande Depressão foram marcadamente diversos de país para país e de região para região.

América Latina nos anos 1930: crise e recuperação

Na América Latina, o impacto negativo da depressão foi de início muito acentuado, mas depois de 1932 logrou-se uma recuperação econômica sustentada. É interessante rever essa experiência, já que se trata da região periférica com relações mais estreitas com a Europa e os Estados Unidos, e observar a variedade de respostas que ofereceram os diferentes governos ao colapso econômico. As autoridades financeiras não quiseram romper com os princípios do padrão ouro, mas logo ocorreu forte evasão de capitais. Como resultado, a partir de 1931 a maioria dos Estados latino-americanos adotou um variado repertório de reformas, com o objetivo de defender suas balanças de pagamentos e suas reservas monetárias. Essas medidas incluíam o estabelecimento de controles de câmbio, a redução do gasto público e medidas especiais para salvar do colapso completo os principais setores de exportação.

O caso do Chile ilustra muito bem as dificuldades com que se depararam para responder à crise. Segundo os economistas, nenhum outro país sofreu tanto quanto o Chile os efeitos da depressão comercial: em 1932 as exportações tinham descido a uma sexta parte do nível de 1929, e a receita do governo caiu mais de 75% (Palma, 1984:64 e 73). Apesar dessa catastrófica situação, o Ministério da Fazenda de Santiago continuou a cobrar o serviço das dívidas externas durante a maior parte do período de 1929 a 1931, transferindo 90 milhões de dólares aos credores dos Estados Unidos e da Europa.

Ao aprofundar-se a crise, entretanto, as autoridades chilenas começaram a questionar a conveniência de seguir mantendo o serviço da dívida, já que existiam necessidades domésticas mais prementes. Para sustentar o emprego, era necessário dar impulso a numerosos projetos de obras públicas, que absorveriam grande parte do crédito local. Adicionalmente, em 1930 fundou-se a nova Corporación de Salitre de Chile (Cosach), para a compra e venda de nitratos, com a finalidade de estabilizar os preços. A preservação de certa estabilidade dos preços e a sustentação do emprego doméstico tinham clara prioridade sobre os reclamos dos distantes detentores de títulos. Em meados de 1931, o governo chileno decidiu que a difícil situação das finanças públicas requeria suspender o serviço de sua dívida externa.

A economia do Peru também foi impactada pela queda dos preços das matérias-primas. O valor em dólar das exportações peruanas decresceu de cerca de 72% entre 1929 e 1932, o que se deveu, em boa parte, ao fechamento dos mercados do cobre na maioria dos países industriais em razão de medidas tomadas pelos Estados Unidos, assim como Reino Unido e França. O protecionismo das potências industriais teve impacto negativo nas economias latino-americanas. Até 1930, o serviço da dívida peruana absorvia uma terça parte do valor total das exportações. A carga era tão pesada que ficou claro que o governo logo teria de deixar de satisfazer os banqueiros e os detentores estrangeiros de títulos. Assim, as autoridades peruanas abandonaram o padrão ouro, estabeleceram rigorosos controles de câmbio e desvalorizaram a moeda nacional, um conjunto de medidas que foi, pouco depois, seguido da suspensão do serviço da dívida. Como observam Rosemary Thorp e Carlos Londoño (1984:95), essa decisão era inevitável:

> É importante levar em conta que a desvalorização e a suspensão de pagamentos estavam estreitamente entrelaçadas. Uma vez que se produziu a desvalorização, a incidência do serviço da dívida externa sobre as receitas internas em moeda nacional tornou-se tão pesada que houve forte incentivo para a suspensão de pagamentos...

Os efeitos da depressão econômica, todavia, não se limitaram às nações andinas. O comércio da América Latina decaiu aos níveis prevalecentes em princípios do século. Poucos governos podiam observar tais ocorrências sem apreensão. A derrocada do comércio e, a seguir, as crises bancárias de 1931 tornaram inevitável o abandono do padrão ouro, assim como as moratórias de dívidas em boa parte dos países da região.

Em 1932, o maior devedor latino-americano, o Brasil, anunciou uma suspensão parcial de seus pagamentos internacionais. O governo brasileiro prometeu pagar aos credores com bônus provisionais em vez de ouro, mas indicou que tomaria as medidas necessárias para renovar o serviço em divisas fortes assim que possível. Tais promessas não eram infundadas, mas a crise financeira no Brasil e no resto da América Latina tendeu a aprofundar-se de maneira irrevogável. Ademais, acompanhou-a uma crise política e uma mudança de regime. Em fins de outubro de 1930, Getúlio Vargas, ex-governador do Rio Grande do Sul, assumiu o poder como chefe de Estado (cargo que ocuparia sem interrupção até 1945). A administração de Vargas pôde aproveitar a situação para estabelecer medidas contracíclicas em defesa da economia do café e, ao mesmo tempo, impulsionar a indústria. Por volta de 1940, o Brasil já contava com o aparelho industrial mais dinâmico e importante da América Latina.

No caso do México, o impacto da crise no plano financeiro não foi tão intenso, talvez porque já se tinham suspendido os pagamentos da dívida externa em 1914, durante a revolução mexicana. As negociações com os banqueiros internacionais para a renovação dos pagamentos atravessaram o decênio de 1920, porém sem avanços significativos. Quando eclodiu a crise em 1929, as finanças públicas já se haviam estabilizado, o que deu certo fôlego ao governo mexicano durante a Grande Depressão e, a partir de 1932, deu impulso a uma expansão industrial e agrícola bastante duradoura. De acordo com o historiador econômico Enrique Cárdenas, o crescimento econômico mexicano sustentou-se de 1933 em diante, e assentaria as bases para a modernização posterior.

Algumas das menores repúblicas latino-americanas conseguiram evitar a suspensão de pagamento de suas dívidas, mas a maioria das nações maiores não teve igual sorte. A única exceção entre estas últimas foi a Argentina, que manteve o pagamento dos juros e da amortização sobre o conjunto de suas dívidas a partir da assinatura do pacto Roca-Runciman com a Inglaterra em 1933. O comércio exterior recuperou-se notavelmente e o governo pôde continuar cobrindo o serviço da dívida sem interrupção, até a sua liquidação total em 1947, sob o governo de Juan Domingo Perón.

Em suma, ao longo da década de 1930 e boa parte da seguinte, todos os governos latino-americanos estiveram envolvidos nos completos reajustes das vultosas dívidas que haviam contraído com os banqueiros e os investidores norte-americanos e europeus. Porém é certo que, ao congelar unilateralmente o serviço sobre suas obrigações financeiras externas, um importante número de repúblicas pôde atenuar o impacto da crise financeira e comercial internacional originada em 1929. Nesse sentido, as moratórias oxigenaram a maioria das economias latino-americanas e contribuíram, de forma indireta, para um crescimento econômico significativo durante os anos que precederam a Segunda Guerra Mundial.

TABELA 2
Dívidas externas latino-americanas e moratórias, 1930-45

País	Data inicial de moratória	Dívida externa em 1933 (milhões de dólares)*	Renegociações
Argentina	Não suspendeu pagamentos	864	Paga o serviço da dívida com regularidade até 1946, quando foi liquidada
Bolívia	Janeiro de 1931	63	Em moratória até negociações para cancelar juros atrasados, em 1948
Brasil	Outubro de 1931 (default parcial)	1.239	Renegociações em 1933, 1940 e 1943. Ao final, redução de 50% do valor nominal
Chile	Julho de 1931	343	Serviço da dívida renovado durante vários anos. Acordo final em 1948
Colômbia	Fevereiro de 1932 (default parcial)	164	Pagamentos parciais até 1935, quando entrou em moratória total. Renegociações para redução dos juros em 1940, 1942, 1944 e 1949
Equador	Julho de 1931	23	Dívida em moratória até meados dos anos 1950
México	Agosto de 1914	684	Renegociação da dívida em 1930, mas o acordo não é cumprido. Acerto final em 1946, de bônus da dívida externa e da Ferrocarriles Nacionales, com redução de 80% do montante
Peru	Maio de 1931	114	Em 1934-37 renova-se parte do serviço. Em 1947 o Peru oferece acordo com serviço reduzido. Acordo final em 1951
Venezuela	Não suspendeu pagamentos	–	Já tinha quitado sua dívida externa em 1933

* Dívida externa de longo prazo, em bônus.
Fonte: Marichal (1989, tabela VIII, p. 212-213).

CAPÍTULO 3

As finanças mundiais na era de Bretton Woods, 1944-71: por que houve tão poucas crises?

Em meio ao calorento verão de 1944, os vizinhos do tranquilo e turístico vilarejo rural de Bretton Woods, em New Hampshire, deram-se conta de que algo importante ocorria no elegante hotel Mount Washington, famoso centro de descanso e entretenimento. Chamava a atenção a quantidade de automóveis que chegavam, com distintos visitantes. Durante as três primeiras semanas de julho de 1944, reuniram-se ali 730 delegados de 44 nações, para discutir e formular as diretrizes fundamentais que haveriam de estabelecer a nova arquitetura financeira internacional do pós-guerra.

Para alguns historiadores e economistas, os acordos de Bretton Woods representam o momento culminante da cooperação internacional que permitiu uma notável estabilidade e um forte crescimento econômico durante decênios. Em contrapartida, para outros mais céticos, o consenso alcançado encobria importantes diferenças entre as nações aliadas, assim como a evidente hegemonia dos Estados Unidos. O objetivo da reunião consistia em formular um plano coerente que contribuísse para a regulamentação da economia mundial depois de cessadas as hostilidades, o qual devia ser ratificado a seguir pelos governos das nações que haviam enviado delegados à conferência. Contudo, a primeira ruptura deu-se em 1945, quando Stálin se negou a ratificar os acordos, distanciando-se do esquema regulatório dos países capitalistas e adotando um regime monetário e financeiro próprio, para gerenciar as relações entre a União Soviética e seus satélites. Ainda assim, o acordo de Bretton Woods foi-se convertendo em um dos eixos formais do regime dominante da economia financeira dos países capitalistas. Mais de meio século depois, em princípios do século XXI, é discutido se devem ser recuperados elementos desse sistema, uma vez que sabemos que no pós-guerra não houve grandes colapsos financeiros, ainda que tenha ocorrido um número considerável de desvalorizações e de crises monetárias menores em diferentes nações.[64]

Que razões explicam que não se tenham produzido crises financeiras de grande escala entre 1946 e princípios dos anos 1970? Numerosos economistas sustentam que foi a natureza da nova arquitetura financeira — o estabelecimento de um novo marco regulatório do sistema monetário e financeiro internacional — o que permitiu reduzir a volatilidade no pós-guerra. Porém outros fatores foram mais decisivos. De fato, o crescimento sustentado de muitas economias, especialmente da Europa, da União Soviética, dos Estados Unidos e da América Latina, gerou a impressão de que se havia conseguido escapar da tradicional sequência de ciclos e crises. Como é bem sabido, a literatura sobre os ciclos econômicos (*business cycles*) foi relegada à periferia da disciplina econômica desde fins dos anos 1950, devido ao pressuposto de que não se poderia repetir um colapso mundial como o desencadeado em 1929.

Foi tal o dinamismo da economia mundial no período de pós-guerra que os historiadores econômicos batizaram esse quarto de século como "idade de ouro" do capitalismo do século XX. Não obstante, a recuperação econômica

---

[64] Entre os trabalhos comparativos das crises em longo prazo, destacam-se os de Michael Bordo, que há um quarto de século tem insistido na importância de usar as séries temporais longas e comparar causas, características e intensidade das crises bancárias, nas bolsas, cambiais e de dívida. Outro excelente exemplo dessa corrente de análise, que combina teoria econômica com história financeira, são os múltiplos ensaios de economistas como Carmen M. Reinhart e Kenneth S. Rogoff, publicados em 2007 e 2008, sobre as crises financeiras em longo prazo, trabalhos que podem ser facilmente consultados na internet. Ver referências bibliográficas em nosso site (http://historiadelascrisis.com).

mundial não se deveu simplesmente a fatores econômicos, mas dependeu também de fatores políticos. Para entender o fato de não ter havido crises financeiras *globais* na época da Guerra Fria é indispensável que se leve em conta a geopolítica do pós-guerra, para bem entender o funcionamento do sistema monetário internacional. Essa é uma das principais teses deste capítulo. Todavia, curiosamente, nos anos 1960 foram as rivalidades entre os aliados — Europa, Japão e Estados Unidos — as que resultariam em crescente instabilidade, que solaparia o regime monetário que haviam construído. Por conseguinte, este capítulo se encerra com uma revisão dos acontecimentos ocorridos entre 1969 e 1971, que marcaram o fim do sistema de Bretton Woods durante a Guerra do Vietnã.

*O desenho de uma nova ordem internacional
em meio às ruínas da anterior*

Embora possa parecer estranho, a época de pós-guerra começou antes que a guerra chegasse ao fim. Desde 1942, os futuros países-membros das Nações Unidas começaram a realizar reuniões destinadas a reforçar sua aliança militar e a preparar o caminho para a vitória. Em realidade, ainda não se tinha certeza quanto ao resultado final da luta, pois as derrotas dos Aliados foram muitas e extremamente custosas em vidas humanas. Contudo, a partir da prolongada e sangrenta defesa das cidades de Stalingrado e Leningrado, que provocou o estancamento da ofensiva alemã na Rússia, as coisas começaram a mudar. Por sua vez, com a participação dos Estados Unidos na guerra, passou a existir a sensação cada vez mais generalizada de que as forças se tinham estabilizado. Por esse motivo, fortaleceu-se uma clara consciência da necessidade de preparar a reorganização futura do mundo com base em acordos e organismos multilaterais. Com esse propósito, foram organizadas várias conferências internacionais, impulsionadas por Estados Unidos, Grã-Bretanha e União Soviética, potências-chave do bloco ocidental na luta contra o nazifascismo e o imperialismo japonês. Entre seus principais objetivos contava-se a iniciativa de criação das Nações Unidas — que tinha como antecedente a Liga das Nações do entreguerras — e incluiu-se entre suas primeiras metas o delineamento da economia mundial posterior ao final das hostilidades.

Em poucas palavras, muito antes que tivessem a certeza de que ganhariam a guerra, os Aliados propuseram-se pensar na necessidade de criar uma nova arquitetura política e financeira capaz de evitar os desastres da Grande Depressão, os quais haviam contribuído de maneira notória para gerar as condições para a conflagração militar. Com esse objetivo, durante vários anos, acadêmicos e funcionários de Estados Unidos, Inglaterra, França e da própria Liga das Nações realizaram uma ampla série de estudos estratégicos. Exploraram fórmulas em informes e livros para determinar como se podia conseguir uma maior estabilidade do sistema financeiro internacional por meio da cooperação entre países, e evitar a volatilidade e as rivalidades que tinham desembocado no colapso dos anos 1930. Isso claramente significa que existia uma consciência profunda a respeito da crise do capitalismo e dos desafios que representaria a reconstrução depois da guerra.

Para planejar o futuro monetário e financeiro foi convocada uma grande conferência, que se realizou em um ambiente tranquilo e distante do cenário das hostilidades, que era precisamente o vilarejo rural de Bretton Woods.[65] Participaram os delegados dos países aliados, entre os quais se contavam, em primeira linha, Estados Unidos, Grã-Bretanha, França e União Soviética. Por sua vez, estiveram presentes membros do Commonwealth inglês, como Canadá e Austrália. A Índia, por outro lado, que ainda não era independente, só pôde assistir, como parte da delegação britânica. Tampouco teve representação direta a maioria das demais sociedades africanas e asiáticas, por serem ainda colônias, mas puderam sentar-se à mesa Turquia, Egito, Iraque, Irã e Arábia Saudita. É significativo que o bloco regional mais numeroso fosse o latino-americano, que contava com uma vintena de nações. Por sua vez, a

---

[65] De fato, denominou-se Conferência Monetária e Financeira das Nações Unidas, embora a ONU ainda não existisse. Paul Volcker assinala que, para projetar uma reforma do sistema monetário internacional, era, paradoxalmente, uma vantagem que se tratasse de um momento de guerra, porque os mercados financeiros estavam quase congelados (Volcker e Gyhoten, 1992).

República da China se fez representar, embora, após a revolução comunista de 1949, viesse a se retirar do acordo.[66]

Entre as várias dezenas de latino-americanos que assistiram a Bretton Woods estava o jovem economista Víctor Urquidi, que antecipou a importância da reunião em vários artigos publicados em *El Trimestre Económico*, incluindo o intitulado "O pós-guerra e as relações econômicas internacionais do México", em julho de 1943. Dizia Urquidi com grande clarividência:

> O próximo período de pós-guerra diferenciar-se-á do anterior por um fato indiscutível: está-se pensando nele antes que nos atropele. Reconhece-se hoje que uma grande parte dos problemas econômicos e monetários do período 1920-1939 teve sua origem na imprevisão das nações aliadas na guerra anterior. Nenhuma pessoa sensata deseja que se repita o estado caótico do mundo econômico dos últimos vinte anos... A miopia dos estadistas que regeram os destinos das principais potências do mundo nesses anos mostrou-se incurável...

Urquidi ressaltava os desafios que apresentava a conjuntura da guerra mundial e, em fins de 1943, preparou um volume da revista *Trimestre* com os textos-chave dos planos para a reorganização financeira do pós-guerra que já circulavam. Nesse número incluíram-se o "plano inglês" de Lord Keynes, o "Segundo Projeto Norte-Americano" preparado pelo Tesouro norte-americano, assim como dois importantes projetos que já foram esquecidos e que quase nunca são citados, que eram o "Projeto Canadense" e o "Projeto Francês".[67]

Os dois principais protagonistas dos debates econômicos havidos em Bretton Woods foram o economista norte-americano Harry Dexter White e o famosíssimo economista britânico John Maynard Keynes. Suas propostas assentaram as bases para a criação do Fundo Monetário Internacional (FMI) e do Banco Mundial (Banco Internacional de Reconstrução e

---

[66] Ver o site do livro (http://historiadelascrisis.com) para detalhes de publicações e bibliografia sobre o tema.

[67] Víctor Urquidi, que assistiu à reunião de Bretton Woods como representante do México, publicara dois excelentes artigos sobre as propostas de White e Keynes em *El Trimestre Económico* em 1943 (México, n. 37, 38).

Desenvolvimento).[68] Mas as divergências foram profundas entre os delegados da Grã-Bretanha e os dos Estados Unidos. Para Keynes, era fundamental que todas as nações tivessem acesso ao crédito, para a reconstrução do pós-guerra e para equilibrar suas balanças de pagamentos. Para essa finalidade, propôs uma espécie de banco central mundial (o International Clearing Union), que fosse capaz de emitir uma moeda universal (o *bancor*). Segundo esse plano, as nações com superávit comercial poderiam ajudar as deficitárias a conseguir estabilidade. Todavia, todos os países que ingressassem no novo esquema teriam de se comprometer a alcançar uma balança comercial equilibrada e, em caso de descumprimento, a pagar juros sobre a diferença.

Ao governo dos Estados Unidos e, em particular, a Henry Morgenthau, secretário do Tesouro, não convencia em absoluto o plano britânico. A administração de Washington não desejava gastar seu superávit comercial com os países devedores. E tampouco queria comprometer suas reservas de ouro, que representavam cerca de três quartos do total mundial. Em consequência, as propostas do delegado americano Harry Dexter White impuseram-se às do plano Keynes no que se referia aos mecanismos monetários, e por isso foi criado o FMI, que contava com um sistema de cotas que dependia dos aportes de capital de cada sócio. Uma vez que os Estados Unidos eram — e continuam a ser — o maior "acionista" dessa instituição, podiam exercer uma influência decisiva sobre os créditos que adiantava.

No que se refere ao Banco Internacional de Reconstrução e Desenvolvimento (logo chamado Banco Mundial), poder-se-ia pensar que a proposta trazia uma forte marca keynesiana. Ao término da Primeira Guerra Mundial, Keynes havia insistido em que era necessário criar mecanismos para que os Aliados — em especial os Estados Unidos — auxiliassem na reconstrução das áreas europeias mais devastadas pelo longo conflito militar. A recusa a essa proposta havia tido gravíssimas consequências, como era plenamente reconhecido. Em 1944 já existia consenso a respeito da necessidade de criar uma grande agência para cumprir essa finalidade.

---

[68] Sobre as origens do FMI, ver a história oficial de James (1996).

Não obstante, a administração estadunidense também teve muito a ver com o conceito do novíssimo Banco Mundial. Os antecedentes históricos imediatos são claros. Desde antes da guerra, o governo dos Estados Unidos trabalhara em um sistema econômico multilateral em suas relações com a América Latina. De fato, vários altos dirigentes do Tesouro, incluindo o próprio Harry White, tinham viajado para diferentes capitais latino-americanas no período 1938-42 para negociar acordos com os governos da região, que incluíam a possibilidade de criar um banco interamericano de desenvolvimento. Essa iniciativa foi retomada na Conferência de Bretton Woods em 1944, agora levando, porém, o nome de Banco Mundial (Helleiner, 2006:943-967). Em que pese à opinião contrária de Keynes, que propôs que Londres fosse a sede de ao menos uma das instituições financeiras internacionais, ambas se estabeleceram em Washington, onde permanecem até hoje. Contudo, desde a sua fundação, o FMI tem sido sempre dirigido por um europeu, enquanto o Banco Mundial é sempre encabeçado por um estadunidense.

Além da criação desses bancos multilaterais, a Conferência de Bretton Woods também propôs estabelecer as diretrizes das políticas monetárias internacionais com uma base sólida e estável para o câmbio. Para esse fim, elegeu-se o dólar como moeda de referência, com a condição de que continuasse mantendo sua paridade com o ouro ao preço estável de 35 dólares por onça do metal precioso. Os demais países deviam ajustar o valor de suas moedas de acordo com o valor âncora do dólar e interagir nos mercados de câmbio com o fim de manter os tipos de câmbio dentro de uma faixa de flutuação de até 1% a 2%. Os economistas descrevem esse sistema como de "conversibilidade fixa", mas com possibilidades de modificar-se ligeiramente em momentos emergenciais (*adjustable peg*), desde que contando com o beneplácito do grande supervisor, o FMI.[69] Na prática, entretanto, durante o pós-guerra, essa instituição não teve influência real sobre as principais potências, cujos ministérios das finanças é que determinavam as políticas cambiais.

---

[69] Numerosos trabalhos descrevem os resultados de Bretton Woods; entre eles, Bordo e Eichengreen (1993).

TABELA 3
Bretton Woods, as instituições financeiras internacionais e os bancos de desenvolvimento regional

Instituição	Criação	Função	Sede	Objetivos
Banco de Compensações Internacionais Bank for International Settlements (BIS)	• 17 de maio de 1930: o BIS substitui a Agência Central de Reparações, que gerenciava as reparações de guerra alemãs	O BIS promove a cooperação monetária e financeira internacional e concede créditos aos bancos centrais	Basileia, Suíça	• Promover a discussão e a análise de políticas monetárias e financeiras • Representar o conjunto das autoridades monetárias • Arbitrar as negociações entre bancos centrais
Fundo Monetário Internacional (FMI) International Monetary Fund (IMF)	• 1 a 22 de julho de 1944: aprovação na Conferência de Bretton Woods. • 27 a 31 de dezembro de 1945: os primeiros 29 países-membros firmam os acordos que dão existência legal ao FMI e ao BM	O FMI encarrega-se de velar pela estabilidade do sistema monetário e financeiro internacional	Washington, D.C., Estados Unidos	• Fomentar a cooperação internacional e a estabilidade cambial • Promover a expansão e o crescimento equilibrado do comércio e o investimento internacional em fluxos de capital • Estabelecer um sistema multilateral de pagamentos • Prestar apoio aos países-membros que tenham dificuldades em suas balanças de pagamento
Banco Mundial (BM) World Bank (WB)		O BM financia projetos de construção e reconstrução de infraestrutura, assim como programas de desenvolvimento social	Washington, D.C., Estados Unidos	• Financiar a construção de novas obras de infraestrutura, assim como sua reconstrução por motivo de guerras ou desastres naturais • Patrocinar projetos de redução da pobreza e a reestruturação de dívidas

▼

▼
Bancos de desenvolvimento regional

Instituição	Criação	Sede	Regiões
Banco Interamericano de Desenvolvimento (BID) Interamerican Development Bank (IADB)	30 de dezembro de 1959: 18 países ratificam o convênio constitutivo do BID, elaborado pelo Conselho Interamericano Econômico e Social	Washington, D.C., Estados Unidos	América
Banco de Desenvolvimento Africano (ADB) African Development Bank (AfDB)	4 de agosto de 1963: 23 países ratificam a criação do banco	Túnis, República da Tunísia	África
Banco Asiático de Desenvolvimento (BAD) Asian Development Bank (ADB)	19 de dezembro de 1966: o ADB começa a operar com 31 países-membros	Manilha, Filipinas	Ásia e Pacífico
Banco Europeu para Reconstrução e Desenvolvimento (Berd) European Bank for Reconstruction and Development (EBRD)	Maio de 1990: assinatura em Paris do acordo que cria o Berd	Londres, Reino Unido	Europa e Ásia centrais

Nas reuniões de Bretton Woods também se considerou a necessidade de criar um terceiro organismo econômico mundial para regular o comércio internacional, mas sua constituição tardou. Seria somente na conferência internacional celebrada em Havana em 1948 que se acordou estabelecer uma Organização Internacional do Comércio. Entretanto, essa iniciativa tropeçou em fortes obstáculos. De um lado, a Grã-Bretanha desejava conservar as preferências comerciais próprias de sua esfera de influência tradicional, o Commonwealth de nações descendentes de seu velho império. Por outro lado, no Senado dos Estados Unidos originou-se uma forte oposição à iniciativa de criar um organismo mundial de regulamentação do comércio. Não foi possível pôr em marcha a organização, a qual acabou sendo substituída pelo Acordo Geral de Tarifas e Comércio (Gatt), que funcionou durante quase meio século, até a criação da atual Organização Mundial do Comércio (OMC).

A insistência no restabelecimento do livre-comércio contou com um líder poderoso: o secretário do Tesouro dos Estados Unidos, Henry Morgenthau, que encerrara a Conferência de Bretton Woods com um discurso a favor dessa medida. Porém, nos anos subsequentes, nem os países europeus nem os latino-americanos comungaram com essa política. Devido ao peso preponderante dos Estados Unidos no comércio mundial e à força de sua moeda, produziram-se fortes déficits comerciais nos países mais fracos, que eram ameaçados com o paulatino esvaziamento de suas escassas reservas monetárias. Apesar das normas acordadas em 1944, o risco de que ocorressem desvalorizações se fez cada vez mais patente. O caso mais notório foi o da Grã-Bretanha em 1947, que, mesmo depois de receber um gigantesco empréstimo dos Estados Unidos (3,7 bilhões de dólares), não conseguiu estabelecer a conversibilidade da libra. Isso ocasionou uma forte corrida contra a libra esterlina, que acabou desvalorizando-se estrepitosamente, e o governo britânico perdeu quase todos os fundos do mencionado empréstimo em apenas seis semanas.[70]

O fracasso da tentativa de retornar à livre conversibilidade monetária empreendida pela Grã-Bretanha, principal sócia e aliada dos Estados Unidos, tornou claro para outros países que a plena conversibilidade era uma miragem, devido ao impacto potencialmente devastador dos ataques especulativos. Por isso, os governos nacionais não tiveram alternativa senão a adoção de estritos controles cambiais e de movimentação de capitais, que duraram por muito tempo. O historiador Ranald Michie (2006:275) assinala que, de fato, na própria Inglaterra, apenas em 1979 foram eliminados os últimos controles.

Depois da guerra, também se generalizaram diversas medidas protecionistas sobre o comércio exterior em quase todas as nações, com a finalidade de impedir desequilíbrios demasiado agudos em suas balanças correntes. Essas políticas foram aplicadas durante decênios e os Estados Unidos não tiveram alternativa senão aceitá-las para não provocar uma queda das transações internacionais. Na prática, desde 1948, Washington aceitou a conveniência de cobrir com créditos abundantes os déficits comerciais de seus principais

---

[70] Uma descrição detalhada da crise da libra esterlina em 1947 encontra-se na obra de Carincross e Eichengreen (1983).

sócios europeus, como contrapartida de que aceitassem a hegemonia absoluta do dólar como moeda de reserva.

Essa situação não correspondia aos acordos monetários e financeiros de Bretton Woods, o que deu margem a uma série de interpretações sobre a efetividade desses. O economista Ronald McKinnon (1993:1-44) defende que, no que dizem respeito à política monetária, os acordos de Bretton Woods duraram apenas até 1950, como demonstrou a crise da libra esterlina. Depois, e durante duas décadas, o regime monetário no mundo capitalista giraria em torno da paridade fixa do dólar. A esse respeito, Robert Solomon, um destacado ator no âmbito das políticas financeiras da época, afirmou: "Assim, os Estados Unidos assumiram o papel de *banco central mundial*, cumprindo uma função que não havia sido especificada no acordo de Bretton Woods: os Estados Unidos criavam uma moeda internacional ao expandir seus passivos líquidos ao resto do mundo" (Solomon, 1977:3).

O aumento de 8,5 bilhões de dólares nas reservas mundiais nos anos de 1949 a 1959 deveu-se, em especial, à transferência líquida de 7 bilhões de dólares dos Estados Unidos, majoritariamente aos cofres dos bancos centrais europeus (Solomon, 1977:3). Por conseguinte, é fácil argumentar que, desde então, a Reserva Federal, em aliança com o Tesouro dos Estados Unidos, operava como virtual "emprestador internacional de última instância", já que tinha a capacidade de emitir dinheiro de maneira quase ilimitada. Esse sistema pôde-se manter ao longo da década de 1950, quando a hegemonia estadunidense era indisputada, mas esteve sujeita a crescentes pressões e a maior instabilidade nos anos 1960. Como veremos, foram necessárias negociações muito complicadas entre os Estados Unidos e os governos e bancos centrais europeus, o que refletia novas rivalidades, em razão de se ter consolidado um maior número de potências econômicas, entre as quais se destacavam a Alemanha e o Japão.

É ainda conveniente assinalar que, durante longo tempo, foi menos importante do que se costuma pensar o papel do FMI e o do Banco Mundial. Em nenhum dos casos contavam com recursos para serem emprestadores fundamentais: o próprio historiador oficial do FMI assinalou que, por algum tempo, se acreditava que ambas as instituições estavam "moribundas" (James,

1996:83). No decênio de 1950, no que se refere ao sistema monetário e financeiro internacional, o essencial eram os acordos bilaterais entre os Estados Unidos e seus principais aliados. Desde princípios dos anos 1960, ambos os bancos multilaterais — FMI e Banco Mundial — conseguiram exercer um papel significativo e consolidar suas posições, ainda que basicamente como instrumentos de supervisão e controle das finanças dos países em desenvolvimento.

Blocos de poder e Guerra Fria: a estabilidade simétrica

A impossibilidade de pôr em marcha a maior parte dos acordos firmados na Conferência de Bretton Woods (1944) demonstra que existiram outros fatores muito mais importantes, que contribuíram para a reconstrução da economia mundial depois da guerra e que asseguraram, em curto e em médio prazo, que não se repetiria a volatilidade e a instabilidade que caracterizaram o capitalismo clássico anterior à Grande Depressão. Está visto que, a partir de 1947, a maioria das economias do mundo tendeu a recuperar-se e a desfrutar de altas taxas de crescimento, que em geral se sustentaram por mais de um quarto de século. No caso da Europa e do Japão, não foram os acordos sobre políticas monetárias ou balanço de pagamentos o que tornou possível a ascensão, mas outros três fatores entrelaçados. Em primeiro lugar, deve-se sublinhar o enorme esforço coletivo dessas sociedades para conseguir a reconstrução de suas economias, o que requereu um grande investimento de capital humano e a aplicação de novas tecnologias às indústrias de paz. Em segundo lugar, esse esforço tornou-se possível graças à negociação de uma série de pactos sociais e políticos no pós-guerra, que conciliaram, na Europa, os objetivos e os interesses das diferentes classes sociais. Finalmente, foram fundamentais o aporte do Plano Marshall e a dinâmica financeira e comercial que impulsionou, já que contribuíram de maneira marcante para a recuperação do comércio internacional, especialmente no Atlântico Norte.

Nos primeiros anos do pós-guerra, produziu-se a consolidação de uma *nova ordem geopolítica binária*. Essa nova ordem internacional caracterizava--se pelo equilíbrio de forças entre as duas superpotências militares: Estados

Unidos e União Soviética. Essa simetria seria determinante para a estabilidade da economia mundial e para impedir as grandes crises financeiras por longo tempo. Porém, ao terminar a guerra, não se antevia um futuro brilhante. Os países europeus, em sua maioria, da mesma forma que o Japão, enfrentaram fortes desafios econômicos, já que necessitavam reconverter suas indústrias bélicas e, por sua vez, reconstruir suas infraestruturas, terrivelmente danificadas pelo longo e brutal conflito. Inicialmente, os dirigentes de Washington não reconheceram as dimensões do desafio econômico que teriam pela frente. Foi mais exatamente a partir da percepção de que a União Soviética poderia aproveitar as circunstâncias para estender sua influência geopolítica que o governo dos Estados Unidos resolveu pôr em prática um grande plano financeiro para ajudar a Europa Ocidental e, a seguir, o Japão, a impulsionar suas respectivas recuperações econômicas: entre 1948 e 1952, o Plano Marshall proporcionou uns 12 bilhões de dólares em doações e empréstimos para essa finalidade. Por sua vez, o plano foi acompanhado por uma aliança militar — a Organização do Tratado do Atlântico Norte (Otan) — que prossegue atuante até hoje.

As diretrizes da aliança militar e política tinham sido discutidas entre Winston Churchill e Franklin Roosevelt antes da conclusão da guerra. Em breve, seria o novo presidente norte-americano, Harry S. Truman, que lhes daria andamento, preocupado com o avanço dos partidos comunistas na Europa. Os temores de Truman acentuaram-se em 1947, quando se chegou a pensar que as guerrilhas comunistas na Grécia e na Turquia pudessem triunfar, acarretando a passagem desses países para o que se conhecia como "a órbita soviética". Nesse contexto, para as nações-membros da Otan, a prioridade era assegurar a estabilidade política e econômica na Europa Ocidental, tendo-se em conta o controle que já exercia a União Soviética sobre a maior parte da Europa do Leste. Em consequência, foram perdoadas as dívidas dos Aliados europeus e não foram exigidas reparações aos países derrotados: Alemanha e Itália. Em poucas palavras, adotaram-se políticas diametralmente opostas às dos anos 1920, em boa medida porque agora o governo dos Estados Unidos se mostrava disposto a conceder grandes recursos financeiros para a reconstrução das economias europeias e numerosos créditos para o fortalecimento dos exércitos da Otan.

Na Ásia Oriental, pôs-se em marcha um plano similar, porém com uma gestão mais severa dos recursos. No Japão, instalou-se durante vários anos o general MacArthur, com poderes ditatoriais. Não foram exigidas grandes reparações ao Japão, apenas a liquidação de seu antigo império (que incluía Coreia e Taiwan), a redução absoluta de suas forças armadas e o direito de estabelecer uma série de bases militares e navais estadunidenses no país e na região. Ao mesmo tempo, instrumentalizou-se um plano para relançar a economia japonesa a partir de programas coordenados com os mais poderosos grupos industriais do país, que receberam apoios diversos por meio de um pequeno Plano Marshall, que seria reforçado durante a Guerra da Coreia (1950-51).

Nessa época, o Pentágono instalou bases militares em Taiwan, Coreia, Filipinas e, a seguir, Vietnã do Sul, para assegurar a sua influência em boa parte da Ásia Oriental. A partir da estruturação de um arco de alianças com as elites locais e uma forte repressão aos movimentos operários, firmaram-se as condições para o relançamento das economias regionais, ainda que a um ritmo mais lento que as da Europa ou a do próprio Japão, que rapidamente alcançou taxas de crescimento econômico impressionantes.

Em contraposição ao processo de expansão militar e econômica dos Estados Unidos, de 1949 em diante a União Soviética pôs em marcha um processo igualmente ambicioso de integração dos países submetidos a sua influência, através do Conselho de Apoio Econômico Mútuo (Comecon) e de uma série de acordos militares e políticos. Dessa forma, a maior parte dos países da Europa do Leste se viu incorporada a uma nova estrutura econômica plurinacional, sob a égide de Moscou. As economias das "democracias populares" adotaram a maior parte das diretrizes da soviética: planos quinquenais, nacionalização da indústria e do comércio e coletivização da agricultura. Houve algumas exceções, como o caso da Polônia, onde o Partido Agrário defendeu a pequena e média propriedade camponesa.[71] Por sua vez, como contraponto à Otan, estabeleceu-se uma aliança militar entre essas nações, conhecida como Pacto de Varsóvia (1955).

---

[71] Ver uma visão crítica em Tortella (2005, cap. IX).

Para entender a relativa estabilidade das finanças mundiais da época, é fundamental ter em conta o fato de que, ao longo dos anos 1950 e 1960, os grandes impérios militares — Estados Unidos e União Soviética — se defrontavam em uma rivalidade mortal. Nem uma potência nem a outra ia permitir que se produzisse um forte desequilíbrio em seus respectivos sistemas monetário e financeiro, particularmente algo que pudesse provocar uma séria crise econômica. Nesse sentido, está claro que o marco institucional de Bretton Woods quanto às políticas monetárias se havia tornado marginal ante a contundência da *realpolitik* da Guerra Fria. A estabilidade monetária não estava em questão.

A época de ouro *do desenvolvimento econômico, 1950-73*

Desde fins dos anos 1940 e ao longo dos anos 1950, as políticas adotadas na maioria dos países — tanto do bloco capitalista quanto do socialista — foram eficazes para impulsionar a recuperação econômica no pós-guerra. As taxas mais altas de crescimento econômico foram alcançadas na Europa e no Japão, onde se conseguiu uma expansão sustentada durante um quarto de século. Contudo, não se devem desprezar o peso e o dinamismo da economia dos Estados Unidos nesse período. Em fins da Segunda Guerra Mundial, seu PIB representava mais de 60% do total das 15 economias mais poderosas do planeta, embora experimentasse uma tendência acentuada de baixa nos dois decênios seguintes, até chegar a uma média de 35% a 40% por volta de 1970, posição que manteve até princípios do século XXI.

Deve-se ter em conta, não obstante, que o descenso da importância dos Estados Unidos na economia mundial se deu em termos proporcionais e não em cifras absolutas. Ao finalizar a Segunda Guerra Mundial, seu poder industrial era descomunal, em parte porque haviam vencido a guerra, em parte por causa da destruição que haviam sofrido muitos dos países da Europa e da Ásia. A partir de 1950, sua hegemonia foi lentamente diminuindo, como consequência da recuperação e do crescimento econômico de outras nações. Todavia, na prática, os dados comparativos deixam em evidência que a economia dos Estados Unidos continuou a ser, com muita distância, o motor mais poderoso da economia global. Não tem comparação a sua superioridade tecnológica, assim como o tamanho e dinamismo de seus mercados domésticos. Ao longo dos anos 1940, 1950 e 1960, o produto bruto por habitante cresceu a uma taxa anual média de 3%, o que representava um extraordinário incremento.[72]

Quais foram os fatores que mais contribuíram para essa expansão? De maneira resumida, pode-se apontar que estavam vinculados a uma conjunção de processos econômicos que transcorreram de forma simultânea, alguns dos quais já se haviam posto em marcha desde muito tempo, enquanto outros cram bem novos. Em primeiro lugar, o regresso dos Estados Unidos a uma economia de paz estimulou a recuperação de antigas indústrias de bens de consumo — têxteis, agroindústrias e bebidas — que haviam estado algo reprimidas durante as hostilidades. A isso se agregou a renovada ascensão das indústrias eletroeletrônicas, incluindo a formidável expansão de produtos de linha branca, como geladeiras e máquinas de lavar e de secar, e rádios e televisores, entre outros. Por outro lado, ocorreu um enorme salto na indústria automobilística e em todos os setores complementares que são seus "satélites": a indústria siderúrgica, a da borracha, a do vidro e, claro, a petrolífera. Por sua vez, a petroquímica expandiu-se de maneira rápida, em particular graças ao grande sucesso dos plásticos e dos tecidos sintéticos.

Outro fator determinante foi a tremenda vitalidade do setor da construção civil, especialmente de moradias, que ganhou grande impulso devido ao novo modelo disperso de urbanização, que caracterizou os Estados Unidos nessa idade de ouro do automóvel. Os subúrbios converteram-se nos lugares residenciais preferidos para grande parte da classe média e alta, e estimularam uma poderosa indústria de construção de casas, que chegou acompanhada por um formidável crescimento das redes elétricas e telefônicas em todo o país. Ao mesmo tempo, produziu-se uma extraordinária expansão da rede de

---

[72] Uma taxa de crescimento médio anual de 3% implica que a economia norte-americana teria crescido mais de 60% entre 1940 e 1960. De fato, em termos reais, o PIB *per capita* real em 1940 foi de 7.827 dólares no ano-base de 2000; em 1960 o PIB por habitante alcançou 13.840 dólares. Ver Johnston e Williamson (2008).

rodovias, alcançando milhares e milhares de quilômetros, o que proporcionou uma enorme quantidade de empregos e um incremento notável do consumo de cimento e asfalto. O impulso observado na época no setor de transporte automobilístico pode-se comparar ao dinamismo econômico associado à construção de ferrovias, entre meados do século XIX e princípios do século XX.

Tampouco deve ser esquecido outro elemento que impulsionou o dinamismo da economia estadunidense nos anos 1950: ao lado das indústrias de paz, manteve-se de pé uma enorme indústria bélica. A construção de aviões, navios de guerra, tanques, caminhões, munições e até mísseis não cessou, e se transformou no que o próprio Presidente Eisenhower denominou "o complexo militar industrial". Esse conjunto de indústrias apoiava-se em programas de pesquisas científicas e de engenharia avançada, com a colaboração de centenas de universidades. Tratava-se de programas de pesquisas muito bem financiados, que foram decisivos para promover muitas das novas tecnologias que logo dariam suporte a um processo de crescimento sustentado, nos Estados Unidos e, mais tarde, em outros países.

Uma das consequências do dinamismo econômico e da inovação tecnológica foi que o investimento na bolsa se tornou atrativo para muitos pequenos, médios e grandes investidores, uma vez que se observava uma tendência para uma expansão forte e sustentada da rentabilidade da maior parte das empresas cotadas em Wall Street, ao menos até meados da década de 1960 (gráfico 6). O auge das bolsas foi reforçado pelo fato de que, durante mais de dois decênios, o sistema bancário demonstrou grande estabilidade, e já não ocorriam pânicos bancários importantes, mas apenas uma série de altas e baixas das cotações, de pouca gravidade.

Tudo isso contribuiu para fortalecer o modelo empresarial norte-americano dominante que, em boa parte, repousava na consolidação e na expansão das grandes corporações manufatureiras, como General Motors, Chrysler, Ford, U. S. Steel, General Electric, Dupont, Lockheed e as grandes empresas petrolíferas, entre tantas outras. Esses colossos estavam organizados com base em um esquema multidivisional, o que lhes concedeu enormes economias e lhes permitiu alcançar a liderança mundial, como demonstra o destacado teórico e historiador de empresas Alfred Chandler (1977). O predomínio dessas firmas favoreceu o surgimento de uma nova classe de gerentes corporativos, analisados com maestria pelo economista John Kenneth Galbraith e descritos por sociólogos como uma elite de *"organization men"*. Esses eram os homens de terno cinza de muitos filmes da época, que produzia e difundia outra grande indústria em crescimento: Hollywood. Era tal a presunção de alguns dos executivos que, em fins do decênio de 1950, o gerente da maior empresa automobilística declarou sem maiores rodeios: "O que é bom para a General Motors é bom para os Estados Unidos".

GRÁFICO 6

Comportamento real da Bolsa de Valores de Nova York e do mercado imobiliário dos Estados Unidos, 1944-71

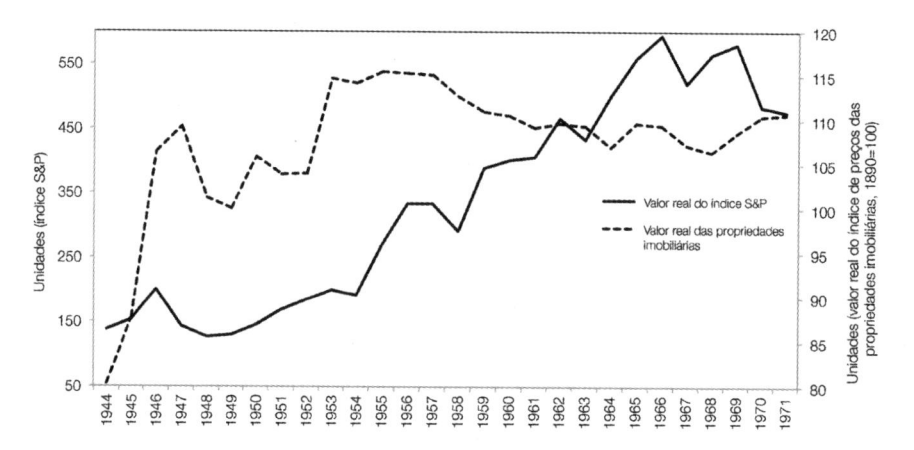

Fonte: Shiller (2005, 1989).

É possível que a prosperidade experimentada naqueles anos tenha sido o que estimulou a formação de um consenso em amplos setores da população estadunidense da validade desse tipo de afirmativa pelos executivos das corporações. Estava claro que as grandes empresas não só geravam um alto nível de emprego, mas que também mantinham uma política de reinvestimento de uma parte importante de seus ganhos, o que tinha por efeito a sustentação do processo de expansão econômica. Mas isso também era reflexo da capacidade que tinha o governo de regular determinadas grandes empresas, o que incluía restrições à distribuição aos acionistas de lucros acima dos 6% anuais em determinados setores econômicos. Tal foi o que ocorreu no caso do monopólio telefônico ATT e de outros tantos colossos de gás e de eletricidade. Em poucas palavras, regulavam-se de maneira estrita aquelas indústrias conhecidas como "*public utilities*", embora fossem firmas de propriedade privada.

Se bem que o aparelho industrial dos Estados Unidos funcionasse como um poderoso motor da economia mundial, foi surpreendente que logo fosse superado em rapidez de crescimento pelas nações da Europa Ocidental e pelo Japão. Nesses tempos de "milagres econômicos", a Alemanha atingiu cerca de 6% de crescimento anual bruto ao longo do decênio de 1950, enquanto o Japão alcançou a cifra recorde dos 9% anuais, algo nunca antes registrado na história. A Itália — outro dos países derrotados na guerra — também atingiu taxas de crescimento muito altas e logo se converteu em potência industrial. As razões desse dinamismo residiam não só no enorme investimento na reconstrução econômica e no desenvolvimento de novas infraestruturas, mas também na incorporação de um amplo arco de novas tecnologias. Esses novos recursos já eram parte da engrenagem industrial estadunidense, mas não se haviam ainda estendido a outros países: sua importação e adaptação à Europa e ao Japão permitiram importantes saltos qualitativos.[73] Em especial, esse processo impulsionou de forma dramática a indústria eletrônica, a petroquímica, a química e farmacêutica, a automobilística e uma poderosa indústria de bens de capital e maquinaria nas economias de Itália, França, Bélgica, Holanda, Alemanha, Suíça, Suécia e, claro, Japão. Isso também permitiu a consolidação de uma série de grandes corporações europeias e japonesas, embora essas fossem ainda, em sua maioria, nacionais, pois os controles sobre a movimentação de capitais dificultavam a expansão de companhias em escala multinacional.

Em que pesem as restrições financeiras, logo se obteve, nos planos comercial e industrial, uma crescente integração na Europa Ocidental, como demonstra

---

[73] Essa tese é desenvolvida de maneira magistral por Eichengreen (2006, caps. 1 e 2).

a criação da Organização Europeia de Cooperação Econômica (OECE), pouco depois da guerra. Em 1951 fundou-se a Comunidade do Aço e do Carvão, impulsionada pelo ministro francês Robert Schuman e seu assessor Jean Monnet. Esse acordo foi de grande importância, uma vez que assegurava aos vizinhos da Alemanha que a antiga potência não voltaria a dedicar-se à promoção da indústria bélica, o que permitia cogitar de um futuro mercado regional integrado. De maneira paulatina, e não isenta de contradições, foi-se elaborando e firmando uma série de tratados e de acordos políticos e econômicos, como o Tratado de Roma (1957), que tornava possível a construção do que hoje é a União Europeia, tarefa essa que requereu vários decênios de esforços muito complexos de cooperação e conciliação política, social e econômica.

A extraordinária ascensão econômica que experimentaram tanto os Estados Unidos quanto a Europa e o Japão desde meados do século tinha sustentação em uma série de pactos políticos em cada país. Porém não há dúvida de que havia certa similitude nos conceitos de base. Por exemplo, um denominador comum era a aceitação de políticas econômicas de corte keynesiano, que enfatizavam a importância de um alto grau de investimento público para assegurar o crescimento e o pleno emprego. Por esse motivo era necessário, primeiramente, que os Estados contassem com receitas regulares e sustentáveis, para o que foi preciso reformar os sistemas de arrecadação tributária de maneira progressiva. Na Alemanha, por exemplo, o imposto sobre a renda representava apenas 22% das receitas públicas em 1950, mas cresceu para 37% por volta de 1970. Tendências similares foram observadas em outros países europeus. Ao mesmo tempo, o gasto público aumentou como percentual do PIB: na França, passou de 27% em 1950 para 39% em 1973; na Holanda, de 27% a 45% no mesmo período; na Grã-Bretanha, de 34% a quase 42%; e nos Estados Unidos passou de 21% em 1950 a 31% em 1973 (Comín, 2005:360). Outro elemento que favoreceu uma melhor distribuição de renda na Europa foi a ascensão ao poder de partidos políticos que estimulavam políticas sociais, que ficariam conhecidas como "estado do bem-estar". O financiamento do gasto social implicou que os governos assumissem um papel mais importante em cada economia.

Pode-se resumir tudo isso dizendo que tanto o crescimento quanto a estabilidade econômica não dependiam apenas do setor privado, mas também da participação e regulação econômica estatal. Na época, falou-se com frequência dos êxitos das "economias mistas", que contavam com um importante componente público. Nesse sentido, o legado de cooperação ratificado em Bretton Woods foi significativo. Existia um claro consenso entre elites e classes dirigentes — políticos, empresários, banqueiros, líderes sindicais, acadêmicos e cientistas — de que era fundamental uma coordenação entre Estado e mercado para assegurar que não se repetisse outra Grande Depressão ou outra guerra mundial. No caso da Europa, o historiador econômico Barry Eichengreen (2006) criou o termo "capitalismo coordenado" para explicar essa relação após 1945, conceito que esclarece o êxito da recuperação econômica no pós-guerra e a posterior expansão nos países que impulsionaram o que hoje é a União Europeia.

Em relação a isso, deve-se ter em conta que, embora a renda por habitante dos Estados Unidos continuasse a ser superior durante todo o período analisado, outras economias industriais, como as da França, da Alemanha e da Inglaterra, foram-se aproximando cada vez mais.

Para a dinâmica desse processo foi de vital importância um conjunto de princípios de economia política: o controle da movimentação de capitais, uma política ativa, porém flexível de controles tarifários para regular o comércio exterior, e a aceitação do paradigma do pleno emprego. A fim de poder coordenar essas grandes linhas de ação, cada país aceitou que o Banco Central operasse de comum acordo com o Ministério da Fazenda na regulação das taxas de juros e na implementação de políticas de investimento público.[74] Essas medidas outorgavam aos governos uma grande influência na dinâmica dos mercados financeiros em escala nacional e internacional. A prioridade era manter taxas de crescimento fortes e sustentadas, o que dependia, por sua vez, de taxas de juros estáveis e baixas. Como resultado, a tradicional associação dos banqueiros privados internacionais perdeu protagonismo, devido ao baixo nível de fluxos de capital e à forte regulamentação dos mercados financeiros.

---

[74] Para uma excelente síntese das novas políticas econômicas e monetárias, ver Eichengreen (1996).

GRÁFICO 7

Convergência do PIB *per capita* das economias industriais, 1944-71

(pontos percentuais)

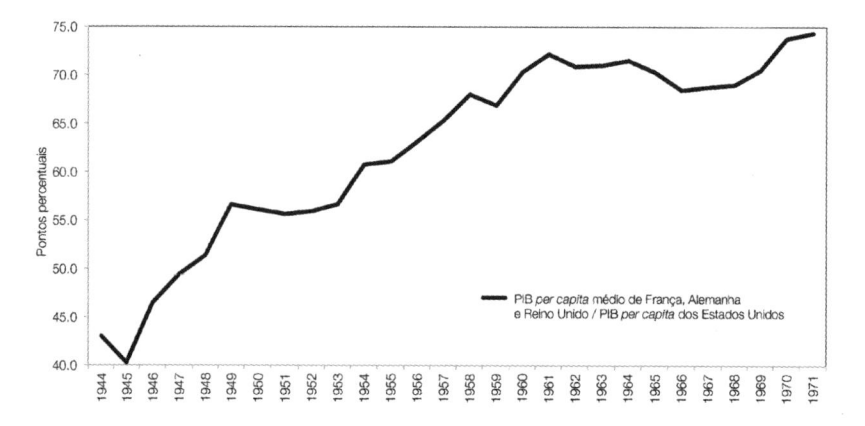

PIB per capita médio de França, Alemanha e Reino Unido / PIB per capita dos Estados Unidos

Nota: Em fins da Segunda Guerra Mundial, o PIB *per capita* médio de França, Alemanha e Reino Unido era menos da metade do PIB *per capita* dos EUA. Ao final do período, o PIB *per capita* desses países aproximava-se do norte-americano.
Fonte: Maddison (2009).

No âmbito dos bancos comerciais, cada nação adotou diretrizes de crédito que contribuíssem para proporcionar segurança aos clientes e investidores. Manter baixas as taxas de juros permitiu estender boas condições de crédito às grandes empresas industriais e comerciais da Europa e do Japão, as quais com frequência forjaram estreitas relações com seus sócios financeiros. Por sua parte, o apoio a políticas de crédito hipotecário em longo prazo com taxas baixas constituiu um enorme estímulo para a construção de moradias e foi uma das bases do pacto social sobre o qual repousava o consenso político e econômico das democracias. Tampouco se deve esquecer que nessa época se consolidou um amplo segmento de empresas de seguros que ofereciam apólices de longo prazo, o que dava estabilidade e firmeza ao mercado financeiro e hipotecário. Em paralelo, as bolsas e os mercados de capitais converteram-se em espaços dedicados, sobretudo, à compra e venda de bônus do governo e/ou de valores de empresas grandes e sólidas, o que reduzia a volatilidade. A escassa inovação em matéria de instrumentos financeiros e o controle sobre as movimentações de capital conduziram ao mesmo fim e evitaram colapsos bancários, imobiliários e nas bolsas.

Além do controle exercido sobre o setor financeiro, devem-se destacar as políticas de investimento público na indústria, que foram apoiadas de maneira eficiente pelas alianças estabelecidas entre o Estado e as empresas. Em muitos casos, era indispensável o papel de empresas estatais, como na Itália, onde se destacou o Istituto per la Riconstruzione Industriale (IRI), agência que promovia setores estratégicos da indústria pesada, da indústria química e de energia. Funções similares cumpriu na Espanha o Instituto Nacional de Industria (INI), durante a ditadura de Francisco Franco. E é preciso recordar que na Alemanha, na França e na Grã-Bretanha também se destacou o papel do Estado, nas empresas ferroviárias recentemente nacionalizadas, nas telecomunicações e nas companhias de gás e eletricidade. Adicionalmente, agregou-se um forte impulso à promoção de empresas estatais em muitos países, nos âmbitos do petróleo, da aviação e da indústria nuclear.

No Japão, foi fundamental o papel do Ministério de Comércio Exterior e Indústria (Miti), que coordenava grande parte da política econômica e da reconstrução. Por sua vez, essa agência promoveu a coordenação entre conglomerados de empresas, os quais controlavam grande parte da indústria pesada japonesa e dispunham de sofisticados braços comerciais e financeiros. É certo que, entre 1945 e 1950, a administração norte-americana no Japão limitou as funções dos outrora poderosos *zaibatsu* — como Mitsui, Sumitomo e Mitsubishi —, que foram legendários nesse país no século XIX e princípios do século XX, pois haviam participado decisivamente da modernização industrial e do impulso à economia de guerra entre 1933 e 1945. No pós-guerra, foram-se consolidando novos grupos empresariais, mas finalmente os *zaibatsu* regressaram e também contribuíram — com deliberado apoio estatal — para o impressionante aumento das exportações de manufaturas que foi a base do "milagre japonês" dessa época (Brochier, 1970). De fato, esses grupos serviram de modelo para similares conglomerados industriais e comerciais na Coreia, os *kaibol*, que vieram a constituir uma parte importante do segredo do extraordinário êxito econômico que alcançou esse país em tempos mais recentes.

As tendências positivas de crescimento econômico não se limitaram aos países capitalistas avançados, mas foram replicadas em escala mundial nos anos 1950 e 1960, embora evidentemente existissem diferenças regionais importantes. Na Europa Oriental, os governos comunistas das chamadas *democracias populares* exerceram papel decisivo no relançamento das economias depois da terrível guerra. O grosso dos enormes investimentos públicos realizados canalizou-se para a indústria pesada, a expensas da indústria de bens de consumo e da agricultura. Induziu-se um forte deslocamento da mão de obra do setor rural para a nova indústria e para trabalhos em construção de infraestrutura urbana. Apesar das condições draconianas dos trabalhadores, que sofriam por causa da longa jornada de trabalho, saúde ruim e forte contaminação, o progresso na acumulação de capital físico foi notável. Ao longo dos anos 1950, os governos socialistas reportaram altas taxas de crescimento: a Hungria alcançou 6% de incremento anual; a Polônia, 7%; e a Alemanha Oriental, quase 10%.[75]

A União Soviética também atingiu fortes taxas de expansão, em particular na indústria pesada e bélica. Porém, depois de 1970, a época de ouro chegou ao fim; os países da Europa Oriental e a própria União Soviética sofreram uma redução bem marcada em seus ritmos de crescimento. No caso da China Popular, as taxas de crescimento foram lentas, porém sustentadas, até 1959, quando ocorreu o fracasso do plano de industrialização rural promovido pelo chefe de governo, Mao Tsé-Tung. Séries de terríveis incidências de fome e de epidemias de gripe causaram a morte de vários milhões de pessoas e produziu-se um retrocesso econômico que durou até 1964, momento em que se retomou o crescimento, embora muito lentamente.

O outro colosso asiático, a Índia, experimentou taxas de crescimento mais sustentadas, embora bastante baixas, ao longo do período, enquanto a economia da Indonésia desfrutou de uma pequena expansão nos anos 1950, para logo sofrer um claro estancamento nos anos 1960. Em contrapartida, entre os países exportadores de petróleo do Oriente Médio, houve uma tendência ao

---

[75] Em Eichengreen (2006) usam-se esses indicadores característicos da contabilidade "comunista".

estancamento na maior parte da década de 1950, seguida de uma mudança positiva a partir de 1958, quando começou a aumentar a demanda mundial pelo "ouro negro". Nesse ínterim, dois países que careciam de petróleo, Síria e Turquia, obtiveram um crescimento sustentado, por meio de uma política doméstica de industrialização, que veio acompanhada pelo estímulo às exportações tradicionais.

O crescimento na África foi desigual, pois o continente passou por um período extremamente difícil devido à transição experimentada pela maioria dos países, que deixavam de ser colônias para se tornarem independentes. Na África do Sul, Eritreia, Etiópia, Tanzânia e Zâmbia, verificou-se uma expansão econômica bem sustentada. Em paralelo, no norte da África, Egito e Marrocos apresentaram crescimento lento e sustentado de suas economias. A Argélia, em contrapartida, como consequência da guerra com a França (1960-62), sofreu uma queda espetacular de seu PIB. Deve-se ter em conta que os pobres resultados econômicos obtidos na África e em amplas áreas da Ásia não estavam desvinculados da proliferação de conflitos bélicos. Como assinala o historiador Pedro Pérez Herrero (2007:17): "A Guerra Fria foi de paz para a Europa e os Estados Unidos, porém complicou-se em outras regiões do planeta. Entre 1950 e 1973, contabilizaram-se 165 guerras, com a participação de 71 estados e um saldo de 25 milhões de mortos".

Durante esses anos, não houve guerras importantes na América Latina, mas ocorreram numerosos golpes de estado. Apesar disso, os resultados econômicos da chamada "idade de ouro" podem ser considerados um notável êxito, se bem que, finalmente (e um tanto paradoxalmente), não foram assentadas as bases para um desenvolvimento sustentável nem equilibrado. No conjunto da América Latina, o crescimento entre 1950 e 1970 foi extraordinário: na média, alcançou-se algo mais que 5% de incremento anual do PIB. Tal cifra foi a mais alta registrada para todo o período, excetuado o caso do Japão, que superou os 8%. Mais surpreendente foi o fato de que na América Latina se tenha conseguido um desempenho tão formidável em meio a uma verdadeira revolução demográfica. A população passou de 165 milhões de pessoas em 1950 a 271 milhões em 1970, o que significa um aumento de 72%, cifra superior à de qualquer outra área do mundo.[76]

México e Brasil foram os países que mais cresceram em termos de população e de PIB, e, por conseguinte, transformaram-se rapidamente nos dois "pesos-pesados" da região. Em ambos, consolidou-se uma planta industrial importante, fundamentada em três pilares. Em primeiro lugar, produziu-se uma forte expansão das indústrias de bens de consumo. Em segundo lugar, desde meados dos anos 1950, desenvolveu-se amplamente a manufatura de bens de consumo duráveis — automóveis e aparelhos elétricos da linha branca —, sobretudo graças à entrada de investimentos estrangeiros diretos, que não somente contribuíram para a instalação de plantas dedicadas à montagem de carros, caminhões e tratores como também permitiram um incipiente desenvolvimento de fábricas de plásticos e de produtos químicos e farmacêuticos. Em terceiro lugar, verificou-se uma clara decolagem do setor de produção de bens intermediários — aço, manufaturas de cobre e de chumbo, cimento, borracha e vidro — e do setor de energia e de serviços, como os de telefonia e de distribuição de eletricidade e de gás. No caso mexicano, esses setores foram controlados, alternativamente, por empresas de capital privado nacional ou por companhias estatais; em contraponto, no caso do Brasil, adotaram-se modalidades mais complexas, que tornaram possível uma associação mais estreita entre o capital privado doméstico, o capital multinacional e o capital público.[77]

Nos maiores países da América Latina, o grosso da expansão industrial e comercial foi financiado com base no reinvestimento de capitais acumulados de forma local. Nesse processo, exerceram destacado papel os bancos domésticos e o banco de desenvolvimento, que em alguns casos (como os de México e Argentina) recebiam diretrizes dos governos a respeito dos percentuais de crédito que se esperava canalizassem setores estratégicos para o desenvolvimento. Em contrapartida, ainda tinham pouca importância os mercados de capitais formais (bolsas), que continuavam a ser pequenos e serviam essencialmente

---

[76] Na Europa Ocidental, o aumento populacional entre 1950 e 1970 foi de 20%; nos Estados Unidos, de 33%; na Ásia, de 32%; na África, de 60%.
[77] Ver o estudo clássico de Evans (1979).

para a colocação da dívida pública interna. Porém, um dado positivo é que, até 1965, a região viveu uma das épocas de menor endividamento externo.

Apesar desses consideráveis êxitos, eram muitos os obstáculos que deviam ultrapassar para a conquista de um crescimento mais bem sustentado e equilibrado. Em primeiro lugar, não se conseguiu criar uma indústria local de bens de capital (exceto no caso do Brasil), o que acarretou forte dependência tecnológica, que perdura até hoje. Em segundo lugar, as reformas agrárias empreendidas nos anos 1960 foram limitadas e ineficazes, não tendo melhorado a situação de dezenas de milhões de camponeses, que permaneciam em níveis de pobreza moderada a extrema. Em terceiro lugar, a industrialização se fez sem uma adequada planificação urbana, o que gerou o crescimento desordenado de megacidades, com enormes bolsões de população vivendo em péssimas condições. Em quarto lugar, a instabilidade política e as constantes ameaças de golpes militares, que contavam com apoio do Pentágono, tornaram extremamente difícil a consolidação da via parlamentar como caminho para a modernização.

Por último, o desenvolvimento econômico alcançado na América Latina repousava em estruturas fiscais e monetárias de considerável fragilidade. Devido à falta de reformas fiscais profundas, a partir dos anos 1950 foram comuns os déficits orçamentários dos governos. Muitos países eram tendentes a usar "a maquininha" para imprimir dinheiro; alguns governos exigiam dos bancos centrais que aumentassem a emissão de moeda, com o objetivo de cobrir o déficit público, mesmo que não contassem com um adequado respaldo de divisas fortes. O efeito inevitável eram episódios intensos de inflação e, em várias ocasiões, crises cambiais.

Se bem que fosse fraca a participação da América Latina no sistema financeiro internacional do pós-guerra, a situação modificou-se com uma pequena corrente de investimentos estrangeiros diretos, que começaram a chegar à região a partir de 1955. O FMI e o Clube de Paris — grupo de banqueiros e governos credores — exerceram uma crescente atividade e controle sobre os ministros de finanças latino-americanos, a fim de assegurar-se de que reconhecessem "as regras do jogo" vigentes sob o sistema de Bretton Woods. De fato, o FMI encontrou na região seu campo de ação favorito desde fins da década de 1950, pois era ali onde tinha maiores possibilidades de exercer sua influência e de difundir suas doutrinas ortodoxas. Em parte, isso se devia à relativa fragilidade dos governos e dos bancos centrais da região, mas também se assentava na colaboração das elites tecnocráticas, que buscavam no FMI o aval para determinadas políticas de ajuste em situações de crises fiscais ou cambiais. Isso ficou manifesto com os programas de choque para controlar os surtos inflacionários, que foram aplicados com apoio do FMI no Chile (1956-58), na Argentina (1959-62), na Bolívia (1956), no Peru (1959), no Uruguai (1959-62) e no Brasil (desde 1964, quando assumiu o poder a ditadura militar que governaria o país por vários anos).

Em suma, os surtos inflacionários e as crises cambiais foram frequentes na América Latina nessa época, mas, em contrapartida, não eclodiram importantes crises bancárias nem tampouco se registraram colapsos significativos nas bolsas regionais, que acusavam ainda um baixo grau de desenvolvimento. Em poucas palavras, nos anos 1960 os problemas latino-americanos realmente não tinham possibilidade de afetar os mercados financeiros internacionais. Em contraste, as circunstâncias eram muito diferentes nos países mais avançados, onde a crescente instabilidade monetária desse período logo pôs em xeque o sistema de padrão dólar e, portanto, as diretrizes fundamentais do sistema de Bretton Woods.

Instabilidade monetária na Europa e nos Estados Unidos nos anos 1960

O padrão dólar-ouro como moeda de reserva funcionou bem nos anos 1950, quando a hegemonia econômica dos Estados Unidos estava em seu clímax e os países da Europa continuavam dependendo da importação de bens de capital e da incorporação de tecnologias estadunidenses. Porém, a partir de 1958, quando as nações europeias mais dinâmicas regressaram ao esquema de conversibilidade para suas transações comerciais, pôde-se observar que as diretrizes originais do sistema de Bretton Woods voltaram à discussão.[78]

---

[78] Esse é o argumento de Eichengreen (1996:114-116), o qual contradiz em certo sentido a ideia de McKinnon de que o sistema de Bretton Woods não funcionou.

Com efeito, o fato de que houvesse taxas de câmbio algo mais flexíveis tornava muito mais complexo o gerenciamento das políticas e dos mercados monetários.

Desde princípios da década de 1960, novas condições contribuíram para gerar incertezas. Em primeiro lugar, o pronunciado aumento das exportações da Alemanha e do Japão e os consequentes déficits comerciais dos Estados Unidos produziram crescentes pressões sobre o dólar. Enquanto esses países acumulavam reservas, os Estados Unidos experimentavam cada vez maiores dificuldades para alcançar um equilíbrio em sua balança de pagamentos e para defender a conversibilidade do dólar sem reduzir em demasia suas reservas de ouro.

Ao mesmo tempo, o aumento dos fluxos de capitais em escala internacional foi minando os regimes de controle sobre eles, que haviam sido peças-chave das políticas econômicas do pós-guerra. Os artigos de constituição do FMI supunham que esses controles podiam reprimir a especulação monetária que causava instabilidade em diversas economias nacionais. Os efeitos das corridas especulativas eram visíveis em muitos países em desenvolvimento, que sofriam frequentes perdas em suas reservas, mas também se observaram na Europa Ocidental, especialmente em razão de vários ataques especulativos contra a libra esterlina, em 1961, 1964 e 1967, devido aos déficits comerciais da Inglaterra e ao aumento do valor do marco alemão em relação à libra esterlina.

Nessas circunstâncias, tornou-se manifesto que o regime de Bretton Woods padecia de graves defeitos quanto à resolução de conflitos entre as principais potências. De acordo com Robert Solomon, então alto conselheiro da Reserva Federal, o FMI mostrava-se falho nesse sentido. Um claro exemplo observa-se no fato de que as medidas para restabelecer o equilíbrio na balança de pagamentos requeriam a aplicação de programas de ajuste muito severos, desenhados pelo citado organismo. Embora isso fosse praticável no caso dos países latino-americanos, não o era quando se tratava de países industrializados mais poderosos. Assim assinalou Paul Volcker, quando era alto funcionário do Tesouro dos Estados Unidos, dirigindo-se a um colega latino-americano, em comentário ácido: "Quando o Fundo discute com um país pobre e fraco, esse país se submete. Quando, ao contrário, se trata de um país grande e forte, é o Fundo que se submete. E quando os países fortes estão em conflito, então o Fundo se retira da linha de fogo" (Volcker e Gyhoten, 1992:143).

A inoperância do FMI fez-se notar no momento em que se acentuaram as rivalidades entre os países europeus e os Estados Unidos, especialmente no que se referia às paridades das moedas fortes. Desde meados dos anos 1960, a França — que sempre esteve preocupada em manter fortes reservas em metal para assegurar a defesa do franco — adotou uma política agressiva de compra de ouro. Diversos estudos sugerem que a política nacionalista do presidente da França, Charles de Gaulle (1959-69), foi um dos fatores que contribuíram para enfraquecer os acordos monetários entre os países industrializados e a precipitar a queda do regime cambial vigente (Bordo, Simard e White, 1995:153-180). O chefe de estado francês desejava limitar o poder econômico que seguiam exercendo os Estados Unidos na Europa e por isso propôs uma espécie de jogo de roleta para enfraquecer o dólar. Ameaçou converter em ouro uma parte das abundantes reservas monetárias francesas. Isso representava um sério problema para a Reserva Federal e para o Tesouro dos Estados Unidos, que procuravam evitar uma forte saída do metal. Finalmente, o general De Gaulle teria êxito, mas a estratégia não rendeu os resultados esperados.

De toda forma, a defesa da conversibilidade das principais moedas, com base em estreitas margens de ajuste com relação ao padrão dólar-ouro (*pegged exchange rates*), manteve-se até 1971. Uma elite de ministros de finanças e de banqueiros centrais da Europa e do Japão lutou para sustentar os princípios do regime de Bretton Woods ao longo da década de 1960. O resultado foi conseguido mediante um acordo comum entre os bancos centrais e as tesourarias para a aquisição de ouro (*gold pool*) em determinadas conjunturas, facilitando a redistribuição do metal àqueles países que tivessem a necessidade de equilibrar suas balanças de pagamentos. Essa história não é bem conhecida, mas é importante para que se entenda um capítulo-chave da evolução do sistema monetário global e também as causas de um de seus principais fracassos, quando foram abandonados os acordos em 1971.

Não costuma ser fácil descobrir as razões profundas das estratégias que discutem e adotam as elites tecnocráticas e financeiras de qualquer época, já que a discrição — ou, se quiserem, o segredo — é um dos instrumentos mais apreciados por essa poderosa casta de indivíduos. Como operam na interseção das finanças públicas e privadas, os altos funcionários dos ministérios de finanças não costumam falar muito em público, porque afirmam que isso pode afetar os mercados e porque temem que os especuladores financeiros usem suas declarações para operar contrariamente a uma divisa ou política. Também é certo que falar pouco lhes permite encobrir as estreitas relações que os unem aos grandes bancos privados, que são sempre os principais clientes dos bônus governamentais, cuja colocação é fundamental para a gestão das finanças públicas.

Não obstante, existem testemunhos inestimáveis, publicados por alguns dos mais destacados atores do moderno mundo das finanças. Um exemplo importante por sua sinceridade é o livro de memórias de Paul Volcker e de Toyoo Gyhoten (1992), ambos altos funcionários que tiveram muitíssimo a ver com a formulação das políticas monetárias em nível mundial durante quase 30 anos, em especial entre 1960 e 1987. Volcker foi por muito tempo subsecretário do Tesouro dos Estados Unidos e, a seguir, entre 1979 e 1987, passou a ocupar a presidência do Federal Reserve Bank, o que significa que era quase que diretor de um banco central com alcance mundial. Por sua parte, Gyhoten foi subsecretário de Finanças do Japão durante dois decênios e participou de todas as reuniões internacionais importantes sobre os acordos (e desacordos) monetários da comunidade das nações mais poderosas. Esses dois grandes atores do teatro financeiro mundial explicam em seu livro as transformações das políticas monetárias ao longo das administrações de John Kennedy (1960-63), Lyndon Johnson (1963-68) e Richard Nixon (1968-74).

Talvez o problema mais complicado que enfrentaram os presidentes estadunidenses e seus gabinetes tenha sido a dificuldade para compreender a importância de manter uma estreita cooperação com as autoridades financeiras da Europa e do Japão, a fim de assegurar o adequado funcionamento das transações internacionais e a estabilidade das relações entre os diferentes regimes monetários nacionais. Como assinala Volcker, foram os tecnocratas financeiros que estabeleceram uma série de foros de discussão entre os altos representantes dos Estados Unidos e os do "clube de países que haviam assumido a responsabilidade de manter o sistema" (que incluía Canadá, Grã-Bretanha, França, Bélgica, Itália, Holanda, Suécia e, desde 1960, o Japão). Inicialmente, criaram um comitê que estabeleceu as diretrizes para os empréstimos entre países — General Agreements to Borrow (GAB) —, que estava em consonância com o FMI. Logo, esse grupo serviu de base para as reuniões do chamado Grupo dos Dez, precursor de todos os grupos posteriores — G-5, G-7, G-24 e G-20 — que vieram a povoar o cenário das finanças oficiais internacionais e que são, de fato, atores importantes nas crises financeiras contemporâneas.[79] Hoje, contudo, esses foros estratégicos já não são encabeçados pelos secretários do Tesouro, mas pelos chefes de governo das nações envolvidas, o que sugere o quanto a gestão das finanças globais se converteu em um dos principais eixos da política mundial.

Nos anos 1960, todavia, eram sobretudo os funcionários financeiros que tomavam a dianteira na tentativa de coordenar políticas para dar estabilidade ao sistema de países capitalistas. Algo similar, mas, ao mesmo tempo, muito diferente, ocorria no Comecon, organismo de coordenação da União Soviética e seus satélites. Sobre a gestão das políticas monetárias entre as nações socialistas, porém, existem poucos testemunhos publicados de funcionários que tenham participado ativamente desses círculos. Por esse motivo, não se tem uma ideia muito clara acerca das "marchas e contramarchas" e das lutas pelo controle das políticas financeiras e comerciais no interior daquele conglomerado plurinacional, dominado de maneira severa pela União Soviética. Não há dúvida, contudo, de que os altos mandatários da União Soviética não permitiriam que houvesse suspeitas quanto à solidez de sua moeda, o rublo; a estabilidade monetária estaria garantida pelo Estado. Nesse sentido, os atores menores dos territórios do "socialismo real" não tinham a menor possibilidade de influir nas grandes linhas da política econômico-financeira.

---

[79] Ver Volcker e Gyhoten (1992:28; contém uma descrição muito sugestiva e precisa).

Em contraponto, nos Estados Unidos e na Europa, em fins dos anos 1960, os governos começavam a ser ultrapassados no âmbito das finanças por uma série de novos atores: as empresas multinacionais e os bancos globais. Ao depositar e administrar grandes somas de dinheiro na Europa, essas firmas contribuíram para a criação de novos instrumentos bancários, como os eurodólares, que — por sua vez — geraram novos mercados financeiros. Ao mesmo tempo, intensificaram-se os fluxos internacionais de capitais em forma de investimento estrangeiro direto e investimento de portfólio. O resultado também foi a rápida expansão dos mercados de divisas, que alcançaram um volume de operações e de especulações sem precedentes.

Todavia, nos anos 1969 e 1970, a estabilidade relativa dos valores das diferentes moedas — dólar, marco, franco, lira, iene etc. — se manteve, apesar da crescente pressão e da volatilidade dos mercados. Mas, por volta da primavera e verão de 1971, a especulação contra o dólar era crescente, devido a um déficit de 13 bilhões de dólares na balança de pagamentos dos próprios Estados Unidos. A demanda mundial por ouro prontamente aumentou e o banco da Reserva Federal começou a sentir pressões sobre seus ativos, zelosamente guardados em Fort Knox, dos quais teve de começar a se desfazer pouco a pouco.

Aproximava-se o fim do sistema de Bretton Woods. O déficit estadunidense não podia ser reduzido, tanto por razões comerciais quanto pela sangria que causava a Guerra do Vietnã, que era muito desfavorável às forças armadas americanas. Depois da intervenção militar no Camboja em abril de 1970, o Senado dos Estados Unidos reduziu a autonomia da administração presidencial para conduzir a guerra e, em outubro do mesmo ano, o presidente Richard Nixon anunciou um plano geral de paz. Contudo, a iniciativa não foi aceita pelo Vietnã do Norte e o conflito prolongou-se. Os gastos militares continuavam enormes e provocaram um desequilíbrio cada vez maior nas finanças governamentais dos Estados Unidos. Como resultado, Nixon solicitou o apoio da Reserva Federal para aumentar a emissão monetária, o que indefectivelmente aumentou a incerteza a respeito da sustentação da paridade do dólar.

Em meio ao cálido verão de 1971, Richard Nixon convocou seus principais assessores econômicos para uma reunião na casa de campo presidencial de Camp David. A conferência secreta realizou-se nos dias 14 e 15 de agosto de 1971. Participaram 15 das principais figuras do governo, entre as quais se contavam: o secretário do Tesouro, o texano John Connally; o diretor da Secretaria de Administração e Orçamento, George Schultz; o presidente da Reserva Federal, Arthur Burns; o chefe do Conselho de Assessores Econômicos da Presidência, Paul McCracken; e uma dezena adicional de altos funcionários do governo e de assessores de Nixon. A recomendação final foi proposta com energia por Connally. Decidiu-se suspender a chamada "venda do ouro" da Reserva Federal, o que implicava que já não se poderiam trocar dólares por ouro metálico.

Para os países europeus e para o Japão, essa decisão foi uma surpresa maiúscula. Enquanto algumas nações tiveram de apreciar suas moedas de maneira pronunciada, outras tiveram de desvalorizar as suas, iniciando-se assim a era dos câmbios flexíveis. Os acordos de Bretton Woods haviam chegado ao fim e começava uma nova época, com volatilidade financeira em grau muito mais elevado, em escala internacional.

CAPÍTULO 4

Origens da globalização contemporânea, 1973-90:
por que houve o clímax e a crise da dívida externa
dos países em desenvolvimento?

Em 6 de outubro de 1973, os exércitos de terra e as forças aéreas do Egito e da Síria desfecharam um ataque maciço e simultâneo contra Israel. O exército egípcio conseguiu cruzar o canal de Suez e ocupar uma parte do deserto do Sinai, penetrando nas extensas defesas israelenses ali instaladas desde fins da guerra anterior (1967). Cerca de 1.700 tanques egípcios lograram derrotar as divisões armadas israelenses e provocaram uma baixa de aproximadamente 500 tanques em vários dias de combates. Mais ao norte, o exército da Síria invadiu as Colinas de Golan com 1.300 tanques e milhares de soldados de infantaria, o que deflagrou uma intensa batalha que durou duas semanas. Depois das derrotas sofridas de início, as forças armadas de Israel conseguiram fazer retroceder seus oponentes, até o ponto de isolar o Terceiro Exército Egípcio no Sinai. Em 22 de outubro, as Nações Unidas adotaram uma resolução — apoiada pelo Conselho de Segurança — para instar as partes a um cessar-fogo, que foi posto em prática pouco depois.

As hostilidades militares logo terminaram, mas a guerra econômica apenas começara. Desde meados de outubro, uma coalizão de nações árabes produtoras de petróleo adotou uma estratégia coordenada para usar o "ouro negro" como instrumento de pressão contra os Estados Unidos e para fortalecer o próprio controle sobre seus recursos naturais, que desde muito tempo eram explorados pelas grandes petrolíferas anglo-americanas. Essa estratégia nacionalista não era uma surpresa. Em 15 de setembro, um mês antes da deflagração da guerra, seis países árabes, membros da Organização dos Países Produtores de Petróleo (Opep), tinham anunciado um plano para pressionar por um aumento de sua participação no negócio petrolífero e exigiram um distanciamento de Israel por parte dos países importadores de petróleo. Em 16 de outubro, ratificaram uma duplicação do preço do óleo bruto e, pouco depois, um embargo às exportações para os Estados Unidos, por apoiar Israel na guerra.

Muitos analistas consideram que o choque petrolífero de fins de 1973 foi uma das principais causas da longa recessão que haveria de solapar um grande número de economias no mundo durante o decênio seguinte. Mas o preço do petróleo não foi o único fator a causar a prolongada queda do investimento nos países industriais. Outras variáveis estruturais ainda mais importantes foram geradas pelo enfraquecimento das indústrias dos Estados Unidos e da Europa Ocidental, assim como da União Soviética e da Europa do Leste, cujas economias entraram em uma etapa crítica, com taxas de crescimento muito baixas. A isso haveria de somar-se o naufrágio do sistema monetário de Bretton Woods o que, de 1971 a 1973, contribuiu para a crescente volatilidade dos mercados financeiros mundiais.

Apesar da recessão nos países industriais, desde 1974 produziu-se um surpreendente aumento dos fluxos de capital, em escala mundial, em grande parte canalizados para dívidas soberanas dos países em desenvolvimento, especialmente para a América Latina. Os maiores bancos de Estados Unidos, Europa e Japão aproveitaram a reciclagem de altos volumes de "petrodólares" para estender o alcance de seus negócios. Nas páginas seguintes, abordamos a resposta à seguinte questão: até que ponto é possível afirmar que os verdadeiros antecedentes da globalização financeira moderna se encontram nesses poderosos fluxos internacionais de capital dos anos 1970 a 1982?

Nesse contexto, o capítulo explora as causas imediatas e as consequências desagregadoras das crises de dívidas soberanas dos países em desenvolvimento, as quais tiveram início em 1982, logo após o anúncio da virtual suspensão de pagamentos pelo governo do México. As múltiplas moratórias para o pagamento da dívida externa, adotadas pela maioria dos países latino-americanos, não lhes permitiam escapar de profundas e prolongadas recessões, que justificaram a alcunha de "década perdida" para a região. Durante alguns anos, a suspensão de pagamentos ameaçou uma parte importante do sistema bancário internacional. A prolongada crise foi tão forte que pode ser considerada um dos marcos fundamentais da história econômico-financeira moderna.

Post mortem *de Bretton Woods, 1971-73: longa recessão e estagflação nos anos 1970*

Na noite de 16 de agosto de 1971, Richard Nixon anunciou uma nova política econômica (New Economic Program) aos meios de comunicação de massa. A fim de fazer frente aos possíveis efeitos negativos do abandono da tradicional paridade dólar-ouro — que poderia ser visto como sinal de enfraquecimento —, Nixon declarou que se adotaria um amplo conjunto de medidas defensivas e protecionistas para fortalecer a economia dos Estados Unidos. Essas incluíam um imposto adicional sobre as importações, bem como um plano de controle de salários e preços em todo o país. O presidente obteve o compromisso do presidente da Reserva Federal, Arthur Burns, de reduzir as taxas de juros para, dessa maneira, promover um intenso estímulo à economia, antes das eleições de 1972. Esse discurso nacionalista foi bem recebido pela maioria da população, e observou-se uma forte, embora breve, recuperação da economia, a qual assegurou a reeleição de Nixon e a derrota do candidato democrata, George McGovern.

Contudo, o novo plano econômico não pôde evitar o crescente enfraquecimento do dólar, que enfrentava pressões pela sua desvalorização, tanto devido ao aumento das importações (que superavam as exportações) quanto pelo déficit do governo, em razão da prolongada e altamente custosa Guerra do Vietnã, na qual os Estados Unidos colhiam sucessivas derrotas. Na verdade, o simples fato de ter soltado a âncora tradicional do ouro criava problemas enormes para todas as demais economias, porque Washington podia aproveitar a situação para inundar o mundo com dólares, com o simples objetivo de equilibrar a sua balança de pagamentos. A princípio, os países europeus e o Japão negaram-se a valorizar suas moedas. Com o propósito de convencê-los, Nixon enviou para um giro internacional o subsecretário do Tesouro, Paul Volcker, logo seguido pelo secretário do Tesouro, John Connally, que se reuniram, em público e reservadamente, com ministros das finanças da Europa e do Japão. Depois de uma série de conclaves dos ministros do G-10 em Londres e em Roma, convocaram-se delegados dos países industrializados a uma grande reunião no Instituto Smithsonian em Washington. Nos primeiros dias de dezembro de 1971, chegou-se a um conjunto de acordos que tinham por objetivo sustentar um sistema estável de taxas de câmbio das principais moedas: depois de desvalorizar o dólar em cerca de 10%, o iene se valorizou em 17%, e o marco, em pouco mais de 13%.

Não obstante essa coordenação preliminar, o aumento da inflação nos Estados Unidos debilitou a essência do consenso alcançado e, depois da explosão dos preços do petróleo em fins de 1973, não foi possível evitar a livre flutuação das moedas. Esse fato foi celebrado pelo economista Milton Friedman e seus colegas monetaristas, que afirmavam que seria melhor desregulamentar e submeter-se ao livre jogo das forças do mercado. Friedman exercia grande influência sobre o novo secretário do Tesouro, George Schultz. A partir de então, a escola monetarista deslanchou uma campanha ideológica conservadora de desqualificação do neokeynesianismo nas altas esferas do poder em Washington e em muitos departamentos de economia das universidades norte-americanas.[80] Em 1974, quando foram levantados os últimos

---

[80] Para uma apreciação elogiosa dos projetos ideológicos de Milton Friedman nos Estados Unidos e de Keith Joseph na Inglaterra desde 1974, ver Yergin e Stanislaw (1998). Para uma contrarréplica recente, ver Klein (2008).

controles sobre os movimentos de capital nos Estados Unidos, a maioria dos países europeus e o Japão havia abandonado os regimes de câmbio fixo; seus tipos de câmbio flutuavam, quer dizer, tinham se tornado flexíveis. Haviam sido derrubadas as últimas barreiras à globalização financeira.

A flexibilização do câmbio punha em risco todas as economias, mas ao mesmo tempo reforçou os já consideráveis fluxos de capital em escala internacional. As empresas multinacionais e os grandes bancos (que os acompanhavam no processo de expansão mundial) beneficiaram-se enormemente com a abertura. Ofereceram-se também grandes oportunidades aos investidores com mais recursos — tanto os do centro quanto os da periferia —, já que agora contavam com maiores possibilidades de aplicar fundos fora de seu país de residência, em muitos casos nos novos paraísos fiscais que começaram a proliferar, especialmente no Caribe e em pequenos países da Europa.

Logo voltou a instalar-se a instabilidade financeira nos mercados mundiais e foi possível identificar novos ciclos de especulação e bolhas de endividamento similares às de períodos anteriores à grande crise de 1929. Essas tendências provocaram uma crescente preocupação entre os economistas críticos ou heterodoxos, como era o caso de Hyman Minsky, que foi um dos primeiros a construir uma nova teoria sobre a instabilidade inerente aos mercados financeiros. De maneira paralela, outro economista com enorme experiência em finanças e comércio internacional, Charles Kindleberger (1978), publicaria um livro muito citado em 1978 sobre pânicos e crises financeiras, que tinha como objetivo alertar o público das ameaças latentes representadas pela nova conjuntura. Vale a pena recordar que essas correntes de pensamento contribuíram para traçar algumas das bases de reflexão das escolas que analisam as causas da volatilidade nos mercados financeiros. Hoje, esses fundamentos se expressam nas interpretações psicológicas publicadas por investidores e especuladores financeiros, como George Soros, e em estudos das séries históricas da bolsa e dos mercados imobiliários, que levam a assinatura de economistas como Robert Shiller, que — ao analisar as tendências de longo prazo — antecipou e explicou muitas das causas do desabamento financeiro de 2008-09.

Porém, voltemos às explicações que têm oferecido os historiadores para elucidar a situação notavelmente contraditória da economia mundial nos anos que se seguiram à derrubada do regime financeiro de Bretton Woods. Apesar da breve recuperação econômica de 1972, logo se instalou uma prolongada recessão econômica na Europa, nos Estados Unidos e no Japão, a qual foi descrita como a época da "estagflação", ou de estagnação econômica com inflação (*stagflation*).

Para muitas testemunhas bem informadas da época, o grande problema consistia na incapacidade da Reserva Federal para enfrentar a expansão lenta, porém segura, da inflação nos Estados Unidos. Essa havia ganhado força desde fins dos anos 1960, como consequência dos custos gerados pela Guerra do Vietnã e pelos programas de aumento dos gastos públicos em nível doméstico por parte dos presidentes Johnson e Nixon. De fato, o presidente da Reserva Federal, Arthur Burns, demonstrou a partir de 1971 estar mais atento aos reclamos das sucessivas administrações presidenciais em alimentar os mercados creditícios do que em restringir as tendências inflacionárias. Altos funcionários do Tesouro, como Robert Solomon e Paul Volcker, assinalaram que o então chefe do banco central não parecia entender a importância de contrapor aos crescentes déficits públicos da época uma política monetária restritiva.[81]

Como consequência, a maior economia do mundo tendeu a exportar seus problemas monetários e fiscais a outros países com os quais mantinha importantes relações comerciais e financeiras. Essa é uma das clássicas contradições desse período, como também do presente, pois em Washington parece frequente considerar que as políticas da Reserva Federal sejam privativas dos Estados Unidos e que suas consequências não sejam relevantes para outras nações. Essa contradição de fundo é apoiada pelo FMI a cada vez que proclama aos países menos desenvolvidos que "apertem os cintos", mesmo quando o país mais rico do mundo não cuida nem de sua moeda nem de suas finanças públicas. Assim, desde 1971, a Reserva Federal e o Tesouro dos Estados Unidos se têm aproveitado, de quando em vez, da prerrogativa de emitir

---

[81] Volcker e Gyhoten (1992:103-104) consideram que Burns falhou nesse propósito.

mais e mais dólares e de utilizá-los para cobrir o déficit público e a balança de pagamentos daquele país, sem assumir a adequada responsabilidade pelo aumento da circulação de sua moeda em escala global, e sem assegurar o respaldo equivalente em metal ou em outras divisas fortes. Nesse sentido, as autoridades financeiras estadunidenses não enfrentam as mesmas restrições que seus pares em outras economias abertas: desfrutam de enormes vantagens por dispor de uma hegemonia monetária que se assenta, em grande parte, em seu poderio político e militar.

Os efeitos da inflação estadunidense ao longo dos anos 1970 podem-se observar na tendência que experimentou a Bolsa de Nova York, onde se registraram cotações que desceram abruptamente a partir do primeiro choque do petróleo em 1973 e que logo se mantiveram paralisadas até meados dos anos 1980 (gráfico 8). No mercado de residências dos Estados Unidos, que é o setor mais importante para avaliar a riqueza média da maioria dos cidadãos, a tendência dos preços reais das casas foi de estancamento. De fato, essa tendência não se reverteria senão em meados da década de 1980, quando já se haviam produzido mudanças dramáticas nas políticas creditícias e monetárias da Reserva Federal.

Entre os elementos que aguçaram a recessão, deve-se também ter em conta o aumento repentino dos preços dos produtos agrícolas que ocorreu entre 1973 e 1974, como consequência de uma série de colheitas fracassadas em escala internacional.[82] Porém, sem dúvida, foi decisivo o já mencionado incremento do preço do petróleo, em razão da guerra árabe-israelense. A data-chave foi 16 de outubro de 1973, quando os membros árabes da Organização dos Países Exportadores de Petróleo (Opep) acordaram forçar um aumento do preço do ouro negro. O valor do barril de óleo cru subiu a mais de cinco dólares, e logo seguiria subindo até alcançar 12 dólares, muito acima de seu nível tradicional de apenas três dólares (gráfico 9). Esses incrementos mudaram a história econômica mundial durante um decênio, pois se traduziram em um enorme aumento de custos de energia para muitas indústrias, em

---

[82] Sobre o impacto do aumento dos preços dos produtos agrícolas, além do petróleo, ver Blinder e Rudd (2008).

países tanto do centro quanto da periferia. O efeito financeiro foi fulminante: a Bolsa de Nova York perdeu 97 bilhões de dólares em seis semanas. O índice S&P 500 perdeu quase 15% de seu valor entre 16 de outubro e 30 de novembro de 1973.

GRÁFICO 8
Comportamento real da Bolsa de Valores de Nova York
e do mercado imobiliário dos Estados Unidos, 1973-90

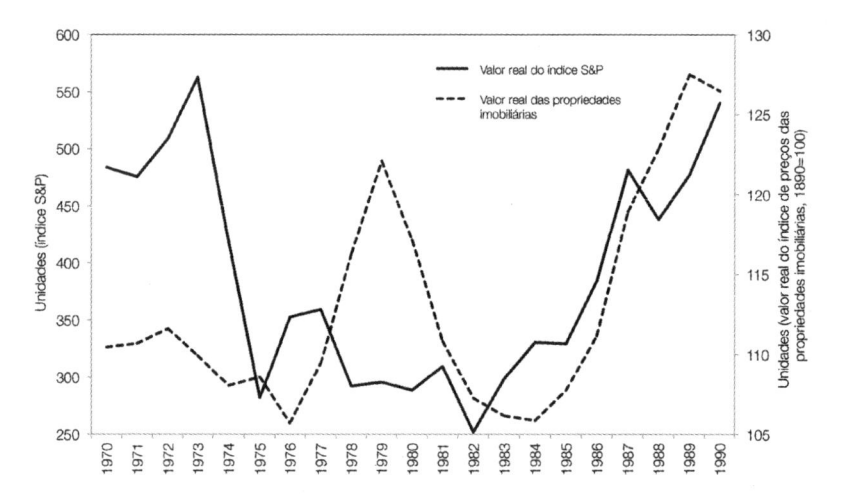

Fonte: Shiller (2005, 1989).

As respostas dos grandes países consumidores de petróleo foram variadas. Os Estados Unidos dependiam menos que o Japão ou a Europa das importações de petróleo, mas a ameaça da Opep era suficiente para levar o governo a congelar os preços domésticos dos combustíveis e a anunciar o lançamento de um conjunto de programas que melhorariam a administração da energia. O secretário do Tesouro, William E. Simon, criou o novo e poderoso Escritório Federal de Energia. Na Europa, foram adotadas medidas drásticas para reduzir o consumo de petróleo e foram iniciados programas de desenvolvimento de energias alternativas. A alta de preços também produziu reações defensivas na América Latina, em particular no Brasil, onde foi posto em marcha um programa de produção do etanol, fonte de energia derivada do álcool da cana-de-açúcar.

Em contraste, os países-membros da Opep se beneficiaram enormemente das novas políticas: pode-se estimar que, em conjunto, tenham arrecadado mais de 800 bilhões de dólares adicionais em receitas fiscais entre 1974 e 1982, por causa das iniciativas do cartel petrolífero. Uma parte importante desses fundos serviu para aumentar o gasto público nos países árabes, mas, infelizmente, uma alta porcentagem foi destinada à compra de equipamento militar, sobretudo de empresas dos Estados Unidos e da União Soviética, e também da França e da Grã-Bretanha. Os negócios relacionados com a venda de armas representaram uma das janelas de oportunidade mais lucrativas para um grupo seleto das maiores corporações multinacionais, durante esse período de recessão mundial.

Em fins de 1974, a receita média da população do Oriente Próximo alcançou 845 dólares *per capita*, mas, incrivelmente, os governos da região destinavam mais de 135 dólares *per capita* a gastos militares. As empresas de armamentos de Estados Unidos, Grã-Bretanha e França fizeram grandes negócios com a venda de aviões, tanques e armamento ligeiro ao Oriente Próximo. Os maiores bancos desses países também aproveitaram ao máximo essas novas oportunidades internacionais, o que lhes permitiu reverter parcialmente em ganhos as perdas que estavam sofrendo nos mercados financeiros domésticos. As comissões e a corrupção foram tão extraordinárias quanto escandalosas. No caso de companhias estadunidenses de armamento mais destacadas, como Lockheed e Northrop, uma parte importante de suas vendas foi canalizada por meio de agências do Pentágono. Basta um exemplo como amostra: com apoio das agências oficiais dos Estados Unidos, venderam-se aproximadamente 10 bilhões de dólares em armas para o governo da Arábia Saudita entre 1973 e 1976.[83] A União Soviética, por seu lado, vendeu ainda mais armas — sobretudo tanques e aviões — a países como Iraque, Síria e Líbia.

Outro negócio financeiro que surgiu do enorme superávit acumulado pelos países exportadores foi a reciclagem de bilhões de "petrodólares". Boa parte dos governos árabes depositava suas reservas em contas de curto

---

[83] Para um resumo detalhado, ver o clássico de Sampson (1977).

prazo em bancos globais dos Estados Unidos ou da Europa. Esses, por sua vez, tinham a necessidade de aplicar os fundos a taxas rentáveis, mas encontravam dificuldades para realizá-lo nos países industriais, devido à recessão econômica e à estagnação das bolsas. Uma alternativa consistiu em canalizar esses fundos como empréstimos para numerosos países em vias de desenvolvimento, já que pagavam taxas de juros relativamente altas. Entre os novos devedores contavam-se — embora soe paradoxal — tanto os países exportadores quanto os importadores de petróleo.

O preço do ouro negro prosseguiu aumentando até 1979, quando ocorreu novo pico, ainda maior que o de 1973, em razão da queda do regime ditatorial do xá Reza Pahlavi no Irã (gráfico 9). Deve-se recordar, todavia, que os beneficiados com os aumentos do preço do petróleo não foram somente os membros da Opep, mas também alguns dos países que não pertenciam à organização, como o México. As receitas tão elevadas, oriundas do ouro negro, contudo, causavam distorções nas economias de diversos países exportadores. Alguns economistas argumentam que os efeitos se podem descrever com base no modelo descrito como a "enfermidade holandesa", metáfora aplicável a situações nas quais os enormes benefícios derivados de recursos naturais — nesse caso, a receita petrolífera — podem gerar incentivos para o aumento do consumo de bens importados e reduzir os investimentos na indústria doméstica, dificultando um desenvolvimento mais equilibrado.

O aumento do preço dos combustíveis exerceu agudo impacto nas economias industriais, uma vez que eram as que mais consumiam petróleo, em especial Europa e Japão. Porém, existiam ainda outros fatores que contribuíram para a queda da atividade econômica nesses países, inclusive nos Estados Unidos. De particular importância foi o esgotamento paulatino do modelo de industrialização do pós-guerra, que havia durado quase um quarto de século e que em 1970 já começava a enfraquecer. Uma clara indicação dessa tendência é revelada pela trajetória do PIB dos países industriais membros da OCDE: na média, alcançou um aumento anual de 4,8% entre 1950 e 1970, mas reduziu-se a uma média anual de 2,6% entre 1970 e 1990. As causas conjunturais desse declínio têm sido objeto de debate entre numerosos especialistas contemporâneos e ainda hoje prossegue a discussão na literatura especializada, que tende a destacar a inflação como fator-chave dessa desaceleração.[84] Existem também elementos estruturais que poderiam explicar a queda das taxas de crescimento das economias industriais. Algumas das interpretações mais influentes desse fenômeno foram propostas por economistas de orientação marxista, como Ernest Mandel (de tendência trotskista), que situava em princípios dos anos 1970 o término da longa onda expansionista da economia mundial. Mandel afirmou que a queda seria reflexo da redução da taxa de lucro nos países avançados.[85]

GRÁFICO 9
Preço internacional do barril de petróleo cru, 1973-90
(em dólares correntes e de 2007)

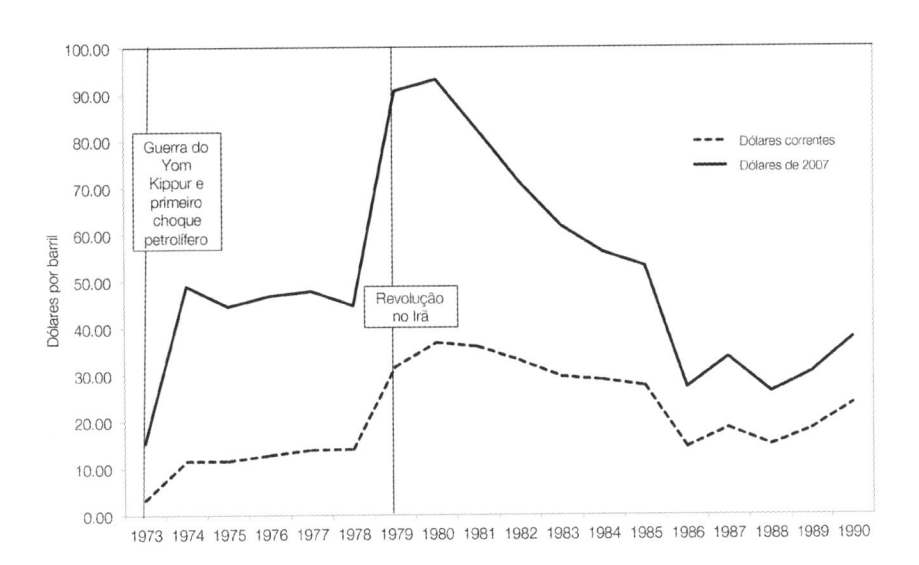

Fonte: *BP statistical review of world energy*. Londres: British Petroleum, 2008.

Em tempos recentes, o destacado historiador marxista Robert Brenner, da Universidade da Califórnia em San Diego, retoma esse argumento e compro-

---

[84] Por exemplo, DeLong (1997:247-280).
[85] Ernest Mandel foi autor dos livros *Late capitalism* e *The second slump*, ambos publicados em 1980, em Londres, por New Left Review e Verso.

va em detalhe que, com efeito, a taxa de lucro de muitos dos principais setores industriais de Estados Unidos, Alemanha e Japão foi deslizando ao longo de quase 20 anos (desde 1973 até princípios da década de 90). Enquanto encolhiam os ganhos corporativos, é lógico pensar que se reduziria o esforço dos empresários e poupadores em reinvestir nos setores manufatureiros. É notável a informação estatística aportada por Brenner (2006) e demonstra que o problema da diminuição dos lucros industriais era forte nas três nações industriais mais poderosas — Estados Unidos, Alemanha e Japão —, por muito tempo consideradas locomotivas da economia internacional.

A recessão, todavia, não se limitou às nações capitalistas. Há provas contundentes de que a contração industrial foi ainda pior na União Soviética e, especialmente, na Europa Oriental, durante os decênios de 1970 e 1980 (Eichengreen, 2006). É certo que, para a economia russa, o auge dos preços do ouro negro não teve efeitos negativos, já que estimulou o aumento da produção de milhares de poços de petróleo em diversas regiões de seu enorme território. Em contrapartida, o aumento do preço dos combustíveis submeteu os países da Europa do Leste a uma crescente dependência de Moscou: em muitos casos, fomentou acordos comerciais internamente ao Comecon que constituíam verdadeiras extorsões, baseadas em gigantescos esquemas de permuta de manufaturas e insumos industriais por petróleo russo. Adicionalmente, nas nações da Europa Oriental se observava um congelamento da tendência à renovação tecnológica industrial. Como resultado, as taxas de crescimento foram extremamente baixas durante os dois decênios seguintes. Nesses casos, a explicação para o afundamento econômico não se devia a uma baixa taxa de lucro (que não era uma categoria relevante nas contas nacionais do socialismo real), mas a um verdadeiro esgotamento do modelo de desenvolvimento industrial que havia decolado nos primeiros anos do pós--guerra e que tinha perdido ímpeto. A longa recessão seria, enfim, a causa essencial do enfraquecimento da economia e do posterior naufrágio do regime socialista em fins dos anos 1980.

Paradoxalmente, durante o decênio de 1970 a 1980, observou-se um contraste bastante marcado entre a recessão verificada nos países industrializados e o notável grau de prosperidade de muitos dos países da periferia. Os motivos estavam relacionados com o auge das exportações petrolíferas, mas também com os fortes aumentos de preços de numerosos produtos primários. Por exemplo, entre 1971 e 1977, o índice de preços do café registrou uma elevação de 30 a 152 unidades; o índice de preços do algodão aumentou de 34 a mais de 80; o do estanho subiu de 20 a 62; e o do cacau, de 22 a 171.[86] Em outros casos, houve mais volatilidade, mas a maioria dos países produtores de minerais e de produtos primários viu-se beneficiada pelas tendências comerciais dessa década.

Ao aumento da receita pelas exportações há que se somar a enorme quantidade de dinheiro em forma de empréstimos externos que foi chegando às nações da América Latina, e que contribuiu para manter taxas relativamente altas (embora artificiais) de crescimento das economias da região. Os países exportadores de petróleo — como Bolívia, Equador, México e Venezuela — desfrutaram de taxas de crescimento anual do PIB de 6% até 1977. As trajetórias posteriores foram diversas: a Venezuela teve uma forte queda, enquanto a economia mexicana acelerou seu crescimento. Por seu lado, as nações importadoras de petróleo também apresentaram desempenho desigual. O Brasil cresceu a taxas de mais de 10% até 1974, mas a seguir, e apesar do "choque petrolífero", pôde sustentar uma taxa de cerca de 7% de crescimento anual. Colômbia e Uruguai alcançaram um crescimento do PIB de algo mais que 5% anuais, enquanto o Peru e os países centro-americanos experimentaram um crescimento menor.[87]

Apesar dos benefícios que estavam recebendo as nações exportadoras de matérias-primas e de produtos agrícolas nos anos 1970, seus dirigentes estavam preocupados com uma possível queda dos preços internacionais e com a alta volatilidade do valor de suas moedas. Para defender-se das consequências de uma futura derrocada comercial ou financeira, começaram a estabelecer um maior número de alianças, em particular em âmbito interno às

---

[86] Ver Sebastián (1988:39, que utiliza os dados do FMI).
[87] Ver Sebastián (1988:36, que utiliza os dados da Cepal).

Nações Unidas. As nações do Oriente Médio, da América Latina, da África e de parte da Ásia foram batizadas de sociedades do Terceiro Mundo, pois não pertenciam ao núcleo de países industrializados capitalistas nem tampouco ao mundo da economia socialista. Organizaram-se para promover políticas mais favoráveis a seu comércio e a seu desenvolvimento econômico, por meio de organismos como o Grupo dos 77 e a Unctad das Nações Unidas, celebrando reuniões internacionais para promover uma nova ordem econômica internacional. Não obstante, encontraram grandes dificuldades para lograr acordos que regulassem o comércio de matérias-primas, à exceção do cartel petrolífero. Ademais, ao longo da década de 1970, foram cada vez mais expostas às distorções provocadas por seu crescente endividamento externo e pelas pressões cada vez mais descaradas dos bancos globais de Estados Unidos, Europa e Japão para que contratassem uma cadeia de empréstimos que parecia não ter fim.

O tobogã financeiro internacional dos anos 1970: bancos se globalizam e governos se endividam

A flexibilização crescente dos mercados financeiros durante a década de 1970 encorajou novos fluxos internacionais de capital, dos quais apenas uma parte se dirigia às economias industrializadas. O maior paradoxo dessa conjuntura foi que se produziu uma explosão dos fluxos financeiros entre duas regiões periféricas: o Oriente Médio e a América Latina. Contudo, esses fluxos não eram transferidos de forma direta, mas por meio de bancos estadunidenses e europeus. A acumulação de enormes excedentes de "petrodólares" (como se denominaram as receitas extraordinárias pela venda de petróleo a preços elevados) por um punhado de países árabes requeria novos veículos e caminhos para reciclar-se. Por conseguinte, os agentes dos bancos globais converteram-se em vendedores de empréstimos de grande escala para a América Latina.

A velocidade da expansão do endividamento externo foi surpreendente. Durante a década de 1960, a quantidade de empréstimos contratados por

Brasil, Argentina, México e outros países da região tinha sido relativamente moderada. Boa parte desses créditos foi proporcionada por agências multilaterais, tais como o Banco Mundial e o Banco Interamericano do Desenvolvimento (fundado em 1960). A partir de 1973, todavia, o negócio dos empréstimos latino-americanos acelerou seu ritmo e multiplicou-se o número de bancos privados estrangeiros envolvidos nas transações. Entre os anos 1978 e 1981, os governos devedores deixaram-se arrastar em uma espiral de endividamento tão forte que os obrigou a contratar dezenas de empréstimos com a única finalidade de quitar o serviço dos que haviam contratado anteriormente.

Debate-se ainda se o fenômeno do endividamento da América Latina foi estimulado em maior grau pela extraordinária *oferta* de empréstimos por parte dos bancos internacionais ou se foi pela *demanda* por recursos pelos governos da maioria dos países latino-americanos.[88] Sem dúvida, pode-se argumentar que os governantes procuravam sustentar altas taxas de crescimento econômico com empréstimos baratos, o que era possível, pois as taxas de juros chegaram a ser quase negativas em meados dos anos 1970.[89] Porém, o fato de que quase todos os estados se tivessem endividado simultaneamente também sugere que havia fatores externos que induziam uma conduta similar entre países muito diferentes: o papel que desempenharam os bancos globais foi fundamental para que se produzisse essa coincidência.

Na década de 1970, os bancos comerciais mais importantes dos Estados Unidos transformaram suas estratégias de expansão e se internacionalizaram com rapidez. Já em 1973, destacados bancos de Nova York e de Chicago contavam com 300 sucursais no exterior, e nos anos subsequentes ampliaram suas redes, com um crescimento particularmente notável na América Latina. Um dos negócios mais rentáveis era o provimento de empréstimos aos governos dos países da América Latina, o que se refletiu no aumento dos

---

[88] Um trabalho clássico que enfatiza a oferta é Devlin (1989).
[89] As taxas de juros reais definem-se como as taxas de juros vigentes no mercado menos a taxa de inflação. Na época, o nível das taxas de juros de empréstimos de 7% ou 8% chegou a ser igual ou menor que a taxa de inflação, o que quer dizer que as taxas de juros reais chegaram a ser de zero ou francamente negativas.

lucros obtidos por esse setor. Em 1970, o maior banco comercial dos Estados Unidos, o Bank of America, recebia apenas 15% de seus lucros totais em empréstimos internacionais, enquanto por volta de 1982 esses representavam mais de 60% de seus lucros. Outro colosso, o Chase Manhattan Bank, passou de 22% a 78% em 1976, e se manteve em cerca de 55% entre 1977 e 1982. No caso dos bancos Bankers Trust, J. P. Morgan Co. e Manufacturers Hanover, as tendências eram similares (Delvin, 1989:38).

Na dianteira de todos os bancos estava o Citicorp, maior corporação financeira dos Estados Unidos, cujo presidente, Walter Wriston, era um agressivo promotor dos empréstimos aos países em vias de desenvolvimento. Wriston celebrizou-se em fins dos anos 1970 por declarar que seu banco não temia o negócio porque "países não quebram". Em 1982, o Citicorp contava em seu portfólio com mais de 3 bilhões de dólares em bônus brasileiros, mais de 2 bilhões de dólares do México e somas menores em outra dúzia de países latino-americanos.

Um de seus rivais era o Chase Manhattan Bank, dirigido por David Rockefeller, que forjou alianças com grande parte das mais influentes famílias de capitalistas de América Latina, Europa, Oriente Médio e Ásia Oriental. David Rockefeller era irmão de Nelson Rockefeller, governador de Nova York, e se constituiu em promotor de um bom número das principais iniciativas de coordenação internacional das grandes corporações e bancos norte-americanos: daí seus laços tão estreitos com destacados internacionalistas da elite dirigente dos Estados Unidos, como Henry Kissinger, secretário de Estado dos presidentes Nixon e Ford, e com Paul Volcker, subsecretário do Tesouro e logo dirigente máximo da Reserva Federal (1979-87), que havia trabalhado em sua juventude como empregado do Chase Manhattan Bank.

Inicialmente, os bancos estadunidenses foram os mais ativos gestores de empréstimos para os países em desenvolvimento, mas em breve foram acompanhados pelos bancos europeus e japoneses. Por volta de 1982, de acordo com os detalhados estudos de William Cline, os maiores bancos britânicos tinham comprometidos em empréstimos internacionais mais de 45 bilhões de dólares em seus portfólios. Os haveres em dívida do Brasil alcançavam o equivalente a 19% de seu capital total; 22% no caso de empréstimos para o

México; 8% para Venezuela e Coreia do Sul; e quase 19% em empréstimos para governos e empresas estatais de países da Europa Oriental e da União Soviética (Cline, 1995, tabela 2.12, p. 78-79).

No caso dos grandes bancos alemães, as quantidades destinadas aos empréstimos para nações em vias de desenvolvimento e países socialistas eram menores, atingindo um total de 19 bilhões de dólares. Por sua parte, os bancos franceses adquiriram cerca de 30 bilhões de dólares em bônus e papéis de Brasil, México, Venezuela, Egito, Polônia e Coreia do Sul, nessa ordem de importância (Cline, 1995:80-83).

Outros bancos que entraram no cenário do crédito internacional foram os japoneses, que iniciaram suas incursões com uma participação em empréstimos a Coreia do Sul, Filipinas, Indonésia e Taiwan, mas que também se converteram em fortes participantes da colocação de bônus para governos latino-americanos, em particular os de Brasil, México e Peru.

O que mais chama a atenção era que os bancos globais detivessem em suas carteiras tal montante de dívida de países em desenvolvimento, um indicador da confiança que tinham de que isso lhes proporcionaria ganhos vultosos e seguros. Na década de 1970, os fluxos de caixa referentes aos empréstimos excederam os 500 bilhões de dólares. É por esse motivo que se pode argumentar que as instituições financeiras responsáveis por sua gestão — cerca de um total de 300 bancos de Estados Unidos, Europa Ocidental e Japão — foram os primeiros agentes de uma precursora mas singular fase de *globalização financeira*.[90]

Para assegurar alta lucratividade, os bancos costumavam estabelecer condições onerosas em cada um das centenas de contratos de empréstimos negociados com os governos latino-americanos: as taxas de juros eram fixadas por valor superior à habitual, e a prazos cada vez mais reduzidos para a liquidação do empréstimo.[91] O fato de encurtar os prazos devia-se a que, desde 1979,

---

[90] Os economistas Barry Eichengreen e Albert Fishlow descreveram os anos 1970 como uma fase de globalização financeira baseada nos bancos (*banking finance*), enquanto desde 1990 seria deslocada por uma fase de novos intermediários, na colocação de bônus de países em desenvolvimento (*equity finance*).

[91] Entre 1978 e 1982, a maioria dos empréstimos latino-americanos era de curto prazo, com período médio de vencimento de apenas três anos (Sebastián, 1988:81-84).

os banqueiros temiam que o ciclo econômico já não lhes fosse favorável, por causa da nova subida dos preços do petróleo. Pesaram também as consequências das revoltas sociais que ocorreram na Polônia — país muito endividado — nos anos 1980 e 1981, as quais ameaçaram levar aquele país à bancarrota, com possíveis repercussões internacionais. Pedro Pablo Kuczynski, citado em Sebastián (1988:83), explicou a multiplicação dos empréstimos de curto prazo em princípios dos anos 1980:

> Tanto os prestamistas quanto os prestatários estavam tratando de ganhar tempo, com a esperança de que as taxas de juros baixassem e que os exportadores retomassem seus ganhos, como consequência da muito anunciada e nunca materializada recuperação do ciclo econômico dos Estados Unidos e da Europa Ocidental. Desgraçadamente, os credores não mediram as consequências do que cada um, por seu lado, estava fazendo.

Essas palavras, ditas por Kuczynski, tinham particular importância, já que ele havia sido um dos responsáveis pelo endividamento desordenado e exagerado do Peru, quando serviu como ministro de Energia e Minas entre 1980 e 1982. Em breve, como prêmio pela sua gestão, que beneficiou os bancos privados internacionais, seria nomeado presidente do poderoso First Boston Corporation (1982 e 1992).[92]

Empréstimos para ditaduras e governos autoritários da América Latina, 1973-82

Embora tenha ficado bastante claro por que os bancos globais promoviam os empréstimos, ainda falta responder à seguinte pergunta: por que contrataram tantos empréstimos os governos de países em vias de desenvolvimento e, em particular, os latino-americanos? Os motivos eram variados. Em primeiro

---

[92] Para detalhes sobre a dívida peruana, ver o livro clássico de Ugarteche (1986).

lugar, muito citado, é que desejavam manter um forte gasto público para sustentar as altas taxas de crescimento econômico que tinham sido características da região desde meados do século. Em segundo lugar, muitos analistas argumentam que, devido à estreiteza dos mercados financeiros latino-americanos, era muito atrativo obter fundos internacionais, abundantes e ofertados a taxas de juros relativamente baixas. Os empréstimos foram úteis para cobrir déficits públicos, para fazer crescer um grande número de empresas públicas, e serviam aos objetivos de ditaduras e regimes autoritários que dominaram o cenário político da região desde fins da década de 1960 até princípios dos anos 1980.

Um caso notório, que deixa em evidência os vínculos que existiam entre os bancos e os ditadores, foi o do Chile. Durante a administração de Salvador Allende (1970-73), os bancos privados concederam poucos empréstimos ao Estado chileno, aparentemente porque se opunham às políticas nacionalistas e de esquerda adotadas pelo governo da Unidade Popular. Em contrapartida, logo após o golpe militar (setembro de 1973) e do assassinato de Allende, os banqueiros estadunidenses empreenderam uma aproximação com o novo regime encabeçado pelo general Pinochet. Com o aval do FMI e do Banco Mundial, deram impulso a políticas de estabilização financeira. De forma paradoxal, o renovado endividamento externo em breve provocaria desequilíbrios nas contas externas do país.

Algo similar ocorreu na Argentina, quando em março de 1976 os militares deram um golpe de estado — ainda mais sangrento que o chileno — para acabar com a administração peronista de Isabel Perón e para reprimir agrupamentos políticos e sindicatos de esquerda. Depois de assumir o poder, a Junta Militar alimentou um clima pré-bélico de rivalidade com os países vizinhos. Em razão disso, as ditaduras de Argentina, Chile e Brasil contrataram empréstimos no valor de bilhões de dólares e fomentaram uma fase de crescente militarização em seus respectivos países. De fato, uma das características mais notáveis das transações financeiras latino-americanas, nos anos que vão de 1975 a 1980, foi o pronunciado incremento dos empréstimos destinados a financiar a aquisição de armas e a promover a expansão das indústrias militares.[93] Não é demais observar que, como no Oriente Médio, os banqueiros internacionais e as empresas transnacionais demonstraram ser os sócios mais entusiastas dessa enlouquecida carreira armamentista.

Não é ocioso recordar que os bancos internacionais e as agências multilaterais — como o FMI e o Banco Mundial — se dedicaram, durante os anos 1970, a brindar com apoio financeiro ditadores em outras partes do mundo: o sanguinário e corrupto ditador Marcos nas Filipinas; o general Suharto na Indonésia; os generais políticos que governaram a Coreia; os ditadores Duvalier no Haiti, Trujillo em Santo Domingo, e Somoza na Nicarágua, para mencionar apenas alguns dos mais conhecidos. Na África, as políticas financeiras dos bancos europeus, do FMI e do Banco Mundial foram ainda mais cruas na hora de dar apoio a regimes despóticos.[94]

Todavia, deve-se reconhecer que, no que se refere ao fomento de empréstimos, tampouco ficaram atrás as agências soviéticas, em especial na hora de estimular a venda de armas. Os generais que governavam o Peru nos anos 1970, por exemplo, contrataram uma série de empréstimos brandos (com juros baixos) para adquirir tanques soviéticos e, principalmente, dezenas de aviões a jato Sukhoi 22. De fato, durante essa década, a União Soviética foi o maior fornecedor de armas para os países em vias de desenvolvimento e abasteceu duas dúzias de nações em mais de 200 bilhões de dólares. Essa cifra supera a dos Estados Unidos, que no mesmo período alcançou 120 bilhões de dólares em armas para as forças militares de numerosos países de Oriente Médio, África, América Latina e Ásia Oriental.

O FMI e os demais bancos multilaterais estavam bem informados acerca da natureza das transações financeiras em curso e de seus perigos. Isso ficou comprovado depois de 1976, quando os bancos privados começaram a exigir que o país tomador de crédito firmasse uma "carta de intenção" com

---

[93] Há muito pouca informação publicada acerca dos empréstimos para os militares. Alguns dados estão resumidos no artigo "Batalla con las armas" (*Visión*, p. 6-22, 20 maio 1985).
[94] Para informação detalhada sobre esses crimes financeiros contra os povos africanos, recomendam-se os estudos de Damien Millet, presidente do CADTM França (Comitê para a Anulação da Dívida do Terceiro Mundo: www.cadtm.org), que é autor de *África sin deuda* (2007). Sugere-se também a leitura dos trabalhos de Eric Toussaint, presidente do CADTM Bélgica, e seu livro *Banco Mundial, el golpe de Estado permanente* (2007).

aqueles organismos, a fim de garantir cada um dos grandes empréstimos. Se considerado necessário, também se negociavam acordos de contingência (*stand-by agreements*), que contemplavam programas de ajuste muito mais rigorosos para o país em questão. Era habitual que o FMI apresentasse recomendações para favorecer o funcionamento do livre mercado na nação devedora, além de exigir redução do déficit público, reformas fiscais, equilíbrio das contas externas e estabilidade cambial. Contudo, o mesmo processo de endividamento externo tendia a solapar essas mesmas propostas de política econômica, já que o ingresso de grandes quantidades de dinheiro fresco fomentava a corrupção, o relaxamento na gestão dos fundamentos econômicos e um aumento formidável da fuga de capitais. Adicionalmente, a entrega de bilhões de dólares a ditadores e governos autoritários assegurava que esses não prestassem contas claras e detalhadas e, muito menos, que consultassem a opinião dos contribuintes do país em questão. Era evidente que o FMI não considerava que o controle da corrupção e da arbitrariedade financeira devesse fazer parte de suas preocupações, embora se tratasse de uma instituição pública multilateral.[95]

Um dos maiores paradoxos que encerrava a expansão dos empréstimos subministrados pelos bancos internacionais aos Estados latino-americanos era que os créditos estavam dirigidos, em grande parte, a financiar empresas estatais e grandes obras públicas. Em poucas palavras, durante os anos 1970, os bancos encorajaram o que foi uma etapa de capitalismo dirigido (*state-led capitalism*) na região. Que tal assim fosse se devia em muito ao fato de que os banqueiros confiavam nos ditadores e nos regimes autoritários, porque consideravam que podiam garantir o serviço sobre as dívidas externas cada vez mais vultosas.

Entre 1976 e 1981, o cliente mais importante dos mercados financeiros internacionais foi a companhia petrolífera mexicana Pemex.[96] Existiam igual-

---

[95] Ver a obra recente de Ugarteche (2009).
[96] O volume de fundos pedidos em empréstimo pela Pemex ainda é matéria de especulação. Como assinalou um jornalista: "Pemex não divulga suas dívidas e ainda insiste em que se mantenha secreto um bom número de empréstimos que tomou do exterior" (apud Latin, 1981:55-56).

mente outras firmas latino-americanas de propriedade estatal fortemente comprometidas com a febre financeira, tais como: a Corporação Venezuelana de Fomento; a Ecopetrol da Colômbia; Yacimientos Petrolíferos Fiscales, Gás do Estado e Água e Energia da Argentina; e Petroperu, entre outras.[97] Os maiores devedores dos anos 1970 foram as grandes empresas estatais da América Latina, que se dedicavam à produção de petróleo, energia nuclear, energia hidroelétrica, aviação, aço, alumínio, cobre e estanho. Os empréstimos serviam para a aquisição de bens de capital e da tecnologia necessária a essas companhias.

O caso brasileiro mostra como a dívida externa se relacionava com os setores mais dinâmicos e complexos das economias latino-americanas, ao vincular a dependência financeira e a tecnológica de maneira muito mais estreita que em épocas anteriores. O regime ditatorial do Brasil utilizou uma grande quantidade de fundos externos com o objetivo de financiar empresas estatais como Petrobras e Eletrobras, e também para construir e reforçar um sofisticado complexo militar-industrial que lhe permitiu, finalmente, construir aviões a jato. No setor metalúrgico, contratou grande quantidade de empréstimos para as grandes empresas siderúrgicas do Estado brasileiro, as quais logo se tornaram as mais importantes da América Latina.

No caso do México, foram muitas as empresas paraestatais que negociaram empréstimos externos, principalmente a Comissão Federal de Eletricidade (CFE) e a empresa estatal Petróleos Mexicanos (Pemex). De fato, a partir do descobrimento de novos campos petrolíferos em 1976 e 1977 — durante a administração do presidente José López Portillo —, a Secretaria da Fazenda começaria a utilizar a Pemex como uma espécie de "caixa adicional" para o pagamento do serviço da dívida, política que se mantém incólume até nossos dias. Além da dívida adquirida pela empresa petrolífera, deve-se destacar o endividamento enlouquecido do banco de desenvolvimento e dos bancos mexicanos privados, que buscaram fundos no exterior para reciclá-

---

[97] Uma enorme quantidade de informação acerca dos empréstimos para as empresas estatais latino-americanas pode ser encontrada nas revistas financeiras da época: *Euromoney, Institutional Investor* e *Bank of London and South American Review*.

-los localmente (Green, 1998:104; Quijano, 1981:159-161). Os bancos paraestatais Nacional Financiera, Banrural e Banobras aumentaram suas dívidas externas de maneira notória, até aproximar-se de 20 bilhões de dólares por volta de 1982. Os dirigentes dos bancos estatais e de vários bancos mexicanos privados obtinham fundos a baixo custo no exterior, com o objetivo de imediatamente emprestá-los em nível doméstico, a taxas mais elevadas. Porém, todo esse complexo jogo financeiro dependia de que não houvesse nem altas súbitas dos juros em nível internacional nem uma desvalorização monetária no México. No entanto, ambos os processos logo seriam deflagrados. As taxas de juros internacionais começaram a subir nos primeiros meses de 1980.

Efeito Volcker: o pico das taxas de juros nos Estados Unidos e a crise mexicana de 1982

As causas da crise da dívida externa dos países em vias de desenvolvimento são bem conhecidas; contudo, na época não foram prontamente identificadas. O detonador principal foi o forte aumento das taxas de juros nos mercados financeiros dos Estados Unidos, entre 1980 e meados de 1982, o que também provocou a disparada dos pagamentos anuais que as nações devedoras se viam obrigadas a efetuar. Essa brusca mudança era resultado da nova política monetária adotada pelo brilhante presidente da Reserva Federal, Paul Volcker, que — desde o momento em que assumiu o cargo, em fins de 1979 — anunciara estar empenhado em "matar o dragão da inflação". Volcker havia decidido que já não eram sustentáveis as taxas de inflação nos Estados Unidos, que vinham subindo até superar os 10% anuais em 1980. Isso ocorria, em parte, pela acumulação do déficit público, e também como consequência do segundo choque petrolífero em 1979, sucedido após a derrubada do xá do Irã, tradicional aliado dos Estados Unidos.[98]

---

[98] De fato, a taxa de inflação nos Estados Unidos alcançou 13,5% anuais em princípios de 1981, para logo cair a 3,3% em 1983.

Em 6 de outubro de 1979, Volcker anunciou um primeiro aumento das taxas de desconto (as taxas de juros que cobrava o banco central aos bancos comerciais), de 11% a 12%. Por sua vez, exigiu que os bancos aumentassem as provisões de reservas sobre todos os empréstimos domésticos que realizavam com fundos provenientes do exterior. Os grandes bancos de Nova York tinham aumentado o volume de crédito na economia estadunidense em 200 bilhões de dólares em 1979, e a metade era financiada com petrodólares depositados em suas sucursais de Londres. Ao obrigar os bancos a colocarem 8% do valor desses empréstimos em contas da Reserva Federal, Volcker induziu uma violenta restrição da oferta creditícia. Por sua vez, mandou cartas a todos os bancos com instruções para que reduzissem as inversões especulativas em ouro, em futuros de petróleo e em outras operações de alto risco (Moffit, 1983:174-175).

Logo se desatou uma alta espetacular das taxas de juros bancárias nos Estados Unidos, que alcançariam quase 20% anuais (gráfico 10). As consequências internacionais foram imediatas, visto que todos os países industriais se viram obrigados a aumentar o preço do dinheiro para impedir uma súbita fuga de capitais em direção aos Estados Unidos. Com notável sentido hiperbólico, o chanceler alemão Helmut Schmidt criticaria as medidas adotadas por Washington, dizendo que prejudicavam a Alemanha, pois haviam provocado "as taxas de juros mais altas desde a época de Cristo!".

A mudança radical na estratégia monetária americana efetivamente resultou na queda da inflação, mas o "efeito Volcker" teve um impacto tão agudo que provocou uma forte recessão nos Estados Unidos e na Europa Ocidental e acarretou uma desaceleração da economia mundial. Como assinalou o analista Nichael Moffit (1983:202): "Em 1981 o valor do comércio mundial contraiu-se pela primeira vez desde 1958".

Com sua nova política, o presidente da Reserva Federal emitiu um claro sinal aos mercados sobre seu empenho em interromper o processo inflacionário, ainda que ao risco de provocar uma recessão. Suas ações sugerem que havia abandonado as antigas convicções neokeynesianas e que agora se aproximava das diretrizes do famoso economista monetarista Milton Friedman. No entanto, deve-se levar em conta que, na prática, Volcker sempre havia tido aversão à inflação desmedida e que se fizera conhecido por defender um dólar forte. Em todo caso, as medidas restritivas do banco central prejudicaram o presidente democrata Jimmy Carter, que perdeu as eleições de novembro de 1980 para o candidato republicano Ronald Reagan.

GRÁFICO 10
Taxa de juros efetiva dos títulos da dívida federal de referência dos Estados Unidos, 1973-90

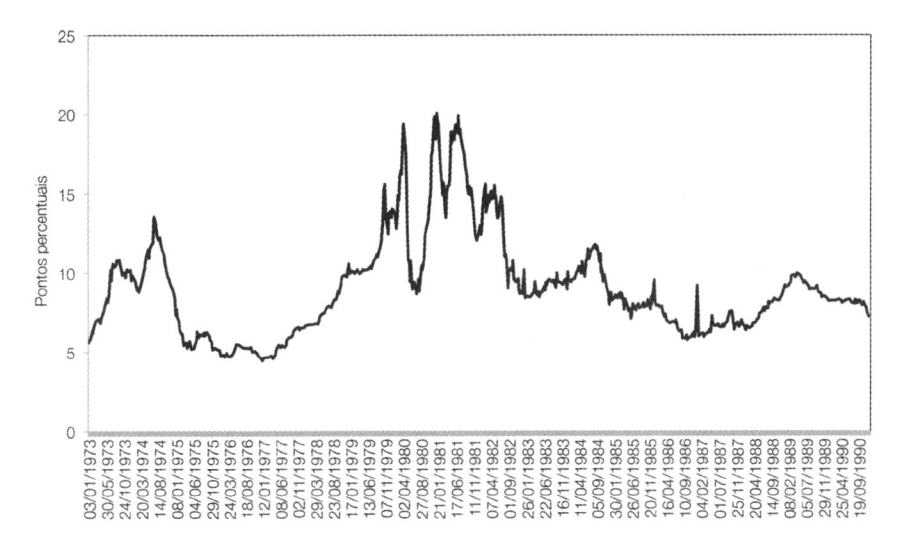

Fonte: Federal Reserve Board. *Historical data*. Disponível em: <www.federalreserve.gov>.

A nova administração presidencial dos Estados Unidos, que assumiu o poder em 1980, logo resolveu atacar os efeitos da recessão com um programa de estímulos, que incluía uma combinação de corte dos impostos pagos por setores endinheirados, com fortes aumentos do gasto público, em especial o militar, que sempre foi favorecido por Reagan. Em consequência, aumentou o déficit público e a emissão da dívida governamental. Os papéis do Tesouro tornavam-se agora muito atrativos para os bancos e para os investidores, nacionais e internacionais, já que entre 1980 e 1981 o valor do dólar deu um salto de quase 40% em face de outras moedas.

Os atrativos para investir dentro dos Estados Unidos ficaram tão pronunciados que os grandes bancos de Nova York reduziram a emissão de bônus em médio ou longo prazo para as nações subdesenvolvidas. Como resultado, entre 1980 e 1982, os governos da América Latina e do resto do Terceiro Mundo se viram obrigados a contratar empréstimos de muito curto prazo (e com taxas de juros altas), em sua maioria apenas para refinanciar seus passivos. O serviço anual das dívidas externas desses governos passou de 20 bilhões de dólares em 1981 para quase 100 bilhões de dólares em 1982. Tornou-se então patente que existiam apenas duas alternativas para sair do atoleiro: a suspensão dos pagamentos ou a renegociação das dívidas.

A arrancada da crise internacional das dívidas externas, como se sabe, ocorreu em 20 de agosto de 1982, quando o então secretário da Fazenda do México, Jesus Silva Herzog, anunciou à comunidade financeira internacional que o governo mexicano já não estava em condições de cobrir o serviço completo de sua dívida. As causas que expôs para essa medida foram o aumento súbito das taxas de juros e a enorme fuga dos capitais privados do México. De acordo com o historiador oficial do FMI, James M. Boughton (2000:285-286), os dirigentes dessa instituição já haviam sido alertados da crise iminente. Desde princípios de agosto, as autoridades financeiras mexicanas fizeram saber ao Fundo Monetário que somente restavam 180 milhões de dólares nos cofres do Banco do México, enquanto o governo tinha de pagar 300 milhões de dólares a diversos banqueiros credores antes de 23 de agosto. Resultado: os perigos de uma desvalorização e de uma suspensão de pagamentos eram evidentes.

Analisando-se retrospectivamente, é incrível constatar que um grande devedor como o México tivesse um nível tão baixo de reservas em meio a uma situação financeira internacional extremamente delicada. Isso indica que tanto as autoridades monetárias mexicanas quanto as do FMI (que, por seu mandato, devia ter constantemente revisado essas variáveis) haviam estado jogando roleta-russa com as finanças nacionais e internacionais.[99] Pode-se

---

[99] Para uma visão de conjunto, ver Green (1998).

observar que, para seus dirigentes, a principal função do FMI não consistia em antecipar-se às crises e ajudar os países devedores a evitar o colapso mediante a adoção de políticas financeiras mais prudentes e de menor endividamento. Ao contrário, para essa instituição era mais atrativo operar como bombeiro e polícia para os governos endividados, uma vez que houvessem caído em bancarrota. Nesta última circunstância, o poder e a influência do banco multilateral realçavam-se de maneira notável.

A partir de setembro de 1982, os altos mandatários do FMI iniciaram consultas com a Junta da Reserva Federal e o Departamento do Tesouro, em Washington, com o objetivo de expor a necessidade de organizar um pacote de resgate para o México que evitasse um pânico financeiro mais generalizado. Chegaram a um acordo preliminar e comunicaram às autoridades fazendárias mexicanas que o governo dos Estados Unidos estaria disposto a aportar uma parte dos fundos necessários a cobrir os serviços da dívida externa mexicana, se isso fosse seguido da negociação de um próximo empréstimo junto ao Banco de Compensações Internacionais (Bank for International Settlements, BIS) e um empréstimo *jumbo* do FMI, a ser emitido em dezembro. Em contrapartida, o diretor do Fundo Monetário, Jacques de Larosière, exigiu do ministro da Fazenda mexicano, Silva Herzog, que iniciasse a implementação de um programa de ajuste fiscal e econômico drástico. Não obstante, sua proposta fracassou, devido a uma série de medidas adotadas de surpresa pelo presidente José López Portillo (Dávila Flores, 1986).

López Portillo resolveu que a administração das finanças mexicanas não se diferenciava de um grande jogo de pôquer, embora estivesse em jogo o futuro econômico do país e a sorte do patrimônio de seus cidadãos. A primeira medida inopinada que tomou foi a desvalorização do peso e, a seguir, a estatização dos depósitos de 6 bilhões de dólares em contas bancárias no país. A medida que arrematou a série foi a nacionalização de todo o sistema de bancos comerciais privados da República (um ato de autêntico desespero, disfarçado de populismo). De maneira inesperada, e apesar de seu poder econômico, a elite bancária mexicana foi subordinada de maneira cortante às prioridades do governo.

O caso mexicano ilustra a enorme complexidade que envolvia os colapsos financeiros na América Latina nessa época e descortina que várias crises poderiam ser geradas no bojo de uma crise maior. Essa revelação deu origem a numerosos estudos e a uma nova percepção do quão intrincada era a dinâmica financeira. Em um artigo clássico de 1986, inspirado em parte pela análise das crises de dívida, Michael Bordo defendeu que, para entender a natureza das crises financeiras, era preciso aprofundar-se em sua diversificada anatomia. Bordo (1986) propôs que, ao longo da história moderna, se deva distinguir entre *crises cambiais, crises bancárias, crises de bolsa* e *crises de dívida*. Essas formas podem desenrolar-se de maneira conjunta ou em separado. Bordo e Eichengreen enfatizam a importância de estudar o que chamam "crises gêmeas" (*twin crises*), representadas, por exemplo, pelo entrelaçamento de uma crise cambial com uma crise de dívida (Bordo e Eichengreen, 2001:51-82). No caso mexicano de 1982, tratava-se claramente desse tipo de cataclismo financeiro.

A crise internacional das dívidas desde 1982: contágio e renegociações. Tratava-se de uma crise mundial?

A partir da moratória mexicana de agosto de 1982, todos os países latino-americanos descobriram que se haviam convertido em passageiros de uma enorme "montanha-russa financeira", com altos e baixos extraordinariamente abruptos e daninhos. O saldo das dívidas tinha crescido de maneira rápida e o serviço ainda mais. O endividamento externo — em longo e em curto prazo — dos países latino-americanos havia aumentado de 68 bilhões de dólares em 1975 até chegar a 318 bilhões de dólares em 1982 (Branford e Kucinsky, 1988:2). Porém, esse fenômeno não era exclusivo da América Latina: havia-se também produzido um crescente endividamento externo dos países da Europa Oriental, de alguns países do sul da Europa — inclusive Espanha —, de nações da Ásia Oriental — em particular, Coreia do Sul — e de muitos países africanos. Nesses casos, o fenômeno estava ligado ao aumento dos preços do petróleo. Entre 1972 e 1982, o endividamento externo dos países em vias de desenvolvimento que eram importadores de petróleo multiplicou-se várias vezes: de 100 bilhões a quase 500 bilhões de dólares. A literatura sobre esse fenômeno é rica e variada.[100]

Depois do súbito aumento das taxas de juros em 1980 e 1981 nos Estados Unidos e, a seguir, no mundo, muitos países encontravam-se à beira da suspensão de pagamentos. Isso provocaria desequilíbrios internos em suas finanças públicas e privadas. Devido às enormes pressões que sofriam para que cobrissem o agora vultoso serviço das dívidas externas, boa parte dos governos latino-americanos não teve outro recurso senão aumentar a emissão monetária, a fim de cobrir o déficit público. Em breve, viriam as moratórias e as prolongadas negociações das dívidas, que têm sido descritas em centenas de ensaios e monografias. Não é uma surpresa, portanto, que os primeiros livros publicados depois da irrupção da crise fossem de jornalistas financeiros internacionais que cobriam o tema e que advertiam sobre o potencial explosivo das crises das dívidas em relação ao sistema bancário mundial (Delamaide, 1984; Makin, 1984).

A maior preocupação das autoridades políticas e financeiras de Estados Unidos, Europa e Japão consistia em um fato simples, porém devastador para seus sistemas bancários: o valor total dos papéis da dívida externa dos países em desenvolvimento que detinham os maiores bancos comerciais em seus portfólios era, em alguns casos, igual ou superior ao próprio capital contábil desses bancos. De acordo com detalhados estudos, as 20 maiores entidades do mundo eram responsáveis por cerca de 50% dos empréstimos internacionais aos países em desenvolvimento. Se nos limitarmos aos bancos estadunidenses, cada um dos nove bancos mais importantes tinha em sua carteira uma média superior a 8 bilhões de dólares desse tipo de "dívida soberana" (Devlin, 1989:95-96). No caso do Citibank, os empréstimos latino-americanos representavam 174% de seu capital; para o Bank of America, a cifra era de 158%; para o Chase Manhattan, de 154%. No caso do Manufacturers

---

[100] Ver nossa bibliografia ao final do livro e o site (http://historiadelascrisis.com) para detalhes de publicações eletrônicas e obras sobre o tema.

Hanover, se contados apenas os empréstimos ao Brasil, estes representavam 77% de seu capital. Desse modo, compreende-se que, se os governos da periferia suspendessem os pagamentos, esses bancos entrariam tecnicamente em bancarrota (Devlin, 1989:214).

Em poucas palavras, manter o pagamento dos serviços das dívidas dos governos de numerosos países da América Latina, Ásia Oriental e Europa do Leste era indispensável para evitar o naufrágio dos bancos mais poderosos do mundo. A situação de debilidade dos bancos globais relembra, de alguma forma, a crise financeira contemporânea, mas deve-se enfatizar que em 1982 se tratava de uma crise de "dívidas soberanas" e que não houve pânicos hipotecários ou em bolsa nem nos Estados Unidos nem na Europa. Quer dizer, o problema de fundo nos anos 1980 era, por um lado, o que ia acontecer com os grandes bancos globais e, de outro, qual seria o destino das nações em desenvolvimento altamente endividadas. Deve-se notar que nem todas as reações dos países devedores foram iguais. Alguns, como Coreia, Indonésia, Malásia, Colômbia e Chile, não tiveram de solicitar pacotes de resgate muito onerosos. Inversamente, a maioria dos governos latino-americanos e o das Filipinas encontravam-se em situação de marcante fragilidade.

Apesar da pesada carga de bônus latino-americanos, as renegociações das dívidas demonstraram que os credores — bancos privados e bancos multilaterais — tinham capacidade muito maior para organizar-se em 1982 que no passado. Seu objetivo consistia, em primeiro lugar, em impedir moratórias prolongadas dos países devedores e, em segundo, obrigá-los a pagar o enorme serviço financeiro pendente, apesar dos efeitos daninhos que isso acarretaria para suas economias e sociedades. De acordo com Oscar Altimir e Robert Devlin (1993), o êxito dos credores deveu-se ao surgimento de um novo mecanismo institucional, que qualificam como novidade no mundo das finanças internacionais:

> O surgimento de um mecanismo internacional de *empréstimos de última instância* (Mipui), que serviu para postergar muitos descumprimentos e moratórias formais, permitindo por isso que os credores escapassem das perdas desestabilizadoras que costumam acompanhar as crises financeiras sistêmicas.

Em essência, o que ocorreu nos anos posteriores a 1982 foi a criação de uma espécie de cartel da banca internacional, que exigiu a sustentação do serviço das dívidas contraídas. Esse procedimento foi acertado por um conjunto de acordos informais estabelecidos entre os governos do Grupo dos Sete (G-7), alguns de seus grandes bancos comerciais e os principais bancos multilaterais, especialmente o FMI. Para enfrentar a crise foi essencial que os governos interviessem ativamente, a fim de ajudar os bancos e impedir-lhes a falência: as semelhanças com a situação de 2008 não devem ser ignoradas, embora existam diferenças na natureza de ambas as situações.

A mecânica dos bancos e dos governos credores nos anos 1980 consistia em cuidar de isolar os devedores e obrigar cada país a negociar de forma individual com os financistas. Tratava-se de um sistema de negociação de dívidas "caso a caso". Para conseguir uma forte pressão de conjunto, organizaram-se comitês de bancos credores, que às vezes representavam centenas de entidades estadunidenses, europeias e japonesas. Em um número surpreendentemente alto de ocasiões, os comitês foram encabeçados por William R. Rhodes, então vice-presidente do Citibank, que se encarregou das negociações com o respectivo ministro das Finanças de cada país endividado. Em geral, o comitê bancário propunha-se a coordenar a emissão de novos bônus que assegurassem o serviço da dívida, mas aplicando condições severas quanto à amortização.

Houve quatro fases na reprogramação das dívidas dos governos em mora. Na primeira rodada — celebrada entre 1982 e 1983 —, os comitês bancários negociaram com Argentina, Brasil, Costa Rica, Chile, Equador, México, Peru e Uruguai para assegurar o pagamento do serviço de aproximadamente 50 bilhões de dólares.

Os bancos ofereceram aos devedores uma série de créditos no total de cerca de 12 bilhões de dólares, embora com taxas e comissões mais altas do que as habitualmente praticadas nos mercados financeiros internacionais. Dessa maneira, os bancos podiam declarar em seus informes contábeis anuais que as dívidas pendentes continuavam operantes; caso contrário, devido ao volume dos créditos, teriam de se declarar insolventes. Por sua vez, em cada uma dessas transações obtinham bons ganhos graças às comissões. Posteriormente, realizaram-se sucessivas rodadas de negociações semelhantes, em 1983-84, 1984-85 e 1986-87.[101] Cada novo programa implicava a capitalização dos juros das dívidas e, por esse motivo, o saldo total aumentou de maneira substancial depois das crises (gráfico 11).

GRÁFICO 11
Dívida externa total de Argentina, Brasil, Chile e México, 1970-90
(em bilhões de dólares)

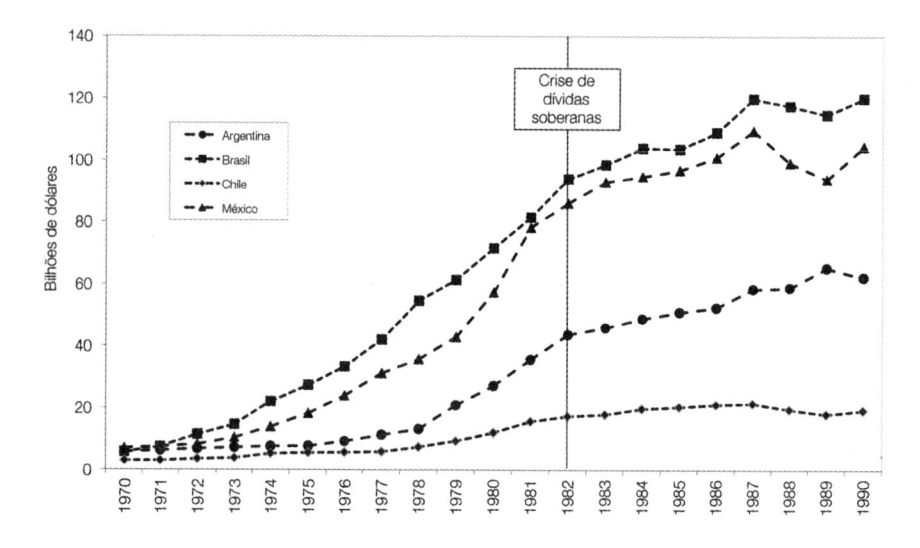

Fonte: World Bank. *Global development finance*. Vários anos.

Para reforçar os acordos, os banqueiros privados buscaram o concurso das instituições financeiras multilaterais (FMI e Banco Mundial), que geralmente exigiam que os países devedores firmassem programas de contingência, nos quais asseguravam levar a cabo ajustes fiscais para cobrir o serviço da dívida. Essa dura política foi adotada em quase todos os casos latino-americanos,

---

[101] A informação sobre as rodadas encontra-se em Devlin (1989:156-159) e a descrição das justificativas teóricas em Cline (1995, passim). Os detalhes dos ganhos anuais dos bancos norte-americanos nesse período estão documentados em Madrid (1990, apêndice, p. 176-250).

embora alguns países, como a Argentina, conseguissem atrasar seus pagamentos durante mais tempo que outros.

Os recursos para cobrir o serviço da dívida foram obtidos de várias fontes, mas acarretaram uma fortíssima contração econômica, que foi acompanhada da política econômica de fomento da liberdade de comércio, para facilitar a acumulação de divisas.[102] Em quase todas as nações latino-americanas praticaram-se desvalorizações, que prontamente levaram a uma redução das importações, o que permitiu uma maior captação de divisas. Em segundo lugar, aumentou-se a receita fiscal, para fazer frente aos juros do enorme acúmulo de empréstimos externos; no caso de países exportadores de petróleo — como México, Venezuela e Equador —, durante muitos anos destinou-se ao pagamento das dívidas quase que a totalidade de ganhos provenientes dessa rubrica. Para dispor de mais fundos, virtualmente todos os governos latino-americanos aplicaram uma drástica redução dos gastos e dos salários públicos, em especial os de profissionais do ensino, de trabalhadores na saúde e dos empregados de níveis inferiores da administração pública.

Os ajustes fiscais, contudo, não impediram a ocorrência de importantes surtos inflacionários, pois em muitos casos os bancos centrais elevaram a oferta monetária para cobrir os déficits públicos. A tendência a monetizar os déficits foi reforçada por sucessivas desvalorizações, que geraram mecanismos perversos no mercado: os comerciantes e produtores, por exemplo, constantemente ajustavam seus preços para cima, para antecipar-se ao aumento dos custos, especialmente os dos insumos importados. No conjunto da América Latina, a inflação média anual era de 200% em 1984-85, para cair a 65% no ano seguinte, como consequência do êxito relativo dos programas de controle de preços em vários países. Contudo, a inflação voltou com extraordinária força na Argentina e no Brasil, até alcançar taxas anuais de mais de 800% em 1987 e que superaram os 1.000% em 1988-89.

---

[102] A bibliografia sobre os impactos das crises da dívida na América Latina é vasta. Uma excelente compilação, com estudos de caso e abundante bibliografia e estatísticas, é a obra de Griffith-Jones (1988). Outro estudo fundamental é o de Girón (1995).

Em resumo, se nos perguntarmos acerca das causas do estancamento econômico durante esses anos — que na América Latina foram chamados de *década perdida* —, é possível apontar diversas razões que se reforçam mutuamente. Entre elas, destacam-se as seguintes: a dureza do ajuste fiscal, as políticas de redução dos salários reais, a transferência dos recursos petrolíferos para o pagamento da dívida e a contínua fuga de capitais.

Refletindo-se de maneira retrospectiva, fica evidente que tanto o FMI quanto o Banco Mundial e o Banco Interamericano de Desenvolvimento (BID) haviam efetuado uma análise equivocada antes de 1982. Em princípio, poder-se-ia dizer que não se deram em adequada conta os perigos inerentes ao tremendo endividamento dos países latino-americanos; uma omissão grave, se se considera que essas instituições multilaterais deviam velar pela saúde das políticas financeiras. No caso do FMI, percebe-se a sua complacência em numerosos documentos da época: em um relatório publicado em maio de 1981, o Fundo reconhecia que vários países latino-americanos enfrentavam problemas com a gestão de suas dívidas, mas acrescentava que "em geral, as perspectivas futuras não dão nenhuma causa a alarme" (Devlin, 1989:64). Tampouco o BID — principal organismo multilateral para a América Latina na década de 1970 e princípios da de 1980 — reconheceu os riscos. Nessa época, o banco era encabeçado por Antonio Ortiz Mena, que, para surpresa de muitos, não expressou nenhuma preocupação pela expansão do endividamento.

Levando-se em conta o desastroso desenlace da crise das dívidas nos anos 1980, pode-se afirmar que tanto o BID quanto o FMI e o Banco Mundial carregam o peso de grande responsabilidade por não haverem emitido sinais suficientemente fortes a respeito das ameaças potenciais alimentadas pelo processo de endividamento transcorrido entre 1970 e 1981. Por esse motivo, nenhum país da região estava preparado para enfrentar a crise da dívida a partir de 1982. Em quase todos os casos, os bancos centrais da América Latina não contavam com as reservas em divisas fortes necessárias a enfrentar o colapso financeiro.[103]

---

[103] Uma revisão dos informes dos organismos multilaterais da época indica que apenas se realizaram estudos matemáticos que calcularam o serviço das dívidas em médio prazo em relação às reservas, sendo estas simplesmente calculadas em função das exportações.

Essa falha era tão notória que faz supor que a lógica operativa do FMI tendia a induzir os governos a manter reservas escassas, mediante a ideia subjacente de que poderiam obter apoio dessa instituição multilateral se passassem por uma crise da balança de pagamentos. O acontecido representou um alerta para as condutas imprudentes e arriscadas nos mercados de crédito. O jogo era realmente perverso.

Renegociações, o Plano Baker/Brady e os paradoxos do final de uma década

A peça-chave para redução do endividamento dos bancos privados internacionais e facilitar uma nova onda de investimentos na América Latina e nos demais países em vias de desenvolvimento foi um plano proposto em fins de 1985 pelo secretário do Tesouro dos Estados Unidos, James Baker, e logo operacionalizado por seu sucessor, Nicholas Brady. A ideia central por detrás do Plano Brady consistia em efetuar a troca dos velhos bônus da dívida externa por novos títulos, que contariam com respaldo do Tesouro dos Estados Unidos, com base na emissão dos chamados bônus "cupom zero". Esses bônus serviriam como fundo de garantia do futuro serviço da dívida respectiva. O fundo seria integralizado por aportes do FMI, do Banco Mundial, do governo do Japão e de cada governo devedor. Dessa maneira, os investidores poderiam contar com a segurança de que não haveria problemas para a amortização de seus bônus.

Para os bancos comerciais, tratava-se de um mecanismo especialmente atrativo, pois lhes permitia vender no mercado os bônus que detivessem a outros grupos de investidores e liberar suas carteiras do grande peso das dívidas pendentes. As vendas dos bônus realizaram-se com desconto, mas, do ponto de vista contábil, essas operações não eram muito atrativas para os bancos. Por esse motivo, pode-se apontar que os bancos internacionais dos anos 1980, ameaçados pela dívida e pela morosidade dos Estados latino-americanos, guardam certo paralelismo com os bancos norte-americanos da atualidade, lastreados por ativos hipotecários de valor duvidoso e cuja sorte está amarrada à baixa do mercado imobiliário.

A primeira experiência de troca dos bônus foi ensaiada no México em 1988. A vantagem para o governo mexicano consistia em que a conversão de títulos velhos por novos (posteriormente denominados "bônus Brady") se faria com um desconto do preço, o qual — supunha-se — redundaria em economias importantes para a Secretaria de Fazenda e, portanto, para o contribuinte mexicano. Na prática, tais benefícios foram reduzidos, devido à queda das taxas de juros em nível internacional a partir de 1989. Entretanto, o lançamento dos bônus Brady permitiu à administração do novo presidente, Carlos Salinas de Gortari (1989-94), tomar a dianteira sobre os demais países endividados da América Latina e posicionar-se favoravelmente nos mercados internacionais para futuras negociações comerciais e financeiras.

Os governos dos demais países latino-americanos logo seguiram o mesmo caminho que o México, com o objetivo de reduzir suas dívidas, embora, na realidade, os benefícios tenham sido menores do que o esperado. O trabalho mais detalhado da escola ortodoxa e conservadora sobre a temática das reestruturações é o livro de William Cline, *International debt reexamined* (1995), que chegou a postular que as crises das dívidas soberanas estavam plenamente superadas em fins do ano de 1994. Todavia, a irrupção da crise financeira mexicana ocorrida nesse mesmo ano demonstrou que os problemas de endividamento não haviam desaparecido. Na prática, os montantes das dívidas externas dos países em desenvolvimento haviam continuado a crescer até nossos dias, e em 2009 superavam o extraordinário volume de 2 trilhões de dólares.

Os paradoxos do tobogã financeiro das dívidas externas chamaram a atenção dos jornalistas financeiros e, sobretudo, dos economistas. De fato, a literatura sobre as finanças internacionais tem experimentado crescente interesse a partir da crise das dívidas soberanas de 1982 e, como consequência, existe hoje uma multidão de economistas e cientistas políticos nas universidades de todo o mundo que trabalha sobre os problemas de relação entre a dívida pública e os sistemas monetários nos países em vias de desenvolvimento.

A história bancária e financeira latino-americana dos últimos 39 anos constitui um verdadeiro laboratório para os estudiosos interessados na elaboração de uma multiplicidade de modelos teóricos dos modernos problemas monetários, da gestão dos bancos centrais, das políticas de dívida e da relação entre crises bancárias e financeiras.

Para entender por que cresceram sem parar as dívidas desses países e explicar as consequências perversas das renegociações acontecidas desde 1982, existe uma variada literatura heterodoxa e crítica que continua a ser de consulta imprescindível. Um exemplo destacado leva a assinatura do economista peruano Oscar Ugarteche (2004), que analisa os ajustes e as origens do programa de reformas estruturais conhecido como Consenso de Washington.[104] Como se sabe, esse acordo consistiu em um conjunto de recomendações para os países endividados, com o objetivo de promover a disciplina fiscal, reordenar as prioridades do gasto público, levar a cabo reformas tributárias, flexibilizar o câmbio e as taxas de juros e, adicionalmente, liberalizar o comércio e os investimentos estrangeiros. Propunha também que se privatizassem as empresas estatais e que se desregulamentassem os mercados financeiros. Em poucas palavras, implicava forte ajuste e preparava o caminho para uma fase mais avançada da globalização financeira que caracterizaria a década de 1990.

Em fins dos anos 1980, as economias da América Latina seguiam ainda muito deprimidas ou sujeitas a violentos surtos hiperinflacionários, e eram em especial difíceis as condições da Argentina e do Brasil. A situação era paradoxal, pois os países latino-americanos tiveram um desempenho pobre precisamente em uma conjuntura de forte crescimento econômico em outras partes do mundo. No Japão, os anos 1980 foram um período de extraordinário dinamismo industrial, que foi acompanhado por uma ascensão sem precedentes dos mercados imobiliários e das bolsas. Foi também extraordinária a bonança dos chamados "tigres" da Ásia Oriental, assim denominados porque experimentaram uma fabulosa expansão industrial e exportadora (referimo-nos a países como Taiwan, Coreia do Sul, Tailândia, Cingapura

---

[104] Termo criado pelo pesquisador John Williamson, do Peterson Institute of International Economics de Washington.

e Filipinas). É evidente que os ciclos econômicos das diferentes regiões do mundo tendiam a marchar em contrapasso.

Nos Estados Unidos, a partir de 1984, havia-se produzido uma forte recuperação dos mercados financeiros, mas em 1987 ocorreu um desabamento da bolsa que causou preocupação, embora seus efeitos tenham sido passageiros. Para a Europa, esses anos foram sinônimo de um processo de integração econômica que avançava a passos largos, e em cujo centro se destacava a incorporação bem-sucedida de Espanha, Portugal e Grécia, conferindo profundidade ao que se começava a denominar União Europeia.

Inversamente, nos países da Europa Oriental e na própria União Soviética, produziu-se o surpreendente e estrepitoso desabamento do regime político conhecido como socialismo real. Sua queda teve como maior símbolo a derrubada do Muro de Berlim (outubro de 1989). Esse fato passou a ocupar o centro da atenção mundial. Em contraponto, começava a manifestar-se com tremendo impulso a decolagem das economias dos colossos asiáticos (Índia e China), que em breve alcançariam taxas de crescimento quase sem precedentes na história. Mudanças de tal magnitude e dramatismo anunciavam uma "nova era". No entanto, não havia nenhuma garantia de que não surgissem outras grandes crises financeiras no último trecho do milênio: os anos 1990.

CAPÍTULO 5

A globalização financeira em fins do milênio, 1990-2006: por que se multiplicaram as crises?

Quando em 1999 Paul Krugman publicou seu livro *O retorno à economia da depressão*, recebeu escasso reconhecimento, não obtendo bom resultado editorial. Sua obra não despertou o interesse dos leitores estadunidenses porque esses, em sua maioria, estavam absortos com a espetacular subida das cotações na Bolsa de Nova York e com os novos mercados tecnológicos. Alguns anos mais tarde, ao início da crise financeira que eclodiu em setembro de 2008, o Prêmio Nobel voltou a lançar seu livro, dessa vez com melhor sorte. Suas previsões haviam-se mostrado premonitórias, ainda que, paradoxalmente, se tenha equivocado com respeito às causas imediatas da nova grande crise financeira.

Krugman argumentou que os colapsos financeiros nos países latino-americanos e asiáticos dos anos 1990 eram reflexos da globalização dos fluxos de capitais, que geravam intensa volatilidade nos mercados cambiais, financeiros e bancários. Ele referia-se em especial às crises financeiras do México (1995), da Ásia Oriental (1997) — quando entraram em colapso as bolsas e os bancos de Tailândia, Indonésia, Malásia e Coreia — e às crises de 1998 da

Rússia e do Brasil, no momento em que ambas as nações sofreram fortíssimas desvalorizações de suas moedas. Esses colapsos deveram-se, em boa medida, ao efeito das enormes ondas de investimentos de portfólio (qualificadas como *hot money* ou "dinheiro quente"), que entravam nos mercados de países dinâmicos da periferia para logo sair com igual rapidez, em razão de sinais de um possível desequilíbrio político ou monetário.

Sem dúvida, o último decênio do século XX foi a época da mais notável globalização financeira da era contemporânea. Seus benefícios converteram-se em uma espécie de "mantra", para banqueiros e agentes de fundos de investimento, como também para jornalistas financeiros de publicações de alcance mundial, como *Financial Times* e *The Economist*, que sempre entoavam loas à globalização como motor do crescimento da economia mundial. Três eram os fatores-chave da nova revolução financeira: a desregulamentação dos mercados, incluindo bancos, bolsas e sistemas monetários nacionais; o aumento das transações internacionais de capitais; e a inovação em uma multiplicidade de instrumentos de inversão, de seguros e de especulação.[105]

Durante a administração de Bill Clinton como presidente dos Estados Unidos (1993-2000), muitos dos altos cargos do Tesouro e da Reserva Federal, assim como destacados funcionários de organismos multilaterais, como o FMI, não deixaram de apregoar as virtudes da desregulamentação financeira mundial, mesmo quando se anunciavam uma crescente volatilidade e a expansão das crises em vários países, em particular na América Latina e na Ásia. Era estranho não parecer que se dessem conta dos perigos que cercavam Wall Street e outros mercados financeiros dos Estados Unidos, como consequência do acúmulo de uma série de colossais bolhas financeiras. As ilusões eram muito mais fortes que a realidade.

Se bem que se insistisse em que a globalização financeira fosse um fenômeno particularmente notável na periferia, um dos mais marcantes paradoxos foi que os maiores volumes em fluxos de capitais internacionais não se dirigiam aos países em vias de desenvolvimento, mas aos mercados do centro,

---

[105] Entre os economistas franceses mais perceptivos, que vinculam crises à globalização, ver Boyer, Dehove e Plihon (2004, cap. 3).

especialmente aos de Londres e de Nova York.[106] Nunca se havia produzido um auge na bolsa de Wall Street mais espetacular do que o experimentado entre 1992 e 2001, com subidas inéditas na cotação de ações das grandes corporações industriais e dos bancos. Ao mesmo tempo, observou-se um fenômeno similar, porém ainda mais intenso, nas ações de empresas tecnológicas, em particular no mercado especializado conhecido como Nasdaq. Igualmente cresceu de maneira exponencial a inversão nos mercados de futuros, que tinham experimentado grande desenvolvimento na bolsa mercantil de Chicago e em outros mercados similares. Em sua origem, esses investimentos fundamentavam-se na compra e venda de contratos baseados nos preços futuros de produtos primários, mas logo se estenderam a todo tipo de valores. Em paralelo, multiplicaram-se os novos instrumentos de resseguro e especulação, incluindo os derivativos — de muitos tipos e cores —, cuja venda em escala mundial prontamente alcançaria volumes alucinantes. Todos os valores pareciam subir ao mesmo tempo, como uma espuma (gráfico 12). Era reconhecida a existência de enormes bolhas em muitos países, as quais punham em perigo a estabilidade financeira mundial, mas quem entre políticos ou banqueiros se atreveria a pôr em dúvida as virtudes da maior das festas de especulação e ganhos financeiros de toda a história do capitalismo?

Big bang: *a globalização financeira é exportada de Londres para o mundo*

Embora seja frequente identificar Wall Street como o mercado emblemático da globalização financeira nos últimos anos do século XX e nos primeiros do século XXI, deve-se relembrar que sua decolagem foi consequência das transformações sofridas pelo mercado financeiro de Londres, ocorridas desde 1986. As reformas combinaram mudanças institucionais na bolsa londrina com a aplicação de projetos de tecnologia da informação que revolucionaram

---

[106] Isso está detalhadamente demonstrado e com abundantes exemplos históricos em Obstfeld (2004).

as transações financeiras em nível local e mundial. Esse processo foi batizado como *big bang*. A desregulamentação dos mercados de câmbio e de valores na tradicional City, sede de muitos dos bancos mais antigos do mundo, logo se difundiria em escala internacional; contudo, convém prestar atenção às origens e à rapidez das transformações que se registraram naquele período.

GRÁFICO 12
Comportamento real da Bolsa de Valores de Nova York
e do mercado imobiliário dos Estados Unidos, 1990-2006

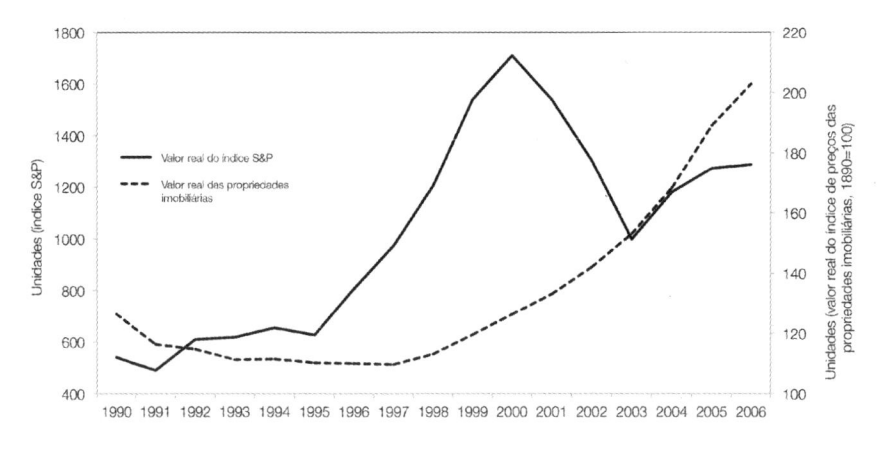

Fonte: Shiller (2005, 1989).

É tradicional o argumento de que a revolução neoconservadora impulsionada pela administração de Margaret Thatcher (1979-90) foi decisiva na aceleração das políticas públicas que contribuiriam para a globalização financeira. Por sua vez, é frequente encontrar em numerosos livros que analisam a época de Thatcher e Reagan uma marcada tendência de insistir na importância das transformações ideológicas e políticas que protagonizaram essas figuras: passava-se do domínio do *Estado* ao do *mercado*. Duas peças--chave dessa campanha foram a ofensiva contra os grandes sindicatos corporativos e a liberalização dos mercados. Igualmente, costuma-se dar ênfase ao ascenso das propostas dos economistas monetaristas e neoliberais, que encontravam sua inspiração nos textos de Hayek e Friedman, favoráveis à desregulamentação das economias em plano mundial.[107]

Essas interpretações tão comuns são, no entanto, imprecisas e ideologicamente tendenciosas. Adicionalmente, não captam adequadamente a complexidade das transformações que se produziram nos mercados financeiros contemporâneos. De acordo com Ranald Michie (1999), que recentemente publicou duas obras fundamentais a respeito, incluindo uma história detalhada da Bolsa de Londres e uma história comparada dos mercados mundiais em bolsas, o início do *big bang* deu-se a partir das reformas postas em marcha em 27 de outubro de 1986 em Londres. Permitiu-se então o livre ingresso à outrora conservadora bolsa inglesa de uma multidão de empresas financeiras internacionais e se facilitou a cotação, nesse mercado de ações, de bônus e papéis comerciais de empresas corporativas de todo o mundo. Por volta de 1990, o valor das ações de empresas globais na Bolsa de Londres passava de 1 trilhão de libras esterlinas. Aumentaram, também, com rapidez a compra e a venda de bônus internacionais de governos e de empresas: esse tipo de transações estendeu-se a muitos mercados, ultrapassando os 6 trilhões de dólares em 1994, até alcançar os 50 trilhões de dólares em 2004. Neste último ano, o predomínio de Londres era esmagador, pois controlava a impressionante proporção de 70% do total mundial de operações em bônus globais.

Recordemos que na capital britânica já se tinham instalado, muito tempo antes, os bancos de investimentos estadunidenses, os quais operavam com uma agressividade que deixava boquiabertos seus competidores europeus. Por sua parte, o *big bang* contribuiu para que Londres se convertesse no mercado preeminente de divisas internacionais, e para que as operações de câmbio se transformassem em um negócio gigantesco, com transações quase instantâneas em todas as partes do mundo. Essa movimentação recebeu o impulso de uma ampla e novíssima infraestrutura de computadores e telecomunicações, e eram precisamente os grandes bancos dos Estados Unidos e

---

[107] Uma obra muito difundida, da escola neoconservadora, que resume essa abordagem é a de Yergin e Stanislaw (1998).

da Inglaterra os que dispunham, no momento, da tecnologia da informação em estágio mais avançado. No caso dos bancos comerciais britânicos, o porte operacional explicava-se pela enorme extensão de suas tradicionais redes de agências, em especial as radicadas na Ásia, no Oriente Médio e na África.[108] No caso dos bancos estadunidenses (comerciais e de investimentos), explicava-se pela abrangência mundial de suas agências, que atendiam às contas das empresas multinacionais americanas, que haviam apresentado um impressionante crescimento global desde a década de 1960.

Outra razão pela qual a decolagem da globalização financeira se deu a partir de Londres encontra-se no fato de que essa praça conservava seu predomínio tradicional como mercado mundial de seguros e fretes e como o maior mercado de futuros de petróleo, ouro, prata e diamantes, além de muitas outras *commodities*. Por volta de meados dos anos 1990, já se concentrava na capital inglesa um contingente de cerca de meio milhão de empregados de bancos, de companhias de seguros e de uma enorme gama de firmas especializadas em transações mercantis e financeiras internacionais. De fato, o único mercado financeiro do mundo com número equivalente de operadores era Nova York, embora não se deva esquecer que, desde a grande crise de 2008, tenham sido despedidos dezenas de milhares de empregados de bancos em *ambas* as cidades.

Conforme mencionamos, a internacionalização financeira não constituía novidade para os bancos ingleses, que, desde fins do século XIX, mantinham extensas redes de sucursais na África, no Oriente Médio, na Ásia e na Oceania, as quais constituíam valioso legado do velho Império Britânico. Essa é a origem do destacado porte dos bancos comerciais ingleses, como Westminster, Lloyds, Midland, Royal Bank of Scotland e Hong Kong and Shangai Banking Corporation (HSBC), e este último era e é ainda hoje o banco mais capitalizado do mundo. À parte desses colossos, trabalhava na City uma multiplicidade de firmas financeiras especializadas em investimentos e na gestão de novos instrumentos financeiros, como os derivativos.

---

[108] Jones (1993) explica como a banca inglesa foi a primeira a criar redes de milhares de sucursais em escala mundial, desde princípios do século XX.

Um setor de grande crescimento foi a colocação de fundos em paraísos fiscais, localizados em várias ilhas britânicas, como Guernesey, Jersey e Channel Islands, além dos clássicos refúgios europeus de Mônaco, Luxemburgo, Liechtenstein e Andorra, e de uma dúzia de ilhas do Caribe.[109] Como se sabe, foram canalizados para esses lugares fundos cada vez mais vultosos das classes endinheiradas da Europa e dos Estados Unidos, dos xeques árabes dos países petrolíferos e de investidores da Ásia, África e América Latina. Calcula-se que o volume desses negócios em anos recentes se aproxima de 5 trilhões de dólares.[110]

As transformações nos demais mercados financeiros da Europa foram mais tardias e lentas do que em Londres. O historiador Ranald Michie assinala que as bolsas da Europa continental estavam regulamentadas de maneira mais estrita e que seria apenas em 1998 que se estabeleceu um mercado pan-europeu de bônus capaz de competir com os de Londres, Tóquio e Nova York. Não obstante, pouco a pouco, os bancos e as bolsas da Europa continental foram-se abrindo. Por exemplo, a Bolsa de Bruxelas experimentou o impacto do *big bang* desde os anos 1989-90 e, ao mesmo tempo, começaram a se transformar as Bolsas de Paris, de Frankfurt, de Milão e de Madri, entre as de muitas outras cidades.[111]

Outra faceta da globalização financeira na Europa foi a vinculação com os processos de privatização de empresas públicas, muitas das quais haviam sido criadas cerca de meio século antes, durante o período do pós-guerra. No caso da Inglaterra, que foi pioneira nessa política, iniciou-se a venda dessas empresas desde princípios da década de 1980. Um exemplo precursor, embora algo diferente, foi o da Espanha, já que durante o governo de Felipe González (1982-87) tiveram início importantes reformas por meio da estratégia de *reconversão industrial*, a qual pode ser descrita como uma privatização pausa-

---

[109] Para informação detalhada sobre todos os paraísos fiscais em fins dos anos 1990, ver Cornez (1998).

[110] O periódico *Financial Times* tem, nas últimas décadas, oferecido diariamente listas de centenas de fundos de investimento internacionais que operam com agências domiciliadas em paraísos fiscais.

[111] Para uma descrição sintética da revolução nas bolsas da Europa e do mundo desde 1990, ver De Clercq (1992, cap. 22) e Ranald Michie (2006, cap. 9).

da, que assentou algumas das bases da nova economia espanhola. Todavia, o maior impulso proveio das ondas de privatização que ocorreram entre 1988 e 1999. Nesse período, empreenderam-se vendas de empresas públicas na Itália pelo equivalente a mais de 100 bilhões de euros, na Alemanha por quase 80 bilhões, na Grã-Bretanha por 74 bilhões, na França por 66 bilhões, e na Espanha por mais de 40 bilhões de euros (Vittorio, 2003:418).

Uma vez que muitos bancos europeus haviam protagonizado processos de privatização de empresas em seus próprios espaços nacionais, passaram a conduzir negócios similares em outras nações e regiões, o que contribuiu para que se convertessem em bancos globais. Os bancos espanhóis, por exemplo, que tinham sido bastante domésticos, logo se lançaram à conquista de praças financeiras na América Latina: nos anos 1990, os bancos Santander e BBVA absorveram dezenas de firmas financeiras locais em diversos países da região. Por sua vez, esses bancos apoiaram a expansão de uma nova geração de empresas multinacionais espanholas que compraram empresas estatais de setores como telefonia, aviação, petróleo, gás e eletricidade, em Argentina, Chile, Peru, Bolívia, Brasil, México e outros países da América Latina.[112]

Com a globalização bancária, produziu-se um novo fenômeno: a multiplicação de grandes instituições de investimento na Europa, nos Estados Unidos e no Japão, que manejavam enormes carteiras de valores, com um repertório de ações e bônus cada vez mais internacionais. Nesse terreno, exerceram um papel de especial importância as companhias de seguros, os fundos de pensão e as firmas de investimentos de alto risco, cujos ativos cresceram de 13,8 bilhões de dólares em 1990 até superar os 46 bilhões de dólares em 2003 (esses dados referem-se ao conjunto dos investidores institucionais nos países da OCDE).[113] As opções de investimento multiplicavam-se: ações de empresas globais, bônus e letras do Tesouro de um grande número de países, divisas, futuros de petróleo, instrumentos para cobrir riscos como os derivativos, ou,

---

[112] Não se deve esquecer que os maiores bancos franceses (BNP/Paribas, Crédit Agricole e Société Générale) também se transformaram em organizações globais, assim como alguns grandes bancos alemães, italianos e holandeses abriram operações em numerosos países da Europa Oriental e em outras regiões.

[113] A fonte para os dados é Requeijo (2006:62-63).

alternativamente, instrumentos financeiros para apostar nos preços futuros dos diferentes valores que circulavam nos mercados.

TABELA 4
Transações financeiras internacionais, 1982-2004 (bilhões de dólares)

Ano	1982	1990	1997	2004
Empréstimos bancários (eurocurrency)	983	3.870	5.695	9.883
Bônus internacionais	82	226	595	1.560
Derivativos (ver nota)	N.D.	3.450	29.035	183.503
Mercado de câmbio (média diária)	60	590	1.490	1.880

Nota: Os valores de derivativos incluem os de *credit default swaps* e os derivativos de valores em bolsas.
N.D. significa "não disponível".
Fonte: Cassis (2006:256).

Embora a mecânica da globalização financeira tenha avançado com especial rapidez em Londres e se tenha exportado dali a outras praças, não se deve esquecer que os mercados financeiros de Nova York — e demais centros financeiros dos Estados Unidos — seguiam desfrutando de mais profundidade financeira em termos comparativos. Suas operações eram especialmente nacionais ainda nos anos 1980, mas a combinação de seus três mercados de capitais colocava--os — então e agora — em posição excepcional. O maior dos três mercados é, sem dúvida, o de bônus e letras do Tesouro, que tem mais liquidez que qualquer outro no planeta. Em segundo lugar, está a Bolsa de Nova York, que é o mercado em bolsa mais dinâmico e poderoso do mundo para as ações corporativas. Por último, deve-se mencionar o mercado financeiro para empresas tecnologicamente inovadoras, Nasdaq, que cresceu exponencialmente no último decênio do século XX, embora logo apresentasse uma queda espetacular em 2001.

De acordo com as estatísticas de suas operações, no mercado de valores dos Estados Unidos em 1990 eram cotadas ações de empresas por um valor de algo mais que 3 trilhões de dólares, o que era seguido de perto pelo Japão e, bem mais atrás, Inglaterra, Alemanha e França. Por volta de 2003, entretanto, o valor de capitalização nos Estados Unidos já superava 14,2 trilhões de dólares (ressaltemos que estamos falando de 14 milhões de milhões de dólares!), enquanto o Japão havia estancado e seguia sem superar os 3 trilhões de dólares. Em contraste, haviam subido com força a Grã-Bretanha (2,4 trilhões), a França (1,35 trilhões) e a Alemanha (1 trilhão). Tiveram também um crescimento de certa importância as bolsas de Canadá, Suíça e Rússia. Ainda mais notável foi a rapidez da expansão dos novos mercados de capitais na Ásia, onde o valor das cotações de empresas em 2003 se dividia da seguinte forma: Hong Kong, 714 bilhões de dólares; China, 681 bilhões de dólares; e Austrália, 585 bilhões (Michie, 2006:316-317).

Pode-se observar que o mercado de capitais estadunidense era, por si só, maior do que todos os demais do planeta juntos. É por esse motivo que um colapso em Wall Street haveria, inevitavelmente, de sacudir todos os sistemas financeiros do mundo. E o mais impressionante era o tamanho do mercado de bônus e letras do governo dos Estados Unidos. O comércio em valores públicos das praças financeiras estadunidenses (sobretudo o de letras do Tesouro) alcançava o incrível volume de 111 bilhões de dólares *por dia* em 1990, mas já ultrapassava 733 bilhões de dólares diários em 2003; e, na atualidade, é ainda mais vultoso.

O auge especulativo de fim de milênio nos Estados Unidos, na bolsa e nos demais âmbitos financeiros foi acompanhado de uma notável expansão das transações no enorme mercado imobiliário norte-americano, o que deu origem à maior expansão da atividade de construção de casas e edifícios já vista nesse país. Ao mesmo tempo, produziu-se um crescimento espetacular das empresas de telecomunicações e informática, que eram a expressão de uma nova revolução tecnológica e econômica. Em sua obra intitulada *Os felizes 90*, o economista e Prêmio Nobel Joseph Stiglitz descreve o otimismo transbordante que se vivia em Wall Street e Washington por motivo da transformação tecnológica. Stiglitz mostrou-se um dos membros mais cautelosos da administração Clinton em sua apreciação dos riscos que implicava a euforia financeira que se desatou naqueles anos. Como membro do conselho de assessores presidenciais e, logo a seguir, como vice-presidente do Banco Mundial, pôde manifestar-se e criticar a "exuberância irracional" que arrebatou não apenas investidores e banqueiros, mas quase todos os membros da administração democrata. Para a maioria dos altos funcionários e financistas, não haveria motivo para preocupar-se: a inflação estava controlada, a dívida pública estadunidense diminuía, os ingressos fiscais aumentavam, a bolsa subia, assim como os preços dos imóveis. Tratava-se, em poucas palavras, do melhor de todos os mundos possíveis, como teria dito Pangloss, o filósofo eternamente otimista da obra *Cândido*, de Voltaire.

Não obstante, um exemplo recente chamava a atenção e deixava em evidência o fracasso estrepitoso que poderia advir em consequência da expansão desmesurada dos mercados financeiros. Tratava-se do Japão, a segunda economia do mundo: em 1990 havia padecido de uma enorme crise financeira que de pronto se transformou em prolongada recessão. O colapso proveio de uma sucessão de bolhas produzidas aceleradamente, desde meados dos anos 1980, nos mercados imobiliários e na bolsa desse país. A grande especulação teve partida com a valorização do iene com relação ao dólar na primavera de 1985, após o que o Banco do Japão injetou liquidez nos mercados creditícios. Entre 1986 e 1987, o banco central voltou a baixar a taxa de desconto em cinco ocasiões, empurrando-a para baixo, desde os 5% até chegar a 2,5%, "o valor mais reduzido desde a guerra" (Torrero Mañas, 2006:49). O objetivo principal das autoridades financeiras japonesas consistia em desvalorizar a moeda para ajudar a suster as exportações, evitando que os produtos japoneses se tornassem demasiado caros nos mercados internacionais.

O efeito da redução do custo do crédito foi instantâneo: as classes médias e altas japonesas voltaram a aplicar de maneira maciça na bolsa de valores e em bens imóveis. Esse poderoso movimento foi impulsionado, ainda, pelas elevadas taxas de poupança do Japão, que se contavam entre as mais altas do mundo. Os preços dispararam: o índice Nikkei 225 da Bolsa de Tóquio estava no nível de 11.542 pontos em dezembro de 1984 e passou a 38.915 em dezembro de 1989. No caso dos preços dos terrenos, a escalada foi muito mais abrupta. Em 1989, o valor dos terrenos para uso residencial em Tóquio alcançou 150 vezes o correspondente à zona metropolitana de Nova York, 16 vezes o de Londres e 35 vezes o de Paris (Torrero Mañas, 2006:48).

Tais níveis de especulação criaram enormes bolhas nos mercados financeiros japoneses. Não tardou a vir o colapso, e a partir de 1990 todos os preços de imóveis e de ações começaram a cair, e o fizeram de forma sustentada. Em 1992 o índice Nikkei havia baixado a menos de 50% do seu valor em 1989, e sua queda prosseguiu: em abril de 2002, a Bolsa de Tóquio havia perdido 75% do nível máximo alcançado havia 13 anos. No caso dos imóveis, a tendência era ainda mais pronunciada. Segundo um estudo da *The Economist*, o valor dos espaços comerciais nas seis cidades mais importantes do Japão baixou 84% entre 1991 e 2001 (Torrero Mañas, 2006:48-49). Essas altas e quedas brutais explicam em boa medida a prolongada paralisia econômica de que tem padecido aquela nação até nossos dias. Em suma, já desde meados da década de 1990, apesar dos elogios à expansão financeira na era da globalização, o caso japonês demonstrava os enormes perigos da volatilidade financeira para a economia e a sociedade.

GRÁFICO 13

Comportamento real da bolsa de valores e do mercado imobiliário do Japão, 1985-2000

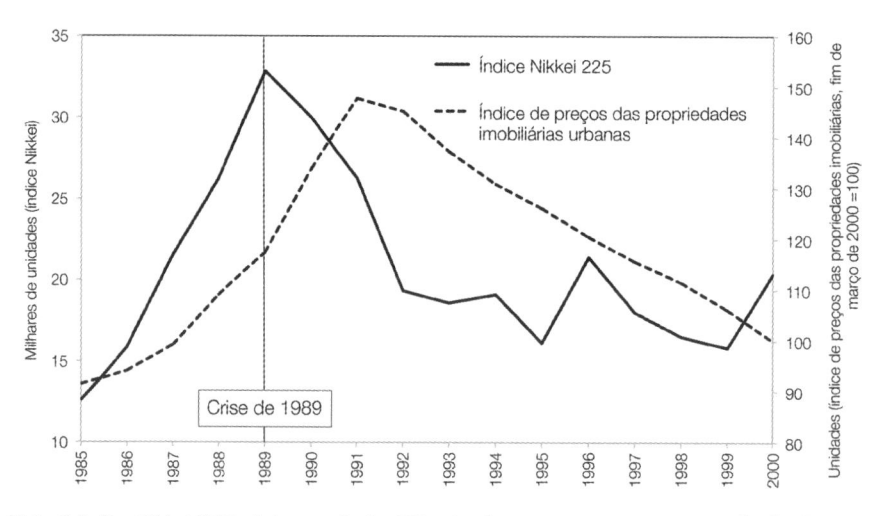

Nota: O índice Nikkei 225 inclui a cotação das 225 ações das empresas mais ativas na Bolsa de Tóquio. A lista renova-se anualmente.

Fonte: Elaboração própria com base em Yahoo! (2010). E no Ministry of Internal Affairs and Communications (2009, cap. 17, prices: 17-12 urban land price index).

Curiosamente, o grande colapso financeiro no Japão não teve consequências importantes nem contagiou outras nações; mesmo internamente ao Japão, os efeitos sobre emprego, salário e consumo foram atenuados, devido aos extraordinários níveis de vida alcançados pela maioria da população japonesa nos decênios anteriores, e nisso incluíam-se não apenas empresários e profissionais executivos, mas também trabalhadores comuns e camponeses. Talvez por esse motivo não se tenha percebido no resto do mundo a severidade e o tamanho do descalabro nos bancos e nas bolsas japoneses.

Contradições políticas e econômicas da alavancagem globalizadora

A aceleração da globalização econômica levou a que fosse celebrada nos meios de comunicação de massa e em dezenas de publicações.[114] As razões apregoadas para enaltecer a nova economia desde princípios da década de 1990 eram, sem dúvida, poderosas, mas existiam, e não devem ser esquecidas, fortes contradições subjacentes — de caráter político e econômico — nas distintas regiões do mundo. No caso da União Europeia, recordemos que seguiu desfrutando de fortes taxas de crescimento até princípios dos anos 1990, as quais eram consequência da progressiva integração do maior mercado regional do mundo. Não obstante, em 1992 e 1993, uma série de ataques especulativos contra as principais moedas afetou o Sistema Monetário Europeu (SME).[115] Um dos fatores que favoreceram a especulação foi o incremento da taxa de juros na Alemanha, considerada a locomotiva econômica da Comunidade Europeia. O aumento deveu-se aos enormes custos financeiros da integração das Alemanhas — a República Democrática Alemã (antes um Estado socialista) com a República Federal da Alemanha —, um processo

---

[114] Ver nossa bibliografia ao final do livro e o site (http://historiadelascrisis.com) para detalhes de publicações eletrônicas e bibliografia sobre o tema.

[115] Esse sistema consistia em uma série de acordos entre os principais países-membros da União Europeia, para manter déficits baixos e uma banda de flutuação dos tipos de câmbio de suas respectivas moedas, com uma margem de flexibilidade de 2% a 3% nas taxas de câmbio. Esse sistema veio abaixo em 1992. Para antecedentes, ver Eichengreen (1996:160-171).

que foi impulsionado pelo chanceler Hermut Kohl e que contou com o apoio dos grandes partidos políticos, o democrata cristão e o social-democrata. A união política — a mais custosa da história em termos financeiros — obrigou o banco central, o Bundesbank, a restringir a emissão monetária para evitar uma forte inflação, o que deu origem a uma maior volatilidade financeira na Europa e gerou tensões cambiais em outros países.

De fato, desde 15 de setembro de 1992 produziram-se várias ondas de ataques especulativos contra as moedas europeias — franco, libra, lira, escudo e peseta — que ocasionaram a saída da libra e da lira do Sistema Monetário Europeu e a desvalorização da peseta e do escudo. De acordo com o economista espanhol Jaime Requeijo (2006:11):

> As convulsões se sucederam ao longo dos meses seguintes, novamente provocando maciças intervenções e outra desvalorização da peseta, até que a tormenta de agosto de 1993, tendo o *franco* como objetivo do ataque especulativo, produziu a decisão comunitária de ampliar as faixas de flutuação até 15%. A decisão supunha, de fato, a passagem para um sistema de flutuação que não se modificaria até a chegada do *euro* em janeiro de 1999.

Depois da crise cambial e durante um par de anos, as economias da Europa Ocidental tiveram um desempenho relativamente pobre, com expansão das taxas de desemprego. No caso da Espanha, que foi talvez o país mais castigado pela crise, o economista Torrero Mañas (2008:44) assinala que ao longo de 1992 "ocorreram sucessivas quedas do padrão monetário, contrariamente aos desejos do Governo, que considerava a solidez da peseta uma base essencial da política inti-inflacionária". Produziu-se um forte surto inflacionário na economia espanhola, acompanhado por aumento do déficit comercial e de crescente desequilíbrio das contas fiscais. Especialmente traumático foi o fato de o desemprego ter disparado, alcançando em 1994 a impressionante cifra de 24,2% da população ativa, em uma época em que a média de desemprego dos países da OCDE se mantinha abaixo de 8%. A crise monetária contribuiu para o enfraquecimento da administração do presidente espanhol Felipe

González, cujo partido, o PSOE, sofreu forte derrota nas eleições de 1993. Porém, apesar do tropeço monetário e financeiro, consolidou-se a incorporação dos países da Europa Meridional à União Europeia, e, inclusive, começou-se a discutir a futura entrada de novos sócios da Europa Oriental, que iniciavam seu caminho rumo à democracia capitalista.

A queda do Muro de Berlim em 1989 abriu um processo de rápidas transformações dos regimes políticos e das economias da Europa do Leste. Confiava-se em que aqueles países que desfrutavam de altos índices de capital humano — quer dizer, com amplos setores de profissionais especializados e trabalhadores com boa formação técnica — teriam o potencial para conseguir uma bem-sucedida transição para uma economia de mercado competitiva. Não obstante, conforme se encontra bem documentado, o processo foi extremamente complexo e em alguns casos conflituoso.[116] Os custos humanos, econômicos e sociais foram elevados, especialmente por causa das guerras dos anos 1990, na antiga Iugoslávia e nos Bálcãs.

Ainda não se sabe com certeza qual foi a causa da complicada relação entre o auge da globalização e o fim dos regimes do socialismo real da União Soviética e da Europa Oriental nos anos 1990. O trauma político e econômico foi maior na antiga União Soviética, que se desmembrou em uma federação de estados assimétricos e sujeitos a constantes rivalidades e disputas, em particular pelo controle dos recursos naturais. Adicionalmente, durante quase um decênio, a Rússia passou por uma extraordinária crise demográfica, acompanhada de uma prolongada recessão econômica; em ambos os casos, sinais de que o desmantelamento do velho Estado soviético e a desregulamentação dos mercados em primeira instância não funcionaram. Todos os governos russos dos anos 1990 se esforçaram por vender a esperança de que a transição permitiria alcançar com rapidez a democracia, o equilíbrio econômico e a paz social. Eram ilusões.

No caso da América Latina, o discurso favorável à globalização foi abraçado por quase todos os políticos que chegaram à presidência nesses anos:

---

[116] Para referências, ver Eichengreen (2006, caps. 10-11).

Carlos Salinas de Gortari (1989-94) no México, Carlos Menem (1989-94) na Argentina, e Fernando Henrique Cardoso (1995-2003) no Brasil. Numerosos acadêmicos e banqueiros anunciaram que depois da entrada em marcha do Plano Brady, da troca de dívidas de diversos países desde 1988, se havia posto fim à longa crise da dívida externa. Todavia, o saldo total das dívidas externas latino-americanas não diminuiu; ao contrário, foi aumentando de maneira pronunciada ao longo do decênio 1990-2000. O serviço da dívida continuou a ser, sem margem a dúvidas, o maior pesadelo das finanças públicas da região, e contribuiu para persistentes e graves problemas nos balanços de pagamentos, apesar de se terem registrado importantes entradas de investimentos estrangeiros diretos, acompanhados por fluxos instáveis de capitais de portfólio.

Um caso muito mais contundente, que evidencia o sucesso nas tendências de crescimento econômico nesse período, foi o que experimentaram vários dos países mais populosos da Ásia, destacando-se em particular a impressionante alavancagem econômica da China e da Índia. De 1988 em diante, as taxas anuais de crescimento do PIB na China excederam 10% ao ano e na Índia aproximaram-se de 6%. Porém, a maior parte desse formidável crescimento deveu-se à poupança interna em cada país. A globalização financeira não explicava o êxito, já que, em termos relativos, o investimento estrangeiro era claramente minoritário. Mais importante era o impulso da globalização comercial, devido ao qual as exportações vieram a constituir uma fonte fundamental de crescimento. Esse fator destacava-se especialmente no caso das economias de Coreia do Sul, Indonésia, Tailândia, Malásia e Filipinas. Contudo, nestes últimos países, os fluxos internacionais de capital foram em grande parte responsáveis por gravíssimas crises que espocaram simultaneamente em 1997. Não é claro que a desregulamentação financeira tenha favorecido a maior economia da Ásia, a do Japão, que — conforme já comentamos — entrou em prolongada recessão econômica a partir de uma gigantesca crise imobiliária, bancária e nas bolsas que se deflagrou em 1990.

A globalização financeira teve efeitos também contraditórios para os países do Oriente Médio, região na qual a primeira Guerra do Iraque (1990-91) e a forte instabilidade política e militar fizeram estragos. O já antigo fenômeno de reciclar petrodólares prosseguiu funcionando por meio de alianças com os bancos norte-americanos e europeus, e permitiu melhoras no desempenho econômico de alguns países. Entretanto, isso em geral não se deu de forma sustentada e teve efeitos negativos quanto à distribuição dos investimentos.

No caso da África, durante esses anos, os processos de globalização produziram resultados mais negativos do que positivos, pois, ao invés de contribuir para a estabilidade, abriram canais eficazes para o financiamento de dezenas de guerras civis e para a facilitação de enormes fugas de capitais em direção a paraísos fiscais, por parte de dirigentes políticos, militares e empresariais corruptos. Os terríveis castigos infligidos pela epidemia de Aids e pela fome afundaram milhões de africanos em níveis abismais de pobreza. A única contrapartida a esses estragos foi o extraordinário êxito político e social alcançado na África do Sul, quando Nelson Mandela e o partido do Congresso Nacional Africano conseguiram assumir o poder em 1994, por meio das primeiras eleições democráticas desse país. O segredo dessa transição residiu na habilidade política, na moderação e no espírito de sacrifício das novas forças sociais, o que permitiu a transição não apenas do autoritarismo para a democracia, mas também do racismo secular à tolerância entre brancos e negros, entre etnias e entre ricos e pobres.

Esse espírito de prudência e abnegação, no entanto, não correspondia à euforia especulativa e à exaltação pelo material que se apoderou de bancos e de investidores nos Estados Unidos e na Europa Ocidental na última década e meia do milênio. Em suma, as contradições e as tensões políticas e sociais do mundo não obstaculizaram a corrida pela maior expansão e diversificação dos mercados financeiros da história. Não obstante, e em meio ao auge, irrompeu entre 1995 e 2001 uma série de crises financeiras em numerosos países em desenvolvimento, que começaram a pôr em dúvida os benefícios da globalização.

A multiplicação das crises financeiras nos países emergentes entre 1994 e 2001

Embora as origens da globalização financeira contemporânea possam ser encontradas nas transformações dos mercados bancários e das bolsas de valores de algumas nações avançadas desde meados dos anos 1980, seu impacto nos países em vias de desenvolvimento não se manifestou com força até princípios dos anos 1990. Desde então, a imprensa financeira começou a denominar "mercados emergentes" os países da América Latina, da África e da Ásia, e essa terminologia algo confusa generalizou-se de tal maneira que se tornou frequente falar também de "países emergentes". É evidente que, em termos históricos, é uma aberração atribuir a palavra "emergente" a sociedades milenares como as de México, Indonésia, China, Índia ou Egito; mas com isso os banqueiros se referiam, na realidade, ao fato de que se começava a observar nesses países o desenvolvimento de mercados mais complexos e mais fortes. Chegou-se a pensar que era iminente a consolidação de uma rede global de bolsas e mercados dinâmicos, o que marcaria o apogeu do capitalismo contemporâneo.

Não obstante, tanto os banqueiros como os políticos se deixavam ofuscar pelas perspectivas de uma expansão financeira e econômica infinita, não se dando conta dos desequilíbrios inerentes a um mundo de sistemas monetários e bancários diversos e altamente instáveis, que podiam ser golpeados com dureza pelas crescentes ondas de capitais especulativos que cruzavam os mares em um instante, através dos cabos óticos dos bancos.

Não se deve esquecer que, desde princípios dos anos 1990, numerosos jornalistas e acadêmicos avisaram quanto aos perigos que envolvia o caminho empreendido. Quando se releem os jornais e as revistas econômicas editados na época em diversos países em desenvolvimento, encontra-se uma abundante quantidade de análises críticas que enfatizavam as perigosas consequências que podiam resultar da adoção de políticas de liberalização e privatização aceleradas, a partir de mercados relativamente pequenos e muito concentrados, dominados por oligopólios financeiros que mantinham alianças com elites políticas que, por sua vez, toleravam alto grau de corrupção. A falta de mecanismos para proporcionar crédito à pequena e à média empresa e ao campo nos países pobres ou em vias de desenvolvimento também era assinalada como uma clara falha das novas políticas econômicas.[117]

A globalização financeira dos anos 1990, por exemplo, não tomou de surpresa os múltiplos analistas da dívida externa latino-americana, que já tinham estudado as desastrosas consequências do endividamento dos anos 1970 e os ainda mais catastróficos resultados das crises financeiras dos anos 1980. Internamente a organismos como a Cepal e o BID, observavam-se com peculiar mescla de otimismo e preocupação as novas ondas de capital especulativo que foram chegando aos mercados de México, Brasil, Argentina, Chile, Colômbia, Venezuela e outros países da região desde 1990. Foram particularmente perspicazes as análises de uma série de economistas e especialistas em América Latina sobre o impacto desigual dos novos fluxos financeiros: entre esses se destacam os nomes de José Antonio Ocampo, Barbara Stallings, Stephany Griffith-Jones, Ricardo French-Davis, Robert Devlin, Patricia Adams, Oscar Ugarteche e Alberto Acosta.[118]

Esses economistas estavam preocupados com o efeito que podia ter a entrada abrupta e maciça de capitais externos nas economias de países em vias de desenvolvimento, que apenas recentemente estavam se recuperando da crise das dívidas que havia ocorrido durante a chamada "década perdida" dos anos 1980. Na maior parte da América Latina, a transição de ditaduras a democracias conferia grande complexidade à conjuntura político-econômica. Adicionalmente, nos casos de Argentina, Brasil e México, os sistemas monetários eram frágeis ainda, mesmo depois que os governos desses países tinham finalmente vencido a hiperinflação que os assolara entre 1985 e 1990. Porém, logo a seguir, ingressaram na região vultosos fluxos de capital, especialmente como investimentos de portfólio, muito voláteis. Cerca de 1993, os fluxos privados de capital que chegaram aos países em vias de desenvolvi-

---

[117] Um excelente site para consultar cerca de 50 revistas econômicas da América Latina em formato digital de consulta aberta é o Redalyc (http://redalyc.mex.mx).

[118] Para referências, ver a bibliografia selecionada ao final deste livro.

mento alcançaram uma média de 149 bilhões de dólares ao ano, um notável contraste com o período de 1982 a 1989, quando a periferia tinha sido exportadora líquida de capitais aos países do centro.[119]

Depois de ter passado por um processo de descapitalização, a América Latina voltava a ser um dos destinos preferidos da nova globalização financeira. A imprensa econômica internacional, como o *Financial Times*, o *Wall Street Journal* e as revistas financeiras *Euromoney* e *Latin Finance*, não deixou de destacar os supostos benefícios que poderiam gerar esses fluxos de capital. Todavia, os observadores mais perceptivos argumentaram que, apesar do aumento das taxas de crescimento econômico registrado desde 1990 na América Latina, e ainda mais na Ásia Oriental, a globalização financeira poderia provocar novos desastres financeiros, bancários e cambiais. De fato, desde o início da crise mexicana de dezembro de 1994, colapsos financeiros multiplicar-se-iam em muitas partes do planeta. A instabilidade e a volatilidade estimuladas pela desregulamentação financeira não eram em absoluto desprezíveis.

A compreensão dessa problemática foi ampliada por um grupo importante de economistas de universidades anglo-americanas, que publicaram uma série de estudos comparativos, nos quais demonstravam que a multiplicação das crises ocorridas no período posterior a 1982 recordava a situação vivenciada durante a primeira globalização, dos anos 1870 a 1914, e a dos anos 1930. Essa nova produção de trabalhos em história financeira comparada foi encabeçada por pesquisadores como Michel Bordo, Guillermo Calvo, Albert Fishlow, Barry Eichengreen, Sebastian Edwards, Richard Portes, Barbara Stallings e Jeffrey Sachs, entre outros, que elaboraram minuciosa anatomia das crises financeiras, visando a distinguir entre crises bancárias, monetárias, de bolsa e de dívida.[120]

Um exemplo recente das análises dessa escola é um estudo muito citado de Carmen Reinhart e Kenneth Rogoff (2008), dedicado à história das crises bancárias e financeiras da era contemporânea, que estabelece uma espécie de balanço cronológico internacional. Uma ênfase inicial é atribuída à análise

---

[119] Ver Kahler (1998:1). Comparar com estatísticas no livro de Stallings (1995:146).
[120] Vários desses autores têm sites com suas monografias. Ver alguns enlaces em nosso site (http://historiadelascrisis.com).

do que chamam os "cinco grandes colapsos bancários em países avançados": Espanha (1977), Noruega (1987), Finlândia (1991), Suécia (1991) e Japão (1992); mas destacam a multiplicação das crises bancárias na periferia. São estudadas as crises bancárias em cinco países asiáticos no período de 1997 a 1998 (Tailândia, Indonésia, Coreia, Malásia e Filipinas), assim como as da Colômbia (1998) e Argentina (2001). Em geral, a comparação demonstra que, em cada país analisado, uma crise bancária costuma ter efeitos profundos, que desembocam no colapso dos mercados de bolsas de valores e de moradias, acompanhado por uma queda dos preços das residências que dura seis anos e alcança 35% em média, enquanto nas bolsas a média da queda é de 55% e se prolonga por mais de três anos. Ao mesmo tempo, e para o conjunto dos países que estudaram, Reinhart e Rogoff observam importantes baixas na produção (9%) e no emprego (7%). Por último, observam que dispara a dívida governamental, cujo valor aumenta de 86% nos episódios considerados.

DIAGRAMA 5
Crises nas economias periféricas

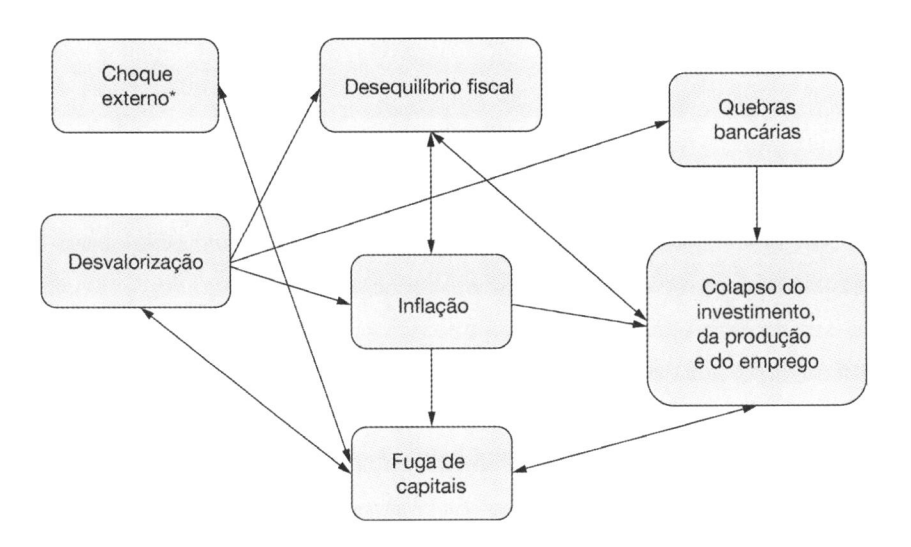

* Exemplos de choques externos são: a alta súbita das taxas de juros internacionais, as variações para baixo no preço de *commodities* como petróleo e cobre etc.
Fonte: Moreno e Ros (2009:158).

Nos vários casos nacionais analisados, as crises bancárias não se converteram em crises sistêmicas, enquanto em outros levaram ao virtual colapso dos mercados financeiros e ao começo de uma violenta recessão (diagrama 5). Michael Bordo e Barry Eichengreen analisaram 95 crises em países em vias de desenvolvimento ocorridas entre 1973 e 1997: 17 foram quebras bancárias, 57 foram crises cambiais e 21 foram crises gêmeas (*twin crises*). A gravidade dos colapsos, como argumentou Michael Bordo (1998), era maior quando se tratava de crises gêmeas, ou seja, uma série simultânea de colapsos bancários e cambiais.

México: a crise dos "tesobonos" (1995) e o resgate internacional

O primeiro colapso financeiro registrado na América Latina, que pôs em questão os benefícios da nova globalização, foi a derrocada mexicana, também conhecida como "crise da tequila". Nesta seção comentaremos em detalhe a anatomia dessa derrocada, não apenas porque foi a primeira a se classificar como *crise de mercado emergente*, mas também porque oferece um exemplo da complexidade e da particularidade das interseções entre políticas e finanças, que eram características das diversas crises latino-americanas e asiáticas que irromperam ao longo dos anos 1990.

A entrada de capitais em carteira no México entre os anos 1990 e 1993 havia sido substancial, alcançando cerca de 90 bilhões de dólares. Tratava-se de um caso precursor e paradigmático da nova internacionalização financeira, pois o México foi a nação que durante esse período recebeu a maior quantidade de fluxos de capital de todos os países em vias de desenvolvimento.[121] Os agentes financeiros dos investidores estrangeiros confiavam na política cambial adotada pelo presidente mexicano, Carlos Salinas de Gortari, a qual permitia uma variação muito lenta do valor do peso, oferecendo segurança para a conversão ao dólar dos capitais e ganhos a qualquer momento.

---

[121] Um estudo detalhado é o do Fundo Monetário Internacional (1995:53-68).

Logo ficou demonstrado que o capital volátil entrava precisamente com a expectativa de sair em curto prazo, apoiando-se na continuidade da política cambial.

De vários pontos de vista, a crise financeira e monetária mexicana de fins de 1994 e princípios de 1995 pode ser entendida como outra *crise de dívida*, porém combinou-se em um complexo colapso monetário e bancário de novo cunho. Várias características a distinguem das anteriores crises da dívida externa mexicana e latino-americana do período 1982-88. Em princípios de 1994, a dívida externa mexicana *de longo prazo* superava os 122 bilhões de dólares, a cifra mais alta de sua história. Esse total incluía cerca de 80 bilhões de dólares em dívida pública, e também uma considerável quantidade de bônus internacionais de empresas paraestatais, como a Pemex, e de grandes empresas privadas mexicanas, como a Cemex e a Telmex, que tinham colocado vários bilhões de dólares em bônus na Bolsa de Nova York nos anos 1990.[122]

Uma das características mais perigosas da situação em 1994 foi que havia aumentado muitíssimo a dívida externa contratada em curto prazo, em especial de bancos mexicanos. De acordo com uma investigação efetuada em fins de 1994 por *El Financiero*, um periódico especializado, essa dívida superava 57 bilhões de dólares: a metade era responsabilidade dos bancos de fomento (Nacional Financiera, Banobras e Banco Nacional de Comercio Exterior), enquanto o restante havia sido contratado por bancos privados mexicanos. Em ambos os casos, haviam-se negociado empréstimos a baixas taxas de juros nos Estados Unidos, para logo outorgar créditos a empresários mexicanos a taxas bem mais elevadas; com a diferença, as instituições financeiras podiam obter grandes lucros.[123] Essa tendência deveria ter causado preocupação ao impassível e imobilista Banco do México, mas não foi o que ocorreu.

A primeira fase da fuga de capitais começou em março de 1994, após o assassinato do candidato à presidência Luis Donaldo Colosio. Inexplicavel-

---

[122] Esse valor incluía cerca de 80 bilhões de dólares de dívida pública, assim como bilhões de dólares em bônus internacionais de grandes empresas como Pemex, Cemex e Telmex. Havia ainda na Bolsa de Nova York ações e bônus de importantes conglomerados mexicanos, tais como Grupo México, Femsa, Alfa, Vitro e outros. Ver Pozas (2006).

[123] De fato, os dados utilizados por *El Financiero* (23 fev. 1994) foram do Banco do México, mas as autoridades do banco central, como em 1981, não previram os perigos do colapso iminente.

mente, o Banco do México não publicou informes sobre a saída de fundos, que alcançou quase 10 bilhões de dólares em poucos dias. Tampouco proporcionou informações sobre a baixa de suas próprias reservas, o que contribuiu para gerar um clima de incerteza nos mercados financeiros nacionais e internacionais. Surpreende ainda que a paridade cambial apenas se tenha modificado no restante do ano, enquanto a fuga de capitais prosseguia com altos e baixos, provocando forte queda da bolsa de valores. Para compensar a drenagem das reservas do banco central mexicano, seus dirigentes propuseram à Secretaria da Fazenda, dirigida por Pedro Aspe, que aumentasse a emissão de estranhos instrumentos de dívida pública, que foram batizados de "*tesobonos*".[124] O governo vendeu os novos valores em quantidades crescentes a investidores estrangeiros e nacionais, até chegar à descomunal cifra de 30 bilhões de dólares em dezembro de 1994. Contudo, o insólito não era apenas o alto volume da dívida, mas o fato de que seu vencimento estava previsto para os primeiros nove meses de 1995: quer dizer, o governo — da mesma forma que os bancos — havia construído uma bomba-relógio, com uma gigantesca dívida externa a ser liquidada em curtíssimo prazo.

Como de hábito demonstra a história econômico-financeira latino-americana, os mais importantes ciclos de endividamento quase sempre são seguidos por desvalorizações e fortes crises (Gourinchas, Valdés e Landerretche, 2001). O problema é saber como moderar a fase de pico e como evitar o colapso financeiro. Ficou claro, em consequência, que nem o secretário de Fazenda, Pedro Aspe, nem o diretor do Banco do México, Miguel Mancera, tiveram a perspicácia suficiente para se antecipar ao descalabro que estava sendo gestado. A conveniência de desvalorizar a moeda no transcurso do ano de 1994 era clara por várias razões, entre as quais se podem citar as seguintes: (1) a crescente fuga dos "capitais andorinha" desde março de 1994; (2) um crescente hiato entre o forte aumento dos preços domésticos do México em 1994 e o lento deslizar do peso diante do dólar; (3) um déficit comercial cada vez maior, devido ao forte incremento das importações, estimulado pelo câmbio quase

---

[124] Os "*tesobonos*" mexicanos eram liquidados em pesos indexados à cotação do dólar. Esses valores eram "formalmente" dívida interna, mas na prática constituíam uma dívida externa em curto prazo.

fixo e pela assinatura do Tratado de Livre-Comércio da América do Norte em janeiro de 1994; (4) a gestão politizada das finanças públicas em um ano eleitoral; (5) a arriscada contratação de um enorme volume de dívida bancária a curto prazo em dólares e a emissão dos perigosíssimos "*tesobonos*".

As autoridades políticas e econômicas, no entanto, não tomaram a corajosa e necessária decisão de modificar as políticas monetárias e financeiras, e deixaram que se acumulassem todas as pressões políticas e econômicas de maneira conjunta, até chegar-se ao ponto de máxima tensão, que foi alcançado no momento da troca da administração presidencial em dezembro de 1994, quando Carlos Salinas de Gortari deixou o poder nas mãos do recentemente eleito Ernesto Zedillo. Três elementos contribuíram para gerar uma extraordinária pressão sobre os mercados financeiros mexicanos nas primeiras semanas desse mês. O primeiro foi a preocupação com a transição política, a qual provocou novas saídas de capitais e crescentes pressões sobre o peso. O segundo foi uma queda substancial da bolsa mexicana (FMI, 1995:57-60). O fator final de desencadeamento da crise foi a especulação em "*tesobonos*" por um grupo de banqueiros e ricos investidores mexicanos entre 1º e 15 de dezembro, que contou com o inaudito beneplácito do Banco do México.

Miguel Mancera cometeu então *o pecado* que um dirigente de banco central jamais deve cometer: enviou sinais aos maiores agentes dos "mercados financeiros" advertindo-os da iminência de uma desvalorização. Soube-se que o novo secretário de Fazenda, Jaime José Serra Puche, estava contemplando a conveniência de ampliar a "banda" de flutuação do peso. Os mercados reagiram com uma demanda crescente de dólares e, na tarde de 20 de dezembro, Miguel Mancera cometeu a incrível gafe de perguntar aos banqueiros privados se lhes parecia suficiente uma ampliação de 15% da faixa. Esses responderam que sim, mas na manhã seguinte esses mesmos executivos financeiros liquidaram grande quantidade de seus ativos e recorreram ao Banco do México para comprar moeda estrangeira dentro da banda ligeiramente ampliada, com o que puderam adquirir 8 bilhões de dólares a preços baixos em poucas horas. Provocaram assim a quase completa descapitalização do Banco Central. Com menos de 4 bilhões de dólares em suas reservas internacionais, às duas da tarde de 22 de dezembro o Banco do México viu-se forçado a aceitar a livre flutuação do peso, sem contar com instrumentos para defendê-lo contra novos ataques especulativos. Estes seguiram repetindo-se, até provocar uma desvalorização ainda maior, que chegou a quase 100% em apenas quatro semanas. Dessa maneira, o Banco do México tornou-se o primeiro banco central autônomo do mundo a levar sua própria economia à falência.

A instabilidade que a crise financeira mexicana gerou nos mercados internacionais representou uma ameaça tão grave para a economia dos Estados Unidos que exigiu uma ação multilateral de emergência. O pacote de resgate financeiro — coordenado pelo Tesouro dos Estados Unidos — foi o maior organizado para um só país na história, ao menos até então. O secretário do Tesouro dos Estados Unidos, Robert Rubin, empreendeu consultas junto ao presidente Clinton e ao diretor da Reserva Federal, Alan Greenspan, e rapidamente pôs em marcha o "Acordo Normativo entre Estados Unidos da América e México para a Estabilização da Economia Mexicana", firmado em fevereiro de 1995 pela administração de Ernesto Zedillo.

O plano de emergência para o México ofereceu, em princípio, mais de 40 bilhões de dólares com base na participação combinada de tesourarias de governo, bancos centrais, bancos multilaterais e bancos privados de Estados Unidos, Canadá, Europa e Japão. Seus componentes mais importantes foram um empréstimo de 17 bilhões de dólares pelo FMI e um acordo *swap* entre o Tesouro dos Estados Unidos e a Secretaria de Fazenda do México, que se calculava inicialmente em outros 20 bilhões de dólares.[125]

Na realidade, a maior parte do dinheiro adiantado serviu para amortizar os 30 bilhões de dólares em "*tesobonos*" que se encontravam em mãos de grandes investidores mexicanos e estrangeiros.[126] Contudo, em vez de pro-

---

[125] Por um acordo adicional firmado pelo governo mexicano, ficou estabelecido que a empresa estatal Pemex se via obrigada a entregar 96% de sua receita em exportações de óleo cru, depositando os valores em uma conta do Banco da Reserva Federal de Nova York, pelo tempo requerido para amortizar as dívidas do Estado mexicano com o Tesouro norte-americano.

[126] Os 30 bilhões de dólares em "*tesobonos*" foram vendidos a uma taxa entre 3 e 3,5 pesos por dólar entre março e princípios de dezembro de 1994. Porém, após a desvalorização, os detentores cobra-

por um calendário de pagamentos mais dilatado, por causa da bancarrota de dezembro, as autoridades mexicanas aceitaram proceder ao resgate junto aos investidores. Essa estratégia impediu a revalorização do peso e a recuperação da economia mexicana, que entrou em colapso, por causa do súbito aumento da inflação e das taxas de juros e da falta de um programa para defender o emprego. Em pouco tempo, devido à bancarrota de numerosas empresas que deixaram de pagar seus empréstimos, entraram em quebra técnica os bancos mexicanos em sua maioria. O governo criou um programa para absorver os créditos incobráveis, que em grande número pertenciam a empresários. O resgate finalmente exigiu um aumento da dívida governamental de cerca de 100 bilhões de dólares, cujo serviço os contribuintes mexicanos prosseguem pagando até hoje.

Depois da crise, multiplicaram-se as quebras de empresas e os maiores bancos mexicanos foram vendidos a três grupos estrangeiros, Citibank, BBVA e Santander. Durante 1995, perdeu-se quase 1 milhão de empregos na economia e intensificou-se de maneira formidável a emigração de trabalhadores para os Estados Unidos. O que houve foi, de um lado, um profundo colapso em escala nacional que teve importantes impactos na América Latina, afetando a cotação de valores nos mercados de capitais de Argentina, Brasil e Colômbia; por outro lado, representou o prelúdio de outras crises, que haveriam de explodir na Ásia pouco depois.

As crises asiáticas e os novos colapsos financeiros na América Latina, 1997-2001

Uma das consequências da crise mexicana foi que, depois de 1994, os fluxos internacionais de capital tenderam a reorientar-se em direção à Ásia Oriental, em particular para China, Tailândia, Malásia, Indonésia e Filipinas. Calcula-se que na década de 1990 esses fluxos superaram os 450 bi-

---

vam uma taxa média de 6,5 a 7 pesos por dólar de cada bônus, no transcurso de 1995. O ganho (em pesos mexicanos) era de 100% em média.

lhões de dólares. Não obstante, como no caso mexicano, um dos fenômenos mais desestabilizadores foi a grande quantidade de empréstimos de curto prazo que chegou às praças asiáticas. A entrada de capitais fomentou altas consideráveis nas bolsas locais e uma expansão dos sistemas bancários, com bruscas subidas dos preços dos ativos financeiros e dos imóveis. Esse auge manteve-se até 1996, quando as exportações industriais dos chamados "tigres asiáticos" (incluindo a Coreia) começaram a decair, em parte devido à enorme competência que existia nesses países para a conquista de mercados externos. Produziram-se crescentes fugas de capitais de curto prazo, que geraram pressões pela desvalorização das moedas mais frágeis da região. A exceção foi a China, que não aceitou investimentos em carteira e recebeu, em especial, investimentos diretos (em longo prazo), devido a sua estrita regulamentação.

Em maio de 1997, o *baht* tailandês e o peso filipino sofreram fortes pressões de baixa, mas, por algumas semanas, foram respaldados pela intervenção de Cingapura no mercado de divisas, com apoio do Japão, que tinha volumosos investimentos e empréstimos pendentes de pagamento na região. Entretanto, continuou a sangria de capitais, e em 2 de julho deixou-se flutuar livremente o *baht*, seguido de boa parte das moedas dos países da Ásia Oriental. As Filipinas deixaram flutuar sua moeda em 11 de julho, a Malásia, em 14 de julho, Cingapura, em 17 de julho, Indonésia, em 14 de agosto, Taiwan, em 18 de outubro, e Coreia, em 16 de dezembro (García, 2005:245).

Os governos e os bancos centrais desses países haviam tentado defender suas moedas durante vários meses, mas fracassaram devido ao volume e à volatilidade dos fluxos financeiros globais. As moedas nacionais dos países do sul da Ásia sofreram sérios ataques especulativos, que levaram a grandes desvalorizações. Essas tiveram efeitos fulminantes e, em menos de um ano, a moeda da Tailândia perdeu 48% de seu valor ante o dólar, a rúpia indonésia perdeu 78%, o *wong* coreano desvalorizou-se 34%, e o *ringgit* malaio, 40% (gráfico 14).

GRÁFICO 14
Comportamento cambial de algumas economias emergentes
ante o dólar estadunidense, 1990-2000

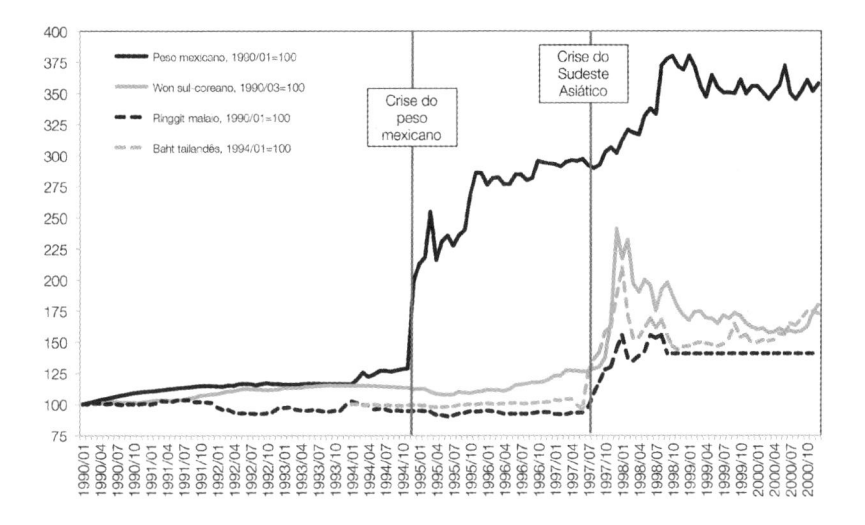

Fontes: Elaboração própria com base no Banco da Coreia. *Economic statistics system* (www.ecos.bok.or.kr/EIndex_en.jsp); Banco do México. *Mercado cambiário* (www.banxico.gob.mx/PortalesEspecializados/tiposCambio/indicadores.html). Acesso em: 2 out. 2009.

Em razão dos colapsos cambiais, muitos desses países solicitaram o auxílio do FMI para equilibrar suas balanças de pagamentos e reforçar as reservas de seus respectivos bancos centrais. Os resgates asiáticos tiveram algumas semelhanças com os que se tentaram no México, mas no todo os primeiros foram ainda superiores, pois alcançaram um montante de mais de 150 bilhões de dólares para toda a região. Os programas de ajuste implicaram fortes reduções dos gastos sociais e econômicos, que provocaram ainda maior contração das economias. As bolsas e as moedas dos "tigres asiáticos" continuaram a sofrer os ataques dos especuladores durante meses, assim que se puseram em marcha as receitas ortodoxas do FMI, que insistiu em levar a efeito uma redução de gastos que apenas aguçou as crises locais. Esse fracasso foi enfatizado por muitos analistas, com destaque para a crítica de Alexandre Lamfalussy (2000:14), antigo diretor do Banco de Compensações Internacionais (Bank for International Settlements, BIS).

A queda do crescimento real das economias de várias das nações asiáticas em 1998 foi notável: na Coreia, a perda foi de 5,5%; na Indonésia, de quase 14%; na Malásia, de cerca de 7%; e na Tailândia, superior a 9%. Ademais, os sistemas bancários dos últimos três países foram seriamente atingidos e levaram anos para estabilizar-se. Por sua vez, as crises asiáticas prejudicaram o sistema bancário japonês, porque esse era o credor de última instância da região.

Um ano depois da eclosão das crises asiáticas, os efeitos colaterais alcançaram também o Brasil e a Rússia, que sofreram evasão de capitais e fortes desvalorizações de suas moedas.[127] No caso do Brasil, havia-se produzido um crescimento continuado da dívida externa, que ultrapassou os 200 bilhões de dólares durante a primeira administração do presidente Fernando Henrique Cardoso (1995-99). Por sua vez, a dívida interna alcançou um volume similar, porém com taxas de juros mais elevadas, que atraíam tanto os bancos e os investidores locais quanto os estrangeiros. O pagamento do enorme serviço da dívida distorcia as finanças públicas e obrigava dispor de uma forte quantidade de reservas, obtidas pelo superávit no comércio exterior. Contudo, em fins de 1998, quando os investidores perceberam que podia haver sérios problemas na gestão das finanças do Brasil, um grande volume de capital emigrou de maneira súbita e aumentou a pressão sobre o real brasileiro. De novo, e apesar da entrada em execução de um gigantesco programa de resgate orquestrado pelo FMI — com um valor nominal de 41 bilhões de dólares —, a crise brasileira foi de grande escala.

Essa sequência extraordinária de fulgurantes crises financeiras e resgates em diversos países em desenvolvimento durante os anos 1997 e 1998 não podia deixar de despertar o interesse dos economistas que trabalhavam em universidades e em bancos centrais do mundo. Desde então até o presente, publicaram-se dezenas de livros e centenas de artigos, com o objetivo de explicar os diferentes aspectos do fenômeno.[128] Podem-se identificar diversas escolas, que oferecem distintos modelos teóricos, a fim de elucidar a relação

---

[127] Sobre a crise russa de 1998, ver Kalturina (2005:103-140).
[128] No México, os grupos de pesquisa coordenados por Alicia Girón e Eugenia Correa têm publicado uma dezena de livros de qualidade sobre o tema. Um bom exemplo é Girón e Correa (1998).

entre os desequilíbrios em conta-corrente (comércio exterior), a balança de pagamentos, o sistema bancário e os regimes monetários em países da periferia, em tempos de globalização e de crises financeiras.[129]

Alguns dos fatores assinalados como causadores das crises incluem o aumento das dívidas externas, o impacto dos capitais estrangeiros investidos em curto prazo sobre os sistemas bancários locais e os efeitos frequentemente perversos dos câmbios de tipo fixo. Por sua vez, os colapsos também despertaram muito interesse quanto à avaliação dos resgates, para determinar se as respostas adotadas foram corretas. O caráter súbito e violento das derrocadas financeiras não implica que todos os atores estivessem mal informados. Ao contrário, alguns investidores previram a queda das reservas do respectivo banco central e apostaram na desvalorização com instrumentos financeiros providos pelo próprio governo, que lhes proporcionavam enormes ganhos em curto prazo. Outro problema que se destacou nessas crises foi a debilidade dos bancos e dos mercados financeiros dos países em desenvolvimento. Em geral argumenta-se que não se contava com os mecanismos reguladores adequados para gerenciar os enormes fluxos de capitais; porém, nos casos mencionados, vale perguntar se o FMI fez o necessário para ajudar as nações devedoras a estabelecerem melhores mecanismos de regulação e de prevenção de riscos. Tem-se a impressão de que, como no caso da crise de 1982, o organismo multilateral atua como bombeiro, mas não como alguém com a capacidade necessária a prevenir o fogo.

Finalmente, o tema do "contágio" financeiro capturou a atenção de centenas de economistas. Como se transmite a crise cambial de um país para outro, causando corridas sobre as moedas, que desembocam em desvalorizações, crises nas balanças de pagamentos, ruptura das contas públicas, afundamento de bancos e bolsas, quebra de empresas e aumento do desemprego? É evidente que, nesse terreno, existem mais perguntas do que respostas, como demonstram os contágios financeiros que se registraram como consequência da crise contemporânea de 2008-09.

---

[129] Uma excelente síntese encontra-se na obra citada de García (2005, cap. 4), que compara os modelos dos economistas Krugman, Islam, Bello, Kregel, Obstfeld, Corbett e Vines, e de pesquisadores do FMI.

A última das chamadas "crises dos países emergentes" teve lugar na Argentina, a partir de 2001. Essa nação sul-americana havia experimentado um enorme crescimento de sua dívida externa entre 1990 e 2001, durante as administrações de Carlos Menem e Fernando de la Rúa. Com o apoio do FMI, manteve-se durante demasiado tempo uma conversibilidade fixa peso-dólar e contratou-se empréstimo após empréstimo no exterior para cobrir o serviço das antigas dívidas e enxugar os déficits públicos. De acordo com o economista Jorge Schvarzer, os ingressos de mais de 30 bilhões de dólares, recebidos quando da privatização de todas as empresas estatais argentinas efetuada entre 1990 e 1995, serviram para reforçar as reservas do banco central; porém, devido ao enorme custo da dívida externa (cujo saldo chegaria a 140 bilhões de dólares em fins da década), não existia muita margem de manobra.[130] Os bancos locais e internacionais obtiveram enormes lucros devido à conversibilidade cambial, pela qual recebiam pagamentos em pesos atados ao dólar.

Ante o enfraquecimento das finanças argentinas registrado entre meados de 2000 e fins de 2001, começaram a formar-se pressões fortíssimas sobre as reservas do banco central, que levaram à evasão de divisas de mais de 20 bilhões de dólares em pouco mais de um ano. Participou disso um amplo universo de grandes empresas nacionais e estrangeiras, entre as quais se destacavam as empresas espanholas, que contrataram dezenas de carros-fortes para sacar bilhões de dólares do país pouco antes do colapso.[131] Em contraste, a maioria dos argentinos possuidores de contas-correntes despertou na manhã de 7 de janeiro de 2002 com a dura notícia da desvalorização do peso argentino e do estabelecimento do famoso *corralito* (curralzinho), que os impedia de sacar dinheiro em espécie dos bancos. A derrocada monetária e financeira argentina ocorreu em meio a uma aguda crise política. A desvalorização produziu-se após a queda do governo do

---

[130] Ver Schvarzer (2002). Em nosso site (http://historiadelascrisis.com) registramos mais de uma dúzia de livros sobre a história da dívida argentina nos anos de 1990-2000 e sobre a crise financeira argentina de 2001-03.

[131] Há listas detalhadas de firmas e de investidores que participaram da evasão de divisas e as quantias envolvidas em Bonelli (2004:215-216).

presidente Fernando de la Rúa, que foi sucedido por três presidentes provisórios. Em seguida, assumiu o peronista Eduardo Duhalde, que passaria um ano e meio tentando lidar com a crise econômica e com o FMI, que pressionava para que fosse aplicado um duríssimo programa de estabilização. O país estava, com efeito, a ponto de suspender os pagamentos da dívida externa (*default*), já que não podia cobrir o serviço dos bancos e dos investidores credores. De fato, em 14 de novembro de 2002, suspendia-se o pagamento dos juros de empréstimos do Banco Mundial. O novo diretor do FMI, Horst Kohler, insistia em que o governo argentino reduzisse os gastos e reiniciasse seus pagamentos ao organismo multilateral como condição a que se considerasse um plano de resgate. Contudo, não havia margem para isso, e prevaleceu a posição da economista Anne Krueger, vice-presidente do FMI, e de Paul O'Neill, secretário do Tesouro dos Estados Unidos, no sentido de que não se oferecesse nenhuma ajuda adicional ao governo argentino. Devia-se consentir na suspensão de pagamentos e informar aos detentores de bônus que teriam de aceitar uma redução de valor e iniciar um processo de longas negociações.

A partir de 25 de maio de 2003, uma nova administração presidencial, encabeçada por Néstor Kirchner, assumiu o poder na Argentina. Seu desafio consistia em definir como renegociar o enorme acúmulo de dívidas com escassíssimos recursos fiscais. Devido à falta de apoio do FMI, Kirchner suspendeu os pagamentos dos serviços da dívida a esse organismo em 9 de setembro, notícia que, ao circular em nível mundial, causou preocupação aos mercados financeiros. Entretanto, o novo presidente e a equipe de seu ministro da economia, Roberto Lavagna, enfrentaram audazmente o desafio e levaram a cabo a maior redução de dívida externa da história recente latino-americana. Em seguida a árduas negociações internacionais, em pouco tempo se retomou o pagamento do serviço da dívida junto às instituições multilaterais. Graças ao auge das exportações que viveu a Argentina de 2003 em diante, logrou-se uma importante recuperação da economia.

Lições das crises financeiras de 1994-2001

Um dos legados das grandes crises financeiras dos mercados emergentes em fins do século XX consiste sem dúvida na experiência adquirida para levar a efeito resgates coordenados de grande envergadura. A crise mexicana de 1995, por exemplo, demonstrou que era factível operacionalizar um plano financeiro de importante magnitude envolvendo o Tesouro dos Estados Unidos, a Reserva Federal, o FMI e diversas entidades públicas financeiras. Muitas das orientações não eram novas, já que a crise da dívida latino-americana da década de 1980 havia proporcionado numerosas lições sobre como articular negociações complexas entre os países devedores e os credores, fossem esses bancos públicos multilaterais ou bancos privados.

Ao longo das crises do fim de século — a mexicana de 1995, as asiáticas de 1997, a brasileira e a russa de 1998 —, as autoridades financeiras em muitas partes do mundo se acostumaram a reunir-se com maior frequência e a pôr-se de acordo em políticas comuns e em fórmulas para reunir fundos de apoio em cada emergência. Por outro lado, é claro que, desde então, os dirigentes dos bancos centrais e das tesourarias de muitos países se têm dedicado a refletir sobre a evolução da economia mundial e seus problemas, e pode-se supor que tenham deixado de ser tão paroquiais como haviam sido quando estavam focados apenas no impacto doméstico de suas políticas econômicas. Ao que parece, a experiência na coordenação internacional adquirida nas crises de 1995 e 1998 serviu como aprendizado e veio a contribuir com a rapidez com que responderam os membros do G-20 a alguns dos desafios da grande crise financeira de 2008 e 2009.

Não obstante, os resgates para os países em vias de desenvolvimento no final dos anos 1990 não tiveram os efeitos positivos que desejavam suas populações e, em especial, os trabalhadores e as camadas sociais de baixos recursos. As medidas adotadas no México e no Brasil, assim como na Tailândia, na Indonésia e nas Filipinas, permitiram tornar solventes de forma gradual os desequilíbrios monetários e financeiros, e tornaram possível o resgate por investidores nacionais e internacionais, de bancos e empresas. Em contrapartida, não melhorou (e até se reduziu) o nível de vida dos habitantes dos países devedores. Nesse sentido, é amargo o sabor que deixaram os resgates. Os dados sobre as taxas de crescimento econômico nos países que sofreram esses colapsos indicam que a globalização financeira não é uma panaceia; ao contrário, tem sido fonte de volatilidade e instabilidade econômica mais pronunciada que antes.

O próprio Banco Mundial constatou em 2001 que se haviam produzido 112 crises bancárias em 93 países entre 1977 e o fim do século. Como argumentou Martin Wolf (2008:31), editor associado do *Financial Times*: "Experimentar-se uma crise poderia ser considerado uma desgraça; porém, haver experimentado 112 era indicativo de um grau de extremo descuido". Wolf refere-se, ao que parece, ao "descuido" do FMI, ainda que não o tenha explicitado. Apesar desses dados aterradores, uma revisão das propostas dos economistas ortodoxos — tanto do FMI como da academia — sobre a volatilidade sugere que fracassaram em elaborar propostas efetivas para limitá-la. Quando os desastres começaram a se suceder, um após o outro, quase todos os especialistas abandonaram a ideia de que a política de conversibilidade fixa fosse apropriada e recomendaram que todos os países abraçassem a livre flutuação de suas moedas. Tampouco se pode dizer que fossem inovadoras outras ideias do FMI e das outras instituições multilaterais, que se limitaram, em geral, a propor que os países em desenvolvimento seguissem as diretrizes do antigo consenso de Washington, com respeito à gestão das contas públicas e à manutenção da estabilidade macroeconômica do mundo, diante da enorme volatilidade. Em essência, estavam pedindo um virtuosismo extraordinário, como se cada governo fosse um artista do trapézio financeiro global.

Os governos e os bancos centrais dos países em vias de desenvolvimento aprenderam uma lição sobre as crises, muito diferente da que propunham os economistas neoliberais e o FMI. Qual era a solução? Na América Latina e nos países asiáticos, assim como em grande parte do mundo em desenvolvimento, a resposta foi evidente e pragmática: era necessário que cada nação se assegurasse da acumulação de volumosas reservas internacionais, em especial em dólares, com um complemento de euros (desde 2000) e de algumas outras moedas fortes. Contar com reservas lhes permitiria minorar problemas potenciais nas balanças de pagamento e defender-se de ataques especulativos maciços.

A partir do ano de 1999, o auge do comércio internacional e das exportações dos países periféricos permitiu-lhes pôr em prática esse "remédio" preventivo. Entre 2000 e 2007, a China aumentou suas reservas internacionais em mais de 1.200 bilhões de dólares; a Coreia do Sul, a Índia e Taiwan, em cerca de 200 bilhões de dólares (cada qual em adição ao que já tinham); enquanto a Rússia e os demais países exportadores de petróleo lograram um aumento de quase 800 bilhões de dólares. Na América Latina, tanto Brasil quanto México se aproximaram, cada qual, do patamar dos 100 bilhões de dólares em reservas em 2007.

Mais ainda, entre 2006 e 2007, vários países sul-americanos aproveitaram a bonança das exportações para liquidar seus compromissos com o FMI. Devido à redução abrupta de sua folha de empréstimos, argumentou-se que essa instituição multilateral estava a caminho de perder seu verdadeiro sentido. Em todo caso, perdeu a credibilidade, assim como o Banco Mundial, que foi criticado com dureza por haver funcionado durante demasiado tempo como instrumento do Consenso de Washington. Nem essas instituições multilaterais nem os "clubes de credores" — por exemplo, o Clube de Paris — demonstraram a capacidade necessária para evitar as crises e, por esse motivo, são hoje profundamente questionados.

Mais importante ainda é o fato de que, desde fins dos anos 1990, em duas das economias de maior peso no mundo — a União Europeia e a China — existe uma crescente desconfiança na livre gestão das finanças e em um sistema monetário cujo eixo hegemônico tem sido o padrão dólar durante vários decênios. Na Europa, as lições da crise de 1993 influíram de forma decisiva no caminho assumido em direção à unificação monetária, até que finalmente em 1999 se estabeleceu o euro como moeda comum e o Banco Central Europeu como apoio institucional fundamental. Os países da União Europeia não podiam se dar ao luxo de que os especuladores internacionais seguissem jogando com suas moedas como se fossem fichas de cassino, em um ambiente cambial cada vez mais volátil. O perigo era cada vez maior, devido ao crescimento exponencial do volume de transações no mercado cambial e nos mercados financeiros.

Por sua parte, a China — a nova grande potência, que se estima converter-se na maior economia do mundo em meados do século XXI — tem mantido estrito controle do *yuan*, por meio de seu banco central. Desde os anos 1990, suas imensas reservas em moedas estrangeiras têm dado suporte ao valor internacional do *yuan* e solidez a sua economia.

Os felizes anos 1990 se prolongam até 2006 nos Estados Unidos

Em que pese à magnitude das crises financeiras sofridas pelos países emergentes no decênio 1990-2000, os dirigentes da Reserva Federal consideraram que essas experiências não proporcionavam lições úteis para regular e supervisionar os mercados financeiros dos Estados Unidos. Tampouco estavam especialmente preocupados com a gestão dos crescentes desequilíbrios no balanço das contas públicas e na conta-corrente. Parecia-lhes evidente que se tratava de uma situação excepcional, já que não existia perigo relevante de uma desvalorização, devido à posição do dólar como virtual moeda de reserva mundial e pelo tamanho relativo da economia estadunidense no mundo. Porém, a realidade era que, desde meados dos anos 1990, a economia dos Estados Unidos já estava sujeita a enormes movimentações de capital em relação ao estrangeiro, entradas e saídas que representavam oportunidades, mas também riscos para as finanças nacionais e globais.

Tem-se argumentado que os fluxos externos de capitais deram impulso ao tremendo auge das bolsas estadunidenses em fins dos anos 1990 e, logo após, entre 2002 e 2006 (gráfico 12). Porém, há que se recordar que, no início, o grosso dos investimentos foi proporcionado pelos fundos de pensão e de investimentos domésticos. Tanto a Bolsa de Nova York quanto a bolsa tecnológica Nasdaq experimentaram subidas extraordinárias desde 1994, que só arrefeceram em 1996, quando o diretor da Reserva Federal, Alan

Greenspan, falou de "exuberância irracional" em uma conferência pública. Na realidade, a expressão não era sua, mas provinha dos lábios do professor de finanças da Universidade de Yale, Robert Shiller, que estivera dando testemunho perante Greenspan dois dias antes. Em todo caso, as financeiras fizeram caso omisso de uma declaração que era em essência um símbolo, pois embora a Reserva Federal aumentasse por um tempo as taxas de juros de referência, pouco depois prosseguiu a furiosa corrente especulativa que empurrava a alta nas bolsas.

Ao mesmo tempo que subiam as bolsas sem cessar, produziu-se uma grande expansão do mercado imobiliário, o qual constitui a fonte mais importante da riqueza fixa da população dos Estados Unidos. No entanto, curiosamente, o poderoso presidente do Banco Central, Alan Greenspan, chegou à conclusão — registrada em sua autobiografia — de que a euforia dos mercados se justificava por um aumento da produtividade que (supunha ele) era consequência da revolução das novas tecnologias de informação e sua aplicação à indústria, ao comércio, aos serviços e aos bancos.[132] Logo viria o *crash* das empresas de informática nas bolsas em março de 2000 — conhecido como o colapso *dot-com* — que provocou a maior queda nas cotações das bolsas norte-americanas desde 1929. Em um abrir e fechar de olhos, perderam-se centenas de bilhões de dólares em valores que haviam subido como espuma em poucos anos e que se evaporaram quando se rompeu a bolha especulativa.

Todavia, sob o mando de Greenspan, a Reserva Federal não estava disposta a aceitar que a economia estadunidense entrara em recessão, nem que as bolsas e os mercados financeiros se haviam posicionado em um duradouro ciclo de baixa. Seu argumento era que isso não apenas prejudicaria a economia dos Estados Unidos como a de todo o mundo. Adicionalmente, a situação se tornaria duplamente crítica depois do ataque terrorista de 11 de setembro de 2001 — quando agentes da Al Qaeda explodiram dois aviões contra as Torres Gêmeas em Nova York e um contra o Pentágono. A administração encabeçada por George W. Bush temia uma recaída das bolsas. Era necessário atuar

---

[132] Ver Greenspan (2007). Nesse texto autobiográfico, repetem-se, uma e outra vez, as teorias do autor sobre a revolução tecnológica.

com rapidez e a Reserva Federal de Greenspan cumpriu o papel de baluarte, reduzindo de maneira drástica o custo do dinheiro, até alcançar o piso de 1% na taxa de juros bancários, o que logo serviu para estimular os mercados.

A atuação da Reserva Federal foi tão exitosa que as cotações acionárias das grandes empresas de Wall Street reempreenderam seu caminho ascendente a partir de meados de 2002, conquanto as firmas tecnológicas cotadas no mercado Nasdaq tivessem muitíssimos problemas para reanimar-se. Enquanto a economia dos Estados Unidos seguia crescendo, as convulsões experimentadas em outras partes do planeta não passaram de ser consideradas casos nacionais ou regionais, que não ameaçavam o desempenho da economia do poderoso país do norte.

Nos últimos capítulos da biografia de Alan Greenspan — publicada em fins de 2006 — fica patente que, como dirigente máximo do Conselho da Reserva Federal, considerava que a globalização funcionava, apesar dos múltiplos colapsos financeiros e bancários que se sucediam em diversas partes do mundo. Ao contrário, insistia que era virtualmente impossível regular ou reduzir a especulação, assim como as enormes bolhas nos mercados financeiros dos Estados Unidos. Esses fatos evidenciam a "cegueira" que com frequência atinge banqueiros centrais, que se acreditam donos da verdade e de uma capacidade de julgamento superior. O preocupante, nesse caso, era que as medidas tomadas pela Reserva Federal causavam enorme impacto internacional. Greenspan (2007:489 e ss.) chegou a falar, mais de uma vez, que os mercados financeiros se autorregulavam. Seus erros de cálculo podiam ter efeitos devastadores, como finalmente ocorreu: a prova foi a crise mundial de 2008-09.

CAPÍTULO 6

A crise econômico-financeira de 2008-09

A crise financeira e econômica que eclodiu nos Estados Unidos em setembro de 2008 tem produzido impactos e consequências de tal profundidade que se a equipara com a Grande Depressão dos anos 1930. O naufrágio de bancos, bolsas e mercados imobiliários provocou uma profunda contração do crédito em escala mundial e afetou a maioria das empresas do planeta. Isso trouxe como consequência uma redução do emprego e dos investimentos em quase todos os países, assim como uma abrupta queda nas taxas de ganho e um descenso da produção e do comércio globais. Não há dúvida de que se trata de uma enorme crise, porém permanece aberta a questão de que seja ou não tão profunda e desagregadora como as maiores crises do passado, tema esse ao qual retornaremos ao final deste capítulo.[133]

O colapso financeiro de 2008 e 2009 foi inesperado e abriu uma multidão de perguntas sobre suas causas, em especial sobre o porquê de ter explodido dentro

---

[133] Foi fundamental a colaboração do licenciado Erick Rodríguez Solares na pesquisa e na redação deste sexto capítulo. Também desejo agradecer muito especialmente a ajuda de Manuel Bautista González pela discussão dos problemas analisados e pela elaboração dos gráficos.

do mercado bancário de Nova York. Um bom número de economistas havia previsto a possibilidade de que se dessem novas crises nos países da periferia, mas poucos anteciparam quebras no centro. Por que se produziram pânicos e descalabros tão fortes nos mercados financeiros mais dinâmicos e estreitamente vinculados como Nova York e Londres? Havia fatores comuns que levassem ao desajuste nessas "capitais do capital"?[134] Sem dúvida, existiam estreitos laços financeiros entre ambas, porém o tamanho colossal do colapso e sua rápida difusão a todos os demais mercados sugerem a existência de causas mais amplas.

A estas alturas, está claro que a revolução financeira de nossa época está intimamente relacionada com a globalização econômica e com as novas tecnologias de informação, que interconectam os diferentes mercados por meio de uma multidão de transações que se realizam a uma velocidade espantosa. A intensificação desses vínculos entre os bancos e outras corporações financeiras em diversos países multiplica os riscos caso irrompa uma crise nos maiores mercados. No entanto, ademais, sabemos agora que os perigos estavam aumentando de maneira formidável desde os anos 1990, devido à introdução de uma bateria de inovações financeiras — os famosos derivativos —, cujo objetivo era diversificar os riscos dos investimentos em ações, hipotecas, preços de matérias-primas e um sem-número de transações. O principal problema consistia em que os novos títulos eram manejados dentro de um vasto e novo mercado bancário sobre o qual havia muito pouca supervisão: alguns autores o definem como um sistema bancário "alternativo" e outros o qualificam de maneira menos positiva como um sistema financeiro "à sombra" (*shadow banking*).[135] Por conseguinte, ninguém sabia na realidade qual era o autêntico valor dessas transações nem qual era a natureza da cadeia de créditos, apesar de seu enorme volume. Tratava-se de um verdadeiro "hoje obscuro", cujos perigos haviam sido denunciados por muitos analistas, mas que, na prática, não foi regulamentado pelos principais bancos centrais, em especial o dos Estados Unidos e o da Grã-Bretanha.

---

[134] Tomamos a expressão do excelente livro de Cassis (2006).
[135] Uma das melhores análises encontra-se no breve livro de Brender e Pisani (2009). Usa-se aí o termo "sistema bancário alternativo".

Como resultado, desde fins do milênio aumentou com rapidez o perigo potencial de um colapso *sistêmico*, sem que ninguém pudesse prever a possível sequência de falhas nos mercados. Porém, do que não se tinha dúvida era que, devido a um intenso processo de globalização e de concentração de capitais, em caso de explosão seriam afetadas todas as principais praças financeiras do mundo. Uma forma de descrever a complexíssima teia de relações que existia entre os centros financeiros contemporâneos consiste em visualizá-los como uma pequena galáxia de sóis e planetas. Como se pode observar no diagrama 6, que foi publicado por Andrew Haldane, diretor executivo do departamento de estabilidade financeira do Banco da Inglaterra, vê-se que Estados Unidos e Grã-Bretanha representavam em 2005 os dois mercados financeiros de maior importância no mundo, que se conectavam por meio de um sem-número de intercâmbios com todos os demais mercados financeiros (grandes e médios).

A metáfora do sistema gravitacional pode-se estender ao âmbito financeiro. O problema era que, se o centro implodisse, isso afetaria todos os demais mercados. Em contrapartida, se entrava em colapso um mercado periférico de segunda ordem, seria menos provável irromper uma crise sistêmica. Em setembro de 2008, contudo, o afundamento da firma Lehman Brothers, que tinha vínculos com milhares de financeiras, teve efeitos devastadores e gerou uma onda de pânico que provocou o congelamento dos mercados de crédito de curto prazo. O colapso em Nova York e Londres sacudiu todas as praças, com o que teve início uma sequência de pânicos em bolsas e bancos totalmente inesperados. Os rumores de possíveis quebras de vários dos grandes bancos dos Estados Unidos e da Grã-Bretanha foram seguidos nas semanas de setembro e outubro pelas notícias do naufrágio de alguns bancos de Alemanha, Bélgica, Holanda, França e de quase todo o sistema bancário de Irlanda e Islândia. No caso de não se poder apagar o fogo nos mercados financeiros, as consequências seriam gravíssimas, já que provavelmente haveria de acarretar a paralisia das operações de muitas empresas comerciais e produtivas em muitos países.

DIAGRAMA 6

Rede financeira global, 2005

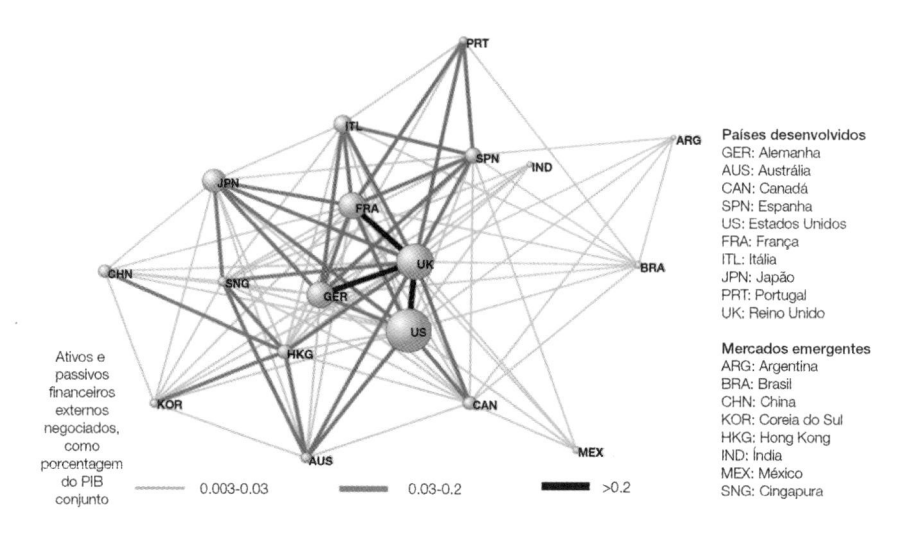

Países desenvolvidos
GER: Alemanha
AUS: Austrália
CAN: Canadá
SPN: Espanha
US: Estados Unidos
FRA: França
ITL: Itália
JPN: Japão
PRT: Portugal
UK: Reino Unido

Ativos e passivos financeiros externos negociados, como porcentagem do PIB conjunto

0.003-0.03   0.03-0.2   >0.2

Mercados emergentes
ARG: Argentina
BRA: Brasil
CHN: China
KOR: Coreia do Sul
HKG: Hong Kong
IND: Índia
MEX: México
SNG: Cingapura

Nota: O peso dos países (nodos) está representado em proporção a seus ativos e passivos financeiros externos totais, enquanto o peso das linhas (conexões) entre países é proporcional à soma dos ativos e passivos financeiros externos negociados bilateralmente, dividida pelo respectivo PIB.
Fonte: Haldane (2009).

A crise contemporânea tem demonstrado de maneira dramática que a fragilidade dos mercados era muito maior do que se supunha. Isso implica que houve uma gigantesca falha na estimativa de riscos. Com efeito, careceu-se de uma adequação às novas condições dos mercados financeiros globalizados, nesta época de novas tecnologias da informação, por parte dos organismos de supervisão bancária e financeira em nível nacional e internacional. Em especial, as causas do colapso estão ligadas diretamente às falhas dos dirigentes dos bancos centrais, da Reserva Federal dos Estados Unidos e do Banco da Inglaterra, que eram os responsáveis por manter a estabilidade nos mercados mais importantes para o sistema financeiro global. Por sua vez, ficou manifesta a incompetência do FMI, já que durante muitos anos somente prestou atenção aos problemas dos países em desenvolvimento, sem levar em conta que a fragilidade maior estava sendo gerada nos mercados do centro. Essas instituições não reduziram os perigos no nascedouro, nem evitaram os imensos danos econômicos e sociais que a crise financeira mundial provocou, razão pela qual seu desempenho deveria estar sujeito a detalhadas auditorias e, inclusive, a processos jurídicos.

É certo que outros organismos, como o Banco de Compensações Internacionais (Bank for International Settlements, BIS) e os supervisores e reguladores financeiros nacionais, estavam trabalhando na introdução de novas normas cuja finalidade era reduzir os riscos dos sistemas bancários e demais âmbitos financeiros. Os acordos de Basileia para regulamentar os bancos assim como as políticas de supervisão bancária em diferentes países da União Europeia indicam que se haviam logrado alguns avanços (Tarullo, 2008). Sem embargo, a magnitude do colapso de 2008 e, sobretudo, suas consequências econômicas e sociais — incluindo as numerosas quebras de empresas e bancos, o enorme aumento do desemprego mundial e as perdas colossais de riqueza — sugerem que era deficiente a capacidade de diagnosticar os males.

De uma ótica macroeconômica, numerosos analistas se têm perguntado: tem essa crise suas origens nos crescentes desequilíbrios mundiais entre poupança, investimento e consumo? Os interrogantes focalizam em especial os desequilíbrios nas balanças de comércio e de pagamentos dos Estados Unidos. Sabe-se que, há mais de um decênio, as taxas de poupança na Ásia são muito altas e proporcionam uma quantidade enorme de fundos, que alimentam os mercados creditícios nos Estados Unidos, o que acentua a tendência em direção a um descomunal aumento do consumo e do endividamento das famílias desse país. Em seu livro *Fixing global finance* (2008), Martin Wolf — durante muitos anos editor associado do *Financial Times* — insiste em que a solução seria que os asiáticos investissem mais em seus próprios países e não nos Estados Unidos.[136] Porém, seria convincente atribuir a culpa aos países asiáticos quando a crise foi gerada e eclodiu nos mercados de Nova York e Londres?

Além das causas do colapso financeiro, os debates da atualidade giram em torno da viabilidade dos enormes resgates postos em marcha pelas autoridades governamentais para responder às quebras bancárias e nas bolsas, e para

---

[136] Ver Wolf (2008, passim). Deve-se observar que o autor não propõe medidas para reduzir a opacidade dos bancos globais.

minorar a abrupta baixa na atividade econômica global. Pode-se evitar o retorno a uma situação similar à Grande Depressão dos anos 1930? As evidências sugerem que, apesar de alguns paralelos, a atual crise é muito diferente, assim como as respostas adotadas. Adicionalmente, ainda não conhecemos as ulteriores consequências do colapso contemporâneo nem tampouco a magnitude das reformas que futuramente serão propostas para a arquitetura financeira nacional e internacional.

Este capítulo pretende oferecer um panorama resumido da crise financeira e econômica de 2008 e princípios de 2009, assim como algumas perguntas-chave sobre suas causas e consequências. Nas cinco seções seguintes revisamos: a) os fatores que explicam a origem da crise; b) a irrupção da crise; c) o contágio internacional e a sequência de quebras financeiras; d) os resgates de mercados e bancos. Finalmente, encerramos o capítulo com comentários sobre os paralelos e, sobretudo, sobre os contrastes entre a crise atual e a Grande Depressão dos anos 1930.

Origens da crise nos Estados Unidos, 2001-07

Para entender as causas da crise financeira ocorrida nos Estados Unidos, há que se prestar especial atenção às enormes bolhas geradas no interior de seus gigantescos mercados financeiros e que, finalmente, explodiram em setembro de 2008. Em particular, devem-se ter presentes três elementos que contribuíram para esse desenlace: (1) a frouxa política monetária seguida pela Reserva Federal e a política fiscal expansionista instrumentada pelo Departamento do Tesouro desde o ano 2001; (2) as mudanças legais que aceleraram a desregulamentação e a inovação financeira e suas consequências práticas; (3) a peculiar e perigosa dinâmica do mercado hipotecário, em particular a forma como foi gerada uma enorme expansão dos instrumentos de maior risco conhecidos como hipotecas *subprime*. Todos esses fatores aumentaram a liquidez nos mercados financeiros norte-americanos, precisamente quando esses se converteram nos receptores de grandes fluxos de capitais de outros países.

Vamos, porém, por partes. Comecemos com a política aplicada pela Reserva Federal logo após o estrepitoso naufrágio das ações de empresas tecnológicas nos Estados Unidos a partir de março de 2000, e que foi batizado de "crise *dot.com*". Pouco depois da derrubada das bolsas, o banco central expandiu a emissão monetária de forma dramática e radical para assegurar a recuperação dos mercados de capitais e da economia estadunidense em seu conjunto. Nunca antes se havia aplicado uma política tão expansionista. A partir de janeiro de 2001, o banco central reduziu a taxa de juros, que se encontrava em 6,5%, até chegar a 1,7% em meados de 2002, e logo a apenas 1% em 2003 e 2004[137] (gráfico 15).

GRÁFICO 15
Taxa de juros efetiva dos títulos da dívida federal de referência
dos Estados Unidos, 2000-08

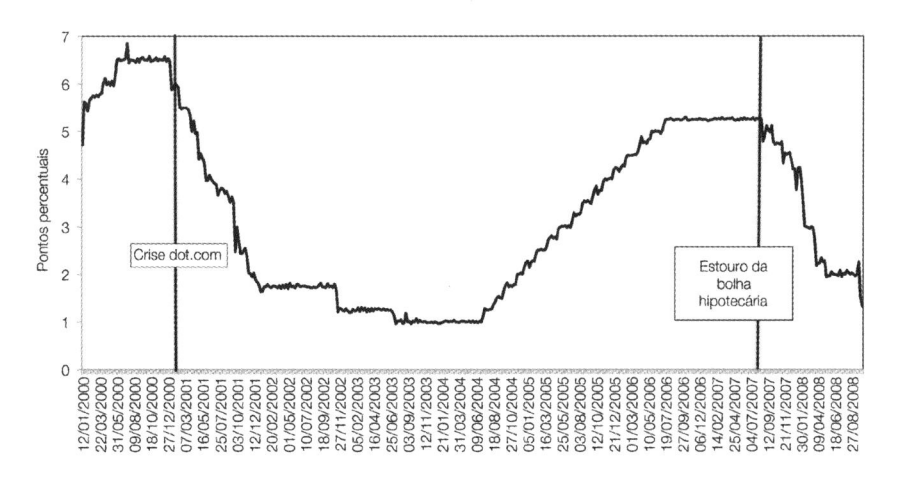

Fonte: Federal Reserve Board (2009). Acesso em: 2 out. 2009.

O resultado dessas políticas foi um aumento extraordinário da oferta de crédito, com previsíveis consequências: "a partir de 2003, a economia dos Estados Unidos iniciou um claro processo de recuperação, expresso em um

---

[137] Uma recente crítica a essa política monetária é a de Fleckenstein (2008:194). Ver Greenspan (2008a, 2008b).

crescimento de seu PIB superior a 4% ao ano, uma rentabilidade do capital de mais de 7% no mesmo ano e uma produtividade do trabalho que em 2002 e 2003 cresceu a uma taxa média de 4,7%" (Dabat e Morales, 2007). Contudo, curiosamente, e apesar da recuperação, as taxas de juros do sistema bancário prosseguiram em sua tendência de baixa, como resultado da extrema frouxidão da Reserva Federal. O banco central favoreceu um novo auge nas bolsas, assentado em uma sucessão de ondas especulativas, como era regra ao longo do prolongado reinado de Alan Greenspan como presidente do Conselho Diretor da Reserva Federal dos Estados Unidos (1987-2006). O aumento da liquidez creditícia fomentou a capacidade de consumo dos estadunidenses quase que sem cessar. A demanda por unidades residenciais (primária e secundária) e os créditos fáceis impulsionaram a indústria de construção de casas, ao passo que se gerava um aumento alucinante de novos instrumentos financeiros no mercado hipotecário. Esses fatores desencadearam uma constelação de tremendas e perigosas bolhas no setor imobiliário.

Ao mesmo tempo, as políticas fiscais instrumentadas sob a nova administração de George W. Bush (2000-04) alentaram ainda mais o consumo e a especulação. O governo combinou uma redução de impostos sobre as empresas e sobre ganho de capital com forte aumento do gasto público, em particular o vinculado à Guerra do Iraque. Disparou, em consequência, o déficit público, o qual, entretanto, pôde ser coberto sem o incremento das contribuições tributárias. De que forma se logrou a façanha? Ainda que isso represente um paradoxo, a administração de Bush o conseguiu recorrendo ao endividamento externo. Desde 2001, o governo norte-americano pôde colocar uma ingente quantidade de bônus e de Letras do Tesouro nos mercados financeiros internacionais, justo no momento em que esses se tornaram os instrumentos favoritos para a acumulação de reservas em vários países. A principal explicação dessa conduta repousava, sobretudo, nas políticas dos governos e bancos centrais da Ásia Oriental, os quais — depois do impacto das violentas crises de 1997-98 — adotaram medidas para aumentar suas reservas e assegurar sua futura estabilidade monetária e financeira. Em consequência, rechearam seus bancos centrais com dólares e títulos do governo estadunidense. O ator mais agressivo foi a China, novo gigante industrial, que com essa finalidade utilizou grande parte de seu superávit comercial a partir de 2000. Assim, a liquidez poupada de forma preventiva pela periferia ajudou a financiar tanto o déficit público quanto o consumo dos estadunidenses, que, na prática, deixaram de poupar e se endividaram com o resto do mundo.

Nesse contexto, é importante comparar com cuidado as ações e as palavras dos membros mais destacados da administração de Bush, que foram corresponsáveis pela criação das gigantescas bolhas que logo explodiriam. São em particular notórias as contradições do célebre economista John Taylor, que atuou como subsecretário de assuntos internacionais no Tesouro dos Estados Unidos entre 2001 e 2005. Nesses anos, Taylor não criticou a ampliação do déficit fiscal com Bush, mas a promovia; contudo, depois da irrupção da crise em 2008, chegou a afirmar que sempre tinha sido um acérrimo defensor do equilíbrio fiscal, pelo perigo que o déficit representaria como elemento disparador da inflação em curto e médio prazo. Para pôr-se a salvo, esse economista neoliberal publicou um livreto em princípios de 2009, no qual ataca seu velho amigo Alan Greenspan, dizendo que em 2001 este adotara uma política equivocada ao baixar as taxas de juros. Todavia, é bem sabido que, depois do ataque terrorista de 11 de setembro de 2001, o presidente Bush e os dirigentes do Departamento do Tesouro pressionaram para que se flexibilizasse ao máximo a política monetária.

O maior paradoxo dos anos 2001 a 2007 foi que, apesar de uma forte baixa nas taxas de juros dos Estados Unidos, prosseguiram aumentando os fluxos de capitais do exterior aos mercados bancários e às bolsas estadunidenses. O dinheiro não apenas provinha de China, Taiwan e Coreia, mas também do Japão e de vários dos países exportadores de petróleo do Oriente Médio e da Rússia. Uma parte importante consistia em fundos de bancos centrais que compraram dólares e bônus do Tesouro, mas outra parte chegou sob a forma dos chamados "fundos soberanos" de todos os continentes. Esses enormes volumes de dinheiro foram canalizados por bancos globais e fundos de investimento à Bolsa de Nova York, onde se experimentou um novo e impressionante auge que se estendeu por vários anos (Brender e Pisani, 2009:56-58).

Em uma palavra, as reservas internacionais se reciclaram e alimentaram borbulhas nas bolsas e nos mercados imobiliário, hipotecário e de derivativos, gestadas nos Estados Unidos entre 2001 e 2006.

Essas tendências geraram preocupação entre alguns estudiosos e jornalistas financeiros que haviam sido firmes defensores da desregulamentação dos mercados mundiais; esses, contudo, eram minoria na comunidade acadêmica. Por outro lado, deve-se reconhecer que existiam vozes mais críticas, que haviam chamado a atenção sobre os perigos do novo *boom* especulativo desde um tempo anterior, incluindo uma plêiade de economistas anglo--americanos, latino-americanos e franceses, que publicaram estudos sobre os arriscados desequilíbrios financeiros que haviam levado os Estados Unidos a converter-se em principal consumidor e devedor do mundo.[138] Em Wall Street, sem embargo, ninguém fazia caso às vozes das Cassandras e a euforia continuava de "vento em popa": para os banqueiros não havia motivo de preocupação, já que a amplitude dos mercados de capitais permitia acomodar quase todos os interessados em comprar e vender cada vez mais valores.

Outro fator que contribuiu a intensificar a especulação financeira foi o acúmulo de reformas legais que facilitou a ação dos mais agressivos e imprudentes atores nos mercados. Essas políticas originaram-se nos anos 1990, durante a administração de Bill Clinton, quando o Departamento do Tesouro e a Reserva Federal alentaram de forma conjunta a liberalização financeira. Seu apogeu teve lugar em 1999, momento em que o secretário do Tesouro, Robert Rubin, e seu secretário, Lawrence Summers, estimularam uma legislação que tinha como objetivo suspender a antiga lei Glass-Steagall, que separava as atividades entre bancos comerciais e bancos de investimento. Essas normas haviam sido estabelecidas em 1933 — durante a Grande Depressão —, com a finalidade de evitar que a banca comercial fosse exposta à volatilidade das bolsas. A partir do ano 2000, porém, as novas reformas incentivaram os bancos comerciais estadunidenses a multiplicar suas operações em uma ampla gama de novas transações financeiras, cada vez mais sofisticadas e me-

---

[138] Talvez os mais conhecidos sejam Paul Krugman e Joseph Stiglitz, porém ainda mais incisivos em suas análises foram Robert Shiller, Nouriel Roubini, José Antonio Ocampo e Robert Boyer.

nos regulamentadas. Esse processo desembocou na acumulação de enormes carteiras de dívidas duvidosas, grande parte das quais — recordemos — se encontra hoje em processo de resgate pelo governo dos Estados Unidos em função das quebras bancárias de 2008.

Naquela época, a desregulamentação financeira era uma ideia mágica. Isso ajuda a explicar por que tanto a administração de Clinton quanto a de Bush concederam maior margem de ação aos bancos de investimento.[139] Essas empresas, no geral, atuam como intermediários financeiros, emitindo e comprando títulos nos mercados de valores, oferecendo assessoria a investidores e prestando consultoria a seus clientes em processos de fusão e aquisição. Em 2004, a Securities and Exchange Commission (SEC), organismo autônomo do governo americano que se encarrega de regulamentar e supervisionar os mercados financeiros, introduziu uma reforma que autorizava maiores margens de alavancagem (a proporção de endividamento com respeito ao capital dos bancos de investimento). Adicionalmente, encorajou os bancos a *autorregular-se*, uma medida elogiada por Alan Greenspan. Antes dessa reforma, o limite de alavancagem era de 12 para 1: quer dizer, os bancos de investimento poderiam endividar-se até 12 vezes o montante de seu capital. A reforma da SEC permitiu-lhes ampliar substancialmente a alavancagem, e com isso esse organismo renunciou a grande parte de sua capacidade de supervisão e controle sobre as empresas.[140]

A maioria dos estudos econômicos dá ênfase ao fato de que a desregulamentação acelerou a inovação financeira em escala global, e de que essa inovação foi liderada por bancos e firmas de investimento norte-americanos, acompanhados por bancos e fundos globais de outras regiões, em particular os mais influentes bancos europeus. Recordemos que os grandes bancos ingleses, franceses, alemães, suíços e de outros países da região operavam cada vez mais ativamente nos profundos e líquidos mercados de

---

[139] As políticas do governo favoreceram os serviços financeiros dos Estados Unidos. O setor havia tido uma média de ganhos equivalente a 0,75% do PIB entre 1947 e 1996, enquanto, para o ano de 2007, a média de ganhos havia atingido 2,5% do PIB.

[140] O Prêmio Nobel de Economia Robert Solow (2009:6) argumentou recentemente que essa alavancagem é o principal responsável pela atual crise.

dinheiro de Londres e de Nova York, competindo com os estadunidenses. Por sua vez, os grandes bancos japoneses também tiveram sua participação, ainda que de forma indireta: aproveitaram as taxas de juros quase negativas então vigentes no Japão para oferecer empréstimos a grande quantidade de indivíduos e de bancos que, por exemplo, desejassem tomar dinheiro barato em Tóquio para investi-lo em valores com taxas de retorno mais altas em Nova York.

Entretanto, deve-se também levar em conta que a expansão dos mercados financeiros não foi resultado apenas da globalização, pois tinha também raízes domésticas. O crescimento do setor financeiro dos Estados Unidos tem sido um fenômeno de longo prazo: em 1947, esse setor representava apenas 2,3% do PIB e 2,7% do emprego nesse país, enquanto em 2005 alcançava 7,7% e 7,6%, respectivamente. Sem dúvida, os fluxos externos de capitais contribuíram para essa tendência, porém ainda mais importante foi o aumento da demanda doméstica de crédito por parte das empresas de médio porte nos Estados Unidos. Isso foi demonstrado pelo economista Thomas Philippon (2007) em detalhados estudos que descrevem de forma quantitativa e analítica as causas internas da expansão dos mercados financeiros americanos. No período de 1996 a 2006, esse crescimento estava ligado em particular à fortíssima expansão da indústria da construção e ao negócio hipotecário.

Finalmente, uma das características mais singulares e arriscadas na expansão dos mercados financeiros dos Estados Unidos foi que a inovação tecnológica propiciou o uso de um número cada vez mais amplo de formas de investimento, de seguros e de hipotecas, baseadas em mecanismos de especulação que não podiam ser supervisionados ou regulamentados de maneira adequada pelo banco central nem pelos demais organismos públicos encarregados dessas funções. Referimo-nos à criação e à venda maciça de pacotes de títulos e de derivativos de complexa composição: suas siglas designativas refletem o fato de que se tratava de uma nova geração de valores. Referimo-nos, por exemplo, aos veículos financeiros conhecidos como CDO, ARM, ABS/CDO, AVM, ABX, CMBS, REI, CDS e SIV, que foram criados durante os últimos dois decênios.[141] Conhecer seu funcionamento requer uma grande expertise no terreno bancário e financeiro, e é claro que supera os conhecimentos dos pequenos investidores, o que cria problemas de assimetria de informação entre vendedores e compradores.[142] Essa classe de instrumentos — em geral de alto risco — difundiu-se em escala global, mas não resta dúvida de que tenha alcançado sua máxima popularidade no sistema financeiro estadunidense.

A incrível dinâmica do mercado hipotecário e os perigosos créditos subprime

As tendências expansionistas dos mercados financeiros estadunidenses acarretaram uma série de consequências nos mercados imobiliários e hipotecários. Desde 2001, o crédito barato estimulou o maior auge nos mercados residenciais em toda a história dos Estados Unidos. Isso era algo inusitado, já que, de hábito, quando subia a bolsa acalmava-se o mercado imobiliário e vice-versa. Essa alternância dava oxigênio e estabilidade aos investimentos, que costumavam transferir-se de um setor para o outro, dependendo da rentabilidade. Porém, não foi o que ocorreu em 2001-06, quando os preços das casas e imóveis e as ações de empresas subiram como espuma, de maneira simultânea.

O principal perigo dessa tendência foi que se geraram duas enormes bolhas paralelas: uma hipotecária e outra nas bolsas. Em meados da década de 1990, o montante total das hipotecas nos Estados Unidos equivalia a cerca de 2,5 trilhões de dólares; em 2001 já se aproximava dos 5 trilhões; e no ano de 2007 chegou ao incrível volume de quase 10,4 trilhões de dólares (o que, em algarismos, se representa US$ 10.400.000.000.000).[143] Nessa ocasião, o valor

---

[141] Na imprensa financeira, sugere-se que os maiores inovadores foram os banqueiros de Morgan Stanley, mas contribuíram também os das firmas Lehman Brothers e Bear Stearns.
[142] Um guia avançado é a obra de Das (2005).
[143] UBS Investment Bank. *Financial market data*. Disponível em: <www.ubs.com>.

das moradias superava o investimento em ações e bônus como fonte principal de riqueza das famílias estadunidenses (Brenner, 2006:320). A maquinaria entrelaçada, constituída pela indústria de construção civil, por bancos e por empresas financeiras, impulsionou o crescimento desmedido do setor imobiliário e hipotecário.

A expansão do crédito alimentou de maneira formidável a demanda por residências e empurrou os preços para cima. Qualquer um que desejasse adquirir uma moradia podia considerar que esse era um excelente negócio, uma vez que as hipotecas eram baratas e o valor dos imóveis subia sem cessar. Isso levou a que muitos compradores considerassem que as hipotecas não representavam um verdadeiro risco, pois confiavam na possibilidade de revender a propriedade por um preço mais alto do que o que fora pago por ela.

Os corretores imobiliários lançaram-se com força a agressivas campanhas de venda de imóveis. Entre os clientes contavam-se numerosos especuladores que compravam casas com hipotecas tendo em vista revendê-las em curto prazo, obtendo suculentos retornos.[144] Por outro lado, foram reduzidas as exigências e as garantias requeridas para a obtenção de um crédito hipotecário. As agências liberaram uma quantidade crescente de empréstimos de baixa qualificação e sumamente arriscados, conhecidos como créditos *subprime*, a compradores de baixa renda ou com histórico creditício nulo ou desfavorável. Embora fosse evidente haver uma alta probabilidade de que não pudessem pagar suas dívidas, muitos bancos e agências financeiras fizeram o possível para atrair clientes desse tipo.

As agências de classificação de risco, como Standard Poors's e Moody's, subestimaram os perigos e assim contribuíram para a onda especulativa. Surpreende então que, em meio à euforia, o presidente do Conselho da Reserva Federal, Alan Greenspan, acrescentasse lenha à fogueira em abril de 2005, ao anunciar em um discurso:

---

[144] Zandi (2008:59-62) descreve em detalhes a atividade desses especuladores por distrito dos Estados Unidos.

A inovação tem aportado uma multidão de novos produtos (financeiros), como os empréstimos *subprime* e os créditos especiais para imigrantes. Esses desdobramentos são representativos das respostas do mercado que têm impulsionado a indústria de serviços financeiros deste país ao longo de sua história...

Adicionou estar muito impressionado pelo fato de que os créditos *subprime* tivessem chegado a representar mais de 10% do total de créditos hipotecários.

Como é lógico, tudo isso provocou maior alta na construção de novas casas, maiores vendas de imóveis e um aumento (temporário) da riqueza média das famílias dos Estados Unidos. O economista Joseph Stiglitz assinalou ser inevitável o aparecimento de perigosas bolhas: "Historicamente, toda crise financeira tem estado associada à expansão muito rápida de um determinado tipo de ativos, desde tulipas até hipotecas" (Gardels, 2008).

A subida dos preços de ativos imobiliários nos Estados Unidos atraiu grandes bancos de investimento de Wall Street e diversos grupos financeiros da Europa. Muitos deles começaram a investir nesse tipo de valores mediante fundos de cobertura (*hedge funds*), embora existissem numerosas advertências de que se tratava de um setor de alto risco. Os maiores bancos comerciais dos Estados Unidos participaram de maneira direta no negócio das hipotecas. Nos primeiros lugares estavam: Bank of America, J. P. Morgan Chase, Citigroup, Wells Fargo, Washington Mutual e Wachovia. Foram acompanhados pelas mais importantes firmas hipotecárias públicas, como Fanny Mae e Freddie Mac, e empresas privadas colossais como Countrywide Financial; esta última promoveu por si só a colocação da incrível quantidade de mais de 1 milhão de hipotecas, em montante superior a 220 bilhões de dólares somente em 2005.[145]

Para os bancos, a inversão em hipotecas tornou-se muito atrativa, porque a nova engenharia financeira prometia novos instrumentos para a diversificação do risco. A fim de reduzir o peso contábil da hipoteca em suas carteiras, os bancos comerciais e de investimentos desenvolveram novos mecanismos

---

[145] Zandi (2008:100-102) inclui quadros completos para o ano de 2005 sobre o mercado hipotecário.

que transformavam esses créditos em valores comercializáveis. Nos mercados financeiros norte-americanos, isso era conhecido como "securitização" (*securitization*). O procedimento consistia em juntar as hipotecas individuais em pacotes que em seguida se revendiam a investidores em diversos mercados. Esses novos valores podiam atrair compradores que buscassem segurança, já que os papéis hipotecários costumavam receber uma alta qualificação das agências de avaliação de crédito. Mas eram também atraentes para os investidores interessados em assumir posições de maior risco (em particular os fundos de cobertura, ou *hedge funds*), já que os bancos conceberam a ideia de dividir seus pacotes de hipotecas em partes, com diferentes graus de segurança e de rendimento. Assim, os pacotes de valores (*tranches*) mais seguros pagavam dividendos baixos, enquanto os mais arriscados chegavam a oferecer rendimentos acima de 10% ao ano. Quer dizer, gerou-se nos Estados Unidos, com muita rapidez, um mercado financeiro extremamente diversificado, complexo e opaco, que girava em torno de milhões de hipotecas e de todos os instrumentos de especulação que as sustentavam.[146]

A bolha imobiliária alcançou seu ápice em 2006, mas desde o primeiro trimestre de 2007 o valor real das propriedades começou a cair (gráfico 16). Um dos fatores que contribuíram para aumentar os riscos foi o fato de que um número crescente de hipotecas era outorgado sob a modalidade de taxas ajustáveis, conhecidas nos Estados Unidos pela denominação de *adjustable--rate mortgages* (ARMs). Os empréstimos desse tipo incrementaram-se em 2006, mas, a partir de 2007, as taxas foram reajustadas por valor superior. Há que se recordar que muitas hipotecas foram colocadas entre setores sociais de baixa renda e de escasso histórico creditício, que compraram suas casas com a promessa de que a amortização do empréstimo não começaria até se passar certo tempo. No entanto, quando o aumento das taxas coincidia com a data de início da devolução dos empréstimos, a pressão sobre os devedores se intensificava. Não é de surpreender que muitas pessoas de baixa e média rendas começassem a suspender os pagamentos das prestações de suas hipo-

---

[146] Em 2006, quase 40% dos empréstimos hipotecários foram de alto risco (Bajaj, 2007).

tecas a partir do ano de 2006, como demonstram as estatísticas do mercado imobiliário.

GRÁFICO 16
Comportamento real da Bolsa de Valores de Nova York
e do mercado imobiliário dos Estados Unidos, 2000-09/1

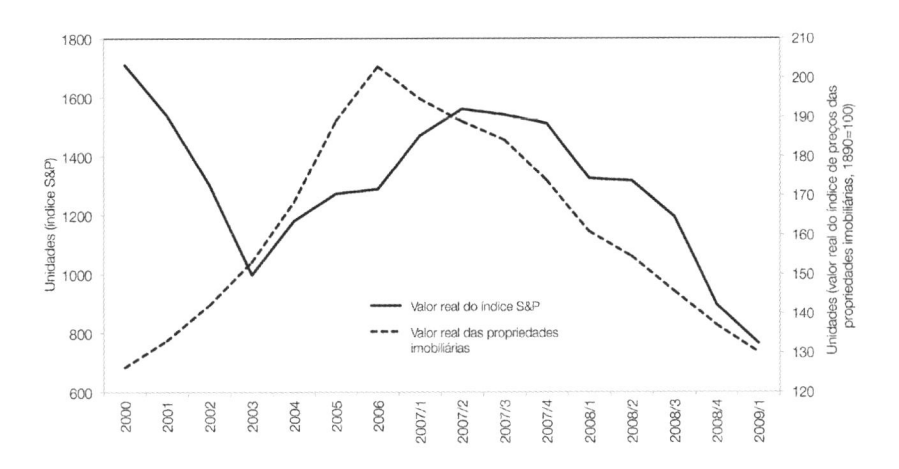

Fonte: Shiller (2005, 2009).

A estrutura de crédito no período do auge imobiliário estava ancorada na crença de que os preços das moradias continuariam em alta. De acordo com o economista Robert Shiller (2008), grande especialista em mercados imobiliários, a compra maciça de residências (primárias e secundárias) refletia um fenômeno de "contágio social", situação na qual os indivíduos agem como manada, seguros de que a maioria não pode equivocar-se. É frequente que em uma situação de auge econômico os compradores fiquem cegos às evidências de uma bolha; em troca, quando essa explode, todos correm para vender, derrubando a demanda assim como os preços dos ativos. A consequência, no caso dos Estados Unidos entre 2006 e 2008, foi a suspensão do pagamento de centenas de milhares de hipotecas e a queda desastrosa de grande quantidade de fundos, em bancos e em bolsas, que se baseavam nesses valores, o que provocou uma situação de bancarrota generalizada.

Sinais de tormenta iminente: 2006-08

A economia estadunidense havia começado a sofrer problemas em diversos setores desde princípios do ano de 2006, mas a maioria dos analistas não deu destaque aos perigos. Foi particularmente preocupante a contração do setor imobiliário desde o princípio do quarto trimestre de 2006, assim como as cifras do crescimento econômico trimestral projetadas para esse mesmo ano, que já apresentavam sinais recessivos. As tendências negativas logo se acentuaram, como demonstrou o fato de que por volta de outubro de 2006 a construção das casas esteve 27% abaixo da cifra média do ano anterior.[147]

Ainda assim, muitos analistas afirmaram que não existia perigo de afundamento. Entre esses, contavam-se alguns indivíduos influentes, que se tinham altamente beneficiado com a bolha hipotecária. Por exemplo, David Lereah, economista chefe da Associação Nacional de Agentes Imobiliários dos Estados Unidos, publicou um livro em março de 2006 com o propósito explícito de argumentar que não haveria mais quedas no mercado residencial. Mais tarde, outros supostos especialistas reforçaram a ideia de que não se produziria uma crise no setor porque a construção de casas continuava a expandir-se. Contudo, logo apareceram sinais claros de um possível colapso. Um dos primeiros a se aperceber de sua importância foi o economista Nouriel Roubini, que em agosto de 2006 pôs o dedo na ferida, em diversos artigos publicados na imprensa financeira, nos quais afirmava que se estava produzindo uma fortíssima queda na indústria de moradias e que era previsível uma recessão profunda e destrutiva.[148]

Em artigo publicado em 5 de setembro de 2006, um editorialista do *New York Times* entrou na luta e anunciou o fim do auge imobiliário. Em 4 de outubro de 2006, o presidente da Reserva Federal, Ben Bernanke, declarou à agência de informação financeira Bloomberg que a queda no setor de cons-

---

[147] Ver Department of Commerce, *Housing*, que apresenta as taxas de construção anualmente ajustadas (www.commerce.gov).
[148] Nouriel Roubini tornou-se, a partir do colapso de 2008, um dos analistas mais solicitados, por sua clarividência. Ademais, seu site RGE Monitor (www.rgemonitor.com) é, faz alguns anos, uma das melhores fontes de informação sobre as finanças internacionais.

trução de residências estava começando a afetar a economia em seu conjunto. Em novembro de 2006, os informes de desempenho dos fundos de alto risco reportaram perdas consideráveis. Os analistas da imprensa financeira destacaram, em particular, o mau desempenho dos fundos de cobertura (*hedge funds*) pertencentes ao lendário banco de investimentos Bear Stearns, de Nova York.

Apesar dos claros indícios de que se estavam acumulando problemas, em um comparecimento ao Congresso, em fevereiro de 2007, Ben Bernanke rechaçou a possibilidade de uma recessão na União Americana.[149] Em concordância, em 12 de março, o periódico *Wall Street Journal* sustentou que a fragilidade do mercado hipotecário e de créditos *subprime* não haveria de estremecer o conjunto da economia: argumentava que, embora se tivessem contraído os índices da capacidade de aquisição de novas moradias, ainda não havia sido atingido o nível mínimo histórico. Porém, os fatos foram contradizendo as declarações de Bernanke e da imprensa financeira. Em abril, o preço das casas caiu mais de 10%. Em maio, duas grandes agências hipotecárias revelaram ao público alguns de seus problemas: D. R. Horton Financial anunciou grandes perdas e New Century Financial Corporation solicitou uma cobertura antes que fosse à falência. Em junho, o banco Bear Stearns anunciou que necessitava usar os ganhos acumulados para realizar um resgate de mais de 3 bilhões de dólares, a fim de ressarcir pesadas perdas em um de seus fundos de cobertura. Em fins de julho, a mesma firma anunciou que não permitiria que seus clientes sacassem dinheiro de outro dos fundos de investimento com problemas.

Na Europa começaram também as quebras de fundos especulativos: apenas uma semana depois da quebra do fundo Bear Stearns, desabou o fundo denominado Caliber Global Investment Ltd., que pertencia a um banco de investimento de Londres (Subprime, 2007).

A maioria dos funcionários da administração Bush não quis reconhecer a gravidade da crise, ao menos até o segundo semestre de 2007. Em meados

---

[149] Ver o artigo "Dow hits new record after Bernanke speech" (*Business Week*, 14 fev. 2007).

do mês de agosto, o secretário do Tesouro, Henry Paulson, continuava a insistir em que os problemas do mercado hipotecário estavam sob controle. No entanto, no mesmo mês, e apesar das injeções de liquidez por parte dos principais bancos centrais, houve quedas simultâneas nas bolsas de valores da Europa e dos Estados Unidos.

Em 20 de setembro de 2007, Bernanke enfim declarou: "A crise do mercado *subprime* excedeu os cálculos mais pessimistas". Ao que parece, suas palavras foram impulsionadas pela quebra de dois dos fundos de investimento mais importantes da firma Bear Stearns. Influenciou-as também a notícia da corrida maciça contra o banco britânico Northern Rock, que estava a ponto de quebrar, em função de suas operações especulativas com hipotecas norte-americanas, e teve de ser salvo pelo governo, mediante um empréstimo gigantesco de 25 bilhões de libras esterlinas. Durante o mês de outubro, teve prosseguimento o desfile de anúncios a respeito de perdas de milhões de dólares em investimentos *subprime*: o poderoso banco suíço UBS anunciou uma depreciação de seus ativos em 3,4 bilhões de dólares e cortou 1.500 postos de trabalho. Enquanto isso, Merrill Lynch, o maior banco de investimento de Wall Street, declarou que suas perdas equivaliam a 5,5 bilhões de dólares em inversões *subprime*: ao final do mês de outubro de 2007, o diretor da empresa renunciou, ao se revelar que a famosa firma de investimentos carregava dívidas incobráveis de quase 8 bilhões de dólares. Durante essa sucessão preliminar de quebras financeiras, a Reserva Federal interveio no mercado monetário com o objetivo de evitar o pânico e ofereceu descontar papéis dos bancos para injetar liquidez. Em outubro de 2007, o banco central adotou uma redução da taxa de juros de 4,75 para 4,5%, e depois para 4,25%, para incrementar a disponibilidade de crédito nos mercados.

É possível argumentar que, a partir do primeiro trimestre do ano de 2008, a crise entra em uma nova e mais profunda etapa. Até então, a maior parte das instituições financeiras havia conseguido resolver seus problemas e obter diversas fontes de financiamento (inclusive apoios da Reserva Federal), o que lhes permitiu cobrir parte de suas perdas em hipotecas de alto risco. Contudo, na sexta-feira, dia 14 de março de 2008, Bear Stearns — que operava havia 85 anos e que tinha sobrevivido sem sobressaltos à crise de 1929 — declarou-se em estado de virtual falência: suas ações caíram cerca de 90% em menos de uma semana. Para evitar seu colapso total, o poderoso banco de J. P. Morgan Chase entrou na arena e comprou suas ações a preço de arremate: dois dólares por ação, ainda que pouco depois decidisse elevar o preço a 10 dólares, para evitar perdas maiúsculas aos principais acionistas, antigos colegas de Wall Street. Essa operação contou com o firme apoio da Reserva Federal, que se comprometeu com os compradores a garantir a liquidez sobre um máximo de 30 bilhões de dólares dos ativos tóxicos da Bear Stearns.

No mesmo mês, outros dois poderosos bancos de investimento de Wall Street, Goldman Sachs e Lehman Brothers, anunciaram baixas abruptas em seus ganhos anuais, com uma queda média de 50%. Em 17 de março de 2008, o novo diretor do FMI, Dominique Strauss-Kahn, declarou: "O risco de contágio pela crise financeira nos Estados Unidos é agora muito alto"; porém, em continuação, elogiou as medidas tomadas pela Reserva Federal para resgatar os bancos com problemas.[150]

Diante da cadeia cada vez maior de descalabros financeiros, a Agência Federal de Investigações (FBI) inicia uma inspeção sobre a gestão fraudulenta de fundos por parte das empresas hipotecárias desde janeiro de 2008. Por volta de junho desse ano, mais de 400 pessoas — em especial, corretores de bolsa e promotores imobiliários — foram formalmente acusadas de envolvimento em fraudes hipotecárias que superavam 1 bilhão de dólares. Por sua vez, os dirigentes do Bear Stearns enfrentaram acusações de responsabilidade pelo colapso dos fundos de investimento *subprime* que gerenciavam. As acusações consistiam em que os banqueiros conheciam os problemas dos fundos, mas não os informaram aos investidores, o que lhes havia provocado perdas de aproximadamente 1,4 bilhão de dólares.

---

[150] CNN Expansión: "FMI advierte menor crecimiento mundial" (17 mar. 2008, Economía). Disponível em: <www.cnnexpansion.com>.

TABELA 5
Antecedentes e desencadeamento da crise financeira mundial, 2007-08

2007
Março-setembro
• HSBC anuncia uma elevação dos índices de atraso nos mercados hipotecários estadunidenses. • Bear Stearns e BNP Paribas mostram dificuldades em operar seus fundos de cobertura. • O Federal Reserve reduz suas taxas de juros e injeta 12 bilhões de dólares no mercado. Outros bancos centrais fazem o mesmo. • Divulga-se que julho foi o pior mês na venda de imóveis nos Estados Unidos desde 1991.
Outubro-dezembro
• As organizações financeiras Citigroup, Merrill-Lynch, Bank of America, Bear Stearns, Barclays e Freddie Mac anunciam passar por dificuldades financeiras, seja pela redução de seus ganhos, seja pela ocorrência de perdas. • O Federal Reserve continua a baixar as taxas de juros e adota, assim como outros bancos centrais, medidas para prover liquidez aos mercados.
2008
Janeiro-abril
• O Presidente George W. Bush apresenta um plano de estímulo econômico que inclui ajuda às agências hipotecárias Freddie Mac e Fannie Mae, assim como a devolução de impostos a pessoas físicas e incentivos fiscais a pessoas jurídicas. • Em 14 de março, o banco de investimento Bear Stearns entra em colapso e é adquirido pelo conglomerado J. P. Morgan ao preço de dois dólares por ação. • O Federal Reserve prossegue reduzindo suas taxas de juros de maneira agressiva e implementa diferentes programas para aumentar a liquidez no mercado. Outros bancos centrais adotam medidas similares pelo mundo. • Anuncia-se que 2007 foi o pior ano em venda de imóveis desde 1982.
Maio-agosto
• AIG, Lehman Brothers, Wachovia, RBS, UBS, Freddie Mac e Fannie Mae reportam perdas em seus relatórios de resultados trimestrais. • O Federal Reserve prossegue baixando as taxas de juros. O Fed implementa medidas conjuntas com o Banco Central Europeu, o Banco da Inglaterra e o Banco Nacional da Suíça. • Em 3 de julho, o preço do barril de petróleo alcança o máximo histórico de 145 dólares. • Em 30 de julho, o presidente George W. Bush firma o Plano de Recuperação Econômica, pelo qual se implementa o resgate de Freddie Mac e Fannie Mae. O plano assegura ainda 300 bilhões de dólares para o refinanciamento de hipotecas.

▼

▼

Setembro-dezembro
- Em 7 de setembro, Fannie Mae e Freddie Mac são postas sob o controle e a supervisão direta do governo estadunidense, devido a suas enormes perdas.
- Em 15 de setembro, o banco de investimentos Lehman Brothers declara falência. Anteriormente, o governo estadunidense negara-se a resgatar a entidade. Na mesma semana, o Bank of America adquire o banco de investimento Merrill Lynch.
- O preço do barril de petróleo cai abaixo de 100 dólares.
- Em 16 de setembro, o Federal Reserve resgata o AIG com 85 bilhões de dólares. Acentua-se a tendência de baixa nas bolsas de valores de todo o mundo: o pânico generaliza-se nos mercados financeiros e o crédito começa a escassear.
- Em 19 de setembro, diante da crise financeira, o preço do ouro aumenta 14% e o da prata, 20%.
- O Fed injeta 50 bilhões de dólares no mercado financeiro. O Banco Central Europeu injeta 30 bilhões de euros.
- Na Europa, diversos governos procedem ao resgate ou à nacionalização de seus bancos. Destacam-se o Bradford na Inglaterra, o Glitnir na Islândia, o Fortis e o Dexia na Bélgica-Holanda-Luxemburgo, o UBS na Suíça e o ING na Holanda.
- Em 30 de setembro, o Congresso dos Estados Unidos rechaça a primeira proposta para um plano de resgate financeiro geral. O índice Dow Jones responde com a pior queda de sua história.
- O Fed e alguns bancos centrais europeus retomam uma série de cortes periódicos em suas taxas de juros.
- Em 3 de outubro, Bush assina a Lei de Emergência para a Estabilização Econômica, com a qual o governo pretende comprar até 700 bilhões de dólares de ativos tóxicos.
- Em 17 de outubro, reúnem-se em Bruxelas os líderes da União Europeia e projetam um fundo de 2,7 bilhões de euros para evitar a bancarrota de seus bancos.
- A recessão reduz a demanda mundial de petróleo: o preço do barril de óleo cru fecha abaixo de 60 dólares, seu nível mais baixo em 20 meses.
- Em 14 de novembro, o G-20 reúne-se em Washington. Os participantes comprometem-se a renovar o sistema financeiro mundial e a evitar práticas protecionistas.
- Em 24 de novembro, o governo dos Estados Unidos acede em resgatar o gigante financeiro Citigroup.
- Elevam-se as taxas de desemprego nos Estados Unidos e na Europa. Vários países admitem estar em franca recessão.
- Em 19 de dezembro, o Departamento do Tesouro anuncia um plano para ajudar a indústria automotriz estadunidense.
- Em 21 de dezembro, o preço do barril de petróleo é cotado em cerca de 35 dólares, o valor mais baixo desde 2004.
- O Federal Reserve situa a taxa de juros objetivo no intervalo entre zero e 0,25%, estando impossibilitado a rebaixá-la ainda mais.

Ao iniciar-se o segundo semestre do ano de 2008, já existia a certeza nos mercados financeiros de que haveria mais quebras e de que apareceriam mais casos de bancos com mau desempenho financeiro; mas ninguém imaginava o que em realidade haveria de ocorrer. Em 13 de julho, o segundo banco hipotecário mais importante dos Estados Unidos, o IndyMac, sofreu intervenção pelo governo. Dois dias após, ante o temor de que as duas grandes agências hipotecárias Fannie Mae e Freddie Mac pudessem afundar, o governo ofereceu-lhes apoio substancial. O medo era maiúsculo, porque essas duas firmas públicas possuíam mais da metade das dívidas hipotecárias da União Americana. Contudo, a ajuda não foi suficiente e, em 7 de setembro de 2008, sofreram intervenção tanto a Federal National Mortgage Association (Fannie Mae) como a Federal Home Loan Mortgage Corporation (Freddie Mac). Nesse dia, aprovou-se o seu resgate: o governo comprometia-se a adquirir 100 bilhões de dólares em ações de cada empresa, quer dizer, uma injeção total de 200 bilhões de dólares, a cargo do contribuinte.[151]

A intensificação do descalabro financeiro produziu-se em meio a uma situação de crescente instabilidade política e econômica. Por um lado, a contenda eleitoral nos Estados Unidos estava em seu ápice. À medida que se fortalecia a possibilidade de uma crise generalizada, mais perdiam credibilidade tanto a administração Bush quanto o candidato republicano, John McCain. Por sua parte, o candidato democrata, Barack Obama, procurava ganhar votos com propostas econômicas de promoção do gasto público e de revisão da regulamentação financeira. Por outro lado, ao mesmo tempo, desatou-se uma incrível especulação com os preços do petróleo cru, que subiram desde 70-80 dólares o barril na segunda metade de 2007 a mais de 150 dólares em meados de 2008. Dada a importância do consumo de gasolina no orçamento da maioria dos cidadãos estadunidenses, essa situação também influía nos votantes, reforçando a percepção de que as coisas realmente iam muito mal.

As semanas negras de setembro de 2008

Para a maioria dos analistas, a data fatídica que marcou um ponto de não retorno foi o 14 de setembro, quando Lehman Brothers se deparou com a iminente

---

[151] Algumas das melhores notas sobre a crise financeira podem ser consultadas no jornal espanhol *El País*; nesse caso, de 8 a 11 de setembro de 2008.

bancarrota. Apesar das intenções de compra por dois dos maiores bancos comerciais, um dos Estados Unidos (o Bank of America) e outro da Grã-Bretanha (o Barclays PLC), a firma nova-iorquina já se encontrava em situação crítica. À primeira hora da segunda-feira, 15 de setembro, na falta de respaldo governamental, Lehman Brothers declarou-se formalmente em falência, o que desatou uma reação em cadeia em todos os mercados financeiros do mundo.

Algumas semanas antes do colapso do Lehman Brothers, os três homens mais influentes do setor financeiro oficial dos Estados Unidos tinham-se reunido para discutir a sorte dessa prestigiosa firma. Ben Bernanke, diretor da Reserva Federal, Henry Paulson, secretário do Tesouro, e Timothy Geithner, diretor do Banco da Reserva Federal de Nova York, analisaram a possibilidade de resgatar o Lehman, tal como se fizera com Fannie Mae e Freddie Mac. Todavia, concluíram que não queriam incentivar o *risco moral*, isto é, o perigo de que o Lehman mentira e tomara riscos desnecessários por saber que podia ser resgatado. Adicionalmente, temiam que a notícia de um possível resgate pudesse converter-se em um incentivo perverso a que outras instituições financeiras atuassem de maneira imprudente e confiassem na intervenção governamental como rede de segurança.

O certo é que o colapso do Lehman Brothers repercutiu no mundo. Milhares de firmas possuíam papéis de dívida geridos por essa firma, o que tornava essa instituição peça-chave em todos os mercados bancários e financeiros. Logo se apontou que, com a sua falência, haviam desaparecido quase 690 bilhões de dólares do sistema financeiro mundial. Um exemplo dos grandes investidores que enfrentaram perda foi o Fundo de Pensões do Governo da Noruega, que tinha investido, por meio do Lehman Brothers, uma parte dos excedentes fiscais provenientes do petróleo: o fundo norueguês reportou em fins de 2008 que, com a falência do Lehman, se haviam evaporado mais de 800 milhões de dólares investidos em bônus e ações gerenciados por essa instituição bancária. Por sua vez, a quebra do Lehman provocou corridas contra aqueles instrumentos financeiros conhecidos como "seguros contra cessação de pagamentos" (em terminologia bancária, usa-se a sigla em inglês CDO, para *collateralized debt obligation*); e, como consequência, despencaram os preços desses instrumentos, o que provocou enormes perdas a uma multidão de bancos, seguradoras e fundos de cobertura.

As consequências da queda do quarto banco de investimento mais importante de Wall Street foram muito maiores do que haviam imaginado as autoridades financeiras de Washington. A mensagem que se transmitiu aos mercados foi a de que ninguém sabia quais firmas seriam capazes de pagar suas dívidas, o que desencadeou o pânico nas financeiras e nos investidores em todo o mundo.

Essa grande quebra acelerou também a queda da maior seguradora dos Estados Unidos, o American International Group (AIG). A AIG estava altamente exposta porque havia investido centenas de bilhões de dólares em títulos de hipotecas, enquanto havia segurado enormes somas contra a cessação de pagamentos e contra a queda do valor das hipotecas. Muitos desses instrumentos mostraram-se tóxicos. Entretanto, nesse caso a Reserva Federal atuou com rapidez e, em 17 de setembro, resgatou a AIG por meio de um empréstimo gigante de 85 bilhões de dólares, o que lhe permitiu controlar 80% de suas ações. Dessa maneira, o governo se tornava dono efetivo e garantidor de seus vultosos ativos.

A partir das quebras de Lehman Brothers e AIG, ficou claro que o problema havia passado de uma crise de liquidez (caracterizada pela falta de crédito em curto prazo) a uma crise de insolvência, na qual os agentes financeiros não podem fazer frente ao pagamento de suas obrigações e existe a ameaça de múltiplas bancarrotas. No mesmo dia 18 de setembro, seis dos mais importantes bancos centrais do mundo anunciaram a adoção de "medidas coordenadas" para enfrentar a falta de liquidez nos mercados financeiros: a Reserva Federal, o Banco Central Europeu, o Banco do Japão, o Banco do Canadá, o Banco da Inglaterra e o Banco Nacional da Suíça informaram que se comprometiam a injetar um montante de 180 bilhões de dólares nos mercados bancários.

Em 19 de setembro, depois de três "segundas-feiras negras" consecutivas, nas quais a Bolsa de Nova York caiu estrepitosamente, o Departamento do Tesouro lançou a iniciativa da Lei de Estabilização Econômica de Emergência, conhecida como Plano Paulson, que implicou o uso de uma grande quantidade de recursos fiscais do governo. Até esse momento, os resgates haviam consistido em intervenções da Reserva Federal, que oferecia respaldo para determinadas instituições financeiras em bancarrota; mas o novo plano era diferente, porque acarretava utilizar dinheiro dos contribuintes para o enfrentamento do colapso financeiro (gráfico 17).

Uma parte do resgate se destinava à compra da dívida de risco ou tóxica, com a finalidade de restaurar a estabilidade: essa vertente da lei tornou-se conhecida como Troubled Asset Relief Program (Tarp). O plano estabelecia que, dos 700 bilhões de dólares, uma terça parte se poria à disposição imediata do secretário do Tesouro para salvar os bancos que se encontravam em perigo de falência; outros 100 bilhões de dólares poderiam ser utilizados à discrição do presidente; e os restantes 350 bilhões de dólares poderiam ser requisitados pelo Tesouro, desde que contasse com a devida aprovação pelo Congresso com respeito à destinação que se daria a esses fundos.

Esse plano de emergência foi submetido à revisão do Congresso e do Senado dos Estados Unidos. O secretário do Tesouro chegou mesmo a declarar: "Se o plano não for aprovado, que o céu nos ajude" (*El País*, 21 set. 2008). Não obstante, vários congressistas expressaram certo ceticismo acerca do Plano Paulson e houve projetos alternativos. O mais citado foi o do senador democrata Christopher Dodd, que presidia a Comissão Bancária do Senado. Os candidatos presidenciais também participaram das discussões legislativas em Washington. O republicano John McCain suspendeu sua campanha para concentrar-se na crise financeira e propôs o adiamento do debate com o democrata Barack Obama programado para 26 de setembro. No entanto, Obama insistiu em realizar o debate, e nesse dia ambos os candidatos convergiram em manifestar seu apoio ao Congresso para que se aprovasse um plano destinado a salvar a economia e o setor financeiro do país.

Não é estranho que o plano de resgate tenha sofrido modificações em relação à iniciativa original. O primeiro esboço foi rechaçado pelo Congresso em 29 de setembro: 205 votos a favor e 228 contra. Isso afetou severamente o desempenho das bolsas de valores pelo mundo: o índice Dow Jones caiu 7%

nesse dia. Em seguida a intensas negociações, aprovou-se o plano em 1º de outubro e dois dias depois o presidente George Bush promulgou a lei. Apenas um mês mais tarde, em 4 de novembro, o democrata Barack Obama venceu uma eleição histórica, tornando-se o primeiro presidente de raça negra da história dos Estados Unidos. Era claro que sua missão mais urgente ao ocupar a Casa Branca em janeiro de 2009 consistia em enfrentar a enorme crise financeira e econômica que sacudia a nação e o mundo.

GRÁFICO 17
Resgate de instituições financeiras e Lei de Emergência para a Estabilização Econômica nos Estados Unidos, 2008 (bilhões de dólares)

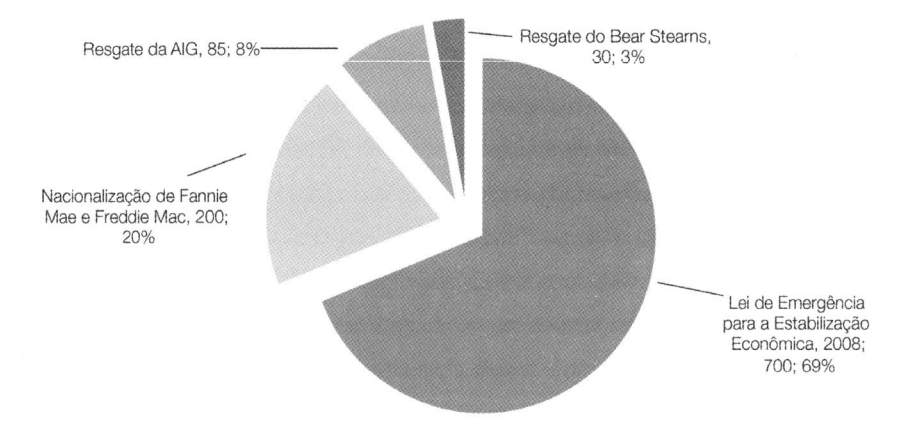

- Resgate da AIG, 85; 8%
- Resgate do Bear Stearns, 30; 3%
- Nacionalização de Fannie Mae e Freddie Mac, 200; 20%
- Lei de Emergência para a Estabilização Econômica, 2008; 700; 69%

Nota: Os percentuais estão calculados sobre um total de 1,015 trilhão de dólares.
Fontes: One hundred tenth Congress of the United States of America. *Emergency Economic Stabilization Act 2008*, Washington, D.C., 3 out. 2008; *The Wall Street Journal*. Marketwatch, várias datas; Council of Economic Advisers and Office of the Vicepresident Elect. *Job impact of the American recovery and reinvestment plan*, 10 jan. 2009; *The Economist*. "Big government fights back", 29 jan. 2009.

Ao mesmo tempo que eram discutidas em Washington as medidas de resgate, em Nova York ocorreram notáveis transformações entre os gigantes do mercado bancário. Em setembro de 2008, dois dos maiores bancos de investimento, Goldman Sachs e Morgan Stanley, converteram-se em *holdings* bancárias, a fim de se livrar das regulamentações que seguramente os condenariam a desaparecer e para conseguir com maior facilidade o respaldo financeiro do governo estadunidense. Por seu lado, Merrill Lynch fundiu-se com o Bank of America. Dessa maneira, tinha início um profundo processo de reestruturação do sistema bancário. De fato, com o desaparecimento dos outrora todo-poderosos bancos de investimento, findou-se uma era na história financeira dos Estados Unidos.[152]

Em uma entrevista com o prestigioso Council on Foreign Relations, celebrada em 5 de outubro de 2008, o economista Nouriel Roubini sustentou que as medidas de reorganização dos bancos de investimento eram necessárias para salvar o sistema bancário do colapso total, e que por detrás dessas operações estivesse a Reserva Federal, que oferecia enormes garantias para assegurar a solvência dessas firmas. De fato, o banco central exerce — e atualmente exerce — um papel muito mais importante do que o Tesouro no resgate dos mercados financeiros dos Estados Unidos.

Deve-se ter em conta a magnitude das mudanças. Em primeiro lugar, uma parte importante do mercado financeiro foi virtualmente nacionalizada, incluindo Fannie Mae, Freddy Mac e a divisão hipotecária da AIG, que gerenciavam ativos no montante aproximado de 2,8 trilhões de dólares, tudo isso com respaldo da Reserva Federal. Em segundo lugar, trasladaram-se os recursos da maior parte dos grandes bancos de investimento (que sobreviviam em setembro) a novas empresas bancárias e a dois grandes bancos comerciais, em um total de 2,7 trilhões de dólares (sublinhemos que a cifra é de 2,7 milhões de milhões).

Por outro lado, deve-se ter em conta a longa sequência de resgates dos próprios bancos comerciais. Um dos mais afetados pela crise foi o Citicorp (o maior banco dos Estados Unidos), que recebeu suas primeiras injeções multimilionárias de fundos federais superiores a 300 bilhões de dólares em princípios de 2009. Esse tipo de resgate foi acompanhado por ações muito agressivas da Reserva Federal, para impedir o colapso total do crédito nos mercados e a paralisação da economia. Em 16 de dezembro, a Reserva Fede-

---

[152] Uma história alucinante da crise bancária em Wall Street, nesses dias e meses, é a de Sorkin (2009). Esse livro baseia-se em entrevistas de dezenas de banqueiros envolvidos no colapso.

ral havia fixado sua meta de taxa de juros no intervalo entre 0 e 0,25%. Eram as taxas mais baixas registradas na história.

A partir da chegada de Barack Obama à presidência em janeiro de 2009, tiveram continuidade as duas grandes linhas de ação iniciadas meses antes: resgate das instituições financeiras e planos de estímulo à economia. É evidente que a maior parte dos recursos foi destinada ao resgate dos bancos de investimento e dos bancos hipotecários, enquanto foi muito menos significativo o segundo grupo de intervenções, destinado a dar suporte a algumas empresas automobilísticas e a certos setores-chave da economia. Em princípios de 2009, apresentou-se uma estimativa do montante total dos resgates financeiros e de estímulos à economia: calcula-se que a cifra poderia alcançar os 6,61 trilhões de dólares. Esses números abrangem tanto os resgates financeiros executados pela Reserva Federal quanto os autorizados pela Lei de Emergência para a Estabilização, aprovada em 2008, os quais, em conjunto, se aproximam dos 5,75 trilhões de dólares, ao que se acrescem os estímulos fiscais determinados pelo Plano de Recuperação e Reinvestimento do presidente Obama, que somavam cerca de 800 bilhões de dólares.[153]

Se bem que os resgates promovidos e garantidos pela Reserva Federal tenham seguido seu curso no ano de 2009, não há certeza sobre qual vai ser a natureza das mudanças que sucederão no marco regulatório e na estrutura bancária em médio prazo. Existem grandes dúvidas sobre a forma como terá prosseguimento a distribuição e a administração dos fundos de resgate para o sistema financeiro dos Estados Unidos. De fato, nos casos de resgates fiscais, a análise da atuação de qualquer banco central como *emprestador de última instância* sugere que, em geral, se privilegiam certos grandes grupos financeiros e se deixam sem apoio equivalente milhões de devedores de hipotecas e dezenas de milhões de contribuintes.[154] Todavia, as propostas de reformas regulatórias apresentadas pelo governo de Obama ao Congresso

---

[153] Os setores contemplados pelo Plano de Recuperação e Reinvestimento de Barack Obama são: energia, ciência, infraestrutura, benefícios, educação, saúde e moradia.

[154] Ver Kane (2007). No caso do resgate mexicano de 1995, conhecido como Fobaproa, os contribuintes seguem pagando, ainda em 2009, enormes transferências que vão diretamente para os cofres dos bancos privados.

norte-americano em meados de junho de 2009 prometem abrir um enorme debate entre todos os envolvidos.

Os resgates financeiros no Reino Unido e na União Europeia

Embora seja fundamental prestar atenção à magnitude dos resgates financeiros nos Estados Unidos, também se devem ter especialmente em conta os vultosos resgates levados a efeito em outras nações. Em primeiro lugar, deve-se sublinhar a dimensão que a crise assumiu na Grã-Bretanha e atentar, em especial, às proporções do colapso em sua capital financeira, a cidade de Londres. Ali, os primeiros problemas se vislumbraram na primavera de 2007, quando vários bancos mandaram sinais de alarme e receberam um primeiro apoio do Banco da Inglaterra. Em seguida, em fevereiro de 2008, o governo britânico nacionalizou o banco hipotecário Northern Rock, já muito enfraquecido pelas dificuldades creditícias iniciadas em 2007. Durante o primeiro semestre de 2008, começaram a circular notícias nos mercados financeiros acerca da debilidade de diversos fundos de investimento ingleses e do crescente contágio dos problemas financeiros originados em Nova York. A situação piorou de maneira gradual, e a primeira grande derrocada bancária britânica produziu-se em 18 de setembro de 2008, quando se anunciou a compra da firma financeira HBOS pelo banco britânico Lloyds TSB por um montante de 21,8 bilhões de dólares. Logo começaram a aparecer relatórios sobre graves perdas em outros bancos ingleses. Em 8 de outubro de 2008, o governo britânico anunciou um plano de resgate de 250 bilhões de libras esterlinas (equivalente a mais de 400 bilhões de dólares). Grande parte do dinheiro se destinaria à permuta temporária de bônus por hipotecas bancárias e à recapitalização dos bancos.

Depois do anúncio desses resgates, o primeiro-ministro, Gordon Brown, foi saudado pela imprensa financeira internacional como o grande salvador, mas ainda assim as bolsas europeias e asiáticas tiveram mau desempenho no dia seguinte ao do anúncio do plano de emergência. Da mesma maneira que nos Estados Unidos, o governo britânico interveio com recursos fiscais, porém assegurando a estreita colaboração do banco central, o Banco da Inglaterra, que ofereceu uma extensa série de garantias para as entidades ameaçadas pela fragilidade de suas carteiras. Apesar disso, alguns dos maiores bancos comerciais britânicos seguiram com problemas, que em alguns casos eram tão graves — como o do Royal Bank of Scotland — que se procedeu a sua virtual nacionalização.

Ante a evidência de que a crise estava atingindo todos os mercados financeiros da zona do euro, os líderes da região reuniram-se em 12 de outubro de 2008 em Paris para concertar um plano de ação. O presidente francês, Nicolas Sarkozy, convidou Gordon Brown à conferência de chefes de Estado com o objetivo de confirmar que toda a Europa estava coordenada. Os acordos consistiram em recapitalizar as instituições que se encontravam em risco e garantir os empréstimos interbancários na zona europeia. O governo francês e o Banco da França comprometeram-se a proporcionar 320 bilhões de euros em empréstimos aos bancos privados com o fim de manter a atividade creditícia, além de prometer uma injeção de 40 bilhões de euros nos grandes bancos comerciais com problemas, como a Société Générale e o BNP Paribas. A chanceler alemã Angela Merkel comprometeu-se a oferecer 400 bilhões de euros em empréstimos ponte do banco central (Bundesbank) aos bancos privados e um montante de cerca de 80 bilhões de euros para injetar capital nos bancos em situação de insolvência. Por sua vez, tornou-se público o virtual colapso do sistema bancário na Irlanda e na Islândia, que haviam requerido intervenções governamentais maciças.

Em contrapartida, no caso da Espanha, em outubro de 2008 o governo de José Luis Rodríguez Zapatero podia-se orgulhar de que o sistema bancário espanhol não necessitava resgates. Os principais bancos comerciais espanhóis estavam menos expostos aos colapsos dos mercados porque não haviam comprometido tantos fundos em veículos de inversão de alto risco. Entretanto, as autoridades de Madri anunciaram pouco depois que estavam dispostas a injetar um montante de cerca de 100 bilhões de euros em possíveis resgates. Em todo caso, deve-se considerar que, no caso da Espanha, os efeitos da crise econômica chegaram mais tarde, na medida em que os mercados imobiliários afundavam de forma mais lenta (ainda que mais profunda) do que no restante da Europa. Em junho de 2009, seria anunciado que o governo espanhol estava contemplando a criação de um fundo de apoio para bancos e instituições de poupança com um capital de 9 bilhões de euros, mas com possibilidade de chegar a 90 bilhões de euros.

A crise econômica na Espanha já se havia manifestado com força em 2008, quando mais de 1 milhão de empregos formais desapareceu, e se aprofundou ao longo de 2009, superando as quedas em outras economias europeias, como a francesa e a alemã. A par do fato de sofrer as mais altas taxas de desemprego formal no mundo, a economia espanhola dividia com a estadunidense um enorme déficit comercial e um excessivo endividamento da massa dos consumidores. Adicionalmente, a bolha imobiliária era proporcionalmente tão grande quanto nos Estados Unidos ou na Grã-Bretanha, ainda que seja certo que, devido à maior estabilidade do sistema bancário espanhol, a crise não se havia manifestado com tanta força até o início de 2009. Isso se deveu em parte ao fato de que, desde anos antes, o Banco de Espanha havia posto em prática uma inovadora estratégia de cobertura de riscos para a banca comercial, que implicava explicitar os novos e arriscados veículos de investimento em suas prestações de contas regulares. Ademais, o referido banco central insistiu em que se adotasse uma série de "provisões dinâmicas" que assegurasse aos bancos comerciais a disponibilidade de importantes volumes de fundos para poderem aumentar seu capital em caso de sofrerem possíveis perdas em razão dos novos instrumentos financeiros presentes nos mercados. Não obstante, as instituições de poupança regionais espanholas não contaram com essas provisões e, por conseguinte, estavam muito menos preparadas para enfrentar os embates da grande crise.

Durante os últimos meses do *anus horribilis* de 2008, os países integrantes da União Europeia se comprometeram a realizar grandes intervenções governamentais nos mercados financeiros e a iniciar resgates fiscais que se aproximavam ou superavam os montantes despendidos nos Estados Unidos. Entretanto, e apesar da propaganda emanada do encontro de cúpula de 12 de outubro de 2008 e das reuniões políticas de alto nível realizadas a seguir, está claro que não prosperou um plano de fato coerente de medidas anticrise ou de estímulo à economia na União Europeia, senão mais aproximadamente uma série de planos individuais por parte de cada país. Algumas das nações mais emblemáticas da região direcionaram grandes volumes de recursos públicos para infraestrutura e para empréstimos à indústria automobilística e, em alguns casos, para estímulos a certos setores sociais, inclusive à classe média e a trabalhadores sem emprego. Em abril de 2009, calculava-se que o resgate fiscal do conjunto da União Europeia podia ascender a 2 trilhões de dólares, enquanto o resgate fiscal estadunidense seria menor. Não obstante, é ainda difícil fazer um balanço, já que as medidas de resposta ao colapso têm sido ampliadas em cada país e é possível que se aprofundem no futuro.

Um traço relevante da atual crise é que se intensificou o debate sobre a posição futura dos Estados Unidos dentro da economia mundial. Despertaram-se, inclusive, cada vez mais interrogações acerca da possibilidade de perda da sua hegemonia monetária, que começa a ser questionada pela China, entre outros países. Independentemente dessa reflexão, a crise contemporânea golpeou também com severidade as duas maiores economias do continente asiático e impôs a execução de programas anticíclicos. Em conjunto, em fins de 2008, os governos da China e do Japão adotaram programas de estímulos fiscais de 700 bilhões de dólares à atividade econômica. Se a esse valor se acrescem os montantes que adiantaram os bancos centrais para apoio aos seus respectivos mercados financeiros, pode-se considerar que se trata de uma intervenção maciça, talvez sem antecedente histórico, ao menos no caso da China.

Impactos e respostas à crise na América Latina

Um dos fatos mais notáveis da crise financeira mundial contemporânea é que não se produziram pânicos bancários nem o colapso de dívidas soberanas nos países em desenvolvimento. É manifesto o contraste com as nações mais avançadas. Não obstante, ficou evidente que o sucedido atingiu todas as economias desses países a partir de setembro de 2008. Nas breves páginas que se seguem, comentamos com algum detalhe o caso latino-americano, mas está claro que vale uma comparação com as experiências de transmissão da crise aos países da Ásia, do Oriente Médio e da África.

A América Latina sofreu o contágio da crise desde o segundo semestre de 2008, por meio de um descenso das exportações, da redução dos fluxos de investimento estrangeiro direto, de um decréscimo das remessas e de uma queda significativa do turismo internacional. Essas variáveis representavam entradas de capital que sustentavam a estabilidade da balança de pagamentos das economias latino-americanas. Porém, na maior parte da região, a evolução das finanças públicas e dos sistemas bancários resultou em volatilidade bem menor do que no passado. A princípio, experimentaram-se eclosões de crises bancárias em razão da queda dos valores das moedas latino-americanas, mas logo a situação se estabilizou. Tampouco houve crises de dívidas soberanas, como havia sido comum no passado. É provável que isso se deva a que, desde o decênio precedente, os países da América Latina houvessem conseguido certa estabilidade em suas dívidas públicas e, adicionalmente, a que contassem com reservas internacionais que lhes permitiam cobrir com certa folga o pagamento de suas obrigações com o resto do mundo. Por sua vez, os bancos centrais de muitos países puderam reduzir as taxas de juros e vários governos nacionais comprometeram-se a estimular suas economias com recursos fiscais.

No geral, as respostas dos governos e dos bancos centrais latino-americanos ao desequilíbrio econômico internacional e à queda de emprego se distinguem entre ativistas e conservadoras, de acordo com os relatórios da Cepal que são publicados de forma periódica. Uma breve revisão do panorama em Argentina, Brasil, Chile e México permite identificar a situação particular de cada um e algumas das estratégias adotadas pelo governo de cada país.

A crise mundial encontrou a Argentina relativamente isolada dos mercados financeiros internacionais e sua economia debilitada por uma queda inicial do preço de suas exportações de carne, cereais e soja. Porém, por sorte, o banco central contava com reservas significativas, devido à experiência exportadora favorável vivenciada nos anos precedentes. A situação financeira do governo argentino havia-se beneficiado, ainda, pela moratória de pagamentos de sua dívida externa em 2002 e pelo êxito das negociações levadas a efeito com os credores internacionais, que reduziram o montante do serviço anual da dívida que estava asfixiando o país. Contudo, desde setembro de 2008, a situação fiscal e financeira complicou-se e o governo argentino, encabeçado pela presidente Cristina Fernández, decidiu nacionalizar os fundos de pensão para evitar corridas especulativas nos mercados. Por sua vez, as autoridades econômicas precisaram contratar alguns empréstimos junto ao sistema bancário local. É certo que em 2009 tem prosperado tanto a bolsa quanto a banca argentina. O banco central tem ampliado o crédito às empresas e o governo pôs em marcha subsídios para o desemprego.

Em fins de 2008, o Brasil enfrentou as mesmas pressões recessivas que o resto da América Latina e o valor das cotações na Bolsa de São Paulo caiu estrepitosamente, como consequência da incerteza financeira mundial. Todavia, a considerável diversificação das exportações do país, a estabilidade dos bancos brasileiros e o forte dinamismo do mercado interno lhe permitiram superar a crise de maneira apreciável. Por outro lado, o governo pôs em marcha importantes programas para dinamizar a atividade produtiva e a demanda, incluindo uma injeção de 44 bilhões de dólares para sustentar o consumo e um Programa de Aceleração do Crescimento de cerca de 70 bilhões de dólares com a finalidade de fomentar os setores de energia, transporte e infraestrutura. Adicionalmente, manteve-se o plano do presidente Lula de levar a cabo o mais ambicioso programa de construção de casas populares da história da América Latina.

Por sua parte, durante 2009, o governo chileno, encabeçado pela presidente Michelle Bachelet, adotou políticas cautelosas em meio à crise e instrumentou alguma expansão do gasto público, na construção e na infraestrutura, assim como pequenos incrementos em despesas sociais. Em anos anteriores ao desencadeamento da crise, o cobre chileno esteve cotado a bons preços nos mercados internacionais. O governo decidiu poupar uma parte desses recursos em um fundo de riqueza soberana (*sovereign wealth fund*) e adotou uma política fiscal que lhe permite contar com suficientes poupanças do setor público e incorrer em déficit no período mais baixo do ciclo econômico. Dessa forma, o governo chileno pôde expandir suas políticas fiscais e monetárias e praticar uma política de certa flexibilidade de crédito para as empresas, sem debilitar a situação macroeconômica.

O México tem enfrentado problemas maiores que os países sul-americanos e a situação piorou ao longo de 2009, o que se pode atribuir em boa parte à estreita dependência de suas relações econômicas com os Estados Unidos, mas também à negativa do governo mexicano de pôr em ação um programa agressivo de tipo contracíclico. Esperar-se-ia que, de todas as administrações públicas latino-americanas, houvesse sido o governo mexicano o de reação mais proativa ante a crise para suavizar seus impactos, que se tornaram muito pronunciados na produção, no emprego e no comércio exterior. Esses impactos derivavam-se da queda das exportações para os Estados Unidos, da diminuição das remessas de trabalhadores mexicanos radicados no exterior e da redução das receitas de exportação de petróleo. O México ressentiu-se também da baixa no fluxo de turistas, como consequência da insegurança e do surto da gripe tipo A/H1N1. A queda do consumo e do crédito postergou projetos de investimento privado e ameaçava comprimir a atividade econômica do país. As autoridades da Secretaria da Fazenda têm atuado com cautela até o presente e parecem temerosas de piorar a fragilidade estrutural das finanças públicas, pelo fracasso secular em levar a cabo uma reforma fiscal em profundidade, o que tornou o governo dependente de receitas petrolíferas cada vez mais minguadas.

A crise de 2008: alguns contrastes com a Grande Depressão dos anos 1930

Se bem que seja ainda cedo para avaliar o conjunto dos danos provocados pela crise econômico-financeira de 2008-09, existe um amplo debate sobre a sua gravidade em termos comparativos com os maiores colapsos econômicos do passado. É comum afirmar que a crise contemporânea é a pior sofrida desde a Grande Depressão, porém cabe inquirir-se acerca das similitudes e dos contrastes observados entre ambas. Encerramos este capítulo com um breve contraponto, pois consideramos que comparar é útil para determinar o que há de novo na crise global de nossos dias.

Quais são os principais paralelos entre o colapso financeiro contemporâneo e o *crash* de 1929? Os analistas, em sua maioria, assinalam certas semelhanças. Em ambos os casos, a derrocada teve início com uma forte queda nas bolsas de valores dos Estados Unidos, que logo se propagou em nível mundial. Esse acontecimento foi seguido de uma forte contração do crédito em escala internacional, o que produziu uma enorme redução do comércio global. Ambos os fenômenos provocaram marcadas reduções nos fluxos de capitais e pressões sobre os tipos de câmbio das moedas da maioria dos países, resultando em diferentes graus de desvalorização. Em suma, tanto em 1929 quanto em 2008 — ainda que por diferentes caminhos — produziram-se colapsos dos mercados financeiros, falências bancárias e redução da riqueza em valores acionários e em títulos financeiros, tudo isso acompanhado do colapso do comércio mundial. Por sua vez, ambas as crises causaram forte queda da produção em escala global e aumento do desemprego, embora se discuta se foi mais forte em termos proporcionais nos anos 1930 que em nossa época.[155] Atualmente, os economistas Barry Eichengreen e Kevin O'Rourke têm apresentado uma série de cálculos de grande utilidade para a comparação do desempenho da economia mundial durante a Grande Depressão e em nossos dias. O impacto *inicial* da crise de 2008 foi mais intenso que o provocado pela de 1929, porém se observa uma recuperação mais rápida para o colapso contemporâneo. Em resumo, as quedas na produção econômica mundial, nas bolsas mundiais e no comércio internacional têm sido extremamente agudas desde outubro de 2008, mas chegaram ao nível mais baixo por volta de agosto de 2009, após o que se observa certa recuperação, que é mais forte no caso

---

[155] As comparações estatísticas mais citadas são as de Eichengreen e O'Rourke (2009).

das cotações em bolsa do que no comércio e na produção globais. Em contrapartida, nos anos 1930, o descenso da maioria das variáveis econômico-financeiras foi persistente e durou quase toda uma década, sendo apenas a partir da Segunda Guerra Mundial que se logrou uma recuperação sustentada da atividade econômica.

Podem-se identificar ainda alguns elementos mais específicos que explicam a dinâmica dos mercados bancários e das bolsas de valores nessas duas grandes crises históricas. Nas duas conjunturas, um antecedente imediato do *crash* foi um auge seguido de um colapso nos mercados imobiliários, mas em 1929 o declínio dos preços não causou uma derrocada financeira, enquanto em 2008 as hipotecas estavam no olho da tormenta.[156] Por sua vez, em ambos os casos, as crises foram precedidas por um extraordinário auge nas bolsas, estimulado por um notável incremento da oferta de crédito por parte das firmas de investimento, e que desembocou em uma série de bolhas financeiras. Esse processo foi descrito como função da "ideia fixa" coletiva de banqueiros e investidores, cuja conduta foi descrita como "exuberância irracional". Há consenso de que ambas as crises começaram nos Estados Unidos, onde um virtual colapso dos mercados bancários e financeiros teve graves consequências para o restante da economia desse país e provocou um forte contágio em escala internacional. Pouco depois, produziu-se uma sequência de grandes crises em bancos e bolsas da Europa. A transmissão ao resto do mundo foi bastante rápida, sobretudo no que se refere às tendências nas bolsas e à contração do crédito.

Todavia, é necessário ademais comentar os contrastes que sobressaem entre ambos os eventos. À primeira vista, pode-se afirmar que as quedas sofridas pelos mercados financeiros e pelo comércio internacional foram mais pronunciadas e velozes em 2008 que em 1929, mas se tem a impressão de que na atualidade as derrubadas tocaram o fundo em menos tempo e de que a recuperação foi mais rápida. Grande parte dos indicadores econômicos e sociais no primeiro semestre de 2009 sugere que o colapso global não é tão profundo na atualidade

---

[156] Um excelente estudo comparativo do colapso hipotecário nos Estados Unidos em meados e fins dos anos 1920 e aquele sofrido desde o ano de 2007 é o ensaio de White (2014).

como nos piores momentos da Grande Depressão. Por exemplo, estima-se que o desemprego alcançará algo mais de 10% nos Estados Unidos em princípios de 2010, isto é, um nível similar ao da Europa de hoje, mas se prevê para logo o início de uma lenta recuperação. Na Grande Depressão, em contrapartida, e como assinalamos em capítulos anteriores, foram alcançados níveis muito mais altos de desemprego. Precisamente por isso, ao se falar da atual crise, é preferível utilizar o termo "Grande Recessão", que sugere importantes diferenças com referência à "Grande Depressão" dos anos 1930.

Um segundo contraste bem marcado é o papel assumido pelo Estado em ambos os eventos. Entre 1929 e 1931, os governos e os bancos centrais em geral mantiveram uma política de não intervenção, a qual contribuiu para que se produzissem maciças fugas de capitais, para o enfraquecimento do sistema bancário e creditício e, finalmente, para uma série prolongada de crises bancárias e falências de uma multidão de empresas em vários países. Em contraste, desde princípios de setembro de 2008, os governos e os bancos centrais dos Estados Unidos e da União Europeia adotaram uma política de maciça intervenção, para salvar bancos e mercados financeiros. Está claro que os altos dirigentes aprenderam com a história uma importante lição: agir antes que o colapso contamine o conjunto da economia.

Entre 2008 e 2009, a injeção de dinheiro dos bancos centrais para impedir o congelamento dos mercados creditícios, assim como o resgate direto de grandes bancos em processo de quebra e as enormes garantias para a gestão de trilhões de dólares em ativos tóxicos (em especial, de milhões de hipotecas), consubstanciou o maior resgate financeiro da história. Conjuntamente com a aplicação de políticas fiscais muito agressivas, cuja finalidade foi dar sustentação às economias, por parte dos governos de União Europeia, China, Japão, Rússia e a maioria dos países em desenvolvimento, essas medidas mudaram o curso da crise. Dessa forma, evitaram uma sequência adicional de pânicos bancários, permitiram que o sistema financeiro encontrasse abrigo no Estado e é provável que tenham afastado o perigo de colapso ainda mais profundo e prolongado estancamento.

O contraste entre esses dois grandes momentos históricos, por conseguinte, reflete-se em especial nas mudanças radicais registradas em matéria de gestão das políticas bancárias, monetárias e fiscais. Em 1929, a aceitação ideológica e prática do padrão ouro como eixo do sistema monetário internacional teve efeitos muito restritivos sobre a margem de atuação dos dirigentes financeiros e políticos de muitos países. Por sua vez, o temor de utilizar instrumentos fiscais para relançar as economias condenou os governos a uma virtual inação. Hoje, puseram-se em marcha políticas keynesianas, com determinação e rapidez, em combinação com políticas mais agressivas de expansão monetária por parte dos bancos centrais.

Em terceiro lugar, pode-se indicar que as reações nacionalistas e protecionistas foram mais pronunciadas nas políticas econômicas adotadas em 1929-32 do que em nossa época. Nos anos 1920, apesar do processo de recuperação econômica posterior aos estragos sofridos na Primeira Guerra Mundial, o nacionalismo econômico estava no auge e se reforçou com o desencadeamento da crise de 1929. De pronto, levantaram-se as tarifas aduaneiras e impuseram-se controles de câmbio e de movimentação de capitais. Não se logrou uma coordenação consensual entre os bancos centrais e fracassaram as tardias conferências internacionais — como a de Londres em 1933 — que teriam a missão de estabelecer acordos que respondessem ao colapso com políticas econômicas e financeiras.

Em contrapartida, fez-se notar na crise contemporânea, desde os últimos dias de setembro de 2008, que a maior parte dos dirigentes dos bancos centrais e das tesourarias nacionais se mantinha em estreito contato. As múltiplas reuniões do G-7 e do G-20, além de várias conferências de cúpula dos países europeus, latino-americanos e asiáticos, dão testemunho de que a coordenação internacional é o lema da atualidade.

Finalmente, deve-se destacar que nos dias atuais — e de maneira surpreendente — têm sido a força e a estabilidade das economias em desenvolvimento um dos fatores mais importantes para superar a crise. Em 2008-09 não ocorreram crises de dívidas nos países da América Latina, da África ou da Ásia. Ao contrário, os países da periferia mantiveram o serviço de suas dívidas e contribuíram para o bom desempenho do sistema bancário global. Não foram registrados colapsos bancários significativos em quase nenhuma parte do mundo em desenvolvimento. Os países da periferia que sofreram maiores perdas foram inicialmente os grandes exportadores de bens industriais, em particular os países asiáticos, porém suas economias têm mantido taxas de crescimento muito superiores às da Europa e às dos Estados Unidos. Ao mesmo tempo, os principais países exportadores de produtos primários, minerais e petróleo — do Oriente Médio, da América Latina e da Ásia — conseguiram manter elevados níveis de comercialização, apesar da redução da demanda e dos preços em plano mundial.

GRÁFICO 18
Produção industrial mundial, 1929 e 2008-09

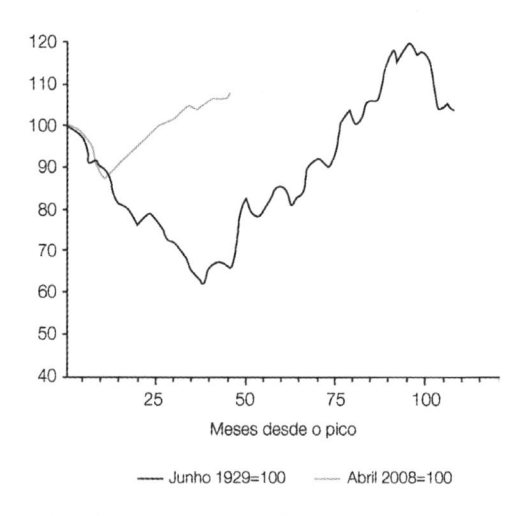

Fonte: Eichengreen e O'Rourke (2009). Disponível em: <www.voxeu.org/index.php?q=node/3241>. Acesso em: 23 fev. 2010.

Mercados financeiros mundiais, 1929 e 2008-09

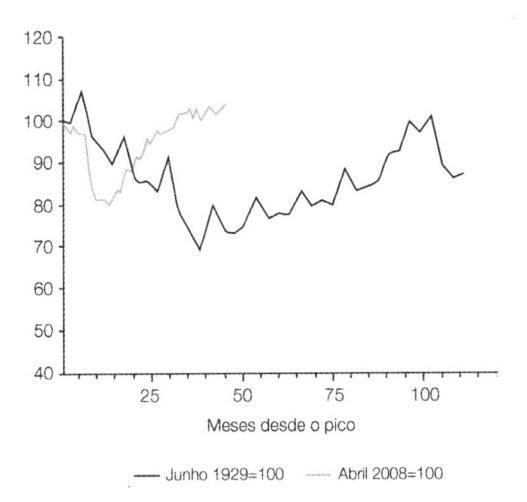

Fonte: Eichengreen e O'Rourke (2009). Disponível em: <www.voxeu.org/index.php?q=node/3241>. Acesso em: 23 fev. 2010.

Volume do comércio mundial, 1929 e 2008-09

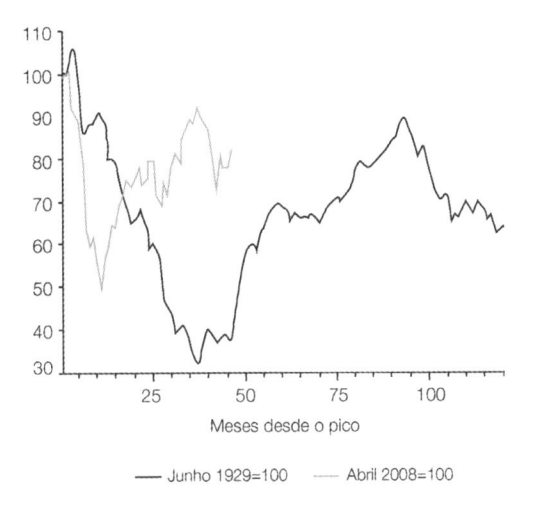

Fonte: Eichengreen e O'Rourke (2009). Disponível em: <www.voxeu.org/index.php?q=node/3241>. Acesso em: 23 fev. 2010.

EPÍLOGO

A Grande Recessão e as reformas
da arquitetura financeira internacional

Em 31 de março de 2009, o secretário do Tesouro dos Estados Unidos, Timothy Geithner, partiu em viagem à China com o objetivo de concretizar uma série de acordos para assegurar o funcionamento do que se passou a chamar G-2. Ficava evidente que, após o desencadeamento da crise financeira mundial, era necessário fortalecer os vínculos com a segunda potência global, que havia logrado desvencilhar-se do colapso de maneira muito melhor do que suas rivais; de fato, a poderosa máquina industrial chinesa havia-se convertido na locomotiva mais dinâmica da economia mundial. O governo e o banco central da China haviam manifestado uma forte preocupação por suas enormes reservas em letras do Tesouro dos Estados Unidos e desejavam assegurar-se de que não se produziria uma pronunciada desvalorização do dólar em razão da crise financeira. Contudo, os dirigentes chineses tinham comunicado seu interesse em prosseguir tendo acesso ao mercado mais importante para suas exportações. Em primeiro de junho, diante de auditórios separados, de funcionários e de estudantes universitários em Beijing, Geithner garantiu que não deveria haver qualquer preocupação quanto à credibilidade do dólar e à dívida pública estadunidense. Sustentou que os mercados financeiros dos Estados Unidos eram os mais profundos e líquidos do mundo e que por isso se deveria ter confiança em um futuro monetário estável.

Apesar dos discursos tranquilizadores do alto funcionário norte-americano, o fato era que o governo chinês estava profundamente apreensivo com os impactos da crise financeira mundial, que havia irrompido em outubro de 2008 em Nova York e Londres, e provocado o que se conhece hoje como a Grande Recessão. Com efeito, desde fins de 2008, as autoridades chinesas haviam posto em andamento uma série de medidas contracíclicas para assegurar que não entrasse em colapso a enorme máquina industrial do país, causando aumento súbito do desemprego. Porém, em princípios de 2009 declinaram as exportações chinesas e começaram as demissões nas fábricas, o que logo implicou que mais de 10 milhões de trabalhadores se encontrassem em situação de extrema precariedade. Conforme assinalaram altos funcionários chineses, um aumento de 20 ou 30 milhões de desempregados não seria tolerável para o regime: por isso, foi necessário que aumentassem intensamente o gasto público e, ao mesmo tempo, que o banco central flexibilizasse o crédito em uma escala sem precedentes, para sustentar o consumo e assegurar às empresas os fundos necessários a seguir operando, apesar da queda de vendas.

Simultaneamente, o banco central em Beijing resolveu modificar parcialmente suas políticas de reservas monetárias. Começou a adquirir maior volume de ouro, de euros e de uma cesta variada de reservas monetárias, que pudessem dar suporte com maior segurança a sua moeda nacional, o *yuan* (ou *renminbi*). Não obstante, continuou também a adquirir bônus do Tesouro dos Estados Unidos. Essa combinação de políticas era necessária para assegurar a estabilidade financeira internacional, por sua vez imprescindível para o funcionamento do gigantesco setor industrial da China, que havia experimentado taxas de crescimento sem precedentes na história mundial nos últimos 20 anos. Igualmente essenciais foram as políticas que as autoridades chinesas levaram a efeito para alcançar acordos comerciais e financeiros com muitos países em distintos continentes, com o propósito de garantir a provisão de alimentos para sua enorme população e minerais para suas fábricas, além de petróleo e gás para suas redes de transporte e sua infraestrutura energética.

Se a China estava preocupada com a situação financeira e monetária internacional, não resta dúvida de que também o restante do mundo. Eram e são múltiplas as perguntas colocadas desde o colapso financeiro de 2008. Qual seria o futuro do sistema financeiro global depois de passado o pior da crise? Qual seria a natureza do sistema monetário mundial no futuro? Continuaria o dólar como moeda hegemônica? O euro já competia fortemente com o dólar, mas o que se passaria com o iene, com o *yuan*, ou com a moeda contábil do FMI, os chamados SDR?

Igualmente incerta era a duração do colapso econômico-financeiro em escala global. Sem dúvida, todos os países sofreram de maneira brutal o impacto inicial da crise, mas posteriormente um bom número de nações (principalmente da Ásia e da América do Sul) logrou superá-la com bastante êxito, enquanto Estados Unidos, Grã-Bretanha e a maior parte da União Europeia seguiram envoltos nas tormentas financeiras e exigiram a aplicação de medidas de emergência inéditas na história do capitalismo contemporâneo. Com efeito, a ação conjunta de bancos centrais e das tesourarias dos países mais afetados foi essencial para evitar uma derrocada total.

De acordo com alguns organismos-chave, como o National Bureau of Economic Research (NBER), a recessão nos Estados Unidos começou a dissipar-se em fins de 2009, mas logo experimentou altos e baixos. Ainda depois da reeleição de Barack Obama em 2012, não se sabia por quanto tempo se iria manter a política extraordinária de apoio da Reserva Federal e do Tesouro por meio da expansão de crédito. Por sua parte, na Europa a recessão acentuou-se em 2012 e princípios de 2013 e ainda não se sabe se terminará em 2014.[157] Em contrapartida, em outras regiões do mundo a "Grande Recessão" foi menos duradoura, conforme atestam especialmente as altas taxas de crescimento das economias da China, da Coreia, da Austrália, da África e da

---

[157] Este epílogo foi escrito no segundo semestre de 2013. [N.T.]

maior parte da América do Sul nos anos 2010 e 2011, com uma tendência a menor dinamismo em 2012 e 2013. Em poucas palavras, a crise que primeiro irrompeu nos dois principais centros financeiros do mundo, Nova York e Londres, teve impacto devastador em nível mundial durante mais de um ano, mas logo experimentou uma trajetória desigual, com ritmos diversos, em diferentes países e regiões.

O caráter global da catástrofe financeira e econômica refletiu-se nos grandes números: a perda de cerca de 2 trilhões de dólares pelos sistemas bancários entre 2008 e 2009, a perda de muitos trilhões mais em bolsas e mercados hipotecários, e o aumento do desemprego de entre 50 e 70 milhões de pessoas no mundo entre fins de 2007 e princípios de 2011, com uma recuperação lenta dos mercados de trabalho na maioria dos países do planeta. Adicionalmente, está claro que as consequências da crise se farão sentir durante vários anos nas finanças públicas dos países ricos, como consequência dos enormes resgates em dinheiro público, que acarretaram crescimento espetacular das dívidas dos governos dos Estados Unidos e de muitos países europeus.

Os dilemas colocados por esses desastres foram relatados pela imprensa internacional e em discussões dos órgãos colegiados das principais potências, sobretudo do G-20, em suas reuniões cada vez mais frequentes. Por outro lado, iniciou-se em inúmeros foros a discussão de futuras reformas do sistema financeiro mundial. Entre as primeiras mobilizadas contava-se: a Comissão do G-30, encabeçada por Paul Volcker; a comissão financeira da União Europeia, encabeçada por Jacques Larosière; o Foro de Estabilidade Financeira e a Comissão Stiglitz sobre reformas financeiras das Nações Unidas — tendo todos esses círculos publicado relatórios mais ou menos detalhados, com base nas sessões de debate, realizadas a partir da primavera de 2009.[158]

No caso da Comissão Stiglitz, o grupo de trabalho teve a virtude de ser porta-voz de um número maior de países, preocupando-se não apenas com a forma de melhorar a regulamentação dos mercados financeiros das nações

---

[158] Podem ser consultados os documentos preparados pela Comissão Stiglitz das Nações Unidas em seu site (www.un.org/ga/econcrisissummit), assim como as declarações dos representantes de dezenas de países que participam das discussões.

mais avançadas e ricas, mas também as dos países em desenvolvimento. Em particular, a comissão conferiu importância a entender a forma pela qual a crise financeira, que tinha o epicentro no Norte, afetava todos os países do Sul.

Neste epílogo desejamos assinalar que prossegue o grande debate sobre as causas da Grande Recessão, em parte para identificar os responsáveis por ela, porém ainda mais para esboçar algumas das propostas que têm sido discutidas, algumas das quais postas em ação, para limitar as consequências de novas crises financeiras. Nesse sentido, há interesse em destacar as conclusões resultantes dos documentos de pesquisas oficiais que têm estudado em detalhe as origens e as causas do colapso de 2008. Por outro lado, é importante prestar atenção à grande variedade de respostas individuais e institucionais que foram lançadas e às medidas que estão sendo implementadas para modificar o futuro da regulamentação financeira em escala nacional e mundial. Essas medidas não somente têm sido discutidas em diversos foros governamentais, acadêmicos e sociais ao redor do planeta, mas compõem um eixo de reformas que bancos centrais, organismos multilaterais e governos começaram a pôr em prática. Todavia, têm sido intensas — e tendem ainda a sê-lo no futuro — as controvérsias sobre sua efetividade e sua capacidade para evitar novas crises.

Assim é porque as grandes crises rompem estruturas e práticas tradicionais, tanto no âmbito da política quanto no da atividade econômica, e obrigam a pensar novas formas de gestão do poder financeiro, assim como novas formas de regulamentação por parte dos poderes públicos. É muito saudável que se realize um amplo debate sobre esses temas, fundamentais para o futuro da humanidade. Mais que isso, esse debate é essencial para fazer frente à resistência à mudança de numerosos e influentes grupos de pressão corporativos (em especial, os do segmento bancário), de alguns meios de comunicação de massas e de muitas estruturas de poder que se aferram a práticas monopolistas ou burocráticas e que não se interessam nem por reformas profundas nem por uma discussão democrática em escala global sobre a futura gestão das finanças e da política.

Pelo exposto, nas páginas deste epílogo interessa-nos rever cinco grandes questões:

1. Por que não se previu o colapso financeiro? Oferecemos uma síntese geral de algumas das dificuldades que encontraram os especialistas em finanças e os próprios bancos centrais em prever a catástrofe.
2. Quais foram as conclusões das principais investigações *oficiais* sobre as causas do colapso financeiro, realizadas entre os anos de 2009 e 2011? Colocamos especial ênfase nos informes oficiais publicados na Grã-Bretanha e nos Estados Unidos, epicentros iniciais da crise.
3. Quais parecem ser algumas das principais mudanças do período pós--crise no desenho e na aplicação das políticas monetárias e de regulamentação para o sistema bancário em escala nacional e internacional? Referimo-nos aqui, em particular, à nova legislação em curso nos Estados Unidos e na Europa.
4. Qual é o futuro dos principais organismos multilaterais, como o FMI e o Banco Mundial? O FMI está atuando agora com forte participação nos resgates europeus, mas não se sabe se continuará a ter influência no futuro.
5. Quais são as principais tendências da nova dinâmica fiscal e das políticas de dívida pública, especialmente nos países avançados, que os distinguem do resto do mundo?

A Grande Moderação e os fracassos na previsão da grande crise

A questão central no debate sobre as causas e as raízes da crise consiste em explicar por que entraram em colapso os mercados financeiros mais importantes do planeta e por que foi deficiente a previsão dos principais bancos, empresas financeiras e agências de classificação de risco nos Estados Unidos, onde teve seu epicentro o que se descreveu como uma gigantesca "tempestade perfeita", que irrompeu em setembro e outubro de 2008. São numerosos os estudos analíticos de caráter acadêmico que tratam de suas causas. Sumarizamos algumas teses de tais trabalhos no sexto capítulo deste livro, porém já se conta com uma literatura bem mais ampla, que é útil conhecer.[159] Na abordagem desta primeira das cinco questões tratadas em nosso epílogo, centramos a atenção nessa problemática, para logo passar a considerar o desafio mais importante para o futuro, que consiste em refletir sobre as propostas destinadas a implementar reformas do sistema bancário, monetário e financeiro, tanto em escala nacional como internacional. Em cada país do mundo, os respectivos governos têm ensaiado respostas econômicas e sociais às sequelas das crises; porém, evidentemente, trata-se de um complexo e prolongado processo que se irá aprofundando no futuro.

Um elemento que ajuda a explicar a notável cegueira de economistas e banqueiros centrais em antecipar a grande crise de 2008 se deve a uma peculiaridade da análise econômica: é mais factível e seguro fazer previsões sobre as tendências de crescimento em longo prazo que predições sobre a evolução altamente volátil das finanças em curto prazo. Para antecipar as tendências de fundo na produção e no comércio das economias em longo prazo, utilizam-se séries estatísticas históricas, construídas sobre a base de uma grande quantidade de indicadores. Conta-se hoje com bastante informação sobre a média de crescimento anual das economias de muitos países, ao longo do último século, graças a um paciente trabalho de reconstrução das estatísticas do PIB que têm realizado várias gerações de economistas e historiadores. Com base nessas informações, é possível prever com bastante certeza as tendências de crescimento da maioria das economias, à exceção dos grandes desvios, em geral causados por grandes guerras ou por crises ou recessões maiores. Por sua vez, a informação estatística mensal e anual torna viável às instituições nacionais e multilaterais, encarregadas de monitorar o desempenho da economia, assinalar as tendências mais recentes que nos permitem saber se nos encontramos em um período de crise, de recessão ou de recuperação.

Em contrapartida, é muito mais difícil fazer previsões sobre a trajetória futura dos mercados financeiros, tanto em curto quanto em médio prazo.

---

[159] Ver nosso site *La crisis/The crisis* (http://historiadelascrisis.com.mx) para detalhes de publicações eletrônicas e bibliografia sobre a temática. Ver também Kolb (2011), para uma revisão detalhada das conclusões de várias centenas de artigos acadêmicos e uma dúzia de livros sobre a crise.

A alta volatilidade dos mercados financeiros, assim como o grande número de elementos em jogo, dificulta a elaboração de modelos que permitam antecipar futuras tendências com certeza ou segurança. É certo que a isso se dedicam milhares de especialistas nas empresas bancárias globais, mas é igualmente claro que, apesar de recorrerem aos mais sofisticados modelos matemáticos e analíticos, fracassaram em antever o colapso de 2008.

Por que não são capazes de prever o futuro os mais experimentados especialistas em finanças? Esse é um grande problema, não resolvido, da economia. Qualquer leitura dos múltiplos altos e baixos nos gráficos das cotações na bolsa ou dos valores e volumes das transações nos mercados cambiais nos sugere que nesses campos todas as previsões resultam bastante incertas. Aqueles indivíduos ou aquelas empresas financeiras que antevejam as tendências podem ganhar muito dinheiro se acertarem em seus cenários e investimentos, porém podem perder um montante igualmente grande se não acertarem. Essa é a lei feroz do mercado. Para muitos analistas, por conseguinte, o mais importante é avaliar os riscos sistêmicos, para o que são ainda bastante inadequados os atuais métodos de análise. Trata-se de um problema conceitual e metodológico complexo, visto sabermos que os sistemas teóricos e analíticos existentes não permitiram prever o desencadeamento da enorme convulsão financeira do ano de 2008.[160]

Ademais, como vimos em nossa revisão da história financeira mundial, sempre existem conjuntos de fatores políticos, militares e econômicos que são próprios da história de cada época, que ultrapassam o terreno específico das finanças, mas que são fundamentais como fatores que influenciam os encarregados da supervisão e da regulamentação da economia. Quer dizer, é necessário combinar a *expertise* dos economistas com a de outros cientistas sociais bem informados sobre a conjuntura para alcançar uma visão ampla da

---

[160] Andrew Haldane (2009), do Banco da Inglaterra, sugere que existem quatro espaços fundamentais a serem repensados com base em novo instrumental teórico. Esses espaços incluem a análise da dinâmica das redes regionais e mundiais dos centros financeiros; outro se refere ao contraponto entre força e fragilidade nos sistemas financeiros; o terceiro consiste em compreender as vantagens e os perigos da inovação de instrumentos financeiros; e, finalmente, explicar por que os reguladores e supervisores fracassaram em suas tarefas nos anos prévios ao grande colapso de 2008.

multiplicidade de elementos em jogo. E a isso se deve agregar uma boa dose de senso comum e de valor por parte dos bancos centrais e dos políticos para a tomada de decisões que permitam um equilíbrio entre promover o crescimento e resguardar-se contra a especulação característica dos mercados financeiros. Contudo, existem obstáculos ideológicos que costumam interferir no equilíbrio dos julgamentos nesse terreno.

De fato, a interpretação das tendências econômicas sofre, em geral, ao menos parcialmente, em qualquer conjuntura histórica, deformações causadas por determinados consensos ou paradigmas que se difundem pelo mundo dos economistas, os quais produzem a sensação de se haver alcançado um conhecimento bastante seguro das *leis* ou trajetórias fundamentais que regem a economia e as finanças. Por exemplo, nos anos 1990, difundiu-se amplamente o paradigma dos mercados sempre eficientes, contribuindo para que se pensasse que não eram necessárias maiores regulamentações.[161] Igualmente grave foi que esse consenso se espalhou pela imprensa e pelos meios de massa, exercendo influência sobre os políticos, com o que se converteu em uma espécie de ideologia da época (*zeitgeist*), que não necessariamente admitia interpretações alternativas ou contrárias, até o momento em que se produziu uma crise maior.

Em 1929, ocorreu algo similar, pois os paradigmas do padrão ouro eram ainda dominantes em escala planetária e impediram uma resposta flexível à irrupção da crise. No entanto, foi tão devastador o impacto da depressão econômica mundial subsequente que a maioria dos governos logo abandonou as mencionadas regras e abraçou o protecionismo, o controle do câmbio e o nacionalismo econômico. Nos anos de 1990 e princípios do século XXI, eram dominantes vários paradigmas do chamado neoliberalismo e da nova globalização financeira, incluindo os das virtudes da desregulamentação financeira, da livre flutuação de moedas, da autonomia absoluta dos bancos centrais, e uma convicção de que os mercados bancários e hipotecários dos Estados Unidos e da Europa não poderiam sofrer enormes desastres. Da mesma for-

---

[161] Um banqueiro contemporâneo que reconhece a rigidez da fórmula dos mercados sempre eficientes é Cooper (2008).

ma que com o padrão ouro em princípios do século, difundiu-se a ideia, durante a época do neoliberalismo em fins do século XX, de que existia uma espécie de mecanismo de *autorregulação* dos mercados financeiros.

Como se explicam a confiança cega no auge econômico e a crença em mecanismos automáticos dos mercados financeiros? Sem dúvida, foi decisiva a expansão dos ganhos dos bancos e dos investidores em muitos países, a qual estimulava a ilusão de uma prosperidade sem fim. Como assinalou Chuck Prince, ex-diretor do poderoso banco Citicorp, quando prestou testemunho perante o Congresso dos Estados Unidos, os banqueiros sentiam que era indispensável seguir bailando ao som da euforia financeira — até que a música cessou bruscamente, em setembro de 2008.[162]

Outra razão para que se fizesse caso omisso dos perigos do aumento da especulação nos anos 1990 foi o fato de que numerosos economistas insistiam em que se havia ingressado em um longo período de crescimento estável nas economias centrais, descrito pelo termo "Grande Moderação". Essa expressão aludia à ausência de ciclos econômicos com fases marcadas, especialmente nos Estados Unidos e na Europa: considerava-se que se havia entrado em uma fase de forte crescimento que, surpreendentemente, era acompanhado por uma baixa inflação. Essa visão otimista foi reforçada pelo inegável impacto do crescimento da China e da Índia e pelo fato de que suas exportações baratas reduziram as pressões inflacionárias nas economias desenvolvidas. É certo que, após o afundamento das empresas tecnológicas (*dot-com*) em 2001 e a queda da maioria das bolsas, se despertaram temores de que a Grande Moderação estava prestes a acabar. Contudo, quando um bom número dos bancos centrais mais poderosos do mundo baixou as taxas de juros a partir de fins de 2001 — encabeçados pela Reserva Federal, sob o comando de Greenspan —, esses medos desapareceram, visto que se retomou o crescimento com baixa inflação até o ano de 2007. No entanto, esse fenômeno logo alentou a abundância de crédito barato, dando origem a enormes bolhas imobiliárias e estimulando as empresas financeiras (bancos, agências hipotecárias e fundos

---

[162] Cita-o Brunnermeier (s.d.:8).

de investimento e de pensão) a que tomassem posições cada vez mais arriscadas no início do século XXI.

Apesar da euforia nos mercados financeiros dos Estados Unidos e da Europa, a multiplicação das crises financeiras nos países em desenvolvimento entre 1994 e 2002 dava motivos a suspeitas de que a volatilidade e a instabilidade estavam na ordem do dia. Em poucas palavras, a Grande Moderação era uma miragem que encobria a geração de uma série de gigantescas bolhas financeiras que haveriam de explodir indefectível e catastroficamente.

As investigações oficiais sobre a grande crise financeira

Após o declínio de 2007 e o colapso de setembro de 2008, vieram os resgates realizados pelos tesouros e pelos bancos centrais pelo mundo. Uma vez que se começou a avaliar a profundidade das perdas econômico-financeiras, houve pressões políticas para que se empreendessem esforços para realizar e divulgar *inquéritos oficiais* acerca das causas do colapso. A primeira nação a iniciar esses estudos foi a Grã-Bretanha, por iniciativa do Banco da Inglaterra, quando seu diretor, Mervyn King, com o apoio do Tesouro, instruiu lorde Adair Turner, presidente da Autoridade de Serviços Financeiros (Financial Services Authority), na segunda metade de outubro de 2008, a produzir um relatório, que foi publicado em março de 2009.[163] O texto identifica como causas primordiais da crise financeira os seguintes fatores: (1) severos desequilíbrios macroeconômicos globais, devido aos quais países como China e Japão detinham enormes superávits comerciais e financeiros, enquanto outros países, como os Estados Unidos e o Reino Unido, incorriam em maciços déficits; (2) aumento de operações de risco pelos bancos comerciais, que tinham alcançado alta alavancagem em suas atividades; (3) crescimento do uso e da complexidade de créditos securitizados; (4) inadequada reserva de capital mantida pelos maiores bancos;

---

[163] Ver Financial Services Authority (2009:16, 19, 20, 22). Esse documento pode ser consultado em papel e via internet.

(5) excessiva confiança pela comunidade financeira em modelos matemáticos e nas agências de classificação de risco.

Os extraordinários gráficos estatísticos que acompanham o relatório indicam que havia detalhado conhecimento por parte dos bancos centrais, inclusive do Banco da Inglaterra, das enormes mudanças que tinham ocorrido nos mercados financeiros contemporâneos desde os anos 1990. Contudo, havia um reconhecimento singularmente claro de que os modelos matemáticos tinham levado os especialistas dos bancos a acreditar que tinham a maioria das variáveis sob controle. Conforme declara o relatório, "*a suposição predominante era a de que a maior complexidade havia sido acompanhada pela evolução da sofisticação matemática e da efetividade das técnicas utilizadas para mensurar e gerir os riscos resultantes*".[164]

O relatório de Turner, entretanto, não se limitou à análise das tendências financeiras globais, assim como das inovações nos mercados financeiros dos Estados Unidos. Ele assentou foco também nas especificidades da evolução dos acontecimentos na Grã-Bretanha, incluindo o crescente déficit em conta corrente a partir de 2000, o grande auge de hipotecas residenciais naquele país, a enorme expansão de empréstimos securitizados nos negócios hipotecários. E foi notavelmente direto quanto à crítica de proposições teóricas e pressupostos subjacentes à supervisão e à regulamentação dos mercados financeiros nos anos que antecederam o colapso. É ilustrativa a seguinte citação:

> No centro dessas suposições está a teoria dos mercados eficientes e racionais. Têm-se considerado cinco proposições, com reflexos na abordagem regulatória:
> i) Os preços de mercado são bons indicadores do valor econômico racionalmente aquilatado.
> ii) O desenvolvimento do crédito securitizado, visto que se baseia na criação de mercados novos e mais líquidos, tem aperfeiçoado tanto a eficiência na alocação de recursos como a estabilidade financeira.

---

[164] Ibid. Grifamos a última parte da citação.

iii) As características de risco dos mercados financeiros podem ser determinadas por análise matemática, resultando medidas quantitativas confiáveis do risco do negócio.
iv) A disciplina do mercado pode ser usada como efetiva ferramenta para limitar a tomada de riscos danosos.
v) Pode-se supor que seja benéfica a inovação financeira, dado que a competição de mercado eliminaria qualquer inovação que não produzisse valor agregado.
Cada uma dessas suposições está agora sujeita a amplo desafio, tanto nos aspectos teóricos como empíricos, com potenciais implicações tanto para o adequado projeto regulatório como para a função das autoridades regulatórias.[165]

Ao mesmo tempo que cobria algumas das causas macro e microeconômicas da crise, o relatório de Turner na verdade dirigiu o foco de sua atenção a propor soluções com respeito à futura regulamentação financeira. As recomendações-chave destinadas a evitar problemas futuros incluíam a de implementar exigências mais restritivas para capitais de reserva de grandes bancos, a de estabelecer um teto para a relação de alavancagem das instituições financeiras, as condições de reconfiguração em regime contracíclico, a aplicação de testes de carga financeiros para a verificação do nível de liquidez das instituições financeiras. Outras recomendações contemplavam: a criação de um esquema de seguro para depósito, que protegesse todos os depositantes em caso de falência de suas instituições financeiras; supervisão mais rigorosa das agências de classificação de risco, a fim de limitar os potenciais conflitos de interesse; e a criação de um sistema compensatório no mercado de derivativos que pudesse proteger contratos padronizados. O relatório de Turner também deu ênfase à necessidade de reforçar os poderes regulatórios da Autoridade de Serviços Financeiros, conferindo-lhe a capacidade de supervisionar as atividades do sistema bancário não convencional e de *off-shore*, assim como a redefinição de suas tarefas de forma a priorizar a supervisão das maiores instituições bancárias, de importância sistêmica, e a dar ênfase

---

[165] Ibid. Grifamos a última parte da citação.

não apenas aos processos, mas também a modelos de negócio, estratégias, riscos e resultados. O relatório de Turner também deu destaque à corresponsabilidade da Autoridade de Serviços Financeiros e do Banco da Inglaterra na análise macroprudencial e recomendou maior cooperação internacional, a fim de aumentar o fluxo de informação entre as mais importantes agências nacionais e internacionais responsáveis pela regulamentação ou supervisão financeira. A esse respeito, o relatório sugere ser prudente estabelecer uma instituição europeia com a capacidade de supervisionar as atividades financeiras na região.

Quase simultaneamente, o Parlamento Britânico iniciou uma série de investigações, várias das quais merecem citação, como a que foi levada a efeito pelo Comitê de Contas Públicas da Câmara dos Comuns acerca da trajetória e da dinâmica do sistema bancário da Grã-Bretanha antes e durante a crise.[166] As entrevistas com os banqueiros, entre os depoimentos prestados, são de enorme interesse para historiadores interessados em compreender as perspectivas dos principais atores do mundo financeiro durante o ciclo de auge e colapso.

Nos Estados Unidos, funcionários do governo assim como membros do Congresso também se mobilizaram a partir de fins de 2008 para investigar e explicar a crise, patrocinando uma ampla variedade de relatórios de natureza investigativa e legislativa. Por exemplo, o Departamento do Tesouro conduziu estudos sobre o colapso financeiro que incluíam o importante documento intitulado *Financial regulatory reform* (Reforma regulatória financeira), publicado em 17 de junho de 2009 (United States, 2009). Muitos outros documentos importantes podem ser encontrados no site e na lista de publicações do Departamento do Tesouro e de outros departamentos do governo federal. Igualmente notável foi o crescimento no número e na transparência de publicações do banco central estadunidense (Federal Reserve Bank): todos os discursos proferidos pelo presidente da instituição, Ben Bernanke, foram rapidamente divulgados via internet, assim como discursos e relatórios emitidos

---

[166] House of Common. Committee of Public Accounts. *Maintaining financial stability across the United Kingdom's banking system, twelfth report of session 2009-10*. Publicado em 9 de fevereiro de 2010, juntamente com sumários formais e evidências orais e escritas, esse documento pode ser consultado em papel ou via internet.

por outros altos funcionários. E o número de documentos de pesquisa sobre a crise financeira literalmente explodiu, fornecendo uma enorme quantidade de análises publicadas, de grande interesse para pesquisadores, estudantes e leitores interessados.

Talvez a mais abrangente pesquisa sobre as origens da crise financeira mundial seja a encontrada em dois destacados inquéritos oficiais, um conduzido sob os auspícios do Congresso e o outro mais especificamente pelo Senado dos Estados Unidos. Vale comentar especialmente o relatório do Congresso, intitulado *The financial crisis inquiry report*, um dos mais significativos documentos oficiais sobre a crise financeira que eclodiu nos Estados Unidos em setembro de 2008 e rapidamente se transformou em colapso financeiro e econômico global. O relatório é importante não apenas pelo que indica sobre as causas da crise, mas também pelo que registra sobre a resposta política a essa categoria de catástrofe financeira. O Congresso dos Estados Unidos estabeleceu a Comissão de Inquérito sobre a Crise Financeira como decorrência da ratificação do chamado *Fraud Enforcement and Recovery Act*, em 20 de maio de 2009, apenas seis meses após a queda da casa Lehman Brothers e suas consequências mundiais. Durante o ano de 2010, a comissão apreciou milhões de páginas de documentos, coletados como resultado de 18 audiências públicas ocorridas em todo o território estadunidense, durante os quais mais de 700 testemunhas foram entrevistadas e questionadas, incluindo banqueiros, gerentes de investimento, empresários, funcionários do governo, membros de organismos de regulamentação financeira e figuras da esfera acadêmica. O relatório final foi apresentado em 27 de janeiro de 2011, intitulado *The financial crisis Inquiry Commission report* (Relatório da Comissão de Inquérito sobre a crise financeira) e publicado alguns meses depois sob a forma de livro que também pode ser consultado como e-book, via internet.[167]

O relatório focaliza a gigantesca bolha hipotecária surgida nos Estados Unidos e seu colapso gradual em 2007 e 2008, que finalmente levou a um

---

[167] Além da versão em formato e-book do relatório *The financial crisis Inquiry Commission report*, que pode ser encontrada via internet no site do Congresso Federal dos Estados Unidos, a maior parte de documentos e entrevistas pode ser consultada no site da Faculty of Law da Stanford University (http://fcic.law.stanford.edu).

enorme curto-circuito nos mercados financeiros. A comissão era composta por 10 integrantes, seis democratas e quatro republicanos, de acordo com a proporção de forças desses partidos à época. O relatório refletia, em considerável grau de acuidade, o ponto de vista econômico de cada grupo de participantes sobre as causas da crise. O documento final assestava suas baterias contra bancos de investimento, empresas privadas de financiamento hipotecário e agências de classificação de risco. Os democratas da comissão, incluindo seu presidente, Phill Angelides, e os membros Broosley Born, Byron Goergiu, Bob Graham, Heather Murren e John W. Thompson, votaram a favor das conclusões gerais. Por outro lado, os quatro republicanos, o vice-presidente Bill Thomas e seus companheiros de comissão, Keith Hennessey, Douglas Holtz-Eakin e Peter J. Wallison, estavam em desacordo com os demais e desrecomendaram a publicação.

Os democratas e seus assistentes de pesquisa argumentaram basicamente que a crise era principalmente o resultado da crença disseminada entre financistas e investidores, assim como entre dirigentes de bancos centrais e de agências de regulamentação, de que os mercados se autorregulavam, visão essa que levou muitos agentes privados a assumir posições de alto risco nos mercados financeiros, incluindo níveis extraordinariamente altos de alavancagem e de falta de transparência, ao mesmo tempo que reguladores oficiais demonstravam notável falta de visão e de empenho na supervisão. Os perigos de derrocada foram encobertos pelo uso extensivo de cobertura de risco na forma de derivativos e por um incrível número de complexos instrumentos financeiros criados para assegurar a empresas e a investidores individuais que não perderiam seus recursos. Os bancos que vendiam hipotecas e derivativos, bem como seus clientes, aparentemente acreditavam no conto do ganho inevitável e garantido. Além disso, as agências de classificação de crédito desempenhavam um papel importante no impulsionamento da enorme onda especulativa, ao fornecer avaliações altamente favoráveis para a maioria dos instrumentos financeiros à venda. O relatório enfatizava também o excesso de liquidez proporcionado pela Reserva Federal por meio de políticas oficiais que estimulavam a construção de residências, incluindo-se aí o papel das agências hipotecárias governamentais. Porém o mesmo relatório argumentava que essas políticas não constituíam a real causa da crise, a qual se devia basicamente à atuação de diversos atores privados domésticos, em um ambiente de recursos financeiros liberados para todos, infestado por uma enorme e perigosa especulação, que finalmente levou ao colapso.

Três republicanos participantes da comissão apresentaram opinião divergente, também publicada. Eles discordavam dos democratas, argumentando que a culpa da crise não devia ser atribuída aos mercados financeiros dos Estados Unidos nem aos atores e instituições financeiras que promoveram o auge hipotecário. Em vez disso — defendiam eles —, a enorme bolha de crédito tinha sido gerada principalmente pela transferência internacional de excesso de capitais para os Estados Unidos pela China, assim como pela reciclagem de petrodólares pelos países árabes, o que acarretou a redução das taxas de juros, virtualmente deslocando o dinheiro para o negócio hipotecário, incluindo as hipotecas de segunda linha (*subprime*). A subsequente explosão da bolha relacionada com a construção de moradias desestabilizou os bancos e outras instituições financeiras e desencadeou a crise.

Finalmente, também apresentou suas conclusões um quarto membro republicano da Comissão, Peter Wallison, mais radicalmente conservador, claramente relacionado com o grupo *Tea Party*. Ele também defendeu que o relatório não fosse publicado, porque a inteira responsabilidade pela crise cabia ao governo e, mais especificamente, às agências federais Fanny Mae e Freddie Mac, que tinham desorientado os atores privados ao estimulá-los a aceitar risco em excesso no negócio hipotecário.

Em resumo, os democratas identificaram a desregulamentação financeira e a falta de supervisão do comportamento dos atores financeiros privados e dos mercados como principais causas do colapso, enquanto os republicanos defenderam que a globalização financeira — e não a falta de regulamentação e de supervisão — havia sido a principal causa. Todavia, pode ser talvez destacado que, além das conclusões gerais do relatório, é de grande interesse para futuros historiadores do colapso financeiro a coletânea dos depoimentos tomados, que constitui fonte inestimável, embora de consulta não trivial.

De importância similar é o relatório do Senado dos Estados Unidos sobre a crise. Esse documento resultou de investigação realizada pelo Subcomitê Permanente de Investigação, que, a partir de novembro de 2008, iniciou um inquérito de ampla envergadura, emitindo intimações, conduzindo mais de 150 entrevistas e procedendo a consultas com dúzias de especialistas de setores governamentais, acadêmicos e privados. O subcomitê afirmou que acumulara e revisara "dezenas de milhões de páginas de documentos". O comitê era presidido pelo senador Carl Levin, democrata, e pelo senador Tom Coburn, republicano, e incluía 23 advogados e auxiliares, que foram responsáveis pelo maior volume de pesquisas e oitivas, bem como por organizar a minuta da versão final das 600 páginas do relatório (United States Senate, 2011).

Após a conclusão dos trabalhos preliminares de pesquisa, o subcomitê realizou quatro audiências para examinar "as quatro causas raiz da crise financeira". Nesse momento, liberou dezenas de páginas de evidências e voltou-se a explorar em maior profundidade as operações de vários dos maiores bancos e instituições envolvidos no colapso. Primeiramente, analisou-se o caso da enorme firma bancária conhecida como Washington Mutual, que se tornou a maior falência bancária da história dos Estados Unidos e foi posteriormente absorvida pelo J. P. Morgan. A seguir veio a revisão do papel de duas das maiores agências de classificação de crédito, Moody's e Standard & Poor's, nos mercados financeiros anteriormente à crise. Finalmente, foram realizadas amplas audiências e estudos aprofundados sobre um grande número de irregularidades na conduta junto ao mercado de dois poderosos bancos, Goldman Sachs e Deutsche Bank, por fomentar a especulação em derivativos e nos chamados instrumentos financeiros "sintéticos", que acentuaram o risco em todos os mercados financeiros, em particular nos dos Estados Unidos, nos anos de 2003 a 2008.

Tal como no caso da investigação do Congresso, o Senado conferiu especial ênfase à peculiar e perigosa dinâmica do mercado hipotecário, particularmente à enorme expansão de instrumentos de alto risco, as chamadas hipotecas de segunda linha (*subprime*), a partir de 2003. Mas o subcomitê do Senado estava mais interessado em analisar os aspectos microeconômicos das maiores instituições financeiras, no processo de criação e venda maciça de pacotes de investimento contendo uma complexa composição de derivativos e de títulos securitizados. O relatório do Senado transcreve partes de muitas entrevistas que demonstravam irregularidades e riscos envolvidos nessas transações, e conclui recomendando regulamentações específicas para os novos instrumentos financeiros. Ele também levanta importantes questões sobre o tema dos bancos que são "muito grandes para falir" e acabam por envolver resgates governamentais em tempos de crise. O inquérito do Senado claramente demonstra os perigos inerentes aos mercados financeiros contemporâneos, decorrentes da influência de instituições bancárias gigantescas, de muito difícil regulamentação e nem sempre de todo transparentes em suas transações.

Evidentemente, os inquéritos oficiais não detêm o monopólio das interpretações e da documentação da crise, conforme se verifica pela grande quantidade de livros e artigos publicados por jornalistas, economistas e especialistas em finanças sobre o maior colapso financeiro desde a Grande Depressão, assunto sobre o qual provavelmente muito mais ainda se escreverá no futuro. Não obstante, cabe destacar a importância da revisão e da análise cuidadosa pelos historiadores econômicos dos documentos e das investigações oficiais que foram produzidos imediatamente após a eclosão da derrocada financeira e que continuam a surgir até o presente. É também de grande importância o *Valukas report*, que contém os registros do caso judicial do Lehman Brothers (cerca de 1.200 páginas, colocadas na internet em junho de 2010), ou as 2 mil páginas da lei intitulada *Wall Street and consumer protection act* (mais conhecida como Lei Dodd/Frank), ratificada pelo Congresso dos Estados Unidos em julho de 2010 e que foi acompanhada de abundante documentação de grande interesse histórico.

Além dos inquéritos oficiais realizados na Grã-Bretanha e nos Estados Unidos, vale enfatizar que um grande número de instituições e países promoveu inquéritos, incluindo, por exemplo, os relatórios sobre a crise financeira de comitês da Assembleia Nacional da França e do Ministério das Finanças francês, os quais podem ser encontrados na internet. Da mesma forma, é importante analisar os documentos do Comitê (Parlamentar) Provisório de Inquérito sobre o Sistema Financeiro, também conhecido como "Comitê De Wit", segundo o nome de seu presidente, instaurado pela Câmara de Representantes do Parlamento Holandês, que apresentou em junho de 2010 o relatório sobre a primeira parte de suas investigações sobre o impacto da crise no sistema financeiro holandês.

Adicionalmente, conforme já mencionado, os bancos centrais de muitos países têm publicado inúmeros relatórios e estudos sobre as crises. Assim também organizações financeiras multilaterais, como o FMI, o Banco Mundial e o Banco de Compensações Internacionais (Bank for International Settlements, BIS), e a maior parte desses documentos pode ser consultada via internet. Por outro lado, existem até agora poucos estudos críticos de alguns dos aspectos mais importantes e mais reveladores dessas análises; entre esses estudos críticos, talvez o mais significativo seja uma avaliação independente da atuação do FMI, a qual fornece uma apreciação em profundidade dos erros cometidos por essa instituição nos anos que antecederam o colapso financeiro global. É surpreendente o contraste entre essa avaliação e a que enfocou, de forma extremamente superficial, o Banco Mundial.

É importante ainda ter em consideração a pesquisa oficial sobre as consequências sociais do colapso financeiro, conforme demonstrado, por exemplo, pelas investigações detalhadas da Organização Internacional do Trabalho (OIT), sobre o trágico e drástico impacto da crise sobre o emprego no mundo, o que pode ser encontrado no relatório anual daquela instituição do ano de 2011 (particularmente detalhado), assim como nos relatórios subsequentes.[168] De acordo com a OIT, quase 55% das perdas de empregos entre 2007 e 2010 ocorreram nas economias avançadas, incluídas as da União Europeia. Por volta de 2012, a mesma entidade internacional reportava calcular que cerca de 39 milhões de pessoas tinham saído do mercado de trabalho, pois as perspectivas de emprego tinham-se mostrado inviáveis, o que significava que se havia formado uma perda de 67 milhões de postos de trabalho

---

[168] Ver, por exemplo, Organização Mundial do Trabalho (2011). Ver também Islam e Verick (2011).

desde 2007. Em fins de 2012, havia cerca de 200 milhões de desempregados em todo o mundo, e a criação de novos empregos mantinha-se virtualmente congelada. Os jovens constituíam um segmento de mais de 70 milhões desses desempregados e novas opções de trabalho permaneciam desencorajadoras.

Mudanças na regulamentação bancária e na arquitetura financeira internacional?

Temos argumentado neste livro que cada uma das maiores crises financeiras da história moderna costuma estar relacionada com mudanças fundamentais nas relações internacionais e mais particularmente com reformas dos regimes monetários e bancários. Devido a falhas de supervisão, de regulamentação e de previsão, desde outubro de 2008 se tem anunciado repetidamente que existe hoje a necessidade de rever e reformular os sistemas de regulamentação bancária e dos mercados financeiros de cada país e em escala internacional.

Uma primeira e grande incógnita é: qual deve ser o papel dos bancos centrais no século XXI? Está claro que a crise tem obrigado os bancos centrais a assumir um papel mais ativo na supervisão do sistema financeiro bancário e não bancário e que seus dirigentes terão de modificar suas estratégias de visar apenas a objetivos de controle da inflação doméstica. No futuro, é previsível que se vejam obrigados a adotar medidas para prevenir o surgimento de bolhas nos mercados de ativos ou para mitigar-lhes os efeitos.

A insistência dos banqueiros centrais ao longo do decênio dos anos 1990 em estabelecer como norte de suas preocupações a inflação nos preços ao consumidor contribuiu claramente para que não prestassem atenção às borbulhas que se formaram nas bolsas e nos mercados imobiliários. Um enfoque técnico converteu-se em dogma e levou as autoridades máximas do sistema bancário a se tornarem quase cegas diante de tendências que ultrapassavam suas esferas específicas de ação, mas que conheciam muito bem e que já constituíam novos mercados financeiros, operando de maneira paralela aos mercados bancários tradicionais. Esses foram descritos como um gigantesco mercado bancário das sombras (*shadow banking*) por economistas como Nouriel Roubini, que previu o advento da crise de 2007 e assinalou o enorme perigo que representavam os novos mercados financeiros, por falta de transparência.

Com efeito, como demonstraram as economistas Jane d'Arista e Stephany Griffith-Jones, a análise da evolução dos mercados financeiros dos Estados Unidos ao longo do último meio século demonstra que se operou uma mudança profunda na importância relativa do sistema bancário comercial com respeito às empresas financeiras que trabalham quase que exclusivamente nas bolsas: em 1957, os bancos de depósito geriam quase 60% dos ativos totais do sistema; todavia, em 2007 controlavam apenas 24%; em contrapartida, nesse último ano, os fundos de pensão, de investimentos e de instrumentos financeiros hipotecários já detinham 60% dos ativos, que somavam uma imensa massa de capitais, que superava 30 trilhões de dólares — cerca de três vezes o PIB dos Estados Unidos! (Arista e Griffith-Jones, 2010:133). No entanto, a Reserva Federal não reconheceu as profundas implicações dessa tendência de longo prazo e não tomou iniciativas para modificar a fundo as suas políticas de supervisão e regulamentação. Estão agora flagrantes as consequências das falhas políticas desse banco central (e de outros institutos de supervisão), que contribuíram para assentar as condições propícias para enormes bolhas e colapsos financeiros como os experimentados em 2008.

Atualmente, todos os destacados especialistas enfatizam que esse foi um erro maiúsculo e insistem em que seja modificada tanto a regulamentação *microprudencial* quanto a *macroprudencial*, para usar os termos dos peritos em regulamentação financeira. No primeiro caso, trata-se de melhorar a regulamentação dos bancos e de outras firmas financeiras para assegurar que sua contabilidade não esconda buracos negros e que seu capital seja aumentado em períodos de incerteza. No segundo caso, trata-se de vislumbrar mecanismos que permitam reduzir os riscos de um colapso sistêmico das finanças nacionais e internacionais.

Muitos governos em todo o mundo encontram-se em processo de discussão e de realização de reformas nesses domínios. Entre as primeiras propostas de reforma, destacou-se a do Grupo dos Trinta, de princípios de 2009, o qual incluía algumas das figuras mais poderosas da política e das finanças dos Estados Unidos e da Europa. Entre os 30 notáveis que o integraram contam-se: Paul Volcker, antigo presidente do Federal Reserve Board e atual conselheiro econômico de Barack Obama; Tim Geithner, secretário do Tesouro estadunidense; Larry Summers, o ambicioso titular do Council of Economic Advisers dos Estados Unidos; e Jean-Claude Trichet, presidente do Banco Central Europeu. A proposta dos Trinta contemplava uma combinação de ações nacionais e internacionais. No plano nacional, recomendava que os governos nacionais obrigassem os bancos de importância sistêmica a manter requisitos muito maiores de capital, uma vez que sua quebra ameaçaria a estabilidade dos sistemas financeiros em seu conjunto: esses bancos são os conhecidos hoje como aquelas instituições grandes demais para falir (*too big to fail*). Do mesmo modo, recomendava que as autoridades regulamentassem os até agora muito pouco controlados fundos de *hedge* e instrumentos derivados, que foram fonte de perdas multibilionárias.

Iniciou-se também a discussão de numerosas reformas na União Europeia, onde tem avançado a estratégia de criar um mercado financeiro plurinacional. O processo de estabelecer regulamentações bancárias e financeiras compatíveis entre todos os países europeus é de grande complexidade, mas é possível que ofereça um modelo de maior alcance, que possa servir de referência para outras regiões do mundo. Entretanto, muito ainda falta para que os diferentes países europeus se ponham de acordo em torno de um marco institucional para os esquemas de integração da supervisão bancária.

Acima de tudo, o maior desafio para os encarregados pela regulamentação bancária no futuro consistirá em vigiar com eficácia os gigantescos bancos privados globais, que foram resgatados e que voltaram a consolidar seu domínio mundial: é notória sua falta de transparência, pela complexidade de suas operações. Já está claro que não é suficiente propor que os bancos gigantes desenvolvam seus próprios modelos para administração de riscos. Isso foi longamente discutido nos planos de regulamentação bancária internacional conhecidos como Basileia I e II, promovidos por especialistas contratados por muitos bancos centrais e pelo Banco de Compensações Internacionais (BIS), embora fosse tardia a implementação do aumento das relações entre capital e ativos que haviam sido propostas (Tarullo, 2008:8-9). De fato, os bancos privados globais fracassaram em prever a crise e sofreram perdas nunca antes vistas na história. Com os instrumentos modernos de computação, contudo, é factível que os responsáveis públicos por controle e supervisão recebam regularmente informes precisos e atualizados sobre as posições e os riscos assumidos pelos bancos. Todavia, será necessário um esforço enorme de trabalho para homogeneizar práticas em escala internacional e para impedir que os bancos mais poderosos manipulem a informação. Algumas propostas de fundo já foram publicadas por grupos-chave de pesquisadores, tendo sido aprovadas as normas Basileia III, que obrigam os bancos de maior porte a manterem mais altas as relações entre o capital e o total de seus passivos. Porém nada assegura que isso seja suficiente para evitar novas crises financeiras.

Internamente à União Europeia, em vários encontros de cúpula de chefes de Estado, formularam-se propostas complementares para melhorar o desempenho dos bancos e para aumentar a transparência e a legalidade das transações financeiras internacionais. Nesse sentido, têm sido especialmente importantes as propostas para reduzir as margens de manobra e de autonomia dos numerosos paraísos fiscais, onde estão depositadas gigantescas somas de riquíssimos investidores e de agências financeiras que operam com quase total anonimato. Ao mesmo tempo, os líderes europeus têm proposto regulamentar contratos e comissões dos encarregados pelos bancos de investimento e pelos fundos de investimento, com o objetivo de reduzir os poderosos incentivos que alimentaram a enlouquecida especulação de anos recentes. Por outro lado, começou-se a discussão da chamada "taxa Tobin", que permitiria aos governos cobrar um pequeno percentual de imposto sobre as grandes transações de câmbio de divisas. Em suma, tanto na Europa como nos Estados Unidos está em processo a revisão de algumas das estruturas de supervisão e de regulamentação bancária que se demonstraram falidas. Não obstante, a resistência às reformas é feroz, especialmente por parte dos grandes bancos e fundos de cobertura de Wall Street, que gastam centenas de milhões de dólares para tratar de convencer o Congresso em Washington a não modificar a legislação, especialmente no que se refere às comissões dos altos dirigentes de instituições financeiras.

Talvez um dos fenômenos que mais têm chamado a atenção na crise contemporânea sejam as grandes fraudes. Ocorreram protestos de dezenas de milhares de investidores arruinados, que caíram presos a promessas de financistas inescrupulosos para colocar suas poupanças em fundos quiméricos, dos quais não puderam evadir-se com facilidade. As fraudes espetaculares realizadas por um suposto perito financeiro de Nova York, Bernard Madoff, totalizando mais de 60 bilhões de dólares, e aquelas urdidas pelo enganador banqueiro do Texas, R. Allen Stanford, montando a mais de 7 bilhões de dólares, são mostra da falta de escrúpulos de muitos dos agentes das altas finanças e da facilidade com que têm sido enganados investidores de todas as nacionalidades. Isso reflete também a falta de capacidade dos organismos oficiais de supervisão dos Estados Unidos — em particular, a Securities and Exchange Commission (SEC) — em regulá-los. É claro que os bancos centrais e os organismos supervisores das finanças deveriam ser obrigados a ampliar sua capacidade de intervir nas entidades financeiras para evitar mais eficazmente novas fraudes de empresas fantasmas e para proteger os investidores contra os financistas e banqueiros interessados em fomentar a canalização de fundos para valores e instrumentos de alto risco sem a adequada cobertura. Não obstante, até a data presente produziram-se poucos avanços realmente significativos nesse terreno.

Mudanças no sistema monetário internacional: fim do padrão dólar?

Outro grande tema em discussão refere-se ao futuro do sistema monetário internacional; começa-se inclusive a debater se convém estabelecer uma nova moeda universal, ou mesmo um banco central mundial. As discussões estão em marcha, porém levarão muito tempo para produzir resultados, já que se trata de uma enorme contenda por determinar as diretrizes fundamentais para o funcionamento da economia global. É evidente que as moedas âncoras das principais potências continuarão a predominar no sistema mundial de pagamentos em curto e médio prazos. O dólar, o euro e o iene têm sido as moedas dominantes no último meio século e, sem dúvida, prosseguirão assim por muito tempo (Eichengreen, 2011). Em paralelo, é cada vez mais claro — especialmente na Ásia, no Oriente Médio e na América do Sul — que já começam a aparecer novos esquemas monetários multilaterais alternativos que buscam escapar de uma dependência excessiva dessas moedas hegemônicas. Por outro lado, foi proposto estender-se o uso dos direitos especiais de giro (os SDR) do FMI como moeda universal.[169]

Apesar da gravidade da situação monetária, os Estados Unidos mantêm ainda no mundo uma posição excepcional: devido a ser a primeira economia mundial, o dólar prossegue sendo uma moeda de reserva internacional e seus ativos financeiros continuam a ser os instrumentos favoritos dos assustados investidores internacionais. Tal situação possibilita e alenta os Estados Unidos a seguir emitindo dívida para financiar-se, com escassa atenção dos mercados financeiros a sua qualidade creditícia futura. Contudo, na medida em que sua dívida pública alcance níveis estratosféricos, começarão a ser sentidas pressões cada vez mais fortes sobre o valor do dólar. De fato, durante os anos de 2007 a 2009, o dólar se enfraqueceu perante a maioria das demais moedas fortes, conforme demonstrado no gráfico 19. Como se pode observar, foi passageira a recuperação do dólar depois da crise do outono de 2008, e posteriormente seu valor tendeu a deslizar. Contudo, em 2010, os grandes ataques especulativos contra o euro, empreendidos por bancos privados e fundos de investimento, provocaram o reforço do dólar, ao menos temporariamente. Porém, o que está em dúvida é o valor real tanto do dólar quanto do euro. A enorme emissão dessas moedas para financiar o aumento inédito das dívidas públicas europeias e dos Estados Unidos terá efeitos que, finalmente, poderão levar as "moedas fortes" a debilitar-se com o tempo.

---

[169] Em reuniões do G-20 em abril de 2009, foi proposto que o FMI aumentasse a emissão dos SDR em 250 bilhões de dólares. Igualmente, nas Nações Unidas, na Comissão Stiglitz, apoiou-se essa proposta, com uma justificativa teórica especialmente contundente, apresentada por José Antonio Ocampo. Para referência aos relatórios da Comissão ver: <www.un.org/ga/econcrisissummit>.

GRÁFICO 19

Comportamento do câmbio nominal de algumas economias ante o dólar estadunidense, 2000-09 (2000/01=100)

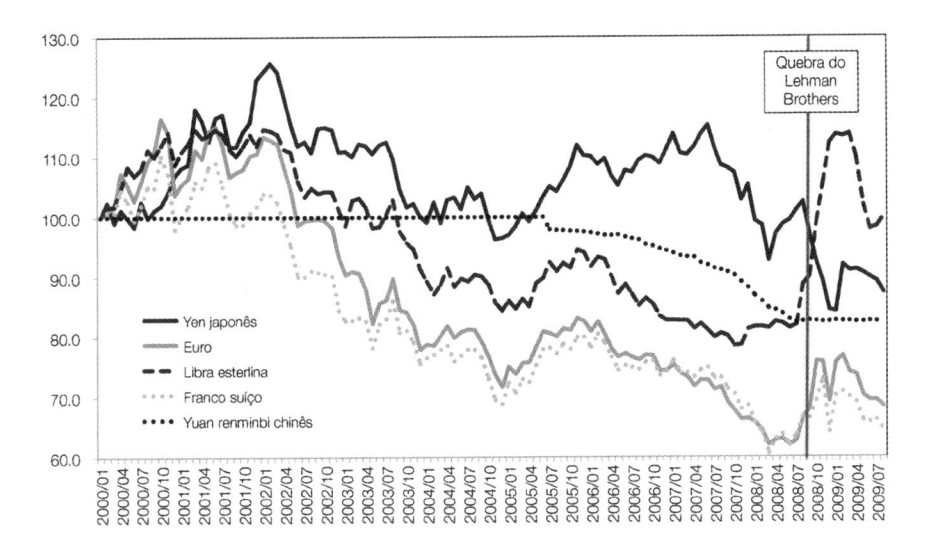

Fonte: Elaboração própria, com base no Bank of Korea (2009).

Por sua vez, na Europa, pode-se argumentar que nos anos 2008 e 2009 a força relativa do euro evitou que países europeus sofressem ataques especulativos e crises cambiais. O Banco Central Europeu administrou doses significativas de liquidez nos mercados financeiros no pior momento da crise: desde novembro de 2008 conduziu uma redução das taxas de juros que tem sido mantida, acompanhada por medidas para garantir os depósitos bancários em cada país: em junho de 2009, o Banco Central Europeu injetou o enorme montante de 680 bilhões de euros para o resgate dos sistemas bancários e creditícios no conjunto da União Europeia. Ainda assim, posteriormente, começaram a manifestar-se problemas, em razão da escassa flexibilidade das políticas monetárias de cada país. Não foi factível implementar desvalorizações na zona do euro, o que implicava contar-se com uma margem restrita de ação para reduzir os déficits comerciais, visando dar impulso às exportações e relançar as economias.

A rigidez imposta pelo euro às políticas monetárias contrastava com a falta de unidade nas políticas financeiras e fiscais na Europa, que se diferenciam de um governo para outro, acarretando lacunas e diferenças significativas internamente à região acerca da maneira de lidar com o desemprego e com a queda da atividade produtiva causados pelo desastre financeiro. A recomendação estadunidense à Europa, no sentido de que esta expandisse a política fiscal para sustentar a economia, suscitou debate e, na Alemanha, recusa, enquanto foi bem recebida nos países que mais têm sofrido, como Portugal e Grécia, embora não se tenha logrado um avanço nessa direção. Em todo caso, a austeridade se impôs como política comum de quase todos os governos europeus; porém, especialmente nos da área mediterrânea, que têm estado sujeitos a tremendas pressões financeiras dos mercados internacionais e de organismos multilaterais, como o FMI, para não falar do Banco Central Europeu e da Comissão Europeia.

Nesse sentido, a crise tem revelado enormes falhas quanto ao marco institucional, monetário, fiscal e financeiro. Se a União Europeia não conta com a mesma capacidade de emitir dívida pública comum, é muito difícil para o Banco Central Europeu efetuar o resgate direto de países com problemas de endividamento severo. Por outro lado, a dificuldade em homogeneizar a regulamentação financeira reflete-se nas dificuldades em estabelecer mecanismos de acordo político para responder a problemáticas comuns que afetem todos os membros da União Europeia.

Por sua parte, devido à incerteza do curso das principais moedas fortes do mundo, numerosos países em desenvolvimento se preocupam pelas reservas acumuladas nessas divisas em seus bancos centrais, apesar de certo suporte que os mercados financeiros têm outorgado ao dólar, ao euro e ao iene, em meio à crise. É previsível que os países em desenvolvimento não abandonem a acumulação de reservas como medida preventiva para proteger suas moedas contra futuros ataques especulativos e para conferir certa estabilidade a suas economias. Todavia, estão conscientes de que essa política pode ser inefetivada para financiar seu desenvolvimento, motivo pelo qual buscarão fórmulas alternativas que os liberem de sua antiga dependência das clássicas *divisas fortes*.

A China será, sem dúvida, um ator de excepcional importância na definição da nova arquitetura monetária internacional. A China não compartilha das penúrias do Ocidente. O governo chinês possui uma posição fiscal saudável (seu endividamento público não alcança ainda nem 20% de seu PIB) e conta com amplos recursos para estimular sua economia a minorar o desgaste provocado pela severa queda de suas exportações, investindo em infraestrutura. Do mesmo modo, a diversificada e barata oferta de trabalho e a amplitude do mercado interno são fatores que atenuam as repercussões da crise. O principal motivo de preocupação para a China corre por conta da natureza de suas reservas. A China acumulou tantos bônus do Tesouro norte-americano, que não se pode desfazer deles sem empurrar seus preços para baixo. Embora o governo tenha estimulado o investimento na indústria e na infraestrutura, assim como a demanda de consumo de sua população, a economia chinesa dependerá da recuperação dos países centrais para crescer rapidamente. Além disso, em longo prazo, o aumento da poupança e a redução das importações pelos Estados Unidos poderiam comprometer o crescimento econômico da China.

Deve-se perguntar até que ponto determinados governos de outros países em desenvolvimento julgarão conveniente mover-se mais na direção do modelo chinês de forte intervenção governamental, com controles de capital, câmbio sob forte intervenção e política financeira subordinada aos objetivos de crescimento. O que não padece de dúvida é que as múltiplas crises financeiras da década de 1990 demonstraram aos países em desenvolvimento duas lições muito simples que continuarão a observar nos anos vindouros: (1) que convinha dar impulso às exportações para assegurar superávits comerciais; (2) que, com os ganhos do comércio exterior, deviam acumular divisas fortes para evitar ataques especulativos contra suas moedas. Essa combinação foi descrita por alguns economistas como uma espécie de *neomercantilismo.*

Não obstante, no que se refere a novas políticas monetárias, tornou-se evidente que algumas propostas que estão ganhando força entre os países em desenvolvimento consistem no fortalecimento de mecanismos de *gestão monetária regional*. Na Ásia, já há alguns anos, têm-se discutido soluções para formalizar a administração das políticas monetárias entre os países da região, com o objetivo de proporcionar apoios pontuais a países com problemas na balança de pagamentos e fomentar a estabilidade monetária. Masahiro Hawai, membro do Instituto de Pesquisas do Banco Asiático de Desenvolvimento, tem argumentado que o crescente grau de interdependência das economias da Ásia Oriental sugere a conveniência de obter maior estabilidade cambial de suas moedas. Por esse motivo, formularam-se alguns acordos de união monetária regional, mas que não são ainda funcionais. O economista Hawai argumenta que "na prática, a região segue caracterizada por acordos monetários ainda muito diversificados e descoordenados". De fato, Japão e China, as duas nações dominantes da região, mantêm ambos um regime monetário de livre flutuação, com ajustes próximos às mudanças de valor do dólar nos mercados mundiais. Por isso, Hawai assinala que para lograr um acordo regional seria necessário que a China finalmente abandonasse sua prática de ajuste *de fato* ao valor do dólar (*crawling peg*) e adotasse um regime monetário mais flexível. Por sua vez, devido à limitada internacionalização do iene do Japão e à ausência de livre flutuação do *yuan* da China, o conjunto de nações da Ásia Oriental precisa criar uma âncora monetária regional sólida, por meio de uma série de acordos nacionais de metas fiscais comuns e da adoção de uma cesta de moedas que inclua o dólar, o iene, o euro e um conjunto de moedas regionais (Hawai, 2008).

Na região latino-americana, especialmente na América do Sul, também começam a se adotar medidas para chegar a acordos monetários regionais. Em geral, na América Latina, as finanças públicas, os sistemas bancários e as cotações de câmbio das moedas nacionais têm demonstrado ser muito mais sólidos do que no passado. Transposto o primeiro embate da crise financeira mundial, os bancos centrais de vários países puderam reduzir as taxas de juros e os governos nacionais se têm comprometido em estimular suas economias. Talvez a novidade principal no terreno monetário sejam os acordos que começam a se pôr em ação para começar a sair da esfera de gravidade do dólar e do euro para certo volume de transações comerciais. Por exemplo, Brasil, Argentina e Venezuela, entre outros países, têm negociado acordos financeiros com outros países, como a China, objetivando saldar dívidas comerciais em moeda própria e não em dólares ou em euros. Por sua vez, dentro da comunidade de nações da América do Sul, encontra-se atualmente em processo de discussão a possibilidade de estabelecer um mecanismo monetário próprio que permita saldar suas dívidas comerciais com base em uma cesta de moedas sul-americanas e internacionais. Várias das propostas iniciais têm sido formuladas pelo economista peruano Oscar Ugarteche, a quem se solicitou apresentar um novo modelo monetário regional que poderia ser futuramente adotado na América do Sul.[170]

Futuro dos organismos multilaterais como FMI e Banco Mundial

Para além do debate sobre o futuro do sistema monetário internacional, existe também uma patente necessidade de avaliar deficiências de funcionamento da arquitetura financeira internacional, especialmente no que se refere aos organismos multilaterais, como o FMI e o Banco Mundial. Há bastante tempo que se anunciou o fim do sistema de Bretton Woods, porém continuam vigentes as agências multilaterais herdadas desse sistema. Durante o meio século que se seguiu à Segunda Guerra Mundial, considerava-se que o FMI, o Banco Mundial, o Banco de Compensações Internacionais (BIS) e os bancos multilaterais de desenvolvimento constituíam a esfera pública internacional do sistema bancário, a qual complementava os bancos centrais como instâncias públicas dos âmbitos nacionais. Todavia, os bancos multilaterais não têm o poder de regular os milhares de bancos privados que navegam dentro dos mercados de crédito e de capitais nacionais e internacionais. Ainda mais importante, não se encontram em condições de regular as atividades mundiais dos mastodontes contemporâneos das finanças globais, que são uma vintena

---

[170] Ver textos do seminário *Más allá de Bretton Woods: la economía trasnacional en busca de nuevas instituciones*, realizado de 15 a 17 de outubro de 2008, pelo Instituto de Investigaciones Económicas (Unam), México, pelo Observatoire de la Finance, de Genebra e pelo Pacific Asia Resource Center, de Tóquio. Sobre trabalhos e debates, consultar o site Observatorio de la Economía de Latinoamérica (www.obela.org), coordenado pelo doutor Oscar Ugarteche.

de gigantescos bancos globais, dos Estados Unidos, da Europa e do Japão. Alguns desses bancos comerciais chegam a manejar um conjunto de ativos que supera o valor de 1 milhão de milhões de dólares — ou seja, trilhões de dólares — por meio de milhares de filiais em dezenas de países. Estabelecer uma regulação internacional dessas instituições é um enorme desafio, que dependerá essencialmente da gestão dos organismos de regulamentação nacionais que detenham a influência política requerida para tal.

A partir dessa e de outras perspectivas, colocam-se múltiplas dúvidas acerca do papel futuro e da utilidade do FMI. Essa entidade tem centrado sua estratégia, desde há meio século, em vigiar as finanças governamentais dos países em desenvolvimento, como se sua função fosse, alternativamente, de uma espécie de polícia ou bombeiro global. Contudo, o FMI tem reiteradamente fracassado em prevenir as crises maiores, fundamentalmente porque não se tem ocupado de vigiar as atividades internacionais dos bancos privados globais, que são os principais responsáveis pela gestão dos fluxos internacionais de capitais. Recordemos que na década de 1970 os bancos privados se encarregaram de endividar os países menos desenvolvidos com tal quantidade de empréstimos externos que múltiplos governos da América Latina, África e Ásia foram à bancarrota. Contudo, o FMI não conseguiu assegurar que os bancos centrais da região contassem com reservas suficientes para enfrentar a derrocada longamente anunciada. Anos mais tarde, de maneira similar, o FMI não previu a crise mexicana de 1994-95. Pelo contrário, encorajou investidores nacionais e bancos internacionais a participarem de uma orgia especulativa até muito pouco antes da desvalorização de dezembro de 1994 e da consequente derrubada do sistema financeiro mexicano. Os ônus por essa falta de previsão foram enormes, já que custaram ao México anos de recessão econômica, quebra do sistema bancário e enorme sangria financeira para devolver os empréstimos de resgate fornecidos pelo FMI e pelo Tesouro dos Estados Unidos.

Por último, nas crises asiáticas de 1997 o FMI tampouco logrou antecipar os colapsos. Não insistiu suficientemente quanto à necessidade de reformas profundas nos sistemas bancários locais, até depois de começarem as quebras, que expuseram a cumplicidade entre o governo e poderosos grupos corporativos em vários dos países afetados. Adicionalmente, tornou pior a situação após os colapsos na Tailândia e na Indonésia, quando propôs políticas de contração do gasto público que aguçaram a recessão nesses países. Mais recentemente, o FMI tampouco impediu, nem mesmo conseguiu moderar, o extraordinário endividamento do governo argentino entre 1994 e 1999, quando — sob a administração corrupta de Carlos Menem — o montante da dívida externa argentina passou de 70 bilhões de dólares para a incrível cifra de 140 bilhões de dólares. Em outras palavras, o principal organismo financeiro internacional encarregado de supervisionar as finanças externas dos países-membros alentou a Argentina a encaminhar-se a uma situação de endividamento descomunal e insustentável.

Qual seria então a função do FMI? É evidente que a falta de capacidade de previsão do FMI abre um enorme espaço para críticas (Ugarteche, 2009). Por ser a instituição financeira internacional por antonomásia, requer uma profunda reforma — tanto na forma nada transparente de contratação de seu pessoal quanto nas regras que a governam — para assegurar maior participação dos países em desenvolvimento. Em seu tempo, o secretariado do G-24, sob a direção do economista mexicano Ariel Buira (2005), formulou numerosas propostas para estabelecer um sistema mais democrático das cotas dos países-membros e para dar maior voz e voto aos países em desenvolvimento, que são os mais povoados do mundo. Não obstante, na reunião do FMI celebrada em Istambul em setembro de 2009, a única concessão foi a de ceder 5% dos votos a países em desenvolvimento, o que não indica nenhum propósito de mudança fundamental.

O Banco Mundial, por sua vez, também é objeto de vivas críticas, sobretudo pela falta de consistência e de ética em suas políticas para a África subsaariana, onde tem contribuído em vários casos para manter governos corruptos e assim agravar a situação humanitária mais desesperada do planeta.[171] Na

---

[171] Os erros colossais do Banco Mundial têm sido documentados por Eric Toussaint em um grande número de trabalhos, muitos dos quais podem ser consultados no detalhado site da Comissão pela Anulação da Dívida do Terceiro Mundo (CADTM: www.cadtm.org).

prática, observa-se que o velho conceito de financiamento para o desenvolvimento não tem funcionado de maneira adequada, uma vez que, durante decênios, os recursos têm sido destinados fundamentalmente a grandes projetos de infraestrutura, quando as maiores necessidades dos países em desenvolvimento se encontram nos terrenos de alimentação, saúde e educação, assim como no fomento de pequenas e médias empresas. Nesses assuntos, os bancos de desenvolvimento não têm cumprido adequadamente com as demandas essenciais das populações mais pobres do planeta.

Tributação e dívidas advindas da Grande Recessão: contradições globais

Devido ao impacto e à profundidade das crises nos países ricos, a maioria dos países-membros das Nações Unidas teme que no futuro próximo se reduzam os apoios financeiros às nações e sociedades mais necessitadas. O perigo é mais que real pelo fato de que os governos dos Estados Unidos, da Europa e do Japão estarão ocupados por um longo tempo na gestão dos programas de resgate de seus sistemas financeiros e no tratamento cada vez mais complicado das gigantescas dívidas públicas que se têm acumulado como consequência da catástrofe de 2008.

A crise de 2008 obrigou grande número de governos dos países mais avançados a expandir o gasto público para reduzir os efeitos perniciosos da queda da atividade econômica. Em particular, foi canalizada enorme quantidade de recursos para resgatar os bancos privados, em princípio para restabelecer a confiança em seus impactados sistemas financeiros. Ao mesmo tempo, os mecanismos estabilizadores, como a segurança social e o apoio a desempregados nos países desenvolvidos, exigiram o apoio das finanças públicas. Porém, simultaneamente, a Grande Recessão dos anos 2008 e 2009 provocou sérias quedas na arrecadação de impostos. A consequência foi uma explosão dos déficits públicos, que chegaram para ficar, na Europa, nos Estados Unidos e no Japão.

A queda do investimento privado e a piora da situação macroeconômica impõem aos Estados endividarem-se de forma substancial em contextos de conjuntura negativa. As dimensões vultosas e crescentes das dívidas acumuladas para o resgate dos bancos não contam com o beneplácito dos contribuintes dos Estados Unidos e da Europa. Ainda não se conhece em detalhe o peso do sacrifício fiscal. Por sua vez, o aumento da dívida soberana provocará mudanças duradouras nas taxas de juros, nos tipos de câmbio, nos prêmios de risco e nas cotações dos bônus. Essa experiência é bem conhecida em países em desenvolvimento como o México, onde o resgate dos grandes investidores e dos bancos comerciais gerou enormes dívidas públicas que ainda hoje continuam a pesar sobre os contribuintes mexicanos, 15 anos após a grande crise iniciada em 1994. Por esse motivo, é possível que, no futuro, os países com fortes déficits gêmeos nas finanças públicas e nas contas externas (como os Estados Unidos e o Reino Unido) se vejam tentados a depreciar o valor de suas moedas e a desatar certo grau de inflação para reduzir o valor real de suas dívidas, em prejuízo de seus credores.

Embora as sucessivas reuniões do G-20 em novembro de 2008 a abril de 2009 tenham anunciado que o grosso dos recursos de emergência estava destinado a ser gasto "em casa", quer dizer, internamente aos países ricos, foram emitidos alguns anúncios que indicam existir preocupação quanto ao destino dos países em desenvolvimento, que representam 80% da população mundial. Em particular, os compromissos de aumentar os recursos do FMI são sintomáticos da preocupação em contribuir para a estabilidade financeira de países que enfrentam problemas em suas balanças de pagamentos. Contudo, o cenário para aumentar a transferência de fundos pelas nações do Norte para o desenvolvimento dos países do Sul não é alentador. Os países da periferia enfrentarão problemas sérios para financiar-se nos mercados, devido à aversão ao risco pelos investidores internacionais e às enormes dívidas contraídas pelos governos dos países desenvolvidos.

Os governos dos países mais pobres poderiam, inclusive, cortar seus gastos diante de uma queda de suas receitas e do aumento do peso do serviço de suas dívidas, que prosseguem gigantescas. Contudo, esta época marca uma forte redefinição do papel do Estado na economia. Assistimos ao retorno das políticas fiscais e monetárias expansivas. Diante de um panorama incerto e da falta de instituições financeiras internacionais com poderes e recursos suficientes para atuar, os governos nacionais converteram-se em baluartes de uma estabilidade que escasseia.

De fato, uma das consequências mais destacadas do colapso de 2008 é a tomada de consciência de que o futuro da globalização financeira e de seu marco regulatório se tornou agora responsabilidade dos governos. Especialmente importante é a responsabilidade do G-20, que se constituiu no foro de maior projeção na política mundial e assinala a busca de um novo equilíbrio de poderes entre países mais avançados e países em desenvolvimento. Existe, portanto, uma janela de oportunidade para redefinir o papel dos governos no funcionamento das finanças e do capitalismo.[172] Não será, todavia, uma janela de longa duração — porquanto provavelmente se fechará uma vez que haja uma recuperação econômica mundial mais sólida e sustentada —, motivo pelo qual é importante aproveitar o momento para levar a cabo reformas importantes.

Sem dúvida, uma das prioridades para futuras transformações é o estabelecimento de um novo marco regulatório para assegurar a estabilidade bancária e financeira, sem frear em excesso o dinamismo dos mercados. Igualmente fundamental é a ratificação de estratégias coordenadas para conter situações de instabilidade que possam gerar crises sistêmicas.

No entanto, não menos importante é o fortalecimento de um conceito de *equidade*, que permita que todos os países tenham a oportunidade de melhorar sua situação, sem que se discrimine o acesso às fontes de financiamento requeridas para que se alcance um desenvolvimento sustentável. Caso contrário, continuará a ampliar-se o distanciamento econômico entre as nações, o qual se acompanha de uma distribuição desigual da renda *per capita*. Para isso, é fundamental discutir novos caminhos, mais atentos aos reclamos da imensa população de baixa renda do planeta. Há um decênio que talvez a região do mundo onde se instrumentaram programas mais efetivos de redistribuição de renda seja a América do Sul, ainda que se deva reconhecer que a

---

[172] Ver as interessantes propostas de Brender e Pisani (2009, passim).

região como um todo segue padecendo de enormes extremos entre as classes sociais. Nesse sentido, é especialmente significativo o caso do Brasil — sob as presidências de Lula e de Dilma Rousseff —, onde foram implementadas importantes políticas contra a fome e a favor de aumentos de salários para os trabalhadores.

Esse tipo de política vincula-se claramente ao programa fixado pelas Nações Unidas nos Objetivos do Milênio, que projeta o estabelecimento de metas-chave a serem alcançadas no ano de 2015, no que se refere à consolidação de redes de segurança mundiais em alimentação, educação e saúde. Essas metas são apoiadas por diversos foros internacionais, sendo o mais importante — como temos sublinhado — a comissão de peritos em finanças das Nações Unidas, que é encabeçada pelo prêmio Nobel Joseph Stiglitz.[173] Seu primeiro relatório, apresentado em 21 de março de 2009, foi seguido por um primeiro debate mundial em Nova York, em fins de junho do mesmo ano, e não há dúvida de que continuará sendo foco de discussões e de propostas inovadoras sobre as necessárias reformas financeiras mundiais.

Nesse contexto, opinamos que é importante considerar a relação entre o marco político e o social das finanças na época contemporânea. O colapso de 2008 demonstrou de maneira dramática que os mercados financeiros não podem viver à margem de sua relação com o Estado e requerem um marco supervisor regulatório mais eficiente, em razão de sua inerente instabilidade. Porém, tampouco deve ser esquecido o componente social dos mercados financeiros, uma vez que esses não operam de maneira independente da sociedade em que se desenvolvem. Atualmente, a maioria dos cidadãos do mundo usa o sistema financeiro ou, em alguma medida, depende indiretamente dele, motivo pelo qual se deveria encorajar um melhor conhecimento de seus mecanismos e dinâmicas, especialmente no que se refere ao seu funcionamento cotidiano. Nesse sentido, a educação financeira é algo a ser estimulado, especialmente quando incidem as crises.

---

[173] Ver relatórios de The Commission of Experts of the President of the UN General Assembly on Reforms of the International Monetary and Financial System no site: <www.un.org/ga/president/63/commission/financial_commission.shtml>.

Em suma, cabe sugerir que o debate atual sobre as novas regulamentações dos sistemas financeiros deve estar vinculado com as prioridades decorrentes das necessidades fundamentais da humanidade em seu conjunto. As reformas que se propõem, por exemplo, para melhorar a capacidade dos bancos centrais para a regulamentação e a supervisão financeiras não apenas devem assegurar uma maior estabilidade do sistema econômico, mas também devem indicar uma necessária mudança de paradigma para o enfrentamento dos desafios que nos apresenta o mundo contemporâneo. Em poucas palavras, é flagrante que, em nível global, são prioritários não apenas um caminho em direção a certo equilíbrio dos mercados financeiros, mas também o aperfeiçoamento das respostas a questões absolutamente fundamentais para todas as nações: a saúde, a alimentação, a erradicação da pobreza, assim como a adoção de modelos de desenvolvimento sustentáveis que permitam um maior equilíbrio ecológico no planeta. As grandes crises financeiras da história do capitalismo do último século e meio nos sinalizam o perigo imanente de que surjam novos e profundos desequilíbrios na economia e na sociedade que afetem o destino dos seres humanos. Por esse motivo, talvez uma das principais lições da história global seja a que nos impele a dirigir nossos olhares não somente ao passado, mas para a urgência de discutir mais a fundo os desafios imperativos do futuro.

APÊNDICE

DIAGRAMA 7

Crises bancárias e crises cambiais

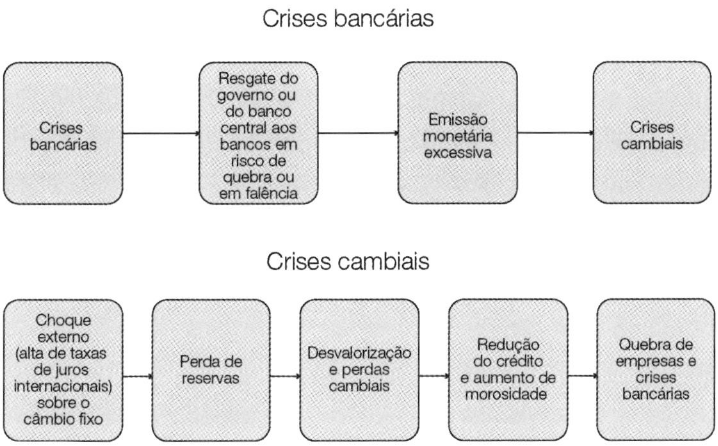

Crises bancárias

Crises bancárias → Resgate do governo ou do banco central aos bancos em risco de quebra ou em falência → Emissão monetária excessiva → Crises cambiais

Crises cambiais

Choque externo (alta de taxas de juros internacionais) sobre o câmbio fixo → Perda de reservas → Desvalorização e perdas cambiais → Redução do crédito e aumento de morosidade → Quebra de empresas e crises bancárias

Fonte: Boyer, Dehove e Plihon (2004:77).

DIAGRAMA 8

Mercados e crises em economias desenvolvidas

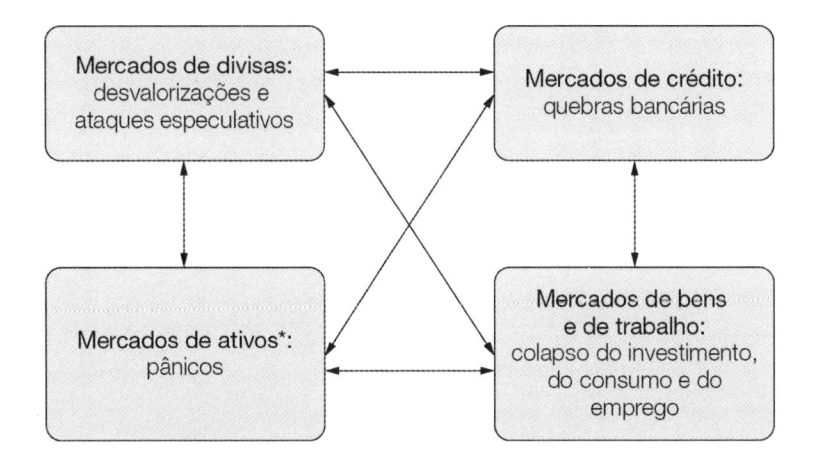

```
┌─────────────────────┐        ┌─────────────────────┐
│ Mercados de divisas:│◄──────►│ Mercados de crédito:│
│   desvalorizações e │        │   quebras bancárias │
│ ataques especulativos│        │                     │
└─────────────────────┘        └─────────────────────┘
          ▲    ╲              ╱         ▲
          │     ╲            ╱          │
          ▼      ╳          ╳           ▼
┌─────────────────────┐        ┌─────────────────────┐
│ Mercados de ativos*:│◄──────►│  Mercados de bens   │
│       pânicos       │        │    e de trabalho:   │
│                     │        │ colapso do investimento,│
│                     │        │    do consumo e do  │
│                     │        │       emprego       │
└─────────────────────┘        └─────────────────────┘
```

* Exemplos de ativos são: as ações, os bônus, as hipotecas, os derivativos etc.
Fonte: Elaboração própria, com base em Boyer, Dehove e Plihon (2004:77).

DIAGRAMA 9

Mercados e crises em economias periféricas

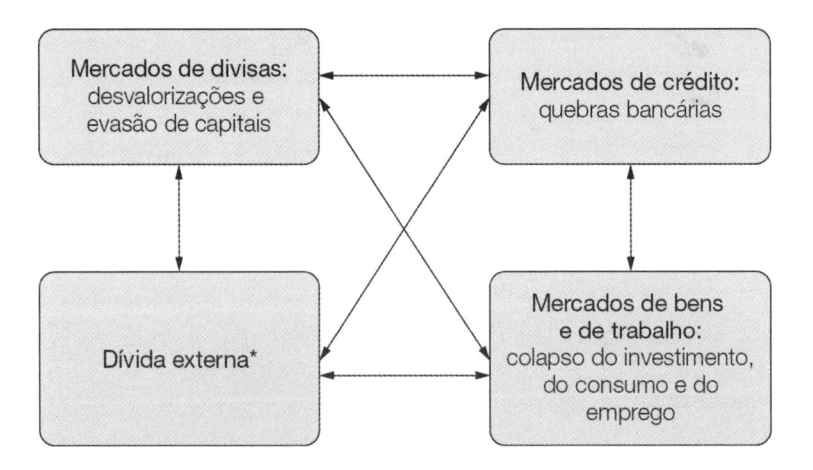

```
┌─────────────────────┐        ┌─────────────────────┐
│ Mercados de divisas:│◄──────►│ Mercados de crédito:│
│   desvalorizações e │        │   quebras bancárias │
│  evasão de capitais │        │                     │
└─────────────────────┘        └─────────────────────┘
          ▲    ╲              ╱         ▲
          │     ╲            ╱          │
          ▼      ╳          ╳           ▼
┌─────────────────────┐        ┌─────────────────────┐
│                     │        │  Mercados de bens   │
│   Dívida externa*   │◄──────►│    e de trabalho:   │
│                     │        │ colapso do investimento,│
│                     │        │    do consumo e do  │
│                     │        │       emprego       │
└─────────────────────┘        └─────────────────────┘
```

* A dívida externa inclui tanto o endividamento privado com o resto do mundo quanto as obrigações contraídas pelos governos nacionais no exterior.
Fonte: Elaboração própria, com base em Boyer, Dehove e Plihon (2004:77).

DIAGRAMA 10
O sistema monetário internacional em 1969

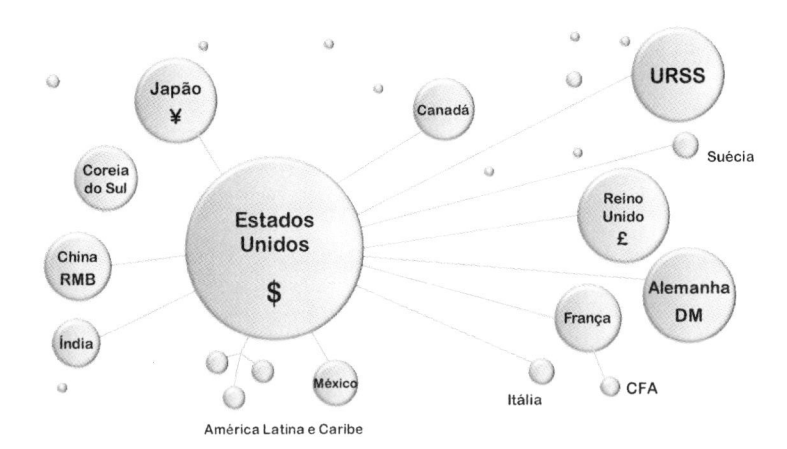

Nota: RFA: República Federal da Alemanha; DM: marco alemão; CFA: Comunidade Financeira Africana.
Fonte: Mundell (2008).

DIAGRAMA 11
Áreas monetárias depois do ingresso da Grã-Bretanha no mecanismo europeu de tipos de câmbio (EERM, outubro de 1990)

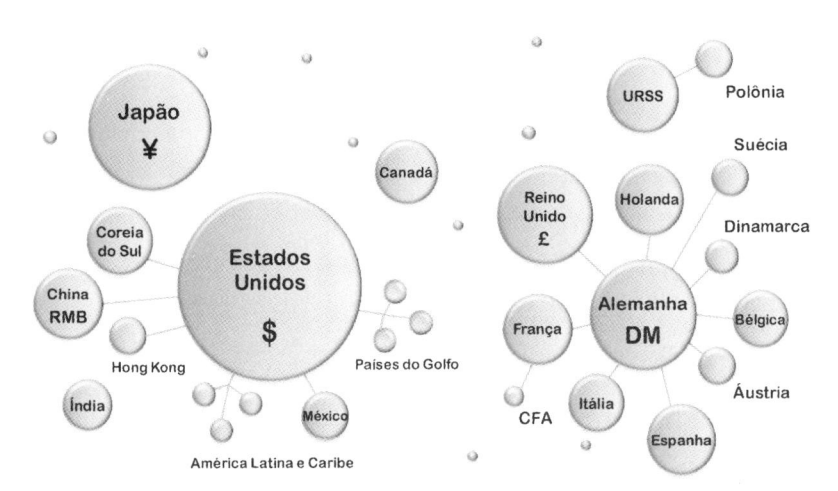

Nota: DM: marco alemão; CFA: Comunidade Financeira Africana.
Fonte: Mundell (2008).

DIAGRAMA 12
Introdução do euro, 1999

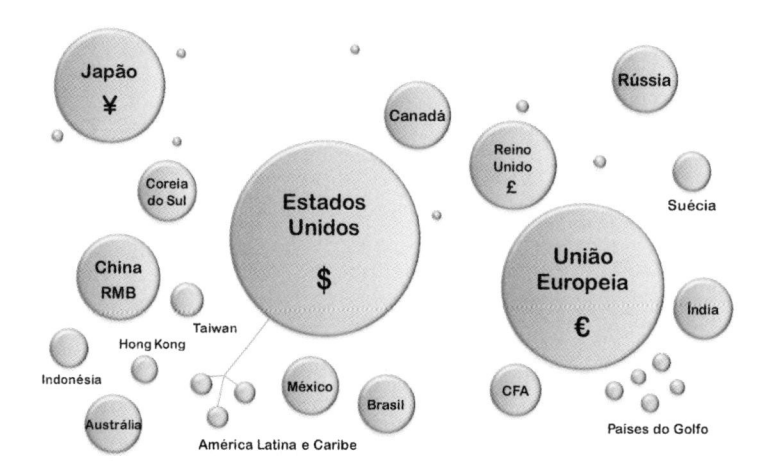

Nota: CFA: Comunidade Financeira Africana.
Fonte: Mundell (2008).

DIAGRAMA 13
Áreas monetárias na atualidade

Nota: CFA: Comunidade Financeira Africana.
Fonte: Mundell (2008).

Apêndice 315

GRÁFICO 20

Comportamento real da Bolsa de Valores de Nova York
e do mercado imobiliário dos Estados Unidos, 1950-2009/1

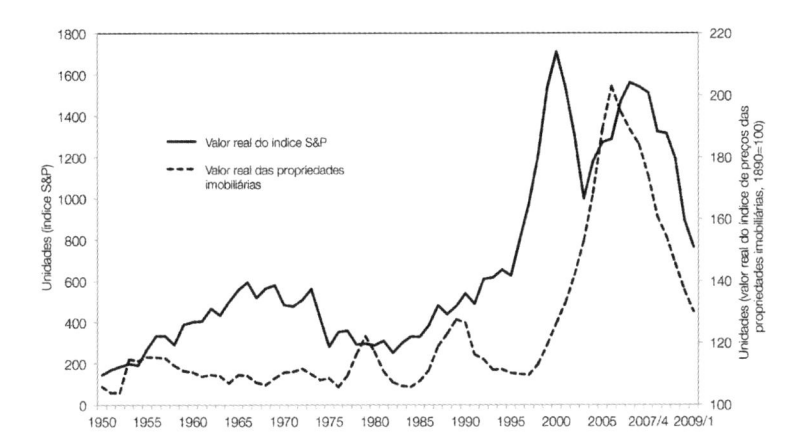

Fonte: Shiller (2005, 1989).

GRÁFICO 21

PIB *per capita* mundial médio, 1950-2006 (nível em dólares internacionais
Geary-Khamis de 1990 e taxa de crescimento em pontos percentuais)

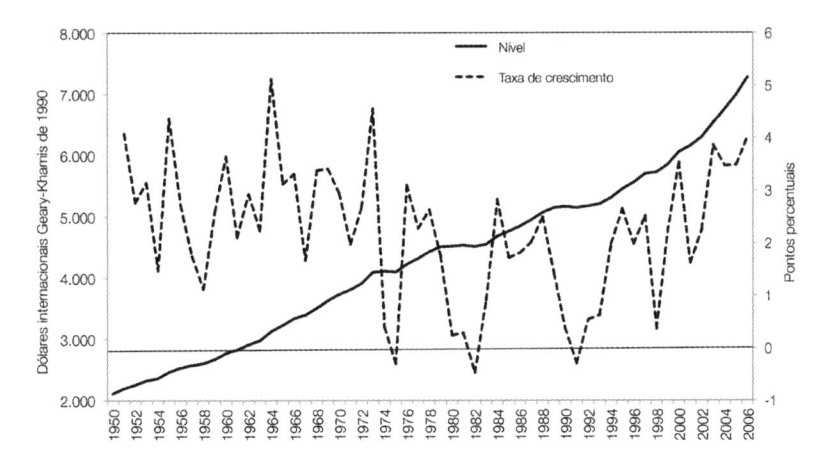

Fonte: Maddison (2009).

TABELA 6
Principais crises financeiras, 1857-1914

Ano	País de origem	Evento internacional relacionado	Setor de origem da bolha	Origem da expansão monetária	Pico da bolha	Crise
1857	Estados Unidos	Fim da Guerra da Crimeia	Companhias ferroviárias, terras públicas	Febre do ouro na Califórnia	Fins de 1856	Agosto de 1857
	Inglaterra		Companhias ferroviárias, trigo	Fusões bancárias		Outubro de 1857
	Europa Continental		Companhias ferroviárias, indústria pesada	Crédit Mobilier, bancos alemães	Março de 1857	Novembro de 1857
1866	Inglaterra, Itália, Espanha	Surgimento das sociedades de responsabilidade limitada	Algodão, companhias marítimas mercantes	Casas de desconto	Julho de 1865	Maio de 1866
1873	Áustria, Alemanha	Indenização franco-prussiana	Construção, companhias ferroviárias, ativos financeiros, commodities	Novos bancos de investimento	Outono de 1872	Maio de 1873
	Estados Unidos		Companhias ferroviárias, construção de moradias	Crédito de curto prazo, fluxo de capitais europeus	Março de 1873	Setembro de 1873
1890	Inglaterra, Argentina, Uruguai e Brasil	Expansão econômica de países periféricos nos anos 1880	Especulação financeira e endividamento na Argentina e no Brasil	Conversão Goschen	Agosto de 1890	Novembro de 1890
1893	Estados Unidos	Lei Sherman da Prata	Ouro e prata	Contração	Dezembro de 1892	Maio de 1893
1907	Estados Unidos	Guerra Russo-Japonesa	Especulação com commodities (cobre, café, algodão), Union Pacific	Monopólios e holdings	Princípios de 1907	Outubro de 1907
1914	Europa Continental	Primeira Guerra Mundial				

Fonte: Elaboração própria, com base em Kindleberger e Aliber (2005, tabela do apêndice "A stylized outline of financial crisis, 1618 to 1998", p. 298-300).

TABELA 7
Principais crises financeiras, 1920-2008

Ano	País de origem	Evento internacional relacionado	Setor de origem da bolha	Origem da expansão monetária	Pico da bolha	Crise
1920-21	Reino Unido, Estados Unidos	Fim do auge do pós-guerra	Ativos financeiros, commodities, acumulação de estoques	Crédito bancário	Verão de 1920	Primavera de 1921
1929	Estados Unidos	Fim do auge estendido do pós-guerra	Ativos financeiros entre 1928 e 1929	Crédito para especulação nas bolsas	Setembro de 1929	Outubro de 1929
1931-33	Europa e Estados Unidos	Transmissão internacional da Grande Depressão	Ondas de pânicos bancários	Abandono do padrão ouro e relaxamento monetário	*	Áustria: maio de 1931; Alemanha: junho de 1931; Reino Unido: setembro de 1931
1974	Estados Unidos e o resto do mundo	Colapso de Bretton Woods, choque do petróleo	Ações, bens imóveis	Mercado de eurodólares, em especial entre 1970 e 1971	1973	1974-75
1982	Estados Unidos e o resto do mundo	Elevação do preço do petróleo em 1979	Empréstimos bancários concedidos a países periféricos	Reciclagem de petrodólares	1979	Petróleo, 1980; dívidas de países da América Latina, 1982
1990	Japão	Globalização financeira	Índices acionários Nikkei, bens imóveis	Redução das taxas de juros	Primeira metade de 1989	Janeiro de 1990

▼

Ano	País de origem	Evento internacional relacionado	Setor de origem da bolha	Origem da expansão monetária	Pico da bolha	Crise
1994	México	Desregulamentação financeira, investimentos estrangeiros em carteira, empréstimos do exterior	Sistema financeiro, setor externo	Entradas de capital, empréstimos bancários, câmbio quase fixo, aumento do crédito líquido do banco central	1994	Dezembro de 1994, 1995
1997-98	Tailândia, Indonésia, Malásia, Coreia do Sul, Rússia, Brasil	Desregulamentação financeira, investimentos estrangeiros em carteira, empréstimos do exterior	Sistema financeiro, setor externo	Entradas de capital, empréstimos bancários, câmbio fixo, bolhas em bens imóveis	1997	1997-98
2001	Estados Unidos	Os "felizes anos 90", inovação e adoção de tecnologias de informação, ataque terrorista às Torres Gêmeas de Nova York	Ações de empresas de tecnologia (Nasdaq)	A "Grande Moderação"	Março de 2000	2000-02
2008	Estados Unidos e o resto do mundo	Aprofundamento da globalização financeira	Bens imóveis, derivativos, CDS	Redução das taxas de juros, acumulação de reservas pelos países periféricos, crédito bancário, déficit público e externo, titularização	Segundo trimestre de 2006	2008-09

* Entre 1931 e 1933 não se registrou nenhum pico de bolha especulativa, mas ocorreram várias crises bancárias e o abandono do padrão dólar-ouro.
Fonte: Elaboração própria, com base em Kindleberger e Aliber (2005, tabela do apêndice "A stylized outline of financial crisis, 1618-1998", p. 300-303).

TABELA 8
Padrão ouro clássico

País	Período
Reino Unido	1774-97, 1821-1914
Austrália	1852-1915
Canadá	1854-1914
Portugal (a)	1854-1891
Argentina (b)	1867-76, 1883-84, 1900-13
Alemanha	1871-1914
Suécia	1873-1914
Holanda	1875-1914
Uruguai	1876-1914
Finlândia	1877-1914
França	1878-1914
Estados Unidos	1879-1917
Império Otomano (Turquia)	1881-1914
Itália	1884-94
Grécia	1885, 1910-14
Egito	1885-1914
Brasil (c)	1888-91, 1905-13
Romênia	1890-1914
Império Austro-Húngaro	1892-1914
Chile (d)	1895-99
Costa Rica	1896-1914
Rússia	1897-1914
Japão	1897-1917
Índia	1898-1914
Equador	1898-1914
Peru	1901-14
Filipinas	1903-14
México (e)	1905-13
Bulgária	1906-14
Sião	1908-14
Bolívia	1908-14

Notas: Nos casos de diversos países que ingressaram no padrão ouro e logo o abandonaram, deve-se assinalar que: (a) Portugal abandonou o padrão ouro em 1891; (b) a Argentina esteve em um padrão de câmbio ouro nos anos 1867-76, 1883-84 e 1900-13, enquanto nos demais períodos assumiu o padrão papel, gerenciado com o objetivo de restabelecer a conversibilidade do peso argentino ao ouro; (c) o Brasil adotou o padrão ouro entre 1888 e 1891 e, a seguir, o padrão câmbio ouro entre 1905 e 1913; (d) o Chile esteve no padrão ouro entre 1895 e 1889, mas logo o abandonou; (e) o México adotou um padrão de câmbio ouro em 1905 que se manteve até 1913, permitindo entretanto a circulação dos pesos de prata.
Fonte: Elaboração própria, com base em Officer (2008).

TABELA 9
Padrão ouro de entreguerras

País	Período
Argentina	1927-29
Paraguai	1927-29
Austrália	1925-30
Nova Zelândia	1929-30
Áustria	1923-31
Reino Unido	1925-31
Irlanda	1925-31
Finlândia	1925-31
Hungria	1925-31
Iraque	1925-31
Brasil	1928-31
Venezuela	1927-31
Índia	1927-31
Dinamarca	1927-31
Bulgária	1927-31
Tchecoslováquia	1929-31
Bolívia	1929-31
Portugal	1931-31
El Salvador	1920-32
Nicarágua	1922-32
Colômbia	1923-32
Suécia	1924-32
Alemanha	1924-32
Egito	1925-32
México	1925-32
Canadá	1926-32
Equador	1927-32
Noruega	1928-32
Grécia	1928-32
Japão	1930-32
Iugoslávia	1931-32
Peru	1931-32
Costa Rica	1922-33
Haiti	1922-33
África do Sul	1925-33
Chile	1926-33
Uruguai	1928-33
Romênia	1929-33
Honduras	1931-33
Filipinas	1933-33
Estados Unidos*	1922-34
Guatemala	1926-34
Itália	1928-34
Bélgica	1926-35
Holanda	1925-36
Suíça	1925-36
Polônia	1927-36
França	1928-36

* Quando os Estados Unidos saem do padrão ouro de entreguerras, a economia estadunidense entra no que Edward W. Kemmerer denominou "padrão ouro qualificado" (*qualified gold standard*).
Fonte: Elaboração própria, com base em Officer (2008) e Eichengreen (1996:188-191).

BIBLIOGRAFIA RECOMENDADA

A literatura sobre a história financeira e monetária é vasta. Como primeira abordagem, recomendamos uma série de obras de referência que são indispensáveis para a consulta de definições de termos econômicos e financeiros, eventos-chave e interpretações das principais crises financeiras:

DURLAUF, Steven; BLUME, Lawrence. (Ed.). *The new Palgrave dictionary of economics*. Nova York: Macmillan, 2008. 8 v.

EATWELL, John; MILGATE, Murray; NEWMAN, Peter. *The new Palgrave dictionary of money and finance*. Nova York: Macmillan, 1992.

GLASNER, David (Ed.). *Business, cycles and depressions*: an encyclopedia. Nova York: Garland, 1997.

MOKYR, Joel (Ed.). *The Oxford encyclopedia of economic history*. Nova York: Oxford University Press, 2003. 5 v.

Em um segundo momento, recomendamos a consulta a alguns sites da internet que também incluem informações sobre o tema. Por exemplo, é de grande utilidade o site da Economic History Association (Estados Unidos), EH.Net (http://eh.net/). Da mesma maneira, podem-se consultar os sites de outras associações de história econômica. Em língua espanhola, são de especial utilidade o da Asociación Española de Historia Económica (www.aehe.net/) e o da Asociación Mexicana de Historia Económica (www.economia.unam.mx/amhe/index.html).

Para estudos históricos, uma excelente fonte é a revista *Financial History Review*, editada pela Cambridge University Press, que é o órgão da European Association of Banking and Financial History, que também publica numerosos livros sobre história financeira. Por sua vez, uma esplêndida coleção de monografias de história monetária e financeira é a dirigida por Michael Bordo: "Studies in macroeconomic history", na Cambridge University Press. Para informação sobre sites de interesse atuais, referentes à crise contemporânea, recomendamos a página do livro (http://historiadelascrisis.com), com versões em espanhol e em português.

Nossa sintética seleção bibliográfica começa com algumas obras gerais sobre história financeira e monetária. A seguir, incluímos sugestões de leituras por períodos e por capítulos. As obras citadas incluem referências bilbiográficas adicionais que são de consulta requerida.

Obras gerais: história financeira e monetária
(de fins do século XIX a princípios do século XXI)

ALDCROFT, Derek H.; OLIVER, Michael J. *Exchange rate regimes in the twentieth century*. Londres: Edward Elgar, 1998.

BORDO, Michael; EICHENGREEN, Barry. Crises now and then: what lessons from the last era of financial globalization. National Bureau of Economic Research, *Working Paper nº 8716*, s.d. Disponível em: <www.nber.org/papers/w8716>.

____; TAYLOR, Alan; WILLIAMSON, Jeffrey. *Globalization in historical perspective*. Chicago: University of Chicago Press, 2003.

EICHENGREEN, Barry, *Globalizing capital*: a history of the international monetary system. Princeton: Princeton University Press, 1996.

FERGUSON, Niall. *The cash nexus*: money and power in the modern world, 1700-2000. Londres: Allen Lane; Penguin Press, 2001.

FLANDREAU, Marc; HOLTFRERICH, Carl-Ludwig; JAMES, Harold. *International financial history in the twentieth century*. System and anarchy. Londres: Cambridge University Press, 2003.

GOODHART, Charles; ILLING, Gerhard. *Financial crises*: contagion and the lender of last resort. A reader. Oxford: Oxford University Press, 2002.

JAMES, Harold. *The creation and destruction of value*: the globalization cycle. Cambridge, Mass.: Harvard University Press, 2009.

KINDLEBERGER, Charles. *Manias, panics, and crashes*: a history of financial crises. Nova York: Basic Books, 1978.

MARICHAL, Carlos. *A century of debt crises in Latin America, 1820-1930*. Princeton: Princeton University Press, 1989. [Versão em espanhol: *Historia de la deuda externa de América Latina*. Madri: Alianza, 1992.]

MICHIE, Ranald. *The London stock exchange*: a history. Nova York: Oxford University Press, 1999.

REINHART, Carmen M.; ROGOFF, Kenneth S. *This time is different*: eight centuries of financial folly. Princeton: Princeton University Press, 2009.

SMITH, Roy; WALTER, Ingo. *Global banking*. Nova York: Oxford University Press, 1977.

SUTER, Christian. *Debt cycles in the world-economy*: foreign loans, financial crises and debt settlements, 1820-1990. Boulder, Colorado: Westview, 1992.

TORRERO MAÑAS, Antonio. *Crisis financieras*: enseñanzas de cinco episodios. Madri: Marcial Pons, 2006.

Capítulo 1 (1870-1914)

ACEÑA, Pablo Martín; REIS, Javier (Ed.). *Monetary standard in the periphery*: paper, silver and gold, 1854-1933. Londres: St. Martin's Press, 2000.

BAGEHOT, Walter. *Lombard street*: el mercado monetario de Londres. México: FCE, 1968.

BONELLI, Franco. *La crisis de 1907*: una tappa dello industriale in Italia. Turim: Einaudi, 1971.

BORDO, Michael; CAPIE, Forrest (Ed.). *Monetary regimes in transition*. Cambridge: Cambridge University Press, 1994.

____; ROCKOFF, Hugh; REDDISH, Angela. A comparison of the stability and efficiency of the Canadian and American banking systems, 1870-1925. *Financial History Review*, v. 3, n. 1, abr. 1996.

BRETON, Yves; BRODER, Albert; LUTFALLA, Michel (Ed.). *La longue stagnation en France*: l'autre Grande Depression, 1873-1897. Paris: Economica, 1997.

BRUNER, Robert F.; CARR, Sean D. *The Panic of 1907*: lessons learned from the market's perfect storm. Hoboken, NJ: John Wiley & Sons, 2007.

CORTÉS CONDE, Roberto. *Dinero, deuda y crisis*: evolución fiscal y monetaria en la Argentina, 1862-1890. Buenos Aires: Sudamericana, 1989.

DE CECCO, Marcello. *Money and empire*: the international gold standard, 1890-1914. Oxford: Basil Blackwell, 1974.

EICHENGREEN, Barry. *The gold standard in theory and history*. Nova York: Mathuen, 1985.

FERGUSON, Niall. *The pity of war*: explaining World War I. Nova York: Basic Books, 1998.

FLANDREAU, Marc. *The glitter of gold*: France, bimetallism and the international gold standard, 1848-1873. Oxford: Oxford University Press, 2004.

LAUCK, W. J. *The causes of the panic of 1893*. Boston: Houghton Mifflin and Company, 1907.

LUCA, Einaudi. *Money and politics*: European monetary unification and the international gold standard, 1865-1873. Oxford: Oxford University Press, 2001.

MICHIE, Ranald. *The global securities market*: a history. Oxford: Oxford University Press, 2006.

SILBER, William L. *When Washington shut down Wall Street*: the great financial crisis of 1914 and the origin's of America's monetary supremacy. Princeton: Princeton University Press, 2007.

TORTELLA, Gabriel. *Los orígenes del capitalismo en España*: banca, industria y ferrocarriles en el siglo XIX. Madri: Tecnos, 1973.

WICKER, Elmus. *Banking panics of the gilded age*. Cambridge: Cambridge University Press, 2000.

WOOD, John H. *A History of Central Banking in Great Britain and the United States*. Nova York: Cambridge University Press, 2005.

Capítulo 2 (1920-44)

BERNANKE, Benjamin. *Essays on the Great Depression*. Princeton; NJ: Princeton University Press, 2000.

BORDO, Michael; GOLDIN, Claudia; WHITE, Eugene (Ed.). *The defining moment*: the Great Depression and the American economy in the twentieth century. Chicago: University of Chicago Press, 1998.

CHERNOW, Ron. *The house of Morgan*: an American banking dynasty and the rise of modern finance. Nova York: Grove, 2001.

DRAKE, Paul. *The money doctor in the Andes*: the Kemmerer missions, 1923-1933. Londres: Duke University Press, 1989.

EICHENGREEN, Barry. *Golden fetters*: the gold standard and the Great Depression, 1919-1939. Nova York: Oxford University Press, 1992.

FEINSTEIN, Charles; TEMIN, Peter; TONIOLO, Gianni. *L'economia europea tra le due guerre*. Roma: Laterza, 1998.

FRIEDMAN, Milton; SCHWARTZ, Anna Jacobson. *A monetary history of the United States, 1867-1960*. Princeton: National Bureau of Economic Research; Princeton University Press, 1963.

GALBRAITH, John Kenneth. *El crac del 29*. Barcelona: Ariel, 1976.

JAMES, Harold. *The German slump*: politics and economics, 1924-1936. Oxford: Oxford University Press, 1989.

KINDLEBERGER, Charles. *The world in depression, 1929-1939*. Berkeley: University of California Press, 1973.

MOURÉ, Kenneth. *The gold standard illusion*: France, the Bank of France and the international gold standard, 1914-1939. Oxford: Oxford University Press, 2002.

TAFUNELL, Xavier. La economía internacional en los años de entreguerra (1914-1945). In: COMÍN, Francisco; HERNÁNDEZ, Mauro; LLOPIS, Enrique (Ed.). *Historia económica mundial*. Barcelona: Crítica, 2005. p. 287-339.

TEMIN, Peter. *Did monetary forces cause the great depression?* Nova York: Norton, 1976.

____. *Lessons from the Great Depression.* Cambridge, Mass.: MIT Press, 1989.

TORTELLA, Gabriel. *La revolución del siglo XX.* Madri: Taurus, 2001. cap. 4-8.

WHITE, Eugene N. The stock market boom and crash revisited. *Journal of Economic Perspectives*, v. 3, n. 2, 1990.

Capítulo 3 (1944-71)

BARCIELA, Carlos: La edad de oro del capitalismo (1945-1973). In: COMÍN, Francisco; HERNÁNDEZ, Mauro; LLOPIS, Enrique (Ed.). *Historia económica mundial.* Barcelona: Crítica, 2005. p. 330-390.

CRAFTS, Nick; TONIOLO, Gianni (Ed.). *Economic growth in Europe since 1945.* Londres: Cambridge University Press, 1996.

EICHENGREEN, Barry. *The European Economy since 1945*: coordinated capitalism and beyond. Princeton University Press, 2006.

GARCÍA HERAS, Raúl. *El Fondo Monetario y el Banco Mundial en la Argentina, 1955-1969.* Buenos Aires: Lumiere, 2008.

JAMES, Harold. *International monetary cooperation since Bretton Woods.* Nova York: Oxford University Press, 1996.

____; MARTÍNEZ OLIVA, Juan Carlos (Ed.). *International monetary cooperation across the Atlantic.* Frankfurt: European Association for Banking and Financial History, 2006.

MOFFIT, Michael. *The World's money*: international banking from Bretton Woods to the brink of insolvency. Nova York: Simon & Schuster, 1983.

PAYER, Cheryl. *The debt trap*: the International Monetary Fund and the Third World. Nova York: Monthly Review Press, 1974.

SOLOMON, Robert. *The international monetary system 1945-1976*: an insider's view. Nova York: Harper and Row, 1977.

VOLCKER, Paul; GYHOTEN, Toyoo. *Changing fortunes*: the world's money and the threat to American leadership. Nova York: Random House, 1992.

Capítulo 4 (1971-90)

ABDELAL, Rawi. *Capital rules*: the construction of global finance. Cambridge, Mass.: Harvard University Press, 2007.

BOUGHTON, James M. *Silent revolution*: the International Monetary Fund, 1979-1989. Washington, D.C.: IMF, 2001.

BRANFORD, Sue; KUCINSKI, Bernardo. *The debt squads*: the US, the banks and Latin America. Londres: Zed Books, 1988.

BRENNER, Robert. *The economics of global turbulence*. Nova York: Verso, 2006.

BRENTA, Noemí; GRACIDA, Elsa; RAPOPORT, Mario. Argentina, México y el FMI en la crisis de los sesenta. *Ciclos en la Historia, la Economía y la Sociedad*, v. 18, n. 35-36, p. 12-48, 2009.

CLINE, William *International debt reexamined*. Washington, D.C.: Institute for International Economics, 1995.

DELAMAIDE, Darrell. *Debt shock*: the full story of the world credit crisis. Nova York: Doubleday, 1984.

DEVLIN, Robert. *Debt and crisis in Latin America*: the supply side of the story. Princeton: Princeton University Press, 1989.

EICHENGREEN, Barry; LINDERT, Peter (Ed.). *The international debt crisis in historical perspective*. Cambridge, Mass.: MIT Press, 1989.

GIRÓN, Alicia. *Fin de siglo y deuda externa*: historia sin fin. Argentina, Brasil y México. México: Unam-Cambio XXI, 1995.

GUITIÁN, Manuel. *The unique nature of the responsibilities of the International Monetary Fund*. Washington: IMF, 1992.

LICHTENSZTEJN, Samuel; BAER, Mónica. *Fondo Monetario Internacional y Banco Mundial*: estrategias y políticas del poder financiero. México: Ediciones Cultura Popular, 1987.

PAULY, Louis W. *Who elected the bankers*: surveillance and control in the world economy. Nova York: Cornell University Press, 1997.

SEBASTIÁN, Luis de. *La crisis de América Latina y la deuda externa*. Madri: Alianza, 1988.

Capítulo 5 (1990-2006)

AGLIETTA, Michel; MOATTI, Sandra. *El FMI*: del orden monetario a los desórdenes financieros. Madri: Akal, 2000.

ATIENZA AZCONA, Jaime. *La deuda externa del mundo en desarrollo*. Madri: Akal, 2002.

BONELLI, Marcelo. *Un país en deuda*: la Argentina y su imposible relación con el FMI. Buenos Aires: Planeta, 2004.

CORREA, Eugenia; GIRÓN, Alicia; CHAPOY, Alma (Coord.). *Consecuencias financieras de la globalización*. México: Unam; Miguel Ángel Porrúa, 2005.

DUMÉNIL, Gérard; LÉVY, Dominique. *Crisis y salida de la crisis*: orden y desorden neoliberales. México: FCE, 2000.

EICHENGREEN, Barry. *Capital flows and crises*. Londres: MIT Press, 2004.

____; PORTES, Richard (Coord.). *Crisis? What crisis?* Orderly workouts for sovereign debtors. Londres: Centre for Economic Policy Research, 1995.

ESTEFANÍA, Joaquín. *Aquí no puede ocurrir*: el nuevo espíritu del capitalismo. Madri: Taurus, 2000.

FRENCH-DAVIS, Ricardo; GRIFFITH-JONES, Stephany (Ed.). *Coping with capital surges*: the return of finance to Latin America. Colorado: Lynne Rienner, 1995.

GARCÍA, Clara. *Capital extranjero y política económica*: las crisis financieras del Sudeste Asiático. Madri: Fundamentos, 2005.

GOLDSTEIN, Morris. *The Asian financial crisis*: causes, cures and systemic implications. Washington: Institute for International Economics, 1998.

KAHLER, Miles. *Capital flows and financial crises*. Nova York: Cornell University Press, 1998.

KRUGMAN, Paul. *El retorno de la economía de la depresión*. Barcelona: Crítica, 1999.

LAMFALUSSY, Alexandre. *Financial crises in emerging markets*. Nova York: Yale University Press, 2000.

MANRIQUE CAMPOS, Irma (Coord.). *Arquitectura de la crisis financiera*. México: Unam; Miguel Ángel Porrúa, 2000.

OCAMPO, José Antonio. *La reforma financiera internacional*: un debate en marcha. Santiago de Chile: Cepal, 1999.

SHENG, Andrew. *From Asian to global financial crisis*: an Asian regulator's views of unfettered finance in the 1990s and 2000s. Nova York: Cambridge University Press, 2009.

SOROS, George. *La crisis del capitalismo global*: la sociedad abierta en peligro. Madri: Debate, 1999.

STALLINGS, Barbara. *Global change, regional response*: the new international context development. Cambridge: Cambridge University Press, 1995.

STIGLITZ, Joseph. *Los felices 90*: la semilla de la destrucción. México: Taurus, 2004.

TEUNISSEN, Jan Joost; AKKERMAN, Age (Ed.). *Global imbalances and the U.S. debt problem*: should developing countries support the US dollar? Haia: Fondad, 2006.

UGARTECHE, Oscar. *El falso dilema*: América Latina en la economía global. Lima: Fundación Friedrich Ebert, 1996.

_____. *Adiós Estado, bienvenido mercado*. Lima: Fundación Friedrich Ebert, 2004.

WOODWARD, Bob. *Maestro*: Greenspan's Fed and the American boom. Nova York: Simon & Schuster, 2000.

Capítulo 6 (2009)

BELLAMY FOSTER, John; MAGDOFF, Fred. *The great financial crisis*: causes and consequences. Nova York: Monthly Review Press, 2009.

BLUSTEIN, Paul. *And the money kept rolling in (and out)*. Nova York: Public Affairs, 2005.

BOURGUINAT, Henri; BRIYS, Eric. *L'arrogance de la finance, comment la théorie financiare a produit le krach*. Paris: La Découverte, 2009.

BRUNNERMEIER, Markus et al. *The fundamental principles of financial regulation*. Geneva International Center for Monetary and Banking Studies; CEPR, 2009 (Geneva Reports on the World Economy n. 11).

COOPER, George. *The origin of financial crises*: central banks, credit bubbles and the efficient market fallacy. Nova York: Vintage Books, 2008.

DAVIES, Howard; GREEN, David. *Regulación financiera mundial*. Barcelona: Paidós, 2009.

DEHESA, Guillermo de la. *La primera gran crisis financiera del siglo XXI*. Madri: Alianza, 2009.

GARCÍA MONTALVO, José. *De la quimera inmobiliaria al colapso financiero*: crónica de un desenlace anunciado. Barcelona: Antoni Bosch, 2008.

GRIFFITH-JONES, Stephany; OCAMPO, José Antonio; STIGLITZ, Joseph E. (Ed.). *Time for a visible hand*: lessons from the 2008 world financial crisis. Oxford: Oxford University Press, 2010.

JOSHUA, Isaac. *La grande crise du XXIe siècle*. Paris: La Découverte, 2009.

KAUFMAN, Henry. *The road to financial reformation*: warnings, consequences, reforms. Nova York: John Wiley and Sons, 2009.

MCDONALD, Duff. *Last man standing*: the ascent of Jaimie Dimon and J. P. Morgan chase. Nova York: Simon & Schuster, 2009.

MUOLO, Paul; PADILLA, Mathew. *How Wall Street caused the mortgage and credit crisis*: chain of blame. Nova Jersey: Wiley, 2008.

OLAVARRIETA, José Antonio; ONTIVEROS; Emilio et al. *La crisis financiera*: su impacto y las respuestas de las autoridades. Madri: Analistas Financieros Internacionales, 2009.

ROSS SORKIN, Andrew. *Too big to fail*: the inside story of how Wall Street and Washington fought to save the financial system. Nova York: Viking, 2009.

SHILLER, Robert J. *The subprime solution*. Princeton: Princeton University Press, 2008.

TARULLO, Daniel K. *Banking on Basel*: the future of international financial regulation. Washington: Peterson Institute for International Economics, 2008.

TIBMAN, Joseph. *The murder of Lehman Brothers*: an insider's look at the global meltdown. Nova York: Brick Tower, 2009.

TORRERO MAÑAS, Antonio. *La crisis financiera internacional y económica española*. Madri: Encuentro, 2008.

TOUSSAINT, Eric. *El Banco del Sur y la nueva crisis internacional*. Madri: El Viejo Topo, 2008.

UGARTECHE, Oscar et al. *Beyond Bretton Woods*: the transnational economy in search of new institutions. México: Unam-Instituto de Investigaciones Económicas; Genebra: L'Observatoire de la Finance; Tóquio: Pacific Asia Resources Center, 2010.

WOLF, Martin. *Fixing global finance*. Baltimore: Johns Hopkins University Press, 2008.

ZANDI, Mark. *Financial shock*: a 360° look at the subprime mortgage implosion and how to avoid the next financial crisis. Nova Jersey: Pearson Education, 2008.

REFERÊNCIAS

ALBERDI, Juan Bautista. *Estudios económicos*: interpretación económica de la historia política argentina y sudamericana. Buenos Aires, 1916.

ALDCROFT, Derek H.; OLIVER, Michael J. *Exchange Rates Regimes in the Twentieth Century*. Cheltenham: Edward Elgar, 1998.

ALTIMIR, Oscar; DEVLIN, Robert (Comp.). *Moratoria de la deuda en América Latina*. México: FCE, 1993.

ARISTA, Jane d'; GRIFFITH-JONES, Stephany. Agenda and criteria for financial regulatory reform. In: GRIFFITH-JONES, Stephany; OCAMPO, José Antonio; STIGLITZ, Joseph E. (Ed.). *Time for a visible hand*: lessons from the 2008 world financial crisis. Nova York: Oxford University Press, 2010.

BAIROCH, Paul. *Economics and world history*. Nova York: Harvester, 1993.

BAJAJ, Vikas. Defaults rise in the next level of mortgages. *The New York Times*, 10 abr. 2007.

BALDERSTON, Theo. *The origins and course of the German economic crisis, november 1923 to may 1932*. Berlim: Haude & Spener, 1993.

____. The banks and the gold standard in the German financial crisis of 1931. *Financial History Review*, v. 1, n. 1, p. 43-68, abr. 1994.

BANK OF KOREA. *Economic statistics system*. Disponível em: <http://ecos.bok.or.kr/EIndex_en.jsp>. Acesso em: 26 set. 2009.

BARRO, Robert J.; URSÚA, José F. Stock market crashes and depressions. National Bureau of Economic Research, *Working Paper nº 14760*, s.d. Disponível em: <www.nber.org/papers/w14760>.

BLINDER, Alan S.; RUDD, Jeremy B. The supply shock explanation of the great stagflation revisited. National Bureau of Economic Research, *Working Paper nº 14563*, dez. 2008.

BLOOMFIELD, Arthur I. *Monetary policy under the international gold standard, 1880-1914*. Nova York: Federal Reserve Bank, 1959.

BONELLI, Franco. *La crisi de 1907*: una tappa dello sviluppo industriale in Italia. Turim: Einaudi, 1971.

BONELLI, Marcelo. *Un país en deuda*. La Argentina y su imposible relación con el FMI. Buenos Aires: Planeta, 2004.

BONIN, Hubert. *La Banque de l'Union parisienne, 1874-1974*: histoire de la deuxième grande banque d'affaires française. Paris: Plage, 2001. cap. 9.

BORDO, Michael. Financial crises, banking crises, stock market crashes and the money supply: somo international evidence, 1870-1933. In: CAPIE, Forrest; MILLS, Terence; WOODS, Geoffrey (Ed.). *Financial crises and the world banking system*. Londres: Macmillan, 1986.

____. *Currency crises and banking crises in historical perspective*. Research Report nº 10. Estocolmo: Institutet för Ekonomisk Historisk Forsknin, 1998.

____; EICHENGREEN, Barry (Ed.). *A retrospective on Bretton Woods system*: lessons for international monetary reform. Chicago: University of Chicago Press, 1993.

____; ____. Is the crisis problem growing more severe? *Economic Policy*, v. 24, p. 51-82, 2001.

____; MEISSNER, Christopher M. Financial crises, 1880-1913: the role of foreign currency debt. In: EDWARDS, Sebastian; ESQUIVEL, Gerardo; MÁRQUEZ, Graciela (Ed.). *Growth, institutions, and crisis*: Latin America from a historical perspective. Chicago: National Bureau of Economic Research, University of Chicago, 2007.

____; ROCKOFF, Hugh. The gold standard as a good housekeeping seal of approval. *Journal of Economic History*, p. 389-428, 1996.

____; SCHWARTZ, Anna J. (Ed.). *A retrospective on the classical gold standard*. Chicago: University of Chicago Press, 1984.

____; SIMARD, Dominique; WHITE, Eugene. France and the Bretton Woods international monetary system, 1960 to 1968. In: REIS, Jaime Reis (Ed.). *International monetary systems in historical perspective*. Londres: St. Martin's Press, 1995. p. 153-180.

____ et al. *Is the crisis problem growing more severe?* 2000. Disponível em: <http://econweb.rutgers.edu/bordo/Crisis_problem_text.pdf>. Acesso em: 1º out. 2009.

BOUGHTON, James. From Suez to Tequila: the IMF as crisis manager. *The Economic Journal of the Royal Economic Society 110*, p. 385-386, jan. 2000.

BOUVIER, Jean. Les intérêts financiers et la question d'Egypte, 1875-1876. *Revue Historique*, n. 224, p. 75-104, 1960.

BOYER, Robert; DEHOVE, Mario; PLIHON, Dominique. *Les crises financières*. Paris: La Documentation Française, 2004.

BRENDER, Antón; PISANI, Florence. *La crise de la finance globalisée*. Paris: La Découverte, 2009. [Trad. ing.: *Globalised finance and its colapse*. Bruxelas: Dexia Asset Management, 2009.]

BROCHIER, Hubert. *Le miracle économique japonais*. Paris: Calhmann-Lévy, 1970. [Trad. esp.: *El milagro económico japonés*. Barcelona: Dopesa, 1972.]

BRUNNERMEIER, Markus K. Deciphering the liquidity and credit crunch, 2007-2008. National Bureau of Economic Research, *Working Paper nº 14612*, s.d. p. 8. Disponível em: <www.nber.org/papers/w14612>.

BUIRA, Ariel (Ed.). *Reforming the governance of the IMF and the World Bank*. Londres: Anthem, 2005.

BULMER-THOMAS, Victor; COATSWORTH, John; CORTÉS CONDE, Roberto (Ed.). *Economic history of Latin America*. Nova York: Cambridge University Press, 2006. v. 2.

BUSSIÈRE, Éric; Longuemar, Pierre de. *Paribas, 1872-1992*: Europe and the world. Amberes: Fonds Mercator, 1992. cap. 4.

CAPIE, Forrest; MILLS, Terence; WOODS, Geoffrey (Ed.). *Financial crises and the world banking system*. Londres: Macmillan, 1986.

CARINCROSS, Alec; EICHENGREEN, Barry. *Sterling in decline*. Oxford: Blackwell, 1983.

CASSIS, Youssef. *Capitals of capital, a history of international finance centres, 1780-2005*. Cambridge: Cambridge University Press, 2006.

CATÃO, Luis. *Sudden stops and currency crises*: the periphery in the classical gold standard. Research Department, International Monetary Fund, 12 nov. 2004.

_____. Sudden stops and currency drops: a historical look. In: EDWARDS, Sebastian; ESQUIVEL, Gerardo; MÁRQUEZ, Graciela (Ed.). *Growth, institutions, and crisis*: Latin America from a historical perspective. National Bureau of Economic Research, University of Chicago, 2007.

CECCO, Marcello de. *Money and the empire*: the international gold standard, 1890-1914. Oxford: Blackwell, 1974.

CHANDLER, Alfred D. *The visible hand*: the managerial revolution in American business. Cambridge, Mass.: Harvard University Press, 1977.

CLAY, Christopher. *Gold for the Sultan*: Western bankers and Ottoman finance, 1856-1881. Londres; Nova York: I. B. Tauris, 2000.

COMÍN, Francisco; HERNÁNDEZ, Mauro; LLOPIS, Enrique (Ed.). *Historia económica mundial*. Barcelona; Crítica, 2005.

CORNEZ, Arnold. *The offshore money book*. Chicago: Contemporary Books, 1998.

DABAT, Alejandro; MORALES, Alberto. Notas sobre los grandes cambios de la economía y el orden mundial a comienzos de siglo. *Economía Informa*, México, n. 348, set./out. 2007.

DAS, Satyajit. *Credit derivatives, CDO's and structured credit products*. Nova York: Wiley Finance, 2005.

DAVIES, Howard; GREEN, David. *Regulación financiera mundial*: guía básica. Barcelona: Paidós, 2009.

DÁVILA FLORES, Alejandro. *La crisis financiera de México*. México: Ediciones de Cultura Popular, 1986.

DE CLERCQ, Geert (Coord.). *À la Bourse*: histoire du marché des valeurs en Belgique de 1300 à 1990. Bruxelas: Duculot, 1992.

DELLA PARLERA, Gerardo. Experimentos monetarios y bancarios en la Argentina, 1861-1930. *Revista de Historia Económica*, Madri, v. XII, n. 3, p. 539, 1994.

DELONG, James Bradford. Liquidation cycles: old fashioned real business cycle theory and the Great Depression. National Bureau of Economic Research, *Working Paper nº 3546*, dez. 1990.

_____. America's peacetime inflation: the 1970's. In: ROMER, Christina D.; ROMER, David H. (Ed.). *Reducing inflation*: motivation and strategy. Chicago: University of Chicago Press, 1997. p. 247-280.

DEPRECIATION of the price of silver. *Bankers Magazine*, Londres, p. 580-585, fev. 1877.

EICHENGREEN, Barry. *Golden fetters*: the gold standard and the Great Depression, 1919-1939. Nova York: Oxford University Press, 1995.

____. *Exorbitant privilege*: the rise and fall of the dollar. Nova York: Oxford University Press, 2011.

____; FLANDREAU, Marc (Ed.). *The gold standard in theory and history*. Londres: Routledge, 1997.

____; IRWIN, Douglas A. The slide to protectionism in the Great Depression: who succumbed and why? National Bureau of Economic Research, *Working Paper nº 15142*, s.d. Disponível em: <www.nber.org/papers/w15142>.

____; O'ROURKE, Kevin. A tale of two depressions. *Vox* (site CEPR), 1º set. 2009.

EVANS, Peter. *Dependent development*: the alliance of multinational, state and local capital in Brazil. Princeton: Princeton University Press, 1979.

FELDMAN, Gerald. *The great disorder*: politics, economics and society in the German inflation, 1914-1924. Nova York: Oxford University Press, 1997.

FERNÁNDEZ DE CÓRDOBA, Gonzalo; KEHOE, Timothy J. *La crisis financiera actual*: ¿qué debemos aprender de las grandes depresiones? Junta de Andalucía, Proyecto de Excelencia P07-SEJ-02479. Federal Reserve Bank of Minneapolis, Research Department Staff Report 421, fev. 2009. Disponível em: <http://webpersonal.uma.es/de/gfdc/> e <www.econ.umn.edu/~tkehoe>. Trad. em inglês.

FINANCIAL SERVICES AUTHORITY (REINO UNIDO). *The Turner report, a regulatory response to the global banking crisis*, mar. 2009.

FLECKENSTEIN, William. *Greenspan's bubbles*: the age of ignorance at the Federal Reserve. Nova York: McGraw-Hill, 2008.

FRIEDEN, Jeffrey. *Global capitalism*: its fall and rise in the twentieth century. Nova York: Norton, 2006.

FUNDO MONETÁRIO INTERNACIONAL. Evolution of the Mexican peso crisis. *International Capital Markets*, p. 53-68, ago. 1995.

GARDELS, Nathan. Entrevista a Joseph Stiglitz. *Letras Libres*, Voces de la Crisis Financiera, nov. 2008.

GIFFEN, Robert. The liquidations of 1873-1876. *Economic inquiries and studies*. Londres, 1904. v. I.

GIRÓN, Alicia; CORREA, Eugenia (Comp.). *Crisis financiera*: mercado sin fronteras. México: IIE/Unam; Caballito, 1998.

GOODHART, Charles; BRUNNEMEIER, Markus; CROCKETT, Andrew. *The fundamental principles of financial regulation*. Genebra: International Center for Banking and Monetary Studies, 2009. Disponível em: <www.princeton.edu/~markus/research/papers/Geneva11.pdf>.

GOURINCHAS, Pierre-Olivier; VALDÉS, Rodrigo; LANDERRETCHE, Oscar. Lending booms: Latin America and the world. National Bureau of Economic Research, *Working Paper nº 8249*, abr. 2001.

GREEN, Rosario. *Lecciones de la deuda externa de México, de 1973 a 1997*. México: FCE, 1998.

GREENSPAN, Alan. Remarks by chairman Alan Greenspan: consumer finance. In: FOURTH ANNUAL COMMUNITY AFFAIRS RESEARCH CONFERENCE, 8 abr. 2005, Washington, D.C. Federal Reserve System.

____. *The age of turbulence*: adventures in a New World. Nova York: Penguin, 2007.

____. We will never have a perfect model of risk. *Financial Times*, 17 mar. 2008a.

____. A response to my critics. *Financial Times*, 16 abr. 2008b.

GRIFFITH-JONES, Stephany (Comp.). *Deuda externa, renegociación y ajuste en América Latina*. México: FCE, 1988.

HALDANE, Andrew G. Rethinking the financial network. In: FINANCIAL STUDENT ASSOCIATION, 2009, Amsterdã. Disponível em: <www.bankofengland.co.uk/publications/speeches/2009/speech386.pdf>. Acesso em: 7 out. 2009.

HAWAI, Masahiro. The role of an Asian currency unit for Asian monetary integration. In: BEYOND BRETTON WOODS: THE TRANSNATIONAL ECONOMY IN SEARCH OF NEW INSTITUTIONS, out. 2008. Disponível em: <www.obela.org/>.

HELLEINER, Eric. Reinterpreting Bretton Woods: international development and the neglected origins of embedded liberalism. *Development and Change*, v. 37, n. 5, p. 943-967, 2006.

ISLAM, Iyanatul; VERICK, Sher (Ed.). *From the Great Recession to labour market recovery*: issues, evidence and policy options. Genebra: International Labor Office; Londres: Palgraves, 2011.

JAMES, Harold. The causes of the German banking crisis of 1931. *Economic History Review*, v. 37, n. 1, p. 68-87, 1984.

_____. *International money cooperation since Bretton Woods*. Nova York: Oxford University Press, 1996.

JOHNSTON, Louis D.; WILLIAMSON, Samuel H. *What was the U.S. GDP then?* Measuring Worth, 2008. Disponível em: <www.measuringworth.org/usgdp/>.

JONES, Geoffrey. *British multinational banking, 1830-1990*. Nova York: Clarendon, 1993.

JUGLAR, Clemente. *Des crises commerciales*. Paris: Guillaume et Cie., 1862.

KALTURINA, Alexander Tarrasiouk. Globalización, estados nacionales y la construcción de las estructuras financieras: el caso de Rusia. In: CORREA, Eugenia; GIRÓN, Alicia; CHAPOY, Alma (Coord.). *Consecuencias financieras de la globalización*. México: Unam; M. A. Porrúa, 2005. p. 103-140.

KANE, Edward J. Incentive conflict in central bank responses to sectorial turmoil in financial hub countries. National Bureau of Economic Research, *Working Paper nº 13593*, 2007.

KEYNES, John Maynard. War and the financial system, August 1914. *The Economic Journal*, 1914.

KINDLEBERGER, Charles P.; ALIBER, Robert Z. *Manias, panics, and crashes*: a history of financial crises. Hoboken; NJ: John Wiley & Sons, 2005.

KLEIN, Naomi. *The shock doctrine*: the rise of disaster capitalism. Toronto: Knopf, 2008.

KOLB, Robert. *Lessons from the financial crisis*: causes, consequences, and our economic future. Nova York: Wiley & Sons, 2011.

LANDES, David. *Bankers and pashas, international finance and economic imperialism in Egypt*. Cambridge, Mass.: Harvard University Press, 1979.

LATIN American survey. *Euromoney*, p. 55-56, abr. 1981.

LEWIS, Cleona. *America's stake in international investments*. Washington, D.C.: The Brookings Institution, 1938. p. 617-634.

LOANS to foreign states. *Parliamentary Papers: Reports from Committee*, Londres, v. XI, p. 266, 1875.

MADDISON, Angus. *Las fases del desarrollo capitalista*: una historia económica cuantitativa. México: El Colegio de México; FCE, 1986.

_____. Statistics on world population, GDP and per capita GDP, 1-2006 AD. Home Maddison. Disponível em: <www.ggdc.net/maddison>. Acesso em: 2 out. 2009.

MADRID, Raúl L. *Overexposed*: the U.S. Banks confront the Third World debt crisis. Washington, D.C.: Investor Responsibility Research Center, 1990.

MAKIN, John H. *The global debt crisis*. Nova York: Basic Books, 1984.

MANDEL, Ernest. *Late capitalism*. Londres: New Left Review, 1980.

_____. *The second slump*. Londres: Verso, 1980.

MARICHAL, Carlos; RIGUZZI, Paolo. Bancos y banqueros europeos en México, 1864-1933. In: KUNTZ, Sandra; PIETSCHMAN, Horst (Ed.). *México y la economía atlántica*. México: El Colegio de México, 2006.

MARTÍN ACEÑA, Pablo. Episodios bancarios en España: las crisis de 1881-1882 y 1913-1914. In: LIDA, Clara; PIQUERAS, José. *Impulsos y inercias del cambio económico*: ensayos en honor a Nicolás Sánchez Albornoz. Valencia: Biblioteca Historia Social, 2004.

_____; REIS, Jaime (Ed.). *Monetary standards in the periphery*: paper, silver, and gold, 1854-1933. Londres: St. Martin's Press, 2000.

MAURO, Paolo; SUSSMAN, Nathan Sussman; YAFEH, Yishay. *Emerging markets and financial globalization*: sovereign bond spreads in 1870-1913 and today. Nova York: Oxford University Press, 2006.

MCGUIRE, Constantine F.; MOULTON, Harold G. *Germany's capacity to pay*. Nova York: McGraw Hill, 1923.

MCKINNON, Ronald I. The rules of the game: international money in historical perspective. *Journal of Economic Literature*, v. 31, n. 1, p. 1-44, mar. 1993.

MILLET, Damien. *África sin deuda*. Barcelona: Icaria, 2007.

MINISTRY OF INTERNAL AFFAIRS AND COMMUNICATIONS. Statistics Bureau. Director General for Policy Planning (Statistical Standards) & Statistical Research and Training Institute. *Statistics bureau home page Japan statistical yearbook*. 2009.

MITCHENER, Kris James; WEIDENMIER, Marc D. *The Baring Crisis and the great Latin American meltdown of the 1890's*. 2006. JEL Codes: N2, F34, G15.

MORENO, Juan Carlos; ROS, Jaime. *Development and growth in the Mexican economy*: a historical perspective. Oxford: Oxford University Press, 2009.

MUNDELL, Robert. Mexico in the world economy. Apresentação na Universidad Autónoma de Baja California (Tijuana, México, 27 set. 2007). *Web Journal Profmex*, v. 13, n. 2, 2008. Disponível em: <www.profmex.org/mexicoandtheworld/volume13/2spring08/Robert%20M.html>. Acesso em: 22 fev. 2010.

NEWBOLD, John Turner Walton. The beginning of the world crisis, 1873-1896. *Economic History*, Londres, jan. 1932.

OBSTFELD, Maurice; TAYLOR, Alan M. *Global capital markets*: integration, crisis and growth. Nova York: Cambridge University Press, 2004.

____; ____. *Sovereign risk, credibility and the gold standard*: 1870-1913 versus 1925-1931. Berkeley: University of California, Center for International and Development Economic Research, s.d. Disponível em: <http://emlab.berkeley.edu/users/obstfeld/e281_sp03/taylor.pdf>.

OEEC. *Industrial statistics, 1900*-1957. Paris: OEEC, 1958.

OFFICER, Lawrence. Gold standard. In: WHAPLES, Robert (Ed.). *EH.Net enciclopedia*. 26 mar. 2008. Disponível em: <http://eh.net/encyclopedia/article/Officer.gold.standard>. Acesso em: 1º out. 2009.

ORGANIZAÇÃO MUNDIAL DO TRABALHO. *Tendências mundiais do emprego em 2011*. Genebra, 2011.

PALMA, Gabriel. From an export-led to an import-substituting economy: Chile, 1914-1939. In: THORP, Rosemary (Ed.). *Latin America in the 1930's*. Nova York: St. Martin's Press, 1984.

PAMUK, Sevket. *The Ottoman Empire and European capitalism, 1820-1913*. Londres: Cambridge University Press, 1987.

PÉREZ HERRERO, Pedro. *Auge y caída*: la autarquía. Madri: Síntesis, 2007. Col. História Contemporânea da América Latina, v. V (1950-1980).

PHILIPPON, Thomas. Why has the U.S. Financial sector grown so much? The role of corporate finance. National Bureau of Research, *Working Paper nº 13405*, set. 2007.

POLSI, Alessandro. *Alle origini del capitalismo italiano*: Stato, banche e banchieri dopo l'Unità. Turim: Einaudi, 1993.

POZAS, María de los Ángeles (Coord.). *Estructura y dinámica de la gran empresa en México*. México: El Colegio de México, 2006.

QUIJANO, José Manuel. *México*: Estado y banca privada. México: Cide, 1981.

REINHART, Carmen M.; ROGOFF, Kenneth S. This time is different: a panoramic view of eight centuries of financial crisis. National Bureau of Economic Research, *Working Paper nº 13842*, mar. 2008.

REQUEIJO, Jaime. *Anatomía de las crisis financieras*. Madri: McGraw-Hill, 2006.

RICHARDSON, Gary. Bank distress during the Great Depression: the illiquidity-solvency debate revisited. National Bureau of Economic Research, *Working Paper nº 12717*, dez. 2006. Disponível em: <www.nber.org/papers/w12717>.

SAMPSON, Anthony. *The arms bazaar*: from Lebanon to Lockheed. Nova York: Viking, 1977.

SÁNCHEZ ALBORNOZ, Nicolás. *España hace un siglo*: una economía dual. Madri: Alianza, 1977.

SATER, William F. Chile and the world depression of the 1870's. *Journal of Latin American Studies*, p. 67-99, maio 1979.

SCHUBERT, Aurel. *The Credit-Anstalt crisis of 1931*. Nova York: Cambridge University Press, 1991.

SCHUKER, Stephen A. American reparations to Germany, 1919-1933. *Princeton Studies in International Finance*, n. 61, jul. 1988.

SCHULZE, Max-Stephan. The machine-building industry and Austria's great depression after 1873. *The Economic History Review*, New Series, v. 50, n. 2, p. 282-304, maio 1977.

SCHUMPETER, Joseph. *Business cycles*: a theoretical, historical and statistical analysis of the capitalist process. Nova York: McGraw Hill, 1939. 2 v.

SCHVARZER, Jorge. *Convertibilidad y deuda externa*. Buenos Aires: Eudeba, 2002.

SCIENCE, v. 310, n. 5745, p. 77-80, 7 out. 2005.

SHILLER, Robert J. Long term stock, bond, interest rate and consumption data since 1871. *Market Volatility*. Cambridge, Mass.: MIT Press, 1989. Disponível em: <www.econ.yale.edu/~shiller/data.htm>. Acesso em: 1º out. 2009.

_____. Stock market data. In: SHILLER, Robert J. *Irrational exuberance*. Princeton: Princeton University Press, 2005. Disponível em: <www.econ.yale.edu/~shiller/data.htm>. Acesso em: 1º out. 2009.

SOKAL, M.; ROSENBERG, O. The banking system of Austria. In: WILLIS, H. Parker (Ed.). *Foreign banking systems*. Nova York, 1929.

SOLOW, Robert. How to understand the disaster. *New York Review of Books*, p. 6, 14 maio 2009.

SORKIN, Andrew Ross. *Too big to fail*. Nova York: Viking, 2009.

STALLINGS, Barbara. *Banker to the Third World*: U.S. portfolio investment in Latin America, 1900-1986. Berkeley: University of California Press, 1987.

STEWART, Maxwell. The inter-allied debt: an analysis. *Foreign Policy Association Reports*, p. 172-183, 28 set. 1932.

STÖGBAUER, Christian; KOMLOS, John. Averting the nazi seizure of power: a counterfactual thought experiment. *European Review of Economic History*, p. 173-199, 8 ago. 2004.

STONE, Irving. *The global export of capital from Great Britain, 1865-1914*: a statistical survey. Nova York: St. Martin's Press, 1999.

SUBPRIME shakeout claims another fund. *The Wall Street Journal*, 28 jun. 2007. Market Watch.

TAWNEY, R. H. The abolition of economic controls, 1918-1921. *The Economic History Review*, v. 13, p. 1-30, 1943.

TAYLOR, John B. *Getting off track*: how government actions and interventions caused, prolonged and worsened the financial crisis. Stanford: Hoover Institution, 2009.

THORP, Rosemary; LONDOÑO, Carlos. The effect of the Great Depression on the economies of Peru and Colombia. In: THORP, Rosemary (Ed.). *Latin America in the 1930's*. Nova York: St. Martin's Press, 1984.

THORP, Willard Long. *Business annals*. Nova York: National Bureau of Research, 1926.

TORRERO MAÑAS, Antonio. *Crisis financieras*: enseñanzas de cinco episodios. Madri: Marcial Pons, 2006.

TORRES GAYTÁN, Ricardo. *Política monetaria mexicana*. México: Unam, 1944. cap. 3 (versão fac-similar impressa em 2001).

TORTELLA, Gabriel. *La revolución del siglo XX*. Madri: Taurus, 2000.

____. *Los orígenes del siglo XXI*. Madri: Gadir, 2005. cap. IX.

TOUSSAINT, Eric. *Banco Mundial, el golpe de Estado permanente*. Mataró, Barcelona: El Viejo Topo, 2007.

TRINER, Gail; WANDSCHNEIDER, Kirsten. The Baring Crisis and the Brazilian Encilhamento, 1889-1891: an early example of contagion among emerging markets. *Financial History Review*, v. 12, p. 199-226, out. 2005.

UBS INVESTMENT BANK. *Financial market data*. Disponível em: <www.ubs.com>.

UGARTECHE, Oscar. *El estado deudor*: economía y política de la deuda: Perú y Bolivia 1968-1984. Lima: Instituto de Estudos Peruanos, 1986.

____. *Historia crítica del Fondo Monetario Internacional*. México: IIE/Unam, 2009.

UNITED STATES. Department of the Treasury. *Financial regulatory reform*. 17 jun. 2009: TG-175 (U.S. Dept. of the Treasury). Disponível em: <www.financialstability.gov/docs/regs/FinalReport_web.pdf>.

UNITED STATES SENATE. Permanent Subcommittee on Investigations. *Wall Street and the financial crash*: anatomy of a financial collapse. Nova York: Cosimo Reports, 2011.

U.S. SENATE. *Sale of Foreign Bonds*, 1931.

VITTORIO, Antonio di (Coord.). *Historia económica de Europa*: Barcelona: Crítica-Grijalbo, 2003.

WALLIS, John-Joseph. The New Deal. In: MOKIT, Joel (Ed.). *Oxford encyclopedia of economic history*. Oxford: Oxford University Press, 2003.

WALTER, John R. Depression-era bank failures: the great contagion or the great shakeout. *Economic Quarterly*, v. 91, n. 1, 2005. Disponível em: <http://ideas.repec.org/a/fip/fedreq/y2005iwinp39-54nv.91no.1.html>.

WHITE, Eugene N. Bubbles and busts: the 1990's in the mirror of the 1920's. National Bureau of Economic Research, *Working Paper nº 12138*, mar. 2006. Disponível em: <www.nber.org/papers/w12138>.

_____. Lessons from the great American real estate boom and bust of the 1920s. In: WHITE, Eugene N.; SNOWDEN, Kenneth; FISHBACK, Price (Ed.). *Housing and mortgage markets in historical perspective*. Chicago: University of Chicago Press, 2014.

WHITTEN, David. Depression of 1893. In: WHAPLES, Robert (Ed.). *EH.Net enciclopedia*. 14 ago. 2001. Disponível em: <http://eh.net/encyclopedia/article/whitten.panic.1893>.

WICKER, Elmus. A reconsideration of Federal Reserve policy during the 1920-1921 depression. *The Journal of Economic History*, v. 26, n. 2, p. 223-238, 1966.

_____. *The banking panics of the Great Depression*. Nova York: Cambridge University Press, 1996.

WITHERS, William. *The retirement of national debts*: the theory and history since the World War. Nova York: Columbia University, 1932.

YAHOO! Finance, 2010. *NIKKEI 225 (^N225) historical prices*. Disponível em: <http://finance.yahoo.com/q/hp?s=^N225&a=00&b=4&c=1984&d=01&e=20&f=2010&g=m>. Acesso em: 20 fev. 2010.

YERGIN, Daniel; STANISLAW, Joseph. *The commanding heigths*: the battle between government and the marketplace that is remaking the modern world. Nova York: Simon & Schuster, 1998.

ÍNDICE DE GRÁFICOS, DIAGRAMAS E TABELAS

Gráficos

1. Incidência de crises bancárias, cambiais e gêmeas, 1884-1998 — 32
2. Exportação de capitais da Grã-Bretanha, 1865-85 (milhões de libras esterlinas) — 44
3. Exportação de capitais da Grã-Bretanha, 1882-1918 (milhões de libras esterlinas) — 59
4. Comportamento real da Bolsa de Valores de Nova York, 1920-45 (média mensal dos valores diários de fechamento do índice S&P) — 94
5. Impactos internacionais da Grande Depressão Índices de produção industrial, 1927-35 (1929=100) — 99
6. Comportamento real da Bolsa de Valores de Nova York e do mercado imobiliário dos Estados Unidos, 1944-71 — 134
7. Convergência do PIB *per capita* das economias industriais, 1944-71 (pontos percentuais) — 138
8. Comportamento real da Bolsa de Valores de Nova York e do mercado imobiliário dos Estados Unidos, 1973-90 — 158
9. Preço internacional do barril de petróleo cru, 1973-90 (em dólares correntes e de 2007) — 161

10. Taxa de juros efetiva dos títulos da dívida federal de referência
dos Estados Unidos, 1973-90 — 175
11. Dívida externa total de Argentina, Brasil, Chile e México, 1970-90
(em bilhões de dólares) — 182
12. Comportamento real da Bolsa de Valores de Nova York
e do mercado imobiliário dos Estados Unidos, 1990-2006 — 192
13. Comportamento real da bolsa de valores e do mercado imobiliário
do Japão, 1985-2000 — 200
14. Comportamento cambial de algumas economias emergentes
ante o dólar estadunidense, 1990-2000 — 217
15. Taxa de juros efetiva dos títulos da dívida federal de referência
dos Estados Unidos, 2000-08 — 235
16. Comportamento real da Bolsa de Valores de Nova York
e do mercado imobiliário dos Estados Unidos, 2000-09/1 — 245
17. Resgate de instituições financeiras e Lei de Emergência para a Estabilização
Econômica nos Estados Unidos, 2008 (bilhões de dólares) — 256
18. Produção industrial, mercados financeiros e volume de comércio
(mundiais), 1929 e 2008-09 — 270-271
19. Comportamento do câmbio nominal de algumas economias
ante o dólar estadunidense, 2000-09 (2000/01=100) — 299
20. Comportamento real da Bolsa de Valores de Nova York
e do mercado imobiliário dos Estados Unidos, 1950-2009/1 — 315
21. PIB *per capita* mundial médio, 1950-2006 (nível em dólares internacionais
Geary-Khamis de 1990 e taxa de crescimento em pontos percentuais) — 315

Diagramas

1. As crises financeiras do capitalismo clássico, 1866-1914 — 31
2. Principais crises financeiras dos séculos XX e XXI — 32
3. Padrão ouro clássico — 48
4. Fim do padrão ouro no entreguerras — 101

5. Crises nas economias periféricas — 209
6. Rede financeira global, 2005 — 232
7. Crises bancárias e crises cambiais — 311
8. Mercados e crises em economias desenvolvidas — 312
9. Mercados e crises em economias periféricas — 312
10. O sistema monetário internacional em 1969 — 313
11. Áreas monetárias depois do ingresso da Grã-Bretanha no mecanismo europeu de tipos de câmbio (EERM, outubro de 1990) — 313
12. Introdução do euro, 1999 — 314
13. Áreas monetárias na atualidade — 314

Tabelas

1. O New Deal (1933-36): legislação para recuperação econômica e reformas sociais — 107
2. Dívidas externas latino-americanas e moratórias, 1930-45 — 115
3. Bretton Woods, as instituições financeiras internacionais e os bancos de desenvolvimento regional — 124
4. Transações financeiras internacionais, 1982-2004 (bilhões de dólares) — 197
5. Antecedentes e desencadeamento da crise financeira mundial, 2007-08 — 250
6. Principais crises financeiras, 1857-1914 — 316
7. Principais crises financeiras, 1920-2008 — 317
8. Padrão ouro clássico — 319
9. Padrão ouro de entreguerras — 320

AGRADECIMENTOS

A elaboração deste livro não teria sido possível sem o apoio de vários jovens economistas e historiadores que me ajudaram de maneira entusiasta durante os últimos meses de trabalho na conclusão deste manuscrito e que são meus mais estreitos colaboradores. Desejo ressaltar a ajuda de Manuel Bautista González por seu auxílio com todo o material estatístico e gráfico, assim como pela enorme quantidade de sugestões sobre materiais de utilidade para a análise da crise contemporânea. Foi também fundamental o apoio de Erick Rodríguez Solares, que trabalhou intensamente na preparação do capítulo 6. Igualmente decisiva foi a colaboração de Roxana Alvarez Nieves, que organizou o texto do manuscrito, realizou grande número de correções e assegurou uma ótima apresentação para a edição. A todos eles, meus mais sinceros agradecimentos.

Por outro lado, devo destacar meu reconhecimento a vários colegas que me têm ajudado de maneira direta ou indireta através dos anos. Em primeiro lugar, cito meu colega Guy Pierre, que me introduziu no estudo dos ciclos econômicos e das crises financeiras há três decênios. Foram fundamentais os amáveis convites de Michael Bordo para vários seminários intensivos, onde pude familiarizar-me com os autores de uma nova literatura histórica sobre as crises financeiras. Outros colegas que sempre serviram de inspiração no que se refere ao estudo das crises financeiras, em numerosos encontros e por meio de suas obras, incluem Pablo Martín Aceña, Youssef Cassis, Roberto Cortés Conde, Barry Eichengreen, José Quijano, Jaime Reis, Eric Toussaint, Gail Triner, e Eugene White. A Oscar Ugarteche agradeço especialmente seu convite para apresentar uma síntese em um colóquio internacional em outubro de 2008, em meio à explosão da crise contemporânea. A Francisco Rodríguez Garza e Graciela Márquez devo o constante estímulo que me levou a continuar minhas investigações sobre esse tema, assim como devo agradecer-lhes as inumeráveis sugestões de leitura que foram essenciais para este trabalho. Com Pablo Riguzzi estou em especial dívida pela cuidadosa leitura que fez dos rascunhos do original e por seus inestimáveis comentários que foram fundamentais para este trabalho.

Igualmente quero agradecer ao pessoal da magnífica biblioteca de El Colegio de México, muito especialmente a Víctor Cid e Micaela Chávez, por todo o apoio que me prestaram à pesquisa, ao longo dos anos. Estendo também meu profundo agradecimento ao Centro de Estudios Históricos de El Colegio de México, onde sou professor e pesquisador, pela liberdade de trabalho que me têm concedido, a qual tornou possível o desenvolvimento de minhas pesquisas durante tanto tempo, e pelo período sabático que me permitiu dedicar-me à redação desta obra.

Desejo ainda agradecer ao historiador José Murilo de Carvalho, por estimular-me a publicar este texto no Brasil, e às iniciativas editoriais da Fundação Getulio Vargas (FGV), que me permitiram sua publicação, em particular a Maria da Graça de Souza Burity Moreira e à diretora executiva dessa casa editorial, a historiadora Marieta de Moraes Ferreira. Por último, e de maneira especial, desejo externar minha gratidão pela excelente tradução deste livro, realizada por Eduardo Lessa Peixoto de Azevedo.